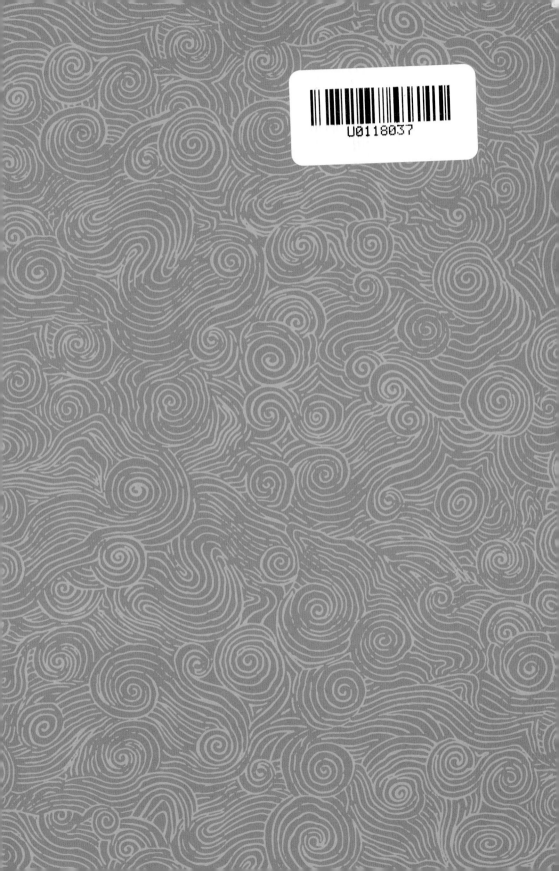

王朝的余晖

淮军 1862—1900

季宇 著

人民文学出版社

图书在版编目（CIP）数据

王朝的余晖：淮军：1862—1900 / 季宇著. -- 北京：人民文学
出版社，2023（2024.4 重印）
ISBN 978-7-02-018240-4

I. ①王… II. ①季… III. ①中国历史-清后期-通俗读物 IV. ①
K252.09

中国国家版本馆 CIP 数据核字（2023）第 179088 号

选题策划　脚　印
责任编辑　王　蔚
装帧设计　刘　远
责任印制　张　娜

出版发行　人民文学出版社
社　　址　北京市朝内大街 166 号
邮政编码　100705

印　　刷　三河市鑫金马印装有限公司
经　　销　全国新华书店等

字　　数　435 千字
开　　本　680 毫米×960 毫米　1/16
印　　张　31.75　插页 19
印　　数　8001—11000
版　　次　2023 年 11 月北京第 1 版
印　　次　2024 年 4 月第 2 次印刷

书　　号　978-7-02-018240-4
定　　价　78.00 元

如有印装质量问题，请与本社图书销售中心调换。电话：010-65233595

脚 印 工 作 室

目
录

引　子

公元 1861 年，清咸丰十一年。上海在入冬以后迎来了一场极其罕见的大雪。

飞雪持续了整整三天三夜。清晨当人们醒来时，发现大门已被厚厚的积雪封住，天地间银装素裹，茫茫一片。就连黄浦江也结冰封冻，可以行车走马了。

据史料记载，这场大雪是此前半个世纪以来从未有过的。风雪的范围所及，纵横千余里，覆盖了苏、浙、皖、鲁、鄂、湘等广大地区。

大雪究竟预示着什么？上海人众说纷纭，但人们更相信这不是什么好兆头。因为伴随着大雪一起到来的是战争的威胁。

从 11 月下旬开始，令人心惊胆战的消息便一个接一个地传来：金华、台州、宁波先后被太平军攻陷。11 月 29 日清晨，在杭州被围月余后，浙江巡抚王有龄自杀身亡。两日后，李秀成大破杭州城。杭州将军瑞昌、副都统杰纯和关福等先后"自杀成仁"，而城中满人纵火自焚、投水自尽及被杀者约万人。

在杭州满城破后仅七日，李秀成便挥师上海，十万大军，七路并进，三面包围。上海危在旦夕。城内的官绅富商们如同热锅上的蚂蚁，洋人们也不安起来。早在太平军进军宁波时，他们就试图阻止，但无济于事。升斗小民们更是人心惶惶，一夕数惊。城内谣言四起，物价飞涨，到处是涌进城的难民，远处还不时传来隆隆的枪炮声，风雪中的上海人几乎被战争的阴云压得喘不过气来。

然而，谁能挽救上海呢？

当时谁也无法回答，直到几个月后，问题才有了答案：拯救上海的是一支仓促组建的军队。这支军队的出现改变了上海的命运，而上海也成就了这支军队。此后不久，这支初建时只有十三营六千五百人的队伍便迅速崛起，取代湘军，成为晚清最大的军事集团和政治集团，并影响了晚清历史长达四十多年之久。

一切都开始于上海。历史充满了偶然，也充满了必然。

这就是淮军！

它的统帅就是李鸿章！

第一章　至暗时刻

新朝第一大案

何桂清被押上刑场是在同治元年冬，公历1862年12月21日。

此时，北京已进入一年中最冷的时节。这一年的气候有些反常，入冬以来，南方数省连降大雪，北京却连一个雪片也没见到。何桂清被押上囚车时，天气晴朗，万里无云，尽管北风裹挟着阵阵寒意扑面而来，但这丝毫不影响围观百姓的兴致。菜市口挤满了看热闹的人，里三层外三层地围住刑场，如同赶集和庙会一般，人头攒动，人声鼎沸。

这桩案子前后拖了两年多，何桂清曾多方活动，原以为可免于一死，最终却未能如愿。他曾是一个幸运儿，家世贫寒，但科场得意。道光十五年（1835年），这个年仅十九岁的穷书生从云南昆明走出来考中了进士，此后入翰林院，不断升迁，历任太仆寺少卿、太常寺卿、内阁学士、兵部右侍郎，先后督学山东、江苏。太平军兴后，何桂清以江苏学政身份疏陈军事，抨击时弊，持论尖锐，无所顾忌。咸丰帝惊其才华，调其为浙江巡抚。这是咸丰四年（1854年），他刚满三十八岁，在各地封疆大吏中无疑是最年轻的一个。

出任浙抚两年后，由于济饷有功，何桂清再次受到朝廷嘉奖。咸丰七年（1857年），他因病去职，就在回昆明老家的路上，朝廷的谕旨从天而降，命他破格以二品官衔署理两江总督，后又加兵部尚书、太子少保衔。此时的何桂清圣眷优隆，踌躇满志。

　　然而，就在他仕途得意之时，东南战局发生了急剧变化。咸丰六年（1856年），太平军一破江南、江北大营，朝廷任命和春接替兵败自杀的向荣，出掌江南大营。两年之后，和春借太平天国内讧、太平军元气大伤之机，调集八万重兵，连营一百三十余座，挖沟筑壕，与此同时又在江中用舢板构筑水营，星罗棋布，环环相扣，把天京①周围百余里围得水泄不通。

　　为解天京之围，太平天国实施"围魏救赵"之计，四处出击，先后在浙、闽、鄂、皖、赣等地攻城拔寨，多方袭扰，诱敌分兵。其实，太平军用的并不是什么新战略，不过是几年前一破江南、江北大营时的老套路。当时和春的前任向荣就中了太平军的分兵之策，最后被太平军一举击败。然而，奇怪的是，和春居然没有接受教训。他并没有意识到危险的到来。作为一个军事指挥官，意识不到危险，实际上就是最大的危险。

　　果然，和春开始迭出昏招，一步步走进了太平军设下的圈套。他先是派兵援浙，后又派兵援闽。但太平军并不恋战，打了就走。他们神出鬼没，多点开花，湖北、江西、安徽也先后闻警。和春就像一个消防队长，忙不迭地四处扑火，随着太平军的指挥棒团团乱转。

　　就在和春四处分兵之时，太平军英王陈玉成和忠王李秀成两大名将突然挥师南下，三克扬州，二破江北大营。和春闻报，急派江南提督张国梁率部驰援，但太平军并不恋战，虚晃一枪，很快撤出。直到这时，和春还没有真正识破太平军的意图，相反，局部的胜利倒使他忘乎所以，放松了警惕。

　　1860年春，正在皖境作战的李秀成突然率部斜刺里杀入浙江，并迅速向省城杭州发起猛攻。警报传来，和春急派主力张玉良部驰援杭州。可是，还没等张玉良部逼近杭州时，李秀成突然一个漂亮的回马枪，剑锋直指天京城下。据史料记载，李秀成是3月19日进攻杭州的，24日——仅仅五天之后，便撤了出来。但他诱使江南大营分兵来援的目的却圆满达到了。

――――――――――

　　①　指南京，太平天国在此定都后将其改名为天京。

致命的打击终于降临。李秀成撤离杭州后，迅速北上，一路过关斩将，以迅雷不及掩耳之势，连下高淳、溧阳、句容、秣陵关，直逼天京。与此同时，太平天国的另一主将陈玉成也率部自安徽全椒挥师东进。两路大军，"十道并进"，猛扑天京外围的江南大营。直到这时，和春才明白自己上当了，但悔之晚矣。5 月 6 日，太平军二破江南大营。所谓为山九仞，功亏一篑。转瞬之间，和春苦心经营的数百里长围顿时土崩瓦解，化为乌有。

太平军乘胜扩大战果，发起著名的西征。忠王李秀成挥师南下，英王陈玉成进军苏北。太平军四处开花，清军战局急转直下。此时驻守常州的何桂清早已成了惊弓之鸟。4 月间，围困天京的清军节节败退，和春曾向何桂清求援。按理，何桂清作为总督两省的大员绝不能坐视不管，但他却以苏、常防卫要紧为由，拒不出兵。朝廷屡次催促，他却"九檄而不至"。在给朝廷的上奏中，他还振振有词，声称"丹阳以上军务，和春、张国梁主之，常州军务，臣与张玉良主之"。

天京之围溃败后，和春退往丹阳，一边收拾残部，一边从镇江急调江南提督张国梁部前往助阵。但大势已去，回天无力。不久，忠王李秀成便率辅王杨辅青、侍王李世贤等主力攻克丹阳，张国梁跳河自溺，提督王浚、总兵熊天喜等阵亡，和春轻骑逃往常州。

丹阳之战是 1860 年最具决定性的一战。此战过后，江南大营七万之众溃不成军，只剩广西提督张玉良一支驻守常州，尚得保全。败报传来，何桂清惊恐万状，尽管他手中还有张玉良这支部队，加上地方守军共计数万之众，完全可以坚守常州，就像他先前给朝廷的奏折中说的"常州军务，臣与张玉良主之"，然而，丹阳战败使他完全丧失了信心。恰在这时，他的老部下、前按察使查文经看出了他的心意，便撺掇江宁布政使薛焕等人联名上禀，请求何桂清退守苏州，以保饷源重地——实际上是给他一个开溜的借口。何桂清接到禀牍后，求之不得，遂决定退往苏州。

为了顺利出逃，在这之前，他先派亲兵将其家眷护送至通州，并下令加强防卫，严禁迁徙，摆出一副与城共存亡的姿态。尽管事先做了周密的安排，但何桂清要走的消息还是传了出来，于是，常州的绅民耆老纷纷涌向督署进行请愿，请求何桂清不要弃城而走。请愿民众或顶香跪拜，涕泪哀告，或情绪激愤，气势汹汹，人数多达数千之众。何桂清闭门不出，令亲兵列队把守，不准绅民进入。此时，如果何桂清改变主意，顺从民意，他的命运或许是另外一个结局。然而，何桂清没有这样做。他一边向朝廷奏报，说和春已退至常州，军务仍归他督办，臣即驻守苏州，筹饷接济，一边做好了出逃的准备。

5月21日拂晓，何桂清开始出走，但围在督署门外的民众却彻夜未离。尽管亲兵挥鞭驱赶，人们仍驱之不散。情急之下，何桂清下令开枪轰击，亲兵当场打死打伤跪留绅民十九人①。这一举动立时引发众怒。更为严重的是，他一跑，城内人心大乱。大小官吏纷纷弃城而逃，各军纵火劫杀。驻守城外的提督张玉良部还以防御为由，下令焚毁周边村庄。常州百姓身陷水火，苦不堪言。

据《太平天国全史》记载，亲兵开枪后，何桂清乘乱微服由小道走脱，步行至东门上马，并由卫队护送出城。慌乱中，遇到正在城外巡查的知府平翰，失魂落魄的何桂清竟以为是来追他回去，遂拔枪相向，差点闹出误会。其仓皇狼狈之态，让人大跌眼镜。何桂清平时好以书生自居。事发之后，他在为自己辩解时，仍口口声声自称书生。朝廷大为恼怒，谕旨斥其"可叹可恨"，"殊有愧书生二字"。

5月23日，何桂清逃至苏州城下，江苏巡抚徐有壬怒其不争，闭门拒纳，并上书对其弹劾。何桂清在苏州城外逗留多时却无法进城，又气又恼，无奈之下，只好转而逃向苏州西北浒墅关。不久，和春也率十二骑赶到。5月26日，李秀成攻陷常州，和春中弹负伤，在浒墅关呕血而死②。至此，江南大营彻底崩溃。面对如此局面，如果何桂清效法和春一死，仍可保持体面，但他又一

---

① 一说十一人，另有一死十三伤之说。

② 一说自缢；又云以烧酒吞服大烟而亡。

次做出了错误的选择，竟以向洋人借兵为由，一路逃窜，躲进了上海租界。

6月2日，苏州失守，江苏巡抚徐有壬死于巷战。东南大局一败涂地，不可收拾。不久，徐有壬的遗疏传至北京。在遗疏中，徐有壬泣血上陈，要求严办何桂清，并历数其弃城丧师、纵兵焚劫、祸国殃民等罪行数条。朝廷大为震怒，下令将何革职，拿解来京审问。

然而，这时的何桂清却躲在上海，迟迟不肯归案。他的老部下浙江巡抚王有龄、新任江苏巡抚薛焕①极力为其活动。他们联名上书，请求朝廷让何戴罪立功，薛焕还以前军将士的名义，请求准许何桂清前往督师，俟苏州克复后，再赴京伏罪，但朝廷震怒，一概不准，谕令何桂清立即到案。此时何桂清已无法推托，恰在这时，北方局势发生骤变，英法联军攻占大沽，咸丰帝避难热河。乱局之下，何案一时无人过问。于是，在薛焕等人的庇护下，何桂清便一直赖在上海。就这样，又拖了两年，直到北方局势平定，新皇登基他才不得已到部下狱。

1862年4月，何桂清一案进入审判程序。言官纷纷上疏要求严判，苏、常绅民尤为激愤。负责审判的刑部郎中余光保乃常州人氏，由于痛恨何桂清祸害桑梓，定罪时提出加重处罚。他在定案报告中称，封疆大吏失守城池，按清例处斩监候，秋后处决，但何犯击杀请愿父老，"恶心害理，罪当加重"，提议斩立决，即不等秋后，立即执行。

但朝廷认为，何桂清曾任一品大员，用刑宜慎，于是召集廷臣会议，征求意见。不少枢臣上书为何桂清求情，大学士、礼部尚书祁寯藻亦为之转圜。祁的奏疏云，以前仁宗睿皇帝说过，刑部议狱不得有"加重"字样，此不合法度。尽管为何桂清说话的人不少，但反对的同样不少。主张杀何的意见认为，失地当斩，刑赏大政，不可为谬议所扰。今欲平寇，而先庇逃帅，何以振作军心？刑部尚书赵光亦称："不杀何桂清，何以谢江南百万战难生灵？"

---

① 接替战死的徐有壬。

就在两派意见相持不下之时，为了求生的何桂清也竭力为自己辩解。他说，自己弃常就苏，不是逃跑，而是听从部下的请求，欲保饷源重地，此事有薛焕等人的禀牍为佐证——言下之意，弃常之举不是逃跑，而是战略转移。如果这一说法得到认可，此案的性质将完全改变。

可是，让何桂清意想不到的是，他的苦心辩解非但没有挽救他的性命，反倒加速了他的死亡。原因就在于曾国藩的"落井下石"。

催 命 符

曾国藩是晚清赫赫有名的人物，湖南人，进士出身，曾任礼部侍郎兼兵部侍郎。不过，咸丰十年（1860年），在江南大营二次溃败之前，他的地位远没有后来那么显赫，他所领导的湘军也不过是一支民团性质的非正规部队。然而，江南、江北大营的先后溃败，却使他和他所领导的湘军的命运发生了改变。

1853年，自太平天国定鼎天京之后，清军调集重兵加以围困。钦差大臣向荣结营于朝阳门外，是为江南大营；同时，另一钦差大臣琦善结营于扬州，是为江北大营。两大营相互对峙，不仅对天京形成包围，而且使江苏大部分地区得以屏障。然而，1856年和1860年两次兵溃，特别是1860年江南大营的二次溃败，使清政府对一向所依恃的绿营兵完全失去了信赖。

清王朝的军事力量始于"八旗"，这是努尔哈赤打江山时所创立的组织。八旗军向以勇武善战而扬名于世，骑射功夫尤其了得。清军入关前后，八旗军逐步扩大，先后建立蒙古八旗和汉军八旗，共为二十四旗，不过习惯上仍称之为"八旗"。但随着清王朝的建立，加之承平日久，八旗兵养尊处优，日渐腐败，几乎不能打仗。这样，绿营兵便起而代之。

绿营兵，又叫绿旗兵，是由汉人编练的部队，由于使用绿旗，故有"绿营"或"绿旗"之称。早期的绿营兵在平定边乱、扩展疆土上发挥了不小的作用，具有很强的作战能力，可到了雍正时代同样陷入了腐败的怪圈。这种状况到咸丰朝已是愈演愈烈，不可救药。表面看，绿营兵倒还像是一支军队，实际上却是纸糊的老虎，不堪一击。和平时期尚可摆摆样子，太平军一起，绿营兵的无能便暴露无遗。当初洪秀全金田起义时，力量还很小，只有数千人，可绿营兵的数万、数十万人马硬是拿他们没办法，只能眼睁睁地看着太平军一路攻城拔寨打到江宁[①]。原来，绿营兵的战法是只追不堵，就像稻田里轰鸟一样，跟在屁股后边咣咣地敲锣，鸟儿一飞走，便算大功告成。所谓收复失地，不过是等太平军撤走后捡个便宜。当然，功劳还是要照报不误，至于斩获的"长毛首级"多少多少，更是令人生疑。据说，许多无辜百姓成了刀下之鬼，被拿来充数，成了绿营兵将升官发财的资本。

绿营兵的腐朽无能使大局日益糜烂。太平军所到之处，如入无人之境。眼瞅着绿营兵无力保护地方，一些汉族地主士绅为了自身的利益，开始办团练以图自保。刚刚继承大统的咸丰皇帝为了抵御太平军，也积极支持各地兴办团练，先后任命团练大臣四十余人。大名鼎鼎的曾国藩就是其中一个。

咸丰二年（1852年），曾国藩丁忧回籍。丁忧是古制，时间一般为三年，亦可视情而定。曾国藩母亲去世后，他便遵制回乡。恰逢太平军打到湖南，他便投袂而起，创建了湘军。说白了，湘军是国家"体制外"的一支"四无"军队，即无编、无权、无饷、无印[②]。所有的经费，包括兵饷、粮糈、武器、服装等，国家概不负责，全要自己筹措。用今天的话说，属于"自收自支"性质。即国家给你一个名头，其他的便要你自己想办法了。

然而，相对于全额拨款[③]的绿营兵来说，自收自支的湘军虽然不拿工资却比拿工资的绿营兵更争气、更管用，不久便渐渐打出了名气。尽管如此，直到咸丰十年（1860年）前，湘军始终处于配角地位。当江南江北大营围困天京时，湘军却在安徽、江西、湖北等地进行外围作战。

不过，这种局面在咸丰十年发生了改变。由于江南大营一溃再溃，清

---

① 江宁，南京旧称之一。

② 只刻临时木质关防。

③ 清代文件称"全资国帑"。

廷对绿营兵的无能表现失望至极，为了挽救局面，不得不转而倚重各地团练。湘军也由此迎来了一个重要转折。五月初八，朝中重臣郑亲王端华、怡亲王载垣上了一道奏折，提出了一个新的战略。奏云：

> 伏维用兵之道，饷糈为要。今天下用兵十年，饷几竭矣，而迄无成效，不得不作改弦易辙之计，不用兵，而用民。用民之法，总宜深得民心，民心既得，则不必全资国帑，并可协济军粮，此目前北数省固守封圻以遏贼势之第一要务也。[1]

这份奏折透露了一个重要信息，即朝廷要"舍兵用民"了。出此"改弦易辙"之计，一方面是因为绿营兵实在无能，不足以信赖；另一方面，十年用兵，国库空虚，依靠国家财政全额拨款来供养军队已力不从心，所以只能另辟蹊径，即"不用兵，而用民"。用民的好处是，不必国家拨款，便可协济军粮。因此，两位亲王认为这是当前改变战局的"第一要务"。其实，这也是不得已而为之。

不过，早在朝廷决定"舍兵用民"之前，湘军的将领们便看到了这一趋势。1860年4月，湘军的重要人物陆续来到了安徽宿松。他们中有胡林翼、曾国荃、李元度、左宗棠等。此外还有两个皖籍的重要人物，即李家二兄弟——李瀚章和李鸿章。

宿松是当时曾国藩的湘军大营所在地。这些重要人物云集宿松，会商的一个重要议题便是江南大营溃败后的江南局势。应该说，这是湘军由配角转型为主角的一次重要会议，史称"宿松之会"。在这次会上，湘军的将领们志在吴越，跃跃欲试，大多数人都认为，江浙为仓庾根本，京师性命所系。如今，南京溃败，丹阳继陷，苏州岌岌可危，仓庾之本，吴越精华，荡然无存，湘军在这种时候应该站出来。胡林翼干脆提出，两江总督也应由湘人担任，当然他所指的就是曾国藩了。

胡林翼是湘军名将，只因早逝，名气反倒不如左宗棠、李鸿章响亮了。

其实就地位而言——曾、胡、左、李——胡列第二，仅次于曾国藩。胡林翼不仅是个军事家，还是一个战略家，其洞察力敏锐过人，具有超前意识，在某些事情上甚至超过了曾国藩。在宿松会议前后，胡林翼多次阐明自己的观点，即江南大营溃败后，湘军的当务之急是向江南转移，接手江南防务，不能再唱配角了。他分析说，江南财富甲天下，控制了江南就控制了江南的赋税。因此，接手江南防务不仅是政治战略上的考虑，更是经济上的考虑。作为"自收自支"的单位，保证饷源至关重要，所以这一见解很具煽动性，湘军众将们听了之后都摩拳擦掌，跃跃欲试。

但是，一向稳重的曾国藩却持谨慎的态度。插手苏南是一个敏感的问题，它意味着湘军的势力将进一步扩张。作为一个在籍侍郎，一个非正规军的统帅，这样做会不会导致朝廷的猜忌呢？他不能不慎重考虑。最高层的态度当时尚不明朗。汉人统兵向为满人所忌，尽管不断有消息从北京传来，说是朝臣中已有多人上疏重用湘军，以挽颓势，但朝廷却迟迟没有表态。

曾国藩的谨慎除了顾忌朝廷的态度外，还有一个原因，那就是担心插手江浙可能引起何桂清的反对。何桂清于咸丰四年（1854年）出任浙江巡抚，后又升任两江总督，在江浙经营数年，党羽众多，其势力盘根错节。在他得势之时，别说曾国藩了，就连和春也不在他的眼里。曾国藩对何桂清的张狂相当反感。早在咸丰五年（1855年），曾国藩困守南昌急需援助，可与江西毗邻的浙江却支持不力，当时担任浙江巡抚的就是何桂清。后来，何桂清升任两江总督，双方更是摩擦不断，明争暗斗。不过，当时曾国藩和他的湘军尚未形成气候，不得不对何桂清有所忍让。然而，形势的发展急转直下，就在曾国藩还在小心观望之时，局势已经发生了重大转变。随着江南大营的溃败和局势不断恶化，朝廷不能再犹豫了。面对岌岌可危的局势，他们只能依靠湘军，依靠曾国藩了，尽管心存顾忌，可除此别无选择。

1860年6月8日，在常州失陷后，朝廷将何桂清革职，谕令曾国藩署理（代理）两江总督。8月10日，在太平军攻克苏州、松江不久，朝廷又迫不及待地实授曾国藩为两江总督，并授钦差大臣督办江南军务，所有江南水陆各军均归节制。

据说，在这件事上肃顺起了重要作用。肃顺系晚清宗室，郑献亲王济尔哈朗七世孙，深得咸丰帝倚重，先后历任御前大臣、总管内务府大臣、户部尚书、协办大学士等要职。一日，肃府馆师高心夔告知肃顺，京中流传"朝廷若以东南事付曾公，天下不足平也"。原来此话出自胡林翼之口，肃顺以为然。次日上朝，便上奏力主重用汉臣曾国藩、胡林翼等人。于是，朝廷决心乃定。事后，肃顺还对高氏戏称："事成矣，何以谢保人？"

由于肃顺等人的力挺，湘军终于完成了转型，由一个地方性的团练部队完全取代了国家正规军的地位，曾国藩也由一个在籍侍郎成为执掌东南半壁军政大权的最有权势的人物。这样的局面，何桂清做梦也不会想到。所谓三十年河东转河西，现在，何桂清要为他的愚蠢和错误付出代价了。

何案发生后，高层在处理此案时一直举棋不定。谕令曾国藩查复何桂清弃常就苏有无禀牍时，也反映了朝廷矛盾的心态。其实，苏、常失陷，卷宗早已毁于战火，尽管薛焕等人确有禀牍在先，但已无从查找。此时，曾国藩如有心保全，只要据实覆奏即可，但他却没有这样做。

> 苏、常失陷，卷宗无存，司道请移之禀，无庸深究。疆吏以城守为大节，不当以僚属一言为进止；大臣以心迹定罪状，不必以公禀有无为权衡。[2]

这是曾国藩洋洋数百言的覆奏中最为关键的一段话，意为疆吏以城守为大节，禀牍有无并不重要，而以有无禀牍作为定罪的依据，更为不妥。这样的回复无疑是一道催命符，作为一个手握重兵的统兵大员，他的意见之分量可想而知。

1862年12月12日，上意始决，谕旨将何桂清着即处斩。这一年他还不满五十岁，二十七年的仕途就此走向终结。何桂清一案轰动一时，加之历时两年，颇费周折，被时人称为同治朝"第一大案"，何桂清也成了太平军兴十二三年来，被砍头的第一个，也是唯一一个一品大员。即便新皇登基，大赦天下，亦未能赦免，可见不同寻常。

何桂清一案之所以引人注目，是因为作为总督苏浙两省的地方大员，他必须为东南溃败承担责任。苏、常失守后，太平军席卷吴中，横扫江浙，直逼上海，整个东南半壁几乎完全葬送。这样糟糕的局面，全部怪罪于何桂清显然也不公平，但和春死了，徐有壬、王有龄也死了，总得有人买单。这个人除了何桂清，还能是谁呢？

真正的对手

道光十五年（1835 年），就在何桂清考中进士的这一年，在偏远的广西藤县大黎里新旺村，一个出身贫苦的十二岁的少年正在忍饥挨饿。这个少年原名叫李以文。据他后来回忆，家中贫寒，父母养他兄弟二人，十分艰难。"家中之苦，度日不能"，他很小便以"种山帮工为食"；八岁至十岁间，曾随舅父读书，后因家贫中辍，不得不随父母"寻食度日"。这种缺衣少食、一贫如洗的生活注定了这个少年日后要走上一条与何桂清截然不同的道路。果然，二十年后，这个名叫李以文的少年成了何桂清的噩梦。

道光二十七年（1847 年），李以文已是二十四岁的青年。这一年，洪秀全从广东来到广西，在桂平一带建立了拜上帝会。两年后，李以文加入了该会。咸丰元年（1851 年），拜上帝会在洪秀全的领导下发动了金田起义，建立了太平军。路过大黎乡时，太平军传令凡拜上帝之人不必害怕，更不要畏逃，大家有食同享，有难同当。李以文后来供述加入太平军的经过时说，"我家苦寒，有食不逃"，并且他还一把火烧毁了房屋，兄弟俩一起加入了太平军。

李以文加入太平军是 1851 年的 9 月，起初只是一个普通的"圣兵"，但在数年的征战中，脱颖而出。天京事变后，太平天国首义五王或死或走，精英尽失，太平天国遭受了严重的危机。正是在这当口，他和陈玉成等年轻将领挺身而出，力挽狂澜，成为太平天国后期最著名的统帅之一。

1859年12月，李以文被封为忠王，天王洪秀全还用黄缎子亲书"万古忠义"四字相赐。不过，此时的李以文已不叫李以文，而改名为李秀成了。

李秀成初登领导岗位时，就很少打败仗，显示出了极高的军事天赋。1856年，太平军一破江南、江北大营，本来局势一片大好，可偏在这时，天京发生内讧，元气大伤。清军借此调集重兵，卷土重来，把天京团团围住。为了挽救危机，太平军发起东征，横扫江浙，六解京围。在这一系列的作战中，李秀成转战南北，居功至伟。他和英王陈玉成所向披靡，令清军闻风丧胆。

1860年，他率部二破江南大营，席卷江浙，江南提督张国梁、钦差大臣和春、江苏巡抚徐有壬、浙江巡抚王有龄，以及杭州将军瑞昌等高官名将都先后败在他的手下，一个个凄惨而终，虽然两江总督何桂清跑得快，但最终仍难逃一死。然而，尽管李秀成在江浙取得节节胜利，但东南的局势并不乐观。江南大营二度溃败之后，曾国藩受命于危难，接掌了江南军务。李秀成开始碰上真正的对手了。

1851年，李秀成加入太平军时，曾国藩已官至礼部右侍郎兼兵部右侍郎。这一年，李秀成二十八岁，而曾国藩已年届不惑。单从年资、阅历和学识来看，李秀成就明显处于下风。有史家认为，曾国藩的才干，太平天国诸将中无人能及，除了天王洪秀全的族弟洪仁玕。洪仁玕自幼喜读经史，兼及天文历数，涉猎甚广；后至香港，留心西学，眼界大开。1859年他辗转来到天京，受到洪秀全的重用，命其总理朝政，加封为"开朝精忠军机顶天扶朝纲干王"。在天朝各级官员将领中，洪仁玕无疑是最有学识和眼界的，他所编著的《资政新篇》令人耳目一新，其中许多超前的先进理念，直到今天，仍令史学家们赞不绝口。

不过，从严格的意义来说，洪仁玕只是一个理论家，不是一个实干家。他的许多先进理念只是停留于纸面上，从未得以实施。而且，由于他一到天京，身无寸功，便得到累累加封，这也引起了以李秀成为首的太平军诸将不满，虽有天王宠信，但他的计划却常常受到牵制阻挠，根本无法实现。

　　有后人评说，如果李秀成能与洪仁玕联手，以李的带兵能力和洪的战略眼光，完全可与曾国藩相匹敌，并使咸同年间的战局发生重大改变。但这种假设已无现实意义。李秀成与洪仁玕之间有着难以调和的矛盾。李秀成看不起洪仁玕，也不屑看他写的书。李秀成以战功起家，在天朝最困难的时候，他挺身而出，发挥了中流砥柱的作用，可他进封忠王却迟于洪仁玕将近八个月。天王的亲疏远近让他颇感不快。后来他在供述中抱怨道，咸丰九年（1859 年），军情紧急，他守浦口日久，"内无军饷，外又无救兵"，天王疑他有变，甚至将他母亲和妻子押为人质。后又传说他有投清之意，"恐我有变，封我忠王，乐我之心，防我之变"。言下之意，封他忠王并非天王心甘情愿，而是情势所迫。

　　以战功而论，洪仁玕的确难与李秀成比肩，但以眼界而论，前者却远胜于后者，可惜的是李秀成看不到这一点。

　　1860 年的局势，由于江南大营的崩溃而变得错综复杂。太平军横扫江浙，南方岌岌可危，而临危受命的曾国藩面对乱局，并没有慌乱。当各方都认为应该迅速出兵江浙时，他却把目光紧紧地锁定了长江岸边的古城安庆。应该说，这正是曾国藩的高明之处。在曾氏看来，扭转战局，重在上游。用他的话说，即"固上游以规下游，防三省以图吴会"。这是他对当时总体局势的一个最重要的判断。

　　所谓上游，即指长江上游，其中包括武汉、九江和安庆。有人曾形象地比喻说，长江好比是一条长蛇，武汉为头，安庆为身，而天京则为尾。固上游，就是要先夺武汉、安庆，进而攻占天京；防三省，则指防住湖北、江西和安徽，之后江苏可图。为了实现这一意图，湘军先是力克武昌，三进三出，最后得手。此后，又倾其主力杀向安庆。

　　安庆，又名宜城，是长江中游的一个重镇，地理位置十分优越。它东接皖南，北连皖东；南靠长江，与九江相连；西连湖北，与黄梅、蕲春、英山三县交界。自康熙六年（1667 年）安徽设省后，安庆一直是省城所在地。太平天国建都天京后，安庆的战略地位变得极为重要。由于位于宁汉长江黄金水道之要津，它既是连接武汉和天京的纽带，又是天京的西大门。因此曾国藩认为，欲破天京，必克安庆。按照他的计划，第一步克武汉，第二步夺九江，第三步便是进军安庆。而其中最重要的一步就是拿下安庆。安庆乃武汉、九江之门户，夺取安庆，就像扎下一根钉子，不仅切断了天京的饷糈供给，而且也隔断了江淮各贼与天京的联络。因此，1860年春夏之交，在武汉、九江得手之后，曾国藩便指挥湘军主力全力包围安庆。应该说，这一部署立足全局，高屋建瓴，是解决时局的关键所在。可是，江南大营溃败后，朝廷急于挽救东南，连电湘军援吴，这就给曾国藩的部署带来了极大的困扰。

5月21日，就在何桂清逃至苏州当天，朝廷谕旨，令曾国藩酌度情形，相机东下。6月8日，在常、苏失陷后，朝廷令曾国藩代理两江总督，并统率所部兵勇，取道宁国、广德、建平，径赴苏州，以保东南。这一道道谕令让曾国藩颇感为难。当时，湘军主力只有万余人，另有各地勇营万余人，兵力十分有限。如果率兵援吴，就必须放弃安庆，这是曾国藩极不情愿的。

对于曾国藩的想法，在湘军内部也有很多人感到不解。他们认为江苏比安徽更重要，无论从政治还是从经济角度来说都是如此。胡林翼就劝说曾国藩，江浙不能不救，否则两省之民抱怨不说，"其毁誉，其悲悯之怀，与吴越人仰望之苦"，也不能不考虑。但他也知道，以现有兵力支援江苏，不仅于苏无补，而先损湖北。因此，他向曾国藩建议，大胆放手，破格请将，放胆添勇，倾湘中之农夫以为兵，秋冬之际，即可陆续成军，援吴计划而后可行。李续宜也提出用船运兵，直下镇江，可出其不意，直捣苏、常。可曾国藩不以为然，一再强调说："安庆一军，目前关系淮南之全局，将来即为克复金陵①之张本。"说到底一句话，就是安庆太重要了，非拿下不可。

常、苏失守之后，6月21日，他上疏朝廷，声称安庆城围不可遽撤。他在奏疏中说，苏、常未失，即宜提兵赴援，冀保完善之区。苏、常既失，

---

① 金陵，南京的古称。

则须通筹各路全局，择下手之要着，求立脚之根本。自古平江南之策，踞上游之势，建瓴而下乃能成功。

曾国藩所说的"要着"和"根本"就是要全力拿下安庆。他在奏折中解释道："欲复金陵，北岸则须先克安庆、和州，南岸则须先克池州、芜湖，庶得以上制下之势。若仍从东路入手，内外主客，形势全失，必至仍蹈覆辙，终无了期。"然而，朝廷并不接受他的想法，一再要求他设法挽救东南。7月间，李秀成大军攻克松江，直逼上海，形势更加危迫。8月21日，朝廷有谕，令曾国藩体察情形，进兵苏、常。25日再次催促，令其由徽州、严州转战而东，保全浙省，再图江苏。这让曾国藩颇感棘手。尽管谕旨急如星火，但曾国藩却坚持既定方针，一边应付朝廷，一边继续全力攻打安庆。好在此时北方大乱。英法联军攻占天津，两宫西狩热河。朝廷忙于议和，一时间无法东顾，这就给了曾国藩回旋余地。此后将近一年时间，曾国藩专注于上游，死死地咬住安庆。

这一来，太平军坐不住了。安庆的重要性，曾国藩知道，太平军同样知道。对于天京来说，除了战略位置重要之外，安庆对天京的意义还在于，这里是太平军兵源、饷源的重要供应基地。在江南、江北大营长围天京的那段日子里，要是没有来自安庆的供应，天京早就支撑不住了。因此，太平军十分看重安庆。自1853年攻克安庆后，就一直牢牢死守。太平军惯于流动作战，许多城市前脚打下，后脚撤出，并不重视地方政权的建设。除了天京之外，很少在其他城市长久立足，但安庆是一个例外。太平天国干王洪仁玕就说过，"安庆一日无恙，则天京一日无险"，实乃精辟之语。

面对湘军死磕安庆，天京高层极度不安。为了解救安庆，在天王的主持下，洪仁玕制定了五路救皖战略。尽管安庆陷入重围，但太平天国高层对局势仍持相当乐观的态度，甚至认为，这次救皖计划会是二破江南大营的重演，并"立志在本年夏间尽驱去长江一带诸妖"。干王出征前，天王及幼主还在金殿上亲赐金笔、龙袍、靴帽，以壮行色。所谓赐金笔，便含有出师得胜，施用金笔，吟诗祝捷之意，而在出师的路上，洪仁玕的心情也的确不错，一路上写下了不少诗文。其中一首这样写道：

> 志顶江山心欲奋，
> 胸罗宇宙气潜吞。
> 吊民伐罪归来日，
> 草木咸歌雨露恩。[3]

诗中充满豪气，并对胜利充满信心。在他看来，这次救皖计划，太平天国倾其主力，志在必得，但让他意想不到的是，救援计划竟以惨败而告终。究其原因，不是计划不周密，而是思想不统一，并在执行上出了问题。

决战安庆

救皖计划是在 1860 年 9 月下旬正式提出的。当时太平军攻克苏、常等江苏重镇之后，开始进军上海。根据原定计划，太平军的战略目标是先夺取长江下游苏杭沪地区，巩固后方，消除后顾之忧，然后再乘胜向上游进发，会攻武汉。

这个计划是 5 月间在天京军事会议上制订的。洪仁玕和李秀成都支持这个计划。据洪仁玕回忆，5 月 21 日，他登朝庆贺，且议进取良策。英王意在救安省，侍王意取闽浙，独忠王从吾所意。但是，这一计划在执行过程中却遇到了一系列问题。先是李秀成在攻克苏州之后，向上海进发，却遭到洋人的干预，不得不改变计划，转而进攻浙江嘉兴等地。

9 月 25 日，英王陈玉成赶到苏州与忠王会面，商讨下一步战略。会上，陈玉成重提救皖计划，并与李秀成发生了分歧。陈玉成认为，安庆被清军围攻，万分危急，必须派兵驰援，但李秀成认为，进攻杭州，实比救援安庆更为迫切。在他看来，苏、杭好比鸟之两翼，光有一只翅膀是飞不起来的。

陈玉成是太平军年轻的少帅，十四岁参军，二十一岁时赐封英王。虽然他比李秀成小十几岁，但战功丝毫不弱于后者，加封英王也早于李秀成半年。陈玉成作战凶悍，令人生畏。清军骂他"四眼狗"[1]，对其极尽妖魔化。直到陈玉成被捕之后，他的敌人才发现原来他是个美男子。"貌甚秀美，绝无杀气"，曾国藩的幕僚赵烈文就曾这样描述他。

其实，英王的外貌与他性格相差很大，一名见过陈玉成的外国记者在报道中这样写道："英王穿黄袍，戴风帽，身材矮小，声弱如女子，貌似无能而不堪负大责者。"而实际上这个貌似柔弱的年轻人却是顶天立地的汉子。他"头脑清晰，聪明智慧，行为坦白"。在太平天国后期，他曾威震四方，叱咤风云，令清军闻风胆寒。

陈玉成主张救援安庆，本身并没错。安庆的重要性不言而喻。但李秀成的看法是，安庆重要，苏杭同样重要。这其实也没有错。有人认为，陈玉成和李秀成两人都有私心。对于陈玉成来说，安庆守将叶芸来是他的部下，他不能见死不救。而李秀成也有自己的小算盘，攻占苏、常之后，他便一心想在苏、浙扩展地盘，发展实力，因而救援安庆对他毫无吸引力。

这样的揣测是否有道理，姑且不论，但二王的分歧导致了太平军战略计划的重大改变，却是事实。据李秀成的说法，八月[2]中旬，"天王严旨颁到，命我赴上游"，领军扫北。这就是说，在忠王与英王的分歧中，天王站在了后者的一边。

天王的态度与干王洪仁玕有极大关系。干王原来是主张先夺取长江下游苏杭沪地区，巩固后方，然后再乘胜向上游进发，会攻武汉，但鉴于安庆局势危急，他改变了原定的主张，同意放弃下游转而进攻上游。这就使太平军5月间制订的战略计划完全发生改变。

对于这样的改变，李秀成内心是有抵触的，但在天王的严旨之下，他只能执行。太平军新的战略即远袭武汉，援救安庆。其要点是，乘湘军重

---

[1]　据传陈玉成眼下有两块黑斑。

[2]　旧历。

兵云集安庆，武汉空虚之时，集中优势兵力奔袭武汉，迫使湘军回援，以解安庆之围。会议一结束，太平军立即行动，杀向湖北。这就是太平天国史上著名的第二次西征。

西征行动与太平军对付江南大营的办法如出一辙，虽然仍是老套路，却击中了湘军的要害。陈玉成大军经由苏北、六安等地杀向湖北，李秀成大军则由皖南插入江西。太平军来势凶猛。从12月至次年3月间，曾国藩大营几度遇险。尤其是12月底，李秀成、李世贤、杨辅清三路会攻祁门，身陷绝境的曾国藩甚至写下遗书，情形万分危急。如果太平军全力会攻，取胜必定无疑，可李秀成却没有这样做。他虚晃一枪，便撤围而去。有分析认为李秀成是害怕湘军悍将鲍超。因为在12月初，李秀成曾在休宁柏庄岭被鲍超击败，损折四千余人。还有分析认为，李秀成此次出兵的目的"并非欲争此处，实上湖北招兵"，而且更为重要的是，他对"二次西征"始终不感兴趣，更多的是注意保存自身的实力，故而丧失大好战机，使曾国藩绝处逢生。

1861年3月，就在李秀成部转战皖赣之间时，陈玉成大军一路过关斩将，攻克湖北黄州，距汉口仅百里之遥。此时武昌的守军仅有三千余人，而湖北巡抚胡林翼则远在安徽作战。群龙无首，实力悬殊，武昌城内乱成一团。

消息传来，许多人都主张立即救援武汉，但曾国藩坚持不为所动。因为他早就看出了太平军的意图。如果分兵救援，正好中了太平军的计谋。事后，他在家书中写道："此次贼救安庆，取势乃在千里之外"，"贼之善于用兵，更狡更悍"。然而，让人不解的是，就在武昌空虚，势难再保之时，太平军突然屯兵不前了。一般认为，这是洋人干涉所致。确实，英国参赞巴夏礼赶到了黄州，当面要求太平军立即停止军事行动。他的理由是，太平军攻打武汉会损害列强的贸易，破坏他们的商业利益，因为事涉外交，陈玉成只得停止行动，并向天京请示。

其实，洋人干涉只是一方面原因。更重要的原因是李秀成行动迟缓，从而导致了计划被迫中止。按照原定的方案，太平军两路大军，一路由陈玉成统率，一路由李秀成指挥，两军会师湖北之后再向武汉发起进攻。然而，当陈玉成的大军兵临武汉城下时，李秀成的部队却迟迟不见踪影，按照预定计划发起的攻击亦无法进行。

李秀成进军迟缓，后来广受诟病。有史家认为，他是阳奉阴违，有意对抗"中央"，这里不予置评。客观事实是，李秀成比陈玉成晚了三个月，才率部进抵湖北鄂城。而此时安庆已危在旦夕，陈玉成不得不回师直接救援安庆。这就导致了太平军的作战计划再次发生改变。

如果陈玉成不回援安庆，而是与李秀成合攻武汉，那又会是怎样的结果呢？但历史不容假设。等到李秀成赶到湖北时，见陈玉成业已回师，便也退回江西，旋即返回浙江。至此，西征计划完全没有达到目的。

1861 年 4 月，陈玉成三万大军进入集贤关。集贤关是安庆陆路通向外界的唯一通道，湘军在这里集结了重兵。在武汉危急之时，很多人都劝说曾国藩，让他分兵救援武汉。可曾国藩丝毫不为所动，认为安庆得失关系战争全局之成败，除了胡林翼紧急调兵赴援外，围攻安庆的湘军主力丝毫未减。他指示其九弟曾国荃等围攻安庆的湘军将领，"勿弛安庆围，须坚守"，甚至说出了"吾但求力破安庆一关，此外皆不遽与之争得失"的话来。

曾国藩的目标很明确，那就是咬定青山，不惜代价，务必拿下安庆。为此，他要求围城部队，坚守不动，不攻坚，不出战，与此同时，隔断城中与外界的一切联络，使其粮草断绝，最终失守。曾国藩如此坚决，一方面，是对安庆志在必得；另一方面，他也识破了太平军的意图。自古成大事者，皆有一股狠劲，曾国藩就是如此。在长达一年多的战事中，他始终咬住安庆不放，以不变应万变。实际上，在这场较量中，谁能挺到最后，谁就是最后的胜利者。但与曾国藩相比，太平军的计划却一变再变，最终导致了重大失利。

从 5 月开始，安庆大战进入了白热化。双方不断调兵遣将，投入了大量兵力。为了增援安庆，干王洪仁玕亲自赶赴桐城，坐镇指挥。从各处调集的两万多天国精锐，分别进至安庆北面的新安渡、横山铺、练潭一带，与陈玉成大军声气相连。这是曾国藩愿意看到的。因为湘军的主力全部集中在安庆一带，正好可以吸引太平军进行决战。为了确保集中优势兵力，他又先后调集鲍超部、胡林翼部等部精锐，以增援围困安庆的湘军。

安庆决战极为惨烈，前后持续数月，直到 9 月间才见出分晓。太平军伤亡惨重，而安庆城内弹尽粮绝。1861 年 9 月 5 日，安庆在坚守一年之后，终于失守了。平西主将吴定彩及叶芸来等二万多将士全部阵亡。

安庆失守对太平天国来说是一场真正的灾难。它使西线太平军主力丧失殆尽，而天京也失去屏障，危在旦夕。有史家认为，安庆之失是太平天国走向最后灭亡的重要转折。为此，主持朝政的干王洪仁玕十分痛惜，他严厉批评李秀成，认为他消极参战，不顾大局，先是不能如约与英王陈玉成会师武汉，致使戎机一误再误；此后，又不执行五路救皖战略，由湖北回师江西，竟不救皖而入浙，致使安庆不守。他在信中说，不要以为手握苏杭两省，便可高枕无忧。"夫长江者，古号为长蛇，湖北为头，安省为中，而江南为尾。今湖北未得，倘安徽有失，则蛇中既折，其尾虽生不久，而殿下之言，非吾所敢共闻也。"但是，李秀成似乎并不买账。他回复称："特识高见，读之心惊神恐，但今敌无可败之势，如食果未及其时，其味必苦，后当凛遵。"

在李秀成看来，敌势未消，与其决战，并非上策，而剑走偏锋，直取苏杭，倒可出奇制胜。其实这一想法也有合理成分，但他打乱了太平天国的整个部署，因而饱受质疑。不过，从客观效果看，李秀成的行动也给曾国藩造成了极大的麻烦。12 月间，就在湘军攻克安庆之后不到三个月，李秀成便率部夺取杭州，之后挥师上海。如果一切顺利，东南半壁将尽归太平军之手。尤其是夺取上海，至关重要。此处是江南最富庶之地，一旦得手，"即取百万买置火轮二十个，沿长江上取"，局面将为之改观，足以抵消失去安庆的重大损失。但让曾国藩感到庆幸的是，李秀成的计划却在进攻上海时遭受重大挫折。

历史在这里又一次发生了根本转折。

第二章　关键先生

孤　岛

咸丰十一年（1861年），钱鼎铭三十七岁。

这个来自江苏太仓的青年人家世显赫。他的父亲钱宝琛，是吴越王钱镠的第二十九世孙，二十四岁中进士，此后一路升迁，官至湖南、湖北巡抚。钱宝琛曾与林则徐在翰林院共过事，私交甚笃，而且在禁烟上与林同属强硬派。林则徐禁烟获罪后，被贬至新疆伊犁，途经南昌时，钱宝琛不避风险，以现职巡抚身份，前往滕王阁码头迎候，依依惜别。在道光年间，钱宝琛的名气一度很大。

不过，与乃父相比，三十七岁的钱鼎铭一直默默无闻。虽然他二十二岁中举，但功名却止步于此，后通过捐资获户部主事。主事为级别较低的基层办事官吏，相当于正六品，与一般知县、通判不相上下。但在咸丰十一年的冬天，钱鼎铭的机遇来了。

这都是因为上海。咸丰九年（1859年），钱鼎铭的父亲去世，按照礼制，他离任回乡奔丧。钱鼎铭的老家在江苏太仓，就在他回乡期间，太平军二破江南大营，江南诸郡县先后告失，苏浙地区的官僚、地主纷纷逃往上海避祸，钱鼎铭亦在其中。当时的上海属于江苏省管辖，由于受到洋人的保护，这里成了江浙官绅的最后避难所。包括原两江总督何桂清、新任江苏巡抚薛焕等众多官员也都退守上海一隅。当然，"退守"只是一个体面的说法。

　　1860 年夏秋之际，太平军二破江南大营后，乘胜追击，直逼上海城下。尽管上海受到严重威胁，但由于洋人的干预，忠王大军的攻势受到遏制。此时，太平天国并不想和洋人撕破脸，他们希望通过外交途径化解与洋人的争端，因此李秀成下令部队不准还击，结果在洋人的炮击下太平军伤亡颇多，就连李秀成本人也被炮弹伤及面颊。此后由于安庆危急，太平军开始实施救援安庆计划，上海之围暂解。

　　一年之后，安庆城破，湘军在西线得手，但李秀成却率部由江西突入浙江，攻陷杭州。1862 年，同治皇帝刚刚登基，东线便败讯迭至。一月间，李秀成在攻克杭州之后，立即进军上海，旨在拿下上海，使苏浙沪地区连成一片。

　　太平军后期四大主力，一是陈玉成的羽林军，一是李秀成的宿卫军，此外还有李世贤的京卫军和杨辅清的都卫军。此次进逼上海的除了李秀成的宿卫军之外，还有他的堂弟、侍王李世贤统领的京卫军，共计十万之众，分五路出击。

　　此时的情形与一年前完全不同。那时，太平军对于攻击上海还未做好准备，加上不愿与洋人闹翻，所以并未动真格的，可这一次李秀成却是志在必得。尤其是安庆失守后，他必须拿下上海，方能与曾国藩扯个平手，扭转西线失利带来的困难局面。与此同时，对待洋人的态度，太平天国这时发生了明显的变化。1861 年 1 月 12 日，太平天国幼赞王蒙时雍等照会英国舰长宾汉姆时，便改变了太平军不进攻上海的承诺。照会称"太平军不进入上海附近，原只限于本年"。也就是说，从 1862 年开始，太平军将不再遵守原先的承诺。

　　六天后，李秀成大军由江苏松江直趋上海，并发布公告，谕令驻守上海的"逆贼归顺"，并劝上海洋商各宜自爱，两不相扰，倘敢抗拒，则是自取灭亡。这是彼时太平军发出的最严厉的警告。上海风声鹤唳，一片恐慌。事实上，当江浙大片领土被太平军占领之后，上海已成为名副其实的孤岛。如果上海失守，江浙官绅将失去最后的一块栖息地，而他们的生命和财产也将随之化为乌有。为了挽救上海，也是为了挽救他们自己，上海的官绅们开始紧急磋商，寻找救援之道。

苏绅顾文彬和潘曾玮提出了向曾国藩求援的计划。实际上这是当时能够救援上海的最直接、最有效的办法。作为两江总督、钦差大臣，曾国藩此时节制四省军务，手握重兵，是东南半壁最有权势的人物。但这一计划开始提出时却遇到了一些周折，主要是驻扎上海的大员们意见并不统一，直到杭州告急之后，新任江苏巡抚薛焕、江南督办团练大臣庞钟璐，以及江苏布政使吴煦等高官才不得不放下各自的私念，达成共识，决定向曾国藩求援。

1861 年 11 月 18 日，前往安庆的乞援人员从上海出发，领头的就是三十七岁的户部主事钱鼎铭。《清史稿》有如下记载：“鼎铭奋然请行，乘洋商轮船溯江上，至安庆谒国藩，陈吴中百姓阽危……继以痛哭，国藩遂决策济师。”可以说，钱鼎铭这次请援功莫大焉，这不仅对上海，甚至对整个战局都产生了重要影响。当然，对他个人来说，意义同样重大。他不仅一举成名，而且从此步步高升，直至当上了河南巡抚，与乃父钱宝琛同列封疆，青史留名。

不过，安庆请援起初并不顺利，一度让钱鼎铭茶饭不思，焦急万分。

拿什么救上海

1861 年 9 月 5 日，经过一年多的血战，湘军终于攻克安庆。9 月 11 日，曾国藩从皖南东流移师安庆。这一年，曾国藩五十岁，再过两个月就是他的五十寿诞。可以说，克复安庆对他来说，是最好的生日礼物。

安庆古称“宜城”。两千多年前，这里曾是春秋古皖国所在地。相传东晋诗人、堪舆家郭璞登盛唐山有“此地宜城”之语，宜城之名由此而来。乾隆二十五年（1760 年），安徽省会由江苏南京迁来，此后在长达一百七十多年时间里，安庆一直是安徽的省会。

太平军兴以来，安庆的战略地位越来越重要，这里曾多次发生恶战。曾国藩接统江南军务后，下定决心要拿下安庆。为此，他不惜血本，用了将近一年的时间终于如愿以偿。不过，安庆之战虽然取得了胜利，但湘军损失也不小。因此，曾国藩移师安庆后，心情并不轻松。尤其是李秀成挥师东进之后，江浙大片领土沦入太平军之手，更使曾国藩倍感压力。

1861年11月11日，载淳即位，是为同治。可就在新皇即位后仅一个多月，杭州——这座南方重镇便被李秀成攻陷，上海亦陷入危殆之中。对于江南局势的迅速糜烂，朝廷极为不满。远在千里之外的紫禁城内，刚刚掌权的慈禧太后把保卫上海看作头等军国大事，明诏密谕，函电交驰，要求曾国藩必须力保上海。

上海的重要性不言而喻。这里地处东南沿海，是当时中国最大的商业城市和财赋重地。1843年以前，上海还相当闭塞，但五口通商之后，由于华洋互市，上海发展神速，很快繁荣起来。不久其商业地位已超越广州，"独为巨擘"。

也许数字是最好的说明。咸同年间，上海出口的总贸易额占全国各海关的百分之六十四，丝茶为最大出口商品，其中丝的出口几乎全部经由上海放洋，而茶的出口经由上海的高达百分之七十。进口量也相当惊人。仅英国一年从上海贸易赚到的金钱就达一千三百万英镑，折合白银相当于四千万两，相当于英国从印度获取贸易利润的三倍之多。据说，当时每天停靠的上海码头的外轮竟有三百多艘。至于上海的税收，也是清廷中枢收入的主要来源。

如果查阅1861年前后的官方文件和民间记载，上海毫无疑问是最重要的关键词之一。面对太平军大兵压境，各方都在高度关注，作为统辖四省军务的曾国藩更是深感责任重大。然而，要想解救上海却困难重重。

11月18日，钱鼎铭一行从上海赶到安庆后，曾国藩平静的心绪再一次被打乱了。据曾国藩日记记载，是日早饭后，他下了一局围棋，然后习字、清理文件、会见来客，一直忙到午刻。就在这时，钱鼎铭从上海赶到了。

与他同来的还有候补知县厉学潮。

接下来的会见是在一种悲切的气氛中进行的。钱、厉二人一见曾国藩便扑通跪下，一口一个"大帅"地哭喊着。他们痛陈上海危殆已极，请求曾帅立即发兵救民于水火之中。尽管他们所说的内容，曾国藩早已知悉，但钱、厉二人的凄婉哀切的神情还是打动了曾国藩，让他难以平静。曾国藩在当天的日记中写道：

> 午刻，江苏上海庞宝生派户部主事钱鼎铭来请兵，携有书函……问之，系冯桂芬敬亭手笔。钱君在坐次哭泣，真不异包胥秦庭之请矣。[1]

所谓申包胥哭秦庭，典出《通志》。楚昭王十五年，申包胥赴秦国求救，但秦哀公拿不定主意是否出兵，申包胥便"哭秦庭七日"，终于打动秦哀公使其出兵救楚。曾国藩在日记中把钱、厉二人比作申包胥哭秦庭，可见其情迫切。会见中，钱鼎铭还向曾国藩当面呈交了由上海团练大臣庞钟璐领衔、沪绅集体签名的公启，公启"系冯桂芬敬亭手笔"。冯桂芬是当时大名鼎鼎的人物，榜眼、翰林出身，其代表作《校邠庐抗议》脍炙人口，曾广为流传。在这份公启中，这位大名士以其惯有的华丽辞藻，写下洋洋数千言，立论精到，"深婉切至"。曾国藩读后，颇为动容。

除了公启之外，江苏巡抚薛焕还委托厉学潮向曾国藩呈交了一份专函。如果说，公启代表了民意，那么薛焕的专函则属官方文件。在这份文件中，薛焕首次打破了沉默，以地方大员的身份正式向曾大帅提请救援。薛焕原是江苏藩司。所谓藩司，正式的官名叫布政使，是一省管理民政和赋税的长官。1860 年 6 月，江苏巡抚徐有壬死后，薛焕便补了空缺。巡抚系一省最高长官。太平军在苏杭节节胜利，薛焕忧心如焚，但对要不要请湘军前来救援，却一直心存顾虑。他不是不希望有人救援，也不是怀疑湘军的能力，而是担心湘军来了，他的巡抚就坐不稳了。事情明摆着，一山不容两虎，实力决定一切。如果湘军救了上海，江苏巡抚的肥缺难道还有他的份吗？

可不请湘军又能怎么办呢？薛焕起先另有打算：一是请洋兵。他一到上海便积极联络在华的列强各国，希望他们能够调洋兵来保卫上海，但洋人的态度模棱两可，态度暧昧。因为此时，洋人还在观望，并没有真正和太平军翻脸。二是募勇扩军。上海有的是钱，有钱还怕招不到兵吗？于是，他派人去了湖南，开始招兵买马。但是，战局的发展之快却超出了他的想象，还没等到把人马招来，李秀成已经攻下杭州，并向上海进军了。

上海的官绅们坐不住了。他们认为，请湘军的事不能再等了，必须马上做出决断，而且刻不容缓。为了向薛焕施加压力，他们请出了两个重量级人物。一个是庞钟璐，他是团练大臣，属于省级官员，地位与薛焕相当；另一个是上海道台吴煦，虽然道台是地市级官员，隶属巡抚管辖，但在上海滩，吴煦却是地头蛇，离了他薛焕根本玩不转。

谈话的结果是薛焕改变了态度。其实，他不改变也不行了，太平军已经打到了家门口，除非他想步浙江巡抚王有龄的后尘①。薛焕不傻，孰重孰轻他还拎得清。两害相权取其轻，眼下救命要紧，他只好让步了，不得不以巡抚的身份正式致函曾国藩，并交由厉学潮亲手转呈。

上海的官绅现在是迫不及待。他们恨不能曾国藩马上派兵。因为太平军已经进逼城下，城内兵力严重不足，人心涣散，情况万分危急。但对曾国藩来说，事情并不那么简单。钱鼎铭看着曾国藩踌躇不语，再次跪倒在地，涕泪滂沱。他说，上海已是旦夕难保，江南士绅盼湘军如久旱盼雨，请求大帅速派大军东进，以解沪绅百姓于倒悬。看着钱鼎铭声泪俱下，曾国藩心里也颇不落忍。他一边扶起钱鼎铭，好言加以劝慰，一边声称此事需从长计议，并让他们先下去休息。

这次谈话实质上并无结果。此后一连几天，曾国藩亦无明确态度。钱鼎铭不禁度日如年，心焦如焚。为了达到目的，他天天去找曾国藩软磨硬缠。

---

① 杭州破城后，王有龄自缢身亡。

换了别人，兴许不敢。可钱鼎铭不怕，因为他与曾国藩有一层特别的关系。钱鼎铭的父亲钱宝琛与曾国藩是同年。所谓同年，就是科举考试中同榜考中的进士。在互相援引的旧官场，这是一种很重要的社会关系。他们的子女也因父辈关系变得亲近，俗称年侄，或年家子。钱鼎铭之所以敢自告奋勇前来安庆，也正是仗着这一点。他在曾国藩面前以年侄、晚辈自称，曾国藩不答应，他就每天来到大帐外，每见年叔便长跪不起，痛哭流涕，搞得曾国藩心烦意乱，也拿这个年家子毫无办法。曾国藩在给澄、沅二弟的信中说：

> 江苏、上海来此请兵之钱调甫[①]，即前任湘抚钱伯瑜[②]中丞之少君也，久住不去，每次涕泣哀求，大约不得大兵同行即不还乡，可感可敬。[2]

不过，"可感可敬"是一回事，真正要出兵又是一回事。其实，曾国藩不是不想救上海，但要救上海，难度实在太大。首先，安庆之战后，湘军兵力严重减员，徽州一带的战事仍在进行，加之围攻天京，他手中的军力已是捉襟见肘，根本无多余之兵可派。其次，上海远在千里之外，而江苏大部地区已为"长毛"所占。上海几成孤岛、死地。即便有兵东援，要想通过层层封锁也并非易事。

就算曾国藩有心救援上海，他又拿什么去救呢？

成功的游说

时间一天天过去，上海的危险也一天天增加，形势紧迫，刻不容缓。尽管钱鼎铭心焦如焚，天天去求曾国藩，但毫无结果。就在这时候，他想到了一个人，决定独自登门拜访，也正是这次拜访一举扭转了局面。

---

① 钱鼎铭字调甫。
② 钱宝琛字伯瑜。

钱鼎铭拜访的这个人就是李鸿章。当时，李鸿章尚未成名，还只是曾国藩手下的一个刚刚崭露头角的幕僚。幕僚，又称幕宾，它是行政编制之外的一种人员，并非朝廷任命，但在行政系统内却发挥着重要的作用。有些幕僚虽然没有具体职务，但他们相当于高参、谋士、机要秘书和重要助手，权力和影响力非常之大，有的甚至能够主导和左右整个机构的决策和运作。

李鸿章自咸丰九年（1859年）投奔曾国藩后，就一直受到恩师的器重。曾国藩也对他极其信赖。在湘营中，他总理文案，赞襄军务，实际上成了曾国藩的左右手。许多大事，曾国藩甚至听凭李鸿章处置，往往由他"数言而决"。

钱鼎铭决定去找李鸿章，正是因为看到了李鸿章的这种影响力。在安庆求援的那段时间里，钱鼎铭发现李鸿章与曾国藩关系甚密，时常在一起密谈。于是钱鼎铭决定去找李鸿章，请他帮忙说服曾国藩。

此时钱鼎铭与李鸿章并不熟悉，不过论起家世两人却不乏渊源。钱的父亲钱宝琛与李鸿章的父亲李文安，还有曾国藩都是道光二十八年（1848年）的同榜进士，这种关系使他们的距离一下子拉近了许多。钱鼎铭找对人了，这次拜访使陷入僵局的死棋活了起来。不过，关于钱鼎铭拜访李鸿章的谈话，见诸史料的记载并不多，而记述他们谈话的内容也大多过于简略，很难看出具体眉目。不过根据零星记载，加以归纳，大致可以清楚他们的谈话至少涉及以下几个方面：

一、上海税厘充足，饷源丰富，如果落入太平军之手，殊为可惜。

二、上海有钱，可以养得起兵。湘军如果去，兵饷可以保证，每年六十万不成问题。这对湘军是一件很有吸引力的事。

三、从战略上讲，上海地位重要，退可牵制江浙，进可规复苏南，最终实现对天京的南北夹击。

据载在这次拜访中，钱与李还有一段有趣的对话。钱说上海有钱，现缺的是能带兵的将领。李问所谓将领的标准是什么，钱答，像阁下这样。

咸丰十一年（1861 年），李鸿章已经三十八岁了，可一直潜龙在渊，大志难伸。他投奔湘军后，虽然受到曾国藩的器重，总理文案参与核心决策，地位之高有目共睹，可尽管如此，他仍有寄人篱下之感。湘军门户之见甚深，李鸿章以皖籍而居高位，自然引起湘人的不满，特别是那些统兵大员内心对他更是抵触。

李鸿章刚到曾幕时，曾国藩为了提高他的军事水平，曾安排他到基层进行锻炼。锻炼的部队为曾国荃所统领。曾国荃是曾国藩的九弟，人称曾老九。李鸿章去了之后，为了表示对曾国荃的尊重，特请这个比自己小一岁的师叔为他题诗。其实，他不过是客套一下，没承想曾国荃倒也不客气，提笔便写了一副对子：

门多将相文中子
身系安危郭令公[3]

李鸿章看后顿感不快，你曾九也太大言不惭了，居然把自己比作郭子仪，你一个秀才竟在我这个进士面前摆起谱来了。他气得当时就想走人。曾国藩随即写信好言相劝，说是让他下部队主要是让他了解湘军的组织结构、作战和训练方式，以便今后更好地开展工作，"阁下宏才远志"，将来必为匡济之才。

如果说曾国荃的傲慢和粗鲁还能够忍受的话，那么，左宗棠和彭玉麟就更过分了。左宗棠一向自视甚高，天底下几乎没人入他法眼，就连对曾国藩也不大买账，况乎李鸿章一个小小的幕僚？彭玉麟更是一个大刺头，外号彭打铁，脾气上来了谁也不让，有一次竟与李鸿章因口角而大打出手。

在三湘子弟面前，李鸿章终归是个外人。如今，钱鼎铭这句话正中其下怀，自立门户之心怦然而动。这次谈话之后，李鸿章的态度开始发生明显的转变。他积极劝说曾国藩，力主出兵上海。正如钱鼎铭事先想到的那样，作为曾国藩最重要的助手之一，他的影响力显而易见。

查阅曾国藩那段时间的日记，经常出现"与少荃①久谈""（与）少荃商救援江苏之法""傍夕至少荃处一谈""至少荃处，与钱调甫（鼎铭）久谈"等等。据《淮军志》推论，曾国藩决定出兵大抵在11月24日，而这一天正是他与"少荃商救援江苏之法"的第二天。对于曾国藩而言，出兵上海的必要性不言而喻，关键是有心无力难度太大，因而举棋不定。在这种时候，李鸿章的态度起了重要作用。

1861年的情况似乎就是如此。在决定是否出兵上海的决策中，如果说曾国藩是最后的决策者，那么，李鸿章就是一个"关键先生"。

梦想照进现实

曾国藩决定出兵后，接下来需要考虑的便是由谁统兵前往。这同样是一个十分重要的问题。曾国藩有自己的盘算。首先，派去上海的这个人必须是可靠的，而且是自己人；其次，这个人还得有能力，能够独当一面，打开局面。可这样的人并不好找，因为既可靠又有能力的人，现在都在重要岗位上了，一个萝卜一个坑，很难抽出身来。

这时，有人主动请缨了。第一个站出来的是吴坤修。吴坤修在湘军中并不十分有名。他曾担任过盐运使，是曾国藩的部将。钱鼎铭到达安庆不久，他就主动请缨，提出自募六千兵勇，南下增援上海。但曾国藩并不看好他，认为他的能力不足，难以胜任。如果说他符合第一个条件，那么，第二个条件他并不具备。

其实，曾国藩这时心里已经有了一个人选，尽管一开始并没有说出来。这个人就是他的九弟曾国荃。曾国荃在曾家兄弟中名气不小，在湘军中也是数得着的人物。领兵以来，他攻九江、克安庆，打过不少硬仗，立下汗马功劳。老九的性格与乃兄曾国藩截然不同。曾国藩谨慎、节制，而曾国

---

① 李鸿章字少荃。

荃却鲁莽、张扬。他作战凶狠，所率老湘营是曾国藩的嫡系和主力。

作为饷源重地，上海这块大肥肉自然不能外流。不久，曾国藩制订的第一套援沪方案出笼了。在这个方案中，东援主帅便是曾国荃，所辖兵力以老湘营为主。他在给九弟的信中详细说到这件事。信中写道：

> 余必须设法保全上海,意欲沅弟①率万人以去……不知沅弟肯辛苦远行否？如慨然远征，务祈于正月内赶到安庆。迟则恐上海先陷。[4]

这封信写于 11 月 26 日。这是钱鼎铭到达安庆后的第八天。然而，让他没想到的是，曾国荃不领这个情，他根本不想去上海。曾国藩的信发出后如同石沉大海，久久不见回音。此时，曾国荃正在湖南募兵。安庆之战后，湘军损失惨重，同时由于战线拉长，急需补充兵员。于是，他奉乃兄之令回乡招兵买马。曾国藩的信寄出后，一连十天，毫无回音。曾国藩急了，接着又写了一封信，敦促其弟迅速带队赴沪，并要他"正月由湘至皖，二月由皖至沪"。信的最后还特别强调，"吾家一门，受国厚恩，不能不力保上海重地"。

可是，曾国荃还是不予回复。曾国藩以为乃弟是有顾虑，毕竟孤军深入上海要冒很大的风险，为了打消他的顾虑，确保进兵成功，曾国藩还对整个援沪方案作了进一步完善：一、令李鸿章统八千陆勇；二、令黄翼升统六千水师；总计万余人跟随老九同去上海，协同作战。决定做出后，曾国藩在当日又一次写信给其弟，通知了上述安排。

但曾国荃还是没有任何反应。显然他的态度是消极抵触。曾国藩有些恼火了，自己煞费苦心的安排，居然不被理解。其实，他不明白，曾国荃有自己的算盘。他不想去上海是有更大的野心，那就是主攻天京，夺取首功。因此，对于这个援沪主帅他压根儿就没有兴趣。

---

① 曾国荃字沅甫。

就在老九以沉默对抗乃兄之时，李鸿章却表现得十分积极。尽管曾国藩的方案并不让他满意，因为在这个方案中，他只是作为曾国荃的副手前往上海，这显然与他的想法存在差距。但这似乎并未影响他的情绪。不仅如此，他还一直起劲地募集淮勇。

淮勇，顾名思义，便是来自安徽的兵勇。募集淮勇的工作早在安庆之战后便开始了。由于长年征战，三湘兵员日渐枯竭，为了扩军备战，曾国藩不得不从湖南以外的地方招集兵员，"以济湘军之穷"。李鸿章当时便受命从安徽召集兵勇，以弥补湘军的兵力不足。不过当时谁也没想到，这后来竟成了淮军创建的一个发端。

这里可能有一个疑问，那就是李鸿章明知不能成为援沪主帅，为何还要如此积极？原因何在？他的动力又来自哪里呢？答案也许很难用一两句话说清楚。不过，据《淮军志》披露，12月26日，曾国藩曾有一奏折，在保举左宗棠出任浙江巡抚的同时，保荐李鸿章出任江苏巡抚。这份奏折很重要，但却没有收入曾氏全集。摘要如下：

> 王有龄久受客兵挟制，难期振作。欲择接任之人，自以左宗棠最为……查有臣营统带淮扬水师之福建延建邵遗缺道员李鸿章，劲气内敛、才大心细。若蒙圣恩将该员擢署江苏巡抚，臣再拨给陆军，便可驰赴下游，保卫一方。地方一切事宜，该员亦能洞悉利弊。至巡抚驻扎之地，上海僻在东隅，不足以资控制。臣愚以为宜驻扎镇江……待该员军抵镇江后，再求明降谕旨。[5]

或许这份奏折能够说明一点问题。尽管李鸿章不是援沪主帅，但曾国藩也没亏待他。那就是保举他出任江苏巡抚——这应该算是一个不小的诱惑！李鸿章的动力或许正是来自这里。不过，关于苏抚的"驻扎之地"，曾国藩明确指定在镇江而不是在上海，这又说明曾国藩并不想把上海交给李鸿章。

12 月 31 日，这是 1861 年的最后一天，曾国荃的回信终于姗姗来到了安庆。他在信中明确拒绝了曾国藩的想法，说明了自己不想去上海的理由。这让曾国藩深感失望。事到如今，最合适的人选只有李鸿章了。这天晚上，他与李鸿章进行了一次交谈。言谈之中，曾国藩知他去意已决，便笑了笑不再说什么了。

其实，直到这时候，曾国藩仍然留有余地，指望老九弟最后能够改变主意。这种想法至少在此后一个月中都未改变。这期间，他给上海方面去了好几封信，信中都说明，李鸿章即将带兵前往，但只是作为先行官，曾国荃作为援沪主帅并未改变。

曾国藩原本还有一个备选人物，那便是湘军老将陈士杰。陈士杰是湖南桂阳州人，拔贡出身。据《清史稿》载，他早年跟随曾国藩办团练，"甚得力"，先后授知府、道员。在曾国荃拒绝去上海后，曾国藩便有心举荐陈士杰为江苏按察使，由他接替九弟出任援沪主帅。可事与愿违，陈士杰也不愿意去，理由是母亲年纪大了，希望能够就近照顾，请求驻守湖南。陈士杰是个大孝子，他的请求曾国藩无法拒绝。

时间紧迫，已经没有多少时间让曾国藩从容考虑了。在这种情况下，他不得不选择李鸿章了。李鸿章的机遇终于降临了。历史的选择常常具有偶然性，但对李鸿章和淮军来说，这个结果意义重大。

在咸丰十一年（1861 年）的严冬，李鸿章终于如愿以偿，迈出了人生的重要一步。

第三章　庐州团练

翰林变绿林

公元 1862 年，清朝第十位皇帝爱新觉罗·载淳继位，改年号为同治。以今人的目光回顾历史，同治元年最引人注目的一件大事，或许就是淮军的成立，可在当时并没有多少人注意到这一点，直到这支军队开进上海。

淮军的成立，是苏南战局的一个重要转折，也是李鸿章人生的一个重要转折。

李鸿章是合肥磨店乡人。李家原姓许，因避战乱，自江西湖口迁至合肥。李家八世祖叫许迎溪，他的内弟李心庄膝下无子，许迎溪便把次子过继给了小舅子，改姓为李。此后延续至李鸿章，已是第九代了。李家早年世代务农，生活较为贫困。如果不是后来发迹，"清贫无田"的李家后代恐怕也会参加太平军，像李秀成一样走上造反之路。到了李鸿章父亲李文安这一辈，李家的祖坟突然"冒青烟"了。先是李文安考中了进士，接着他的两个儿子也科场得意。此后，李家进士、举人和秀才不断涌现。当官的越来越多，门第也越来越显赫。李鸿章和他哥哥李瀚章都官居一品，位极人臣。

磨店原属肥东县管辖，现已划归合肥市，离市中心的路程有三十多里。如今李家留下的遗迹已不多，但有一口李家曾使用过的水井却完好地保留了下来。当年李家的发迹曾引来不少坊间传闻，有人说这口井看似普通，实则不同凡响，因为直到李鸿章父亲李文安这一辈，李家才"择井而居"，这一搬不得了，好运开始频频降临。这种说法后来不胫而走，越传越神，直到如今仍有不少人前去参观这口井。国人相信异兆之说，一个人发迹或者倒霉了，之前都会出现异兆。即便没有，事后也要想办法编造出来。关于这口井，大抵也是如此。

关于李家的传说还不止这些，其中有些关于李鸿章的流传甚广，比如传言李鸿章出生时，屋外有仙鹤飞过，这是大贵的征兆；再比如传言有相师替李鸿章看过相，说他"长身玉立，鹤立鸡群"，这种骨相预示着他将来必定显贵。晚清诗人黄遵宪也有诗云"万里封侯由骨相"，说的就是这件事。

也许有一点是肯定的，那就是李鸿章自幼便聪颖过人，智商超群，此外他还很刻苦，很努力。否则，不可能十六岁考中秀才，二十四岁考中进士。

清代科举考试，大致分为四级，乡试、会试，外加童试、殿试。进士是最高等级。如果说，秀才和举人中不乏孔乙己和范进之类庸人的话，但到了进士这一级就绝少看到了。因为经过乡试、会试，直至殿试，层层筛选，留下来的差不多都是人尖子，绝少无能之辈。李鸿章二十四岁考中进士，之后又被点了翰林，选为庶吉士。这庶吉士比一般进士又要高出一等。年轻的李鸿章春风得意，所有那些令人梦寐以求的升官条件他都具备了，下边等待他的似乎就是平步青云了。

然而，李鸿章的仕途一开始似乎并不顺利。1851年，太平军沿江而下，在攻克九江之后，占领安庆。安庆是当时安徽省会所在地。消息传来，京中皖人忧心如焚。一日，李鸿章前去拜见同乡吕贤基，谈起安徽局势及桑梓之祸，不禁感慨万千，唏嘘不已。

吕贤基是安徽旌德人，时任工部左侍郎兼刑部右侍郎，级别相当于现在的副部长，算是同乡中的高干了。他对李鸿章说，家乡局势，日渐糜烂，你我都是皖人，岂能坐视不管？李鸿章也表示，乡梓之地，自当尽力。吕贤基让李鸿章代为起草一份疏稿，第二日早朝奏明皇上，请求朝廷出兵弹压"逆贼"。李鸿章当场应允。当晚，李鸿章秉烛命笔，翻检书籍，绞尽脑汁，熬了一夜，终于完成了一篇洋洋洒洒的奏疏。李鸿章颇为得意，为了不误早朝，他急忙派人送往吕府，自己则和衣倦卧，蒙头大睡。等他一觉醒来睁开眼睛，已是天光大亮。李鸿章惦记着奏疏的结果，急忙驱车赶往吕府。没想到一进吕府却吓了一跳，只见吕府阖门老少抱头痛哭，乱作一团。李鸿章大为震惊，慢慢才问清原委，原来是他的疏稿惹祸了。

当天早朝，吕贤基递了奏疏，痛陈安徽惨状，请求立即派兵弹压贼寇。同治皇帝大为感动，当即表示认同。只是令吕贤基没想到的是，皇帝当庭下旨，令他从速前往安徽，办理防剿事宜。这样一来，吕贤基傻眼了。他本想敦促朝廷派兵进剿，没想到却把自己搭了进去。回到家中，他向老母辞行，自知此去性命堪忧，一时泣不成声，跪在老母面前几乎站不起来。这样的结果，李鸿章事先也没有想到。看着眼前这番生离死别的情景，不禁有些懊恼。就在他不知所措之时，吕贤基一番话又让他叫苦不迭，原来吕贤基已奏明朝廷，令李鸿章随同帮办营务。

1853 年 2 月，李鸿章跟随吕贤基前往安徽，他的好日子就这样结束了。此后，他在安徽办团练一办就是五年。这五年里，他自诩投笔从戎，别人却挖苦他是"翰林变作绿林"。绿林，是土匪的代名词。这话虽有贬义，但李鸿章在安徽期间，混迹于地方团练之间，几与土匪无异。除了专事"浪战"，其表现也着实让人难以恭维。不错，在这五年里，他也打过胜仗，但却少得可怜，而战败的记录倒很可观。他还经常被太平军撵着四处跑。其狼狈之态，实难言状。

1853 年 12 月，太平军打到舒城，吕贤基急召李鸿章前往商讨守城事宜。当时舒城守军兵力极为单薄，仅数十名，面对来势汹汹的太平军，兵将们自知守不住，纷纷临阵脱逃。李鸿章这时也慌了手脚，但要逃跑却又迈不出这一步。就在他惊慌失措之际，家中的老仆人刘斗斋把他拉到了一边，说公子再不跑就来不及了。李鸿章看着刘斗斋，良久无言。刘斗斋又说，即使公子不顾自己，也要想想家中的老人啊，他们还倚门而望，盼着公子回去呢。李鸿章问，那该怎么办？刘斗斋说，马已备好。

李鸿章思想防线终于瓦解，他跳上马逃之夭夭。不久，舒城被攻破，吕贤基跳水自杀。消息传来，李鸿章极为内疚。这件事也成了他在安徽最不光彩的一页。

1855 年 9 月，太平军增援庐州，清军调兵遣将，在巢湖边的柘皋连营数十座，准备阻截，李鸿章率领的团练部队也奉命参加了这次行动。不久，太平军大队开到了。远远望去，旌旗猎猎，尘土飞扬，人喊马嘶，军容甚壮。李鸿章的团练本是乌合之众，一见这阵势立时如惊弓之鸟，战斗尚未打响，兵丁们便已闻风先溃。李鸿章大怒，试图阻止，可根本无济于事。太平军乘机掩杀，清军大败。后来多亏和春闻报后急派主力增援，这才算稳住了防线。事后，李鸿章来到钦差大营参见和春。为了掩饰败退的愧疚心情，他开始吹捧和春。李鸿章说："声威大振，以军门为最。"但和春一点面子也不给，反唇相讥地道："畏葸溃逃，当以阁下为先。"

在安徽的五年里，李鸿章处处走背字，心情十分郁闷。这一时期，他的诗作也充满了失落、灰暗的情绪。早年那种"丈夫只手把吴钩，意气高于百尺楼。一万年来谁著史，三千里外觅封侯"的豪气早已不见踪影，代之而来的多是"宛转随人盖九年""昨梦封侯今已非"之类，几乎看不到一点光明。1856 年夏，他过巢湖，在安徽境内明光镇的一个小店投宿时，曾题七律两首。其一云：

> 四年牛马走风尘，浩劫茫茫剩此身。
> 杯酒难浇胸磊块，枕戈试放胆轮囷。
> 愁弹短铗成何事？力挽狂澜定有人。
> 丝鬓渐凋旄节落，关河徙倚独伤神。[1]

其二云：

> 巢湖看尽又洪湖，乐土东南此一隅。

我是无家失群雁，谁能有屋稳栖乌？

袖携淮海新诗本，归访烟波旧钓徒。

遍地槁苗待霖雨，闲云欲去又踟蹰。[2]

诗中流露出的恓惶落魄的情绪，仿佛绝望中发出的哀鸣。应该说，这是李鸿章失意人生和郁闷心情的真实写照。然而，天无绝人之路。就在他这只"失群雁"彷徨无计，渴望"有屋稳栖"之时，他的恩师曾国藩向他发出了召唤。

湘军是所大学校

李鸿章投奔曾国藩时，正值三十六岁。两年之前，即咸丰七年（1857 年），李文安去世，李鸿章丁忧回籍为父守制。次年，太平军再克庐州，李鸿章携家带口逃往江西南昌。当时，李鸿章的哥哥李瀚章正在南昌，替湘军办理后路粮台。李家兄弟六人，李瀚章居长，李鸿章次之①，以下依次为李鹤章、李蕴章、李凤章、李昭庆。此外还有两个妹妹。

李瀚章在晚清也是一个大人物。他是拔贡出身。这拔贡，与岁贡、恩贡、优贡和副贡统称"五贡"，虽系破格选拔，但均被视为正途。李瀚章拔贡后，被分发湖南做知县，还未到任，太平军就打到了长沙，恰逢曾国藩创办湘军，他便跟随老师从军差遣，主要从事后勤工作，颇得曾氏信赖。李父去世后，按理他应丁忧回乡，可军务在身实在离不开，曾国藩便奏请朝廷"夺情"留任。

李家瀚章、鸿章二兄弟都与曾氏关系密切，先后拜曾国藩为师，李鸿章要更早一些。早在道光二十三年（1843 年），李鸿章进京准备顺天乡试不久，便以年家子的身份拜见曾国藩，并受业于曾门。当时，曾国藩已是内阁学士、礼部侍郎衔，以治学严谨名噪一时，门下的弟子更是人才济济，但对李鸿

---

① "李二先生"的称呼便由此而来。

章他却格外高看一眼，曾多次夸奖，称其"才可大用"。

1858 年 8 月，李鸿章从安徽逃到江西后，此时他已无路可走，看到湘军蒸蒸日上，便有心投靠。有一段逸闻，当时，曾国藩正率部转战江西，驻扎于建昌，李鸿章前往拜见，意欲门下效力，但迟迟未见答复，后托人说项，曾才答应收留了他。这一说法见于《咸同将相琐闻》：

> 傅相① 与诸兄弟奉母避之镇江，而自出谒诸师，图再举。然落落无所合。久之，闻曾文正公督师江西，遂间道往谒焉。谓文正公笃念故旧，必将用之。居逆旅几一月，未见动静。[3]

对于自己的得意门生，曾国藩为什么开始不接收呢？有人解释说："盖文正以公少年科甲，志高气盛，难于驾驭，必有以折之，使之就范。"意为曾国藩怕他心高气傲，故意先杀杀他的骄气。其实，曾国藩对李鸿章前来是打心底欢迎的。这从他们的来往书信中可以清楚地看到。

李鸿章避乱江西后，曾给曾国藩写过一封信。信中沉痛检讨了这些年在安徽的失败教训，并对自己辜负了恩师的栽培感到无地自容。在信中，他表达了一个愿望，那就是"挐轻舟谒吾师于江上，一叩提训"——其意便是要跟随老师，接受指教。据淮军研究专家翁飞先生考证，此信收于《合肥李文忠公墨宝》，现藏安徽省社科院淮系集团研究中心，为《朋僚函稿》所未收。在李氏早期信稿中，这是一封很重要的信，从中可略见李入曾幕的前后渊源。至于这封信的写作时间，据考是在 1858 年 8 月 23 日，曾氏收信日期为 9 月 29 日。收信后，曾国藩立即回信表示了欢迎。他还"奉上菲资三百金"，给李氏兄弟作为安家之用，接着又在致李瀚章的信中发出邀请："少荃弟肯来佽助，望即迅速命驾。"此后，他又在日记中写道："闻少荃已过广信，即日将来营会晤，为之欣喜。"——喜悦

---

① 指李鸿章。

之情溢于言表。

此时，曾国藩正在用人之际，湘军在三河新败，急需人手，尽管李鸿章在安徽不得意，但曾国藩了解自己的学生，不仅不存丝毫轻视之意，反倒表现出了极大的热情。一个人的成功离不开环境和平台。在安徽时，李鸿章的失败很大程度是没人给他提供合适的环境和平台，现在到了湘军，一切都发生了改变。湘军人才济济，多年征战已成一支劲旅。李鸿章到来后，马上就有了全新的感受，与过去在安徽办团练，简直不可同日而语。初入曾幕，曾国藩便对他精心栽培，充分信任，文牍奏章，军事调度，核心机要，无不参与。这使李鸿章的决策能力得到了很大的提高。

李鸿章心气高傲，常常自以为是，虚夸大言。曾国藩看在眼里，便时常敲打他。有时开会时，他故意让左宗棠、胡林翼等人对他当场驳诘，纠其误谬，杀其傲气。除此之外，他还时时处处对李严格训导，并以身作则来对他施加影响。

曾国藩作风严谨，生活起居颇有规律。每日早起查营，黎明时分与幕僚共进早餐，一年三百六十五天，若无意外，雷打不动。李鸿章则是文人做派，一向懒散惯了，对于这样严格的作息制度叫苦不迭。一天早上，他想偷懒睡个懒觉，便谎称头疼，向老师请假。曾国藩知他耍滑，便不准假，并连连派人催促，声称人不到齐绝不开饭。李鸿章一看老师认真了，只好赶紧穿戴整齐匆匆赶去。曾国藩很不高兴，他一言不发，气氛沉闷。幕僚们也一个个忐忑不安，李鸿章更是不敢吱声。直到早餐结束后，曾国藩才开口，说出了让李鸿章终生难忘的一番话，大意是，既入我幕，我就要告诉你我这里讲究一个"诚"字。说完，起身而去。

这一批评是相当严厉的。几年后，李鸿章自领一军，并以良好的作息习惯而著称，应该说，这一切都始于曾幕。曾国藩对李鸿章的教诲和影响是多方面的。他常常与李鸿章彻夜长谈，讲述修身处世、居官治平的心得体会。其中让李鸿章受益最大的就是他的秘传心法——"挺经"。

曾国藩的"挺经"名气很大，但很少有人知其内容。据说，曾国藩晚年想写一书，详述其要，但并未如愿。有人说，"挺经"概括了曾国藩一生的处世经验，包括为人为官之道。李鸿章对此评价极高，说老师的秘传心法，有十九条"挺经"，这真是精通造化、守身用世的宝诀。然而，这十九条"心法""宝诀"，真正传下来的只有第一条。这还是李鸿章晚年闲谈时对后辈吴永说的。内容大意是：一个老翁在家待客，令儿子上街买菜，久等不归。老翁跑去一看，原来儿子在水田的田埂上与一个挑担子的汉子僵持住了，互不相让。老翁想请汉子下田让一下，对方不同意。这时，老翁便说，你不愿下水田，那么待我老头子下去吧，你老哥把货担交给我，请你空身从我儿身边过去，我再把货担给你如何？说着，俯身脱鞋，那人一看过意不去了，自己挑担下了水田。一场对立终于化解。

李鸿章对吴永说，那老翁只挺了一挺，一场对抗就消解了，这便是"挺经"开宗明义的第一条。可是，当吴永再问下边各条时，李鸿章却笑而不答了。于是，下边的内容便无人知晓，从此失传。但从一些记载中可以看到，在李鸿章的一生中，每当困难时刻，他总要用老师的"挺经"来激励自己，并从中寻求精神力量，渡过难关，这给了他很大的帮助。

在湘军期间，李鸿章提高最快的还要数军事方面。他本一介书生，对军事知之甚少，虽在安徽"浪战"几年，但多为瞎打瞎闹。到了湘军，曾国藩让他下连队，近距离地了解湘军的营制、军规和训练；让他参加各种军事会议，熟悉如何排兵布阵，指挥作战；还让他参与马队和水师的筹建，更多地接触和掌握各兵种的攻防技能和战术。这些在李鸿章后来组建淮军时全都用上了。

淮军建立后，其营制、管理，还有作战和训练，完全是照搬和克隆湘军。部队开赴上海后，李鸿章俨然一个"知兵"的行家里手，不仅在军事指挥和调度上，游刃有余，得心应手，而且对各种技战术，以及陆、骑、水三大兵种，均了如指掌，娴熟于心，这些无一不是得益于在湘军的经历。

李鸿章带兵之初，"专以浪战为能"，尤其是不知防守为何物。在湘军，他学会了"站墙子"之法。所谓站墙子，就是无论攻城还是野战，凡到一处，首先修筑营垒。营垒的修筑有严格的规定，而且不完成就不准休息也不准作战，这就有效地保护了自己。这套方法看似简单笨拙，却很是灵验。后来淮军成立后，也恪守此法，在上海多次击退了太平军的进攻。有一次，李鸿章总结说："吾以为湘军有异术也，今而知其术之无他，惟闻寇至而站墙子耳。"

所有这些，李鸿章都要感谢曾国藩。他跟过许多老师，也跟过许多领导，从没有像曾国藩这样善教的，只有到了曾国藩这里，才"如识南针"，获益匪浅。应该说，湘军是所大学校，而曾国藩就是最好的老师。如果没有这些，也许就不会有后来的李鸿章，也不会有后来的淮军。当然，师傅领进门，学艺在自身，没有自身的悟性和努力那也无济于事。李鸿章是两者兼备，从而脱颖而出。

同治元年（1862年），李鸿章终于熬出头了。由于援沪的需要，他奉命前往安徽募勇，这是淮军组建的前奏，也是李鸿章施展才华、大展经纶的开始。

勿犯三山

淮军正式成军约在1862年2月间，但筹备事宜早在几个月前就已经动议了。最早的基干部队主要来自安徽团练，可以说这是淮军最早的源头。因此，要说淮军就得先说说安徽团练。

安徽团练在咸丰年间相当有名，这主要是安徽的战略地位决定的，太平天国建都南京后，这里便成了兵家必争之地，安徽的团练武装也由此兴盛，十分活跃。安徽团练分为官团和民团。官团是经过国家正式批准的，当时称为"奉示团练"，而民团则是自发成立，结寨自保，属"散捣"性质，没有经过正式注册，国家也不承认。有的美其名曰团练，实则干着打家劫舍的勾当，与绿林土匪无异。

安徽团练众多，但彼此矛盾重重，关系十分复杂。不仅官团与民团之间有矛盾，官团与官团、民团与民团之间也有矛盾。各团之间，争权夺利，互争雄长，一言不合便攻杀不断。尽管如此，在对付太平军与捻军上，他们却是一致的。所谓"寇至则相助，寇去则互攻，视为故常"。

在安徽团练中，影响最大的要数庐州一带的团练。这一带的团练不仅山头多，大大小小几十支，而且能打能缠，以凶狠著称。庐州，又称合肥，位于江淮之间，皖省中心，战略位置极其重要。有道是，控制安徽，必先控制庐州。因此，咸丰年间，庐州一带战乱不断，太平军、捻军和官兵为了争夺这里，多次发生激战。庐州两克、三河大捷，太平军投入重兵，战况均极为惨烈。庐州一带的团练就像滚刀肉似的，在这样严酷的环境下摸爬滚打，居然生存了下去。

庐州团练有两大中心：一是以合肥西乡的"三山"为中心，一是合肥往东南以三河为中心。合肥西乡"三山"，即周公山、大潜山、紫蓬山。这里是大别山余脉，岗峦起伏，森林茂密。当地民风彪悍，争勇好斗。当地最有名的团练有三大支：一是周公山的张树声、张树珊兄弟；一是紫蓬山的周盛波、周盛传兄弟；还有一个就是大潜山以北的刘铭传。除了这三大支外，还有唐殿魁、唐定奎兄弟和董凤高、吴秉权、叶志超等团练，也都颇有实力。他们以"三山"为中心，太平军来了，互相呼应，群起而攻；太平军走了，又为各自的利益，互不相让，火并厮杀。"三山"团练的凶悍好斗是出了名的。他们大多以地域、宗族和血缘为纽带，父死子承，兄死弟及，盘根错节，紧密联络。

周公山的张树声，兄弟九人，四人参加了团练。紫蓬山的周盛传在淮军建立前，就率部作战二百九十六次，死伤数千，兄弟六人战死四人。大潜山的刘铭传，绰号刘六麻子。他是贩私盐出身，十八岁时就手刃逼债的土豪，然后啸聚山林，拉起了一支武装。此人野性十足，无所畏惧，有史料称其"钟声铁面，雄侠威棱"，打起仗来骁勇异常。"三山"团练给太平军造成了极大的威胁，就连陈玉成、李秀成这样的名将也对他们惧怕三分，告诫手下"勿犯三山"。

庐州团练的另一中心，在三河一带。三河是一座古镇，地处合肥、庐江、舒城三县交界处，交通便利，上通大别山，下通芜湖、南京。太平军长期以此为据点，其主力陈玉成、李秀成等部也多次在这一带作战。三河一带的团练武装主要有潘璞、潘鼎新父子一支，张景春、张景星兄弟一支，此外还有离三河二十五里的庐江县城内的吴长庆团练。因为太平军主力集中于此，特别是咸丰八年（1858年）的"三河大捷"，对这一带的团练武装打击很大。相对"三山"团练，三河团练的力量要稍弱一些。尽管如此，它们还是利用三县交界的有利地形，极力周旋，保存了下来。

对于庐州一带的团练，李鸿章并不陌生。咸丰三年（1853年），他奉旨回乡征剿，就与这些大大小小的团练武装厮混在一起，大家一个锅里摸勺子，堪称同一条战壕的战友。彼此间即便不熟悉，也都知道江湖名号，七拐八弯的都能拉得上关系。其中与西乡团练，关系尤为紧密。

负责西乡团练的张树声，字振轩，道光四年（1824年）生人，世居合肥西乡张老圩。张家在当地属名门望族，自明代迁至合肥西乡。张树声的父亲张荫谷在当地"巍然众望"，是个有影响的人物。太平军起，张荫谷、张树声父子便带头办起了团练，捐出积粮达数百石。张树声兄弟九人，树声居长，其二弟树珊、三弟树槐、五弟树屏均为淮军将领。张家与李家是世交。咸丰四年（1854年），李文安、李鸿章父子奉旨回乡督办团练，张家父子便投靠李家父子，转战于庐州一带。

1858年，太平军二克庐州，官军和团练被打得几无立锥之地。张树声兄弟带着残部不得不龟缩至周公山下结寨自保，名义上与大潜山的刘铭传，紫蓬山的周盛波、周盛传兄弟等遥相声援，实际等于失去了"组织"，处境相当困难。

张树声是有功名的，考取过廪生。廪生是生员的一种，习惯上也称秀才。虽然功名不高，但在合肥团练中算是有文化的。有文化的往往就看得比较远。所谓人无远虑，必有近忧。有一天，张树声把周盛波兄弟和刘铭传请至家中，一起商讨出路。酒过三巡，菜过五味，热乎劲上来了，众人便仿照桃园三结义的样子歃血为盟，结为兄弟。席间，张树声谈起眼下局势，不免忧心忡忡。他认为如今大局糜烂，你我兄弟结寨自保，只能苟延残喘，但终归不是长久之计。这话众人均有同感，各寨头领都在为此伤脑筋。据传刘铭传等人一度想过投靠太平军，只是行动前在某寺庙歃血为盟时，突然刮起大风吹断了旗杆，有人认为这是天象示警，为不吉之兆，此议遂罢。现在，张树声挑起话头，众人都问"大大先生"有何见教。张树声在兄弟九人中居长，当地人都尊称他"大大人"，或"大大先生"。张树声见众人反应热烈，觉得时机到了，便将心中的计划坦诚相告，李家少荃公子如今在湘军辅佐曾大帅，何不投奔于他，做一番大事？众人皆认可他的提议，张树声随即便提笔给李鸿章写了一封信。

写这封信的时间约在 1861 年 9 月之前，当时湘军尚未攻克安庆。李鸿章接信后，喜出望外。他把这件事上报了曾国藩，后者听了也很高兴，当时便赞了张树声一句，说是"独立江北，今祖生也"。"祖生"是指东晋名将祖逖，他是历史上闻鸡起舞、渡江讨伐匈奴的大英雄。曾国藩把张树声比作祖逖再生，可见他的欣喜之情。此时，曾国藩正在考虑募集淮勇，以济湘军之穷，张树声等人愿意主动投奔，他自然是求之不得。

不久之后，援沪事宜提上日程，募集淮勇之事也变得急迫起来。在这种情况下，李鸿章便把张树声召到安庆谈了建立淮军的计划。张树声向李鸿章自荐负责西乡团练，李鸿章同意了。庐江团练则交给了刘秉璋。刘秉璋，字仲良，是李鸿章的门生，系安徽庐江人，与庐江团练关系密切。李鸿章把说服庐江团练吴长庆等人的事务交由他办理，很快也取得了成效。

次年正月间，第一批招募的淮勇从北方开至安庆，并在安庆城的北门外扎下大营。它们分别是张树声的树字营、刘铭传的铭字营、潘鼎新的鼎字营、吴长庆的庆字营。其后不久，周盛波、周盛传兄弟的盛字营、传字营也加入了淮军。这就成了淮军草创时最早的基干部队。

淮军的编制仿照湘军，以营为单位。营的一把手叫营官，也叫营头，部队的番号也以营头名字中的某一个字命名。以上树、铭、鼎、庆各营，皆是如此。值得注意的是，此四营皆来自安徽庐州一带，因而，有人把庐州比作淮军的摇篮，倒也名副其实。此后，在淮军募勇大旗的号召之下，从安徽投奔而来的兵勇源源不断，他们互相援引，像滚雪球似的越滚越大。一批批跃跃欲试的皖中子弟开始源源不断地投身于淮军之中，迅速壮大着淮军的队伍。

据合肥地方史料记载，当时盛行这样一句顺口溜："会说合肥话，便把洋刀挎。"据台湾学者王尔敏考证，淮军中皖籍将领占绝大多数，共计二百七十九人，占总数百分之六十四，因而具有鲜明的地域特点和乡土成分。

第四章　安庆往事

起　点

淮军建军始于安庆。

1861 年底，李鸿章招募的第一批淮勇陆续来到安庆。此后不久，1862 年 2 月 15 日，李鸿章——这个淮军未来的统帅，也从安庆城的寓所搬到了北门外的淮军新营盘。这是一个重要的日子。曾国藩在当天的日记中写道：

> 旋出城至李少荃处道喜，渠本日移居新营盘也。[1]

日记中提到的"新营盘"就是指位于安庆北门外的淮军营盘。从字里行间可见，曾国藩的心情是欣喜的。万事开头难。对于这个开局，他是满意的。因此他专门到李鸿章处"道喜"。一个多月前，他还在为东援上海，手中无兵犯愁哩。现在，这支部队已经从无到有，初步有了构架。

募集淮勇的动议早在去年 10 月间就有了，可真正加快行动却是决定东援上海之后。进入 12 月，整个南方普降大雪，安庆也不例外。雪大成灾，百年未遇，道路堵塞，屋内手寒墨冻，不能做事。同治继位后，曾国藩一度深感不安，因为他的上位与肃顺支持有关。咸丰帝驾崩后，肃顺等被委以顾命大臣，一度权倾朝野，但辛酉政变，八大臣被一举扳倒，肃顺被斩于北京菜市口。朝局的变化会不会牵连自己？曾国藩十分担心。好在他担心的并没有发生。不仅如此，朝廷反倒对他是越来越信任，江南钦差大臣、兵部尚书衔、两江总督、协办大学士……一个个显赫的任命接踵而至，以至于官衔太多，每次公牍都要写上长长的一串，曾国藩不胜其烦，时常耐不住要删去几个。有一次，他在删去十几个字的官衔之后，还戏题一绝云："官儿尽大有何荣？字数太多（指官衔）看不清。减去数行重刻过，留教他日作铭旌。"

然而，权力是荣耀，也是压力。朝廷对自己如此重用，可如果自己做得不好，那将何以面对朝廷？所以在高兴之余，曾国藩也颇感忐忑。当时，最让他头疼的就是东援上海之事，朝廷催逼甚急，可暴雪成灾，许多事务不得不停顿下来。那段日子里，曾国藩心焦如焚，但也无奈，只好待在屋里，"竟日围炉"。更让他烦恼的是，"由于炉火太大，两眼皆红，癣亦奇痒"——这是典型的上火症状。曾国藩不胜其苦，在日记中大发感叹云："癣痒，竟夕爬搔，不能成寐。念养生之道莫大于眠食……"

曾国藩上火主要是心里着急。现在，当第一批淮勇开至安庆后，曾国藩看到了希望，对李鸿章大加赞赏，并指示他说，募勇要进一步加快，东援上海已刻不容缓。李鸿章向他报告说，光靠募勇恐不足以东援。上海局势严峻，非有一些经验丰富的兵将不可。曾国藩认为此言有理，便决定把隶属湘军的春、震、济三营拨给李调遣。这三营原为湘军中的淮勇。营头分别是张遇春、马从震和李济元。

可李鸿章还想多要些人马，他向曾国藩解释，不是学生贪得无厌，而是上海局势险恶，缺兵少将无异于杯水车薪，怕是无济于事啊。曾国藩知他所说也是实情，便又把韩正国的两营也拨给了李鸿章。韩正国是曾国藩的亲兵营头领，颇受曾的信任。除了公务之外，曾国藩的许多私事也交与他办理，甚至包括找小妾这样私密的事，可见信任程度之深。

这么受信任的人，为什么要给李鸿章呢？用曾国藩的话说，这叫"赠嫁之资"，他把东援的部队看作了自己的女儿，而韩正国的两营就是一笔丰厚的嫁妆，这个比喻无疑表明了曾国藩对此次东援的重视。也有分析称，他派韩正国前往上海，明为支援，实为监视，不过韩正国到上海不久即战死，这种猜测也就无法证实了。但有一点毋庸置疑，曾国藩希望这次东援取得成功。尽管援沪的部队以淮勇为主，头儿也不是湖南人，但在当时它仍属湘军的一部分（淮军的称呼是后来才叫起来的）。如果这支军队到了上海不堪一击，丢面子不说，战略目标达不到，问题就严重了。

为了增强淮军的实力，曾国藩还先后把截留江苏巡抚薛焕在湖南招募的林字营两营，以及从湖南新招的熊字营、垣字营[①]也都陆续拨给了李鸿章。在曾国藩的慷慨支持下，淮军的建军步伐大大加快了。不过，李鸿章似乎仍不满足。他深知这次东援任务艰巨，靠一支临时拼凑起来的队伍，并无把握。因此，他多次向曾国藩叫苦，兵力还是单薄了，况且新兵居多，尤其缺乏有经验的带兵将领啊。曾国藩听出了他的弦外之音，问他还想如何。李鸿章便提出能否再从湘军中商借一些兵将，日后再行归还。曾国藩被他缠得没有办法，只得应允，只要你能借到，那就借吧。这句话算是同意，也算是应付。可李鸿章却如获至宝，打着曾国藩的旗号，大张旗鼓地四处借起来。然而，在兵为将有的湘军各部，统帅们都把兵将看作自己的私有财产，哪肯借给别人。李鸿章四处碰壁，颇感扫兴，好在终归有点收获。像鲍超、陈士杰都情面难却，满足了他的部分要求，更让李鸿章感到惊喜的是，他竟从曾国荃那里挖到了程学启。

这是他初创淮军时最大的收获之一。

淮军第一悍将

程学启，字方忠，安徽桐城南乡人，道光九年（1829 年）生人，原本是个种田的农人。中国传统农业社会提倡耕读传家，但程学启既不乐耕也不喜读，整天游手好闲，不务正业。承平时代，这种人不会被认可，但是

---

①　此两营原打算交由陈士杰统领援沪。

这种不安分爱折腾的性格，到了乱世说不定机会就来了。有的封侯拜将，更有甚者，像刘邦、朱元璋还当了皇帝。程学启的情况也是如此。

1853 年，太平军打到了桐城。这一年，二十四岁的程学启参加了太平军。虽然他个头矮小，貌不惊人，但打起仗来凶狠不惜命，不久便打出了名气，并当上了弼天豫。弼天豫算个什么官，很难说清楚。太平天国的官制十分混乱。开国之初，只有王、侯两等爵位，可天京事变后，为了鼓励将士作战，天王开始滥封滥赏，官爵不够用了，便又增加了义、安、福、燕、豫五爵。这弼天豫也算是五爵之一。不过，从程学启当时带兵的情况看，手下只有"五百精卒"，顶多算是个小军官。

程学启在安庆时，他的直接领导是叶芸来。此人是安庆的最高指挥官，相当于城防司令。当时，太平军纪律严格，男女分别编入不同的军营，家人不得私聚，夫妻不得同床。但对军官另有优待，实行配妻制度。由于叶芸来很赏识程学启，便把自己妻妹的一个女儿许配给了他。这样一来，程学启便成了叶芸来的姨侄女婿。

1860 年，湘军包围安庆，久攻不下。北门外的防区就是由程学启负责守卫，湘军碰上他算是遇到克星了，屡攻不下，伤亡惨重。曾国藩、曾国荃两兄弟头痛不已。就在这时，桐城名士孙云锦前来献策，说对程学启不可强攻，只可策反。孙子云，不战而屈人之兵，乃上上策。几天后，湘军突然抓了程学启的奶妈及家人。程学启的奶妈姓甚名谁，史料不详，只知她是族人程惟栋之母。程氏是个心地善良的女人，程学启自幼丧母，嗷嗷待哺时，是程氏用自己的奶水把他一点点奶大了。这种养育之恩对程学启而言刻骨铭心。

湘军对程氏威逼利诱，让她劝降程学启。程氏吓坏了，慌忙来求程学启。这一来，程学启作难了。就在他左右为难之时，消息不知怎么传进了叶芸来的耳中——其实，这正是孙云锦整个计划中的重要一步，那就是故意将消息透露给叶芸来，以达策反之目的。叶芸来接到报告，起先将信将疑，派人暗中打探了一下，发现果有其事，程的奶妈的确来过营中，而且还扮作一个要饭的婆子。这情况太不寻常！当时，湘军大兵压境，大战当前，叶芸来不能不防。他当即派了八名亲兵前往北门外营垒，通知程学启立即进城来见。

程学启一看这阵势，心里便犯起了疑。若是公事，传令通知一下即可，何必动用八名亲兵？看来一定是有人泄露了消息，自己被怀疑了，于是急召手下亲信八十二人，连夜逃往湘军大营。

程学启叛变了！太平军震怒，马上抓了他的妻子和幼子，并把他们斩首示众，头颅悬挂于城门之上——不知这道命令是不是叶芸来批准的，如果是他的话，那真可谓大义灭亲，毫不留情了。消息传来，程学启悲恸欲绝，从此与太平军不共戴天，发誓报仇。一年多后，程学启在苏州杀降，一次就杀了几万太平军，不能排除与他潜在的复仇心理有关。

孙云锦的计谋成功了。程学启从一个英勇的太平军战士变成了太平军可怕的对手。这个一百八十度的大转弯，造就了一名淮军悍将，也造就了一个苏州杀降的屠夫。然而，程学启投奔湘军后，起先日子并不好过。原因是湘军对他不信任。曾国藩与胡林翼就曾议论过这件事，认为程学启是一员猛将，可他毕竟曾是叶芸来的亲戚，尽管叶杀了他的全家，但也不排除是苦肉计的可能。

湘军高层有此疑虑，对程学启而言自然不是好事，当时他的降部驻扎于安庆北大门外，这里是曾国荃大营。如果说曾国藩、胡林翼的猜忌只是放在心里的话，那么，作为顶头上司，曾国荃更是对他戒备重重。他的大营筑有内外两道壕沟，部队扎于两壕之内，而程学启的部队却被派驻于壕外，不仅直接面对太平军，毫无保障，而且程的人还不准随便进入壕内。就连每日的米粮柴薪也都是由壕上放下去。那段日子，程学启愤懑难平，传闻他常在夜间卧榻哭泣，甚至试图自杀，一死了之。直到安庆破城后，这种状况才有所改变。

安庆破城，程学启立了大功。他献计把地道挖到了城下，又派人从地道内爬至城下，埋上地雷。总攻开始后，地雷被点燃——轰然几声巨响，城墙天崩地陷。此时，程学启一马当先，率部首先攻入了城内。程学启用行动证明了自己。曾家兄弟的疑心倒是解除了，但他们仍然没有真正认识到程学启的价值，不仅对他不够重视，而且程学启的倔强性格，也很不讨他们喜欢。

湘军攻破三河后，曾国藩的幼弟曾贞干为报当年惨败之仇，下令屠城，血洗全镇。程学启公然抗命，认为乡梓所在，恕难从命。曾贞干见他胆敢违反军令，便怒加申斥，可程学启宁死不从。两人大吵起来，曾贞干气得暴跳如雷。左右见状一齐上前劝阻，后来事情算是平息下去了，但两人从此交恶，势同水火，积不相能。

程学启与湘军高层的矛盾日渐加深，这一切，李鸿章都看在眼里。曾家兄弟不识货，可李鸿章却知道这个矮个子文盲将军的价值。他开始打起程学启的主意了。一天，孙云锦来找程学启。孙云锦是桐城名士，程学启虽然没文化，但对有文化的乡贤却很尊重。尽管孙云锦的计谋害得他家破人亡，但毕竟是他自己做出的选择，程学启对孙云锦并无怨言。两人略作寒暄，孙云锦便切入了正题，乘势引导，说是李少荃要去上海，另组新军，既然他在湘军过得不舒心，不如跟着李少荃去上海，另闯一番天地。这话正中程学启的下怀。他早有离开曾家兄弟的想法，只是苦于没有机会。听了这话，便一拍案子，大声说："吾辈皖人入湘军，终难自立。丈夫当别成一队，岂可俯仰因人。"

孙云锦一看目的达到了，立即回去向李鸿章复命。李鸿章大喜，随即便向曾国荃"借"人。李鸿章了解曾国荃，此人吃软不吃硬，只能顺毛捋，于是见了曾国荃，他便说了不少好话，甚至不惜降低身份，以取悦于对方。他还保证，只是借，日后保证完璧归赵。曾国荃果然被他说动了。加上他一直不喜欢程学启，便一口答应。就这样，程学启和他统带的开字两营，共一千多人，便被李鸿章"借"到了手。

事后，李鸿章喜出望外。他还专门写了一封信向曾国荃致谢。信中把曾国荃称作"当代豪杰"，并说最知己者，莫如麾下，"师资得借，懦夫气增"。李鸿章捡了个大便宜，程学启的确是员猛将，加入淮军后，攻坚拔垒，名震苏南,所辖开字营不仅成为淮军劲旅,他本人也被誉为"淮军第一悍将"。直到这时,曾国荃才后悔了,连曾国藩也颇感遗憾。有一次,曾国藩问孙云锦,程学启到底是个什么样的人?

孙说了十二个字:"爱将如命,挥金如土,杀人如草。"曾国藩听了之后,沉吟良久,然后感叹道:"此名将也!"

拿到篮里便是菜

曾氏向有知人之誉。有史料称其通相术,看人极准,一见而知,一说便准,"真如龟卜数计",无不灵验。他自己也很得意,自称对人"一见能卜其终身"。可曾国藩也有走眼的时候,早年他就曾错看了鲍超。

鲍超是湘军的一个传奇人物、超级猛将,他打过无数硬仗、胜仗,后来"积功至大帅"。这样一位优秀的将领,起先却不被曾国藩看好,有一次甚至差点被处斩。为此,曾国藩后来专门刻了一枚小章,上书"生平恨不识鲍超",带在身边时时提醒自己。不过,这种情况并不多见。然而,这次对程学启,他似乎又犯了对鲍超同样的错误。难道他的眼光不如李鸿章?

其实不然,曾国藩的眼光没问题,问题出在看人的标准上。曾国藩的看人标准,简言之,就是德才兼备。所谓德,就是要符合儒家标准,诸如三纲五常、忠孝节义之类。曾国藩本人就是理学大师,崇尚程朱,尽管他也养妾买婢,包括接受下属"进贡"的侍姬,可总体上说还算比较严格要求自己。所谓才,那就是要有功名,有文化。这是他用人的基本理念。像鲍超,年轻时放荡不羁,一次赌博时把老婆都押上了。这样的"问题青年"必然难入他的法眼。至于程学启,也好不到哪里。他大字不识几个,而且还当过太平军。这样的人,在曾国藩的评价体系中同样很难得到认同。然而李鸿章不同,他看重的是能耐、是本事,只要有能力为我所用,就算有些缺点,什么贪财、好色,统统是小问题。

湘军创建时,曾国藩立过一条规矩,叫作"选士人,领山农"。何为选士人？就是湘军的军官必须有文化，有功名，要从读书人中选拔。何为领山农？就是湘军的士兵要从本分的农夫山民中招募。那些无业游民、团勇、降众，以及兵痞等等乌七八糟的人都要拒之门外，不用或慎用。但到了李鸿章组建淮军时却不讲这一套了，他是来者不拒。因而，淮军的成分十分复杂，有团练旧部，有"借"来的湘军，有招募的新勇，有改编的当地防军，还有收编的降众，等等，五花八门，应有尽有。至于军官，离"选士人"的标准也差之甚远。湘军将领中科举出身的占主要部分，可淮军中全部加在一起也不过二十人（包括一名捐职的），占全部将领的百分之五。因此有人总结说，淮军是"兵将杂冗"，良莠不齐。尽管淮由湘出，同根同源，但彼时就整体素质而言，淮军还远比不上湘军。

淮军开赴上海后，一部分新募淮勇遵照曾国藩的命令，暂时布防于长江口岸，与湘军彭玉麟水师配合驻防。其中有一营，营头叫疏长庚，曾国藩在日记中称其为"桐城匪人"，彭玉麟对其更是极端厌恶，他对曾国藩说，"此人乃恶棍，无恶不作"，为人卑鄙，劣迹斑斑，如通贼、报假账等等，什么坏事都干，当地歌谣蜂起，传骂其人，"污耳不堪言述"。

这样的人居然也进了淮军，还成了营头，彭玉麟大为不解，在给曾国藩的信中气愤地写道："疏长庚此人应杀，不特应参而已，何以少荃委当营官，实不解也。"其实，像疏长庚这样的人在淮军中并非少数。李鸿章何尝不想纯洁部队，问题是东援孔急，等米下锅，他已顾不了那么多了。为了尽快招兵买马，他只能饥不择食，拿到篮里都是菜，哪还谈得上挑肥拣瘦？只要有用，或能用的，他都来者不拒，敞开大门。如此一来，投奔者便趋之若鹜，络绎不绝。那些在湘军不得志，或者犯了错误的，也纷纷改换门庭，冲他而来。其中最著名的便要数郭松林了。

郭松林是湖南湘潭人，道光十四年（1834年）生人，字西堂，出身于一个小知识分子家庭。他爹是个儒生，有文化，为父者肯定是想把儿子培养成一个像自己一样有文化的人，可没想到的是，郭松林却当上了木匠。太平军起，他又加入湘军，成了一个吃兵饭的人。俗语说好铁不打钉，好男不当兵。郭父虽然失望，但天意如此，也无可奈何。不过，郭松林打仗显然比做木匠要有天赋得多。他在湘军时就以"饶有胆略""骁勇善战"著称。打下安庆后，他已官至参将。清代军职分为总兵、参将、守备、千总和把总，参将的品级为正三品，如果对应现代军职来看，这参将至少也算得上是个师级官员了。史书记载，郭松林相貌堂堂，作战勇猛，人称"清朝赵子龙"。赵子龙是个美男子，郭松林也不差，"双眉插鬓，雅擅风仪"。每次打仗，纵横无敌，坐下一匹白马，名曰"大白龙"，脚力了得，能跨越溪流，四人拽其尾，亦带之而过。

郭松林虽然会打仗，但身上毛病却不少，首先一点是好色。据说他先后娶妾十六人，在湖南老家建住宅十六进，每进住一妾。其中有一妾为扬州名妓，"国色也"。除了好色，郭松林还有一大毛病，就是放荡不羁，作风散漫，经常违反军纪。更气人的是，犯了错他还敢嘴硬，经常顶撞上司。曾国荃为此大为恼火，不知训过他多少回，也打过他的军棍。可训过了，打过了，他却不长记性，一转身又我行我素，继续再犯错误。有一次他又犯了错，曾国荃气坏了，扬言这一回绝不轻饶。郭松林吓坏了，干脆脚底抹油，一走了之。过了一段时间，曾国荃接到李鸿章的一封信，才知道原来郭松林跑上海去了，李鸿章来信就是为他求情的。信中说，郭松林来上海，正值战事紧张，用人之际，纵他千错万错，姑且暂缓处置，让他留在上海发挥作用。原话是"恭请明公赏脸相借，勿以苛责"。对郭的错误，李鸿章也表示他决不姑息，一定要加强批评教育，"时时针砭其过"。

曾国荃看了信很不高兴。什么"赏脸相借"，说得好听，分明是不想让郭松林回来了。但事情到了这一步，他也无计可施。生米已煮成熟饭，况且李鸿章也给了他面子，只好睁一眼闭一眼了。见曾国荃松了口，李鸿章喜不自禁，他从上海旧军中抽出五百多人，交由郭松林编成松字营。此后没多久，松字营就在四江口战役一战成名。战斗中，郭松林威风八面，不可阻挡，出尽风头。到同治四年（1865年），松字营已扩展至八个营，成为淮军绝对主力之一。

李鸿章胃口很大，在淮军建立之初，为了扩展实力壮大自己，他常常是不择手段，多方网罗人才，四处招兵买马。淮军开进上海后，回乡招募淮勇，路途较远，耗时费力，李鸿章就向曾国藩叫苦说，去安徽招兵往返太远，眼下部队急需补充，不如就近在苏北招募。清代招兵有严格要求，规定的地点、时间、人数，不得随意改变。曾国藩考虑到他的难处，也就同意了。于是，李鸿章立即派手下张家瑜等人到江北高邮一带进行征兵。高邮一带驻扎的是都兴阿的防军。这是江北、江南大营垮了之后残存下来的部队。淮军一来招兵后，当地的防军便纷纷脱下军装，化名前来应召。原来，防军的月薪只有三两，而且不能按月支放，但淮军进了上海，掌握了税赋，手上有了钱，发的饷银也高得多。这一下，整个防军全乱了。

都兴阿大为恼怒，接连提出抗议，可李鸿章却阳奉阴违，依旧我行我素。于是，都兴阿一状告到北京，朝廷也觉得这样不对，马上进行制止。谕旨云：

> 李鸿章招募扬勇，原因沪上兵力未厚，第江北各营月饷，仅止三两，且须五六十日始能一关，必致该处得力之勇改名应募，相率引去，于江北军务大有关系。著李鸿章饬知委员张家瑜等，即行停止……[2]

谕旨最后说，李鸿章籍隶皖北，而且庐（州）、凤（阳）民风强悍，应去那里招兵募勇为宜。李鸿章接旨后，马上做出回应。首先他辩白说，他招的是里下河一带的皖北客民，不是都帅手下的散卒游勇；其次，他保证马上停止，不再招募。此后，他又向都兴阿发了一份公文，表示既已招了，不能退回，但请都帅放心，敝部只招一营，仅此而已。实际上，他招的却是五营。

淮军就这样不断扩大。

李府有一道名菜，叫"李鸿章大杂烩"。据说，李鸿章有一次请客，菜吃到后来不够了，他便让厨子把所有剩菜倒进一个锅里烩出来，没承想竟然味道鲜美，成了一道名菜。淮军创建之初也是如此，三教九流，各色人等，只要愿意来的，多多益善，李鸿章统统欢迎。虽说人是杂了点，可用人之际，也顾不了那么多。

实际上，光能招人还不算本事，李鸿章真正的能耐是能用人。凡是投奔他的，不论是招来的、借来的，还是跑来的、挖来的，他都能拢得住，留得下，用得好。淮军初起十三营，半数以上为湘军，因此向有"淮由湘出""淮军初起半楚勇"的说法，但这些湘勇到了淮军后，很快便被李鸿章变成自己人，其中许多人甚至成了他的死党、嫡系，死心塌地跟定他。

黄翼升是曾国藩最初创办湘军的老将。曾国藩对他极为信任，把手中宝贝水师交他统带。水师属技术兵种，别的不说，光那些船炮等装备，就得花大把银子才能置办起来。李鸿章到上海后，就以助战为名，把黄翼升的水师借去了。可等到战事结束，曾国藩再想把黄翼升的水师要回来，已经做不到了。首先，李鸿章赖着不还；其次——最要命的是，黄翼升也"乐不思蜀"，不想回去了。曾国藩很恼火，再三催返，"前后函商，凡十三次"，均无结果。于是便上奏弹劾黄翼升，没想到李鸿章却上奏予以袒护。不仅如此，他还和老师打起了"痞子腔"，说什么他与黄是患难之交，"四载以来，欢洽无间"，实在不忍分离，如果老师一定要参办就把鸿章也一起参办吧。

其实，李鸿章用人、留人也没什么高明的手段，说白了，就是物质刺激，以利益为驱动。用他的话说，叫"志在利禄"。凡是跟我干的，就给钱，给权，给官，同时也给你充分施展才华的平台。像程学启、郭松林，也许只有到了淮军才能脱颖而出，绽放异彩。至于你的品行不好，有毛病、有缺点，他可以宽容，甚至包庇袒护。于是，无论你是湘人也好，其他地方人也罢，都对李甘心臣服，乐为所用。

翻翻淮军的档案，除了皖籍之外，还有湘籍、川籍、黔籍、闽籍、苏籍等等，真是来自五湖四海，什么地方的人都有。正因为如此，李鸿章在短短的时间里便创建起一支队伍，并东援上海，完成了一个几乎不可能完成的任务。

第五章　兵进上海滩

危险的旅程

1862 年 4 月 5 日，这是新组建的淮军正式开拔的日子。天刚放亮，曾国藩和李鸿章便早早来到了安庆码头。早春的江风迎面吹拂，带着阵阵寒意。第一批前往上海的淮军将士此时已列队完毕，正整装待发。经过几个月紧锣密鼓的筹划，东援上海的行动就要拉开序幕了。曾国藩身披黑色斗篷，在李鸿章的陪同下，来到队列前，向将士们挥手致意。薄雾笼罩着江面，四处飘散。熹微的晨光透过薄雾泛着淡淡的乳白色的光芒。

仅仅两个多月，这支后来被称作淮军的武装便迅速组建完成。其总兵力为十三营，六千五百余人。虽然组建时间有些匆忙，人数也十分有限，但毕竟从无到有，有了一个良好的开端。

相比于李鸿章的兴奋，曾国藩的表情始终十分严峻，紧锁的眉宇间似乎透着一丝忧虑。淮军建军后，首要的任务便是增援上海。可是如何把这批人安全地送往上海却是一个很大的难题。首先，安庆与上海相距千里，路途遥远；其次，从安庆至上海必须穿越江苏省境，而整个苏南基本上都是太平军的地盘。要想穿越太平军的占领区，安全开赴上海，并非易事。

有一条进军路线作为首选，即由和州、天长、六合穿行，至扬州、镇江，然后抵达上海。这条进军路线的基本要点即避开苏南，绕道苏北。因为苏北的一些地区当时仍在清军控制之下。曾国藩倾向于走这条路线，认为安全系数较大。年初，他向朝廷上奏的实施方案也是主张走这条路线。但这条路线的不足之处是路线较长，而且耗时费力。上海的官绅们显然等不及了。一晃三个月过去了，太平军的达摩克利斯之剑已经高高悬起，随时都可能砍下来。如果说，年初的大雪阻碍了太平军的行动，那么，现在冰雪开始消融，天气逐渐转暖，太平军的攻势随时都可能发起。

上海方面提出了一个新的方案。这个方案就是走水路，利用火轮船，沿长江而下，直趋上海，时间只需三日。可是，这个方案速度加快了，危险程度却增加了。当时长江沿岸几乎都是太平军的营垒，江中还有太平军的水师穿梭巡逻，这个办法能把部队安全地送往上海？上海官绅们的应对之策是，租用外国的火轮船。

太平军占领江苏大部分地区后，长江水道被严密封锁。有学者考证，当时长江上是"片帆难航"，但洋商却享有特权，他们的船只不仅可以自由往来，而且凡挂洋旗的船，亦可安全通过。因此，一面洋旗就等于是一张通行证，一把保护伞。上海官绅们据此认为，只要租用了洋人的船，再把军队藏入舱内，便可秘密前往上海。

可是曾国藩对于这一运兵方案却顾虑重重，湘军高层也都不看好。他们担心的是，洋人靠得住吗？这军队到了船上，上不着天，下不着地，要是被发现了，那可只有等死了。不过，李鸿章倒是认为可以一试。因为太平军虽然控制长江沿岸，但立足未稳，不大可能冒险向外国人宣战。

当然，租船的费用相当惊人。当时上海至汉口的一张客票高达七百两，而货物每吨的运费相当于中国到英国同等价格，甚至比这还要高，何况是运送军队呢？但考虑到兵贵神速，曾国藩还是同意把这作为预备方案也列入计划之中。

随后，上海方面通过英国领事找到了一家英国洋行——麦李洋行，商讨租船事宜，没想到对方一张口就要十八万两，而且丝毫没有讲价的余地。事情报到江苏巡抚那里，薛焕吓了一跳。这么高的费用，让上海道台吴煦也觉得离谱。但最初提出这个建议的顾文彬等人却不肯放弃。顾文彬是湖北盐粮道，官职并不高，不过他在上海滩却是一个能人，尤擅与洋人打交道，是吴煦班底的重员成员之一。他坚持认为舍此别无良策。究竟是钱重要，还是上海的安全更重要呢？吴煦被说服，同意以向洋人贷款的方式筹措船租。薛焕也不能不同意了，因为除此之外，他也找不到更好的办法。

薛焕批准后，顾文彬等人很快便与麦李洋行达成了协议，即由该洋行提供火轮船，将所有安庆援兵、包括骡马和军用物资运至上海。运费总计为十八万两。作为附加条件，该洋行还提出，如果途中发生意外，火轮船也由上海方面包赔。

就在上海忙于租船之时，朝廷催促发兵的谕旨，也如同催命符似的，一道接一道，"五日之中，严谕四下"。曾国藩如坐针毡，倍感压力。他写信给吴煦，催问租船之事能否定下来，如果定不下来，他就要实施陆路进兵计划。然而，此时租船之事尚未最后定夺，吴煦无法立即回答。

时间紧迫，已经不能再等待了。曾国藩本来就对水路计划存有疑虑，现在干脆不考虑了，他向朝廷奏报，决定实施陆路进兵计划，并令李鸿章率部向镇江进发。可是，命令刚下达，3月28日，上海官绅雇用的第一批外国火轮船便抵达了安庆。跟船来的是钱鼎铭和潘馥。他们向曾国藩报告说，此次行动共租用洋船七艘，第一批到达的是三艘，每次可载三千人，分三次即可将全部援军送往上海。

计划赶不上变化。这一来，曾国藩倒有些犯难了。军令已下，如果改动，恐"有拂兵勇之心"，不改吧，船已到了安庆，又恐"大拂江苏绅民之心"。在当天的日记中，曾国藩写道，"踌躇久之，不能自决"。这天晚上，曾国藩睡得很不好，可能是焦虑的缘故。"二更五点睡，腹痛，不甚能寐"。

第二天早上，曾国藩与上海方面的代表钱鼎铭、潘馥、厉学潮等人共进早餐。直到这时，曾国藩仍然没有拿定主意。早饭后，李鸿章来了。曾国藩便与他商量，要不要改变计划。李鸿章说，江浙绅民身陷水火，急盼救援。这次雇洋船又花费十八万元巨款。如果老师不允，这笔钱可就白扔了。他还说，江苏官绅拳拳属望，万不可拂，只能因势利导。曾国藩听后觉得有理。在当天的日记中，曾国藩这样写道："少荃来，与之言江苏官绅殷殷请援之意……决计由水路东下，径赴上海。"

第一批援军开拔的时间定在 4 月 5 日，人数为两千六百多人，分乘三船：亲兵营韩正国率八百人乘第一船，周良才率五百人乘第二船，程学启的开字营一千三百人乘第三船。值得注意的是，首批援军都是李鸿章借来的湘军。让湘军打头阵而把庐州子弟兵放在后边，意在保存实力，还是考虑到湘军经验丰富，作战能力强？这样的安排难免引起猜测。

不过，对曾国藩来说，无论是湘军，还是庐州淮勇，都是自己的家底，并无区别。轮船起锚前，他在李鸿章的陪同下亲自检阅部队，并为将士们壮行。上午九点多钟，汽笛拉响了，三艘火轮船缓缓驶离了码头。在料峭春寒中，刚刚创建的淮军踏上了进军上海的征途。

这是一段危险的旅程。长江沿岸到处都是太平军的营垒和炮台。经过南京时，情况更为险恶。展眼望去，太平军的屯兵遍布江岸，其战船就在洋轮周围来回行驶。李鸿章的亲信周馥后来回忆，他与六百多名将士一起挤在船舱中，胆战心惊，度日如年。舱中人满为患，空气污浊。整个航程，他们都躲在舱内，不敢露面。途经采石矶时，开字营乘坐的最大的一艘火轮船不慎搁浅，引起一片惊慌。南京北岸与和州正是太平军重兵驻扎之地。枪炮林立，虎视眈眈，楼橹相望，近在眼前。程学启和钱鼎铭相顾失色，紧张不已。

岸边的太平军显然注意到了这艘搁浅的洋轮。他们朝这边指指戳戳，聚拢而来。洋船的船长是一个金发碧眼的英国人。他一边要求船上所有的人必须待在舱内，谁也不许出来，一边用望远镜观察着岸上的动静。当他看见岸上的太平军越聚越多，不禁心跳加快。

但他的紧张是多余的。太平军只是出于好奇，张望了一阵之后便陆续散去了。后来又有几艘巡逻的太平军战船从江上开了过来，船上的人再次紧张起来，好在这又是虚惊一场。因为太平军的战船似乎对这艘搁浅的洋船毫无兴趣，离得老远就开了过去。傍晚时分，江水开始涨潮，火轮船终于脱离了险境。程学启笑称："吾命大矣！"

从 4 月初至 6 月上旬，整整两个多月，淮军的全部人马就这样通过洋轮分批运输，陆续抵达了上海。据载除闷死一人外，整个行程有惊无险，这一切似乎来得太顺利了。如此大规模的运兵，而且就在太平军的眼皮子底下，居然没有引起对方的丝毫警觉和注意，简直有些不可思议。太平军怎么了？李秀成难道在睡大觉吗？

和尚不亲帽子亲

1862 年的战局，对于太平军和清军来说都充满了变数。湘军攻占安庆，天京陷入危殆之中，而太平军夺取江浙同样给清军以严重打击。眼下的焦点是上海，谁拿下上海，便意味着抢得先机。然而，令人不解的是，李秀成的大军包围上海数月之久，却迟迟未能发动进攻。恶劣的天气固然是一个因素，但更大的麻烦却不在这里。

上海华洋杂处，环境复杂。"清妖"好对付，可租界里的洋人不好对付。早在李秀成的大军刚到上海时，洋人就发出了警告，坚决反对太平军进入上海。1862 年元旦这天，英国驻华参赞巴夏礼就来到天京，向太平天国外交官递交了照会，要求太平军不得进入上海、吴淞周围百里之内，并声称这是为了在华友邦的利益。

但是，巴夏礼的要求却遭到了太平天国当局的拒绝。干王洪仁玕接见巴夏礼时指出，我们是对"清妖"作战，任何外人都不能阻止。他还告诉巴夏礼，这是一个原则问题。太平天国不会让步，但他同时表示太平军会尽力保护外国人的利益。

这次会谈不欢而散。太平天国当局虽然坚持了自己的原则，但他们并不想和洋人撕破脸，至少是在 1862 年初，他们还把洋人看作是自己同拜"上帝"的兄弟。有道是，和尚不亲帽子亲，天下僧人是一家。彼时在太平军看来，他们都是"上帝"的信徒，自然是同道兄弟。

洪秀全创立拜上帝会是在 1843 年至 1847 年之间。这期间，正是他的宗教思想逐渐形成的时期。人生道路的走向存在诸多复杂的影响因素，某种看似偶然的契机，往往会产生决定性的作用。洪秀全的情况似乎也是如此。如果不是科举考试连连落第，他的人生道路也许会是另外一番样子。遗憾的是，他太不走运了，尽管不断努力拼搏，科举的大门始终对他无情地紧紧关闭。当时广东开放较早，人文荟萃，众所周知的康有为、梁启超这样的大才子都是从广东考出去的，因而要想在广东取得功名，比其他地区难度更大。

1837 年，洪秀全第三次落榜后，一病不起。他连续高烧四十多天，在昏迷中，做了一个奇怪的梦。梦见自己升了天，还梦见了一个奇怪的老人。洪秀全在《太平天日》中告诉信徒们说，此人头戴高边帽，身穿黑龙袍，满口金须，垂于腹上，身材高大，双手放在膝上，坐姿甚为庄严——他就是洪秀全心目中的"天父上主皇上帝"。

六年后，洪秀全再次参加了科考。这是他第四次，也是最后一次参加科考，但等待他的仍然是失败的结果。在连续的挫败之后，洪秀全找到了新的补偿途径，他开始热心地研读起"宗教著作"。其实严格地讲还谈不上是"著作"，那是一套九本的小册子，是洪秀全第三次参加科考时，在广州大街上无意中得到的。这套书的书名叫《劝世良言》。

《劝世良言》是一本宣传基督教教义的通俗读物，作者叫梁发。此人是一位华人牧师，文化不高，英文水平也有限，因此，这本书编得很成问题。不仅对基督教教义的解释并不准确，而且存在不少误读。此外，他还想当然地加进了许多中国本土文化的内容。对此，传教士马礼逊曾指出，此书虽根据他的《圣经》译本编著，但书中用语"不免染有彼国固有之异教色彩"。尽管如此，这本书还是给了在失败中走投无路的洪秀全以极大的精神抚慰。他开始大彻大悟，决定皈依"上帝"——就是六年前在梦中与他相遇的那个穿黑龙袍的老头儿。

找到了精神支柱，洪秀全开始为自己神圣的目标而奋斗了。他著书立说，传教布道。这期间，他写了一系列的书。其中最著名的有"三道"，即《原道救世歌》《原道醒世训》和《原道觉世训》。这是洪氏宗教理论的核心所在。在这套理论中，洪秀全自称是天父耶和华之子，基督耶稣之弟。他的使命是救苦救难，并宣称清帝是"阎罗妖"，在诛杀之列，而世人均为上帝的子女，平等的兄弟。他还仿照摩西十诫，订立天款十条，入会者必须遵守。洪秀全的好友冯云山和族弟洪仁玕等人最早入会，成了该会的骨干分子。

1847年，洪秀全前往广州，拜见了美国传教士罗孝全，希望得到他的施洗。但罗孝全发现洪秀全对基督教的理解完全是一知半解，有些地方甚至是错误百出，与基督教教义风马牛不相及。基督教的天父上帝只有一个儿子耶稣，可洪秀全却创造性地发明上帝有六个儿子。老大是耶稣，老二是他本人，以下类推，他的结拜兄弟冯云山、杨秀清、韦昌辉、石达开为三、四、五、六子。不仅如此，他还别出心裁，声称上帝还有一个女婿，这人就是他的妹夫萧朝贵。

对于这套无中生有、违反教义的篡改，西方传教士当然不能接受。可洪秀全却不以为然。他认为这些传教士未免孤陋寡闻，只知其一，不知其二。他还振振有词地说，我和上帝在梦中见过面的，你们谁又见过呢？对于这样的言论，西方传教士们目瞪口呆。他们认为这未免太滑稽了！在基督教的经典和教义中，这是不可能的事，因为上帝是灵体，是无形的，不可能被人看见。

但洪秀全始终坚持自己的看法。实际上，他并非不知道自己的错误。在罗孝全处，他有机会完整地读到了中译本《圣经》，并得到了罗孝全的辅导和讲道。但此时，他已无法更改自己的理论，因为这样会使自己的教徒们产生混乱，不利于他的事业，同时为了维护自己的权威，他也不愿放弃自己是上帝之子、耶稣之弟的神圣地位。

在广州度过三个月之后，洪秀全带着遗憾和固执回到家乡。他没有受洗，但这并不影响他的事业发展。拜上帝会迅速壮大。曾经见过洪秀全的外国人这样描述说：

洪秀全号称太平王，身材颇高，被太阳晒成紫铜色的脸上，带着勇敢和自信的神情。他的年纪大约四十多岁，胡须和头发已经斑白。据说他有极大的勇气，虽然他的声调带着广州口音，却没有人知道他的真实姓名，也不知道他生在何处。[1]

当时围绕在他身边的不乏各种人才。除了杨秀清、萧朝贵、冯云山、韦昌辉外，还有"相貌奇丑，极瘦，肤黑如炭"的石达开。虽然石氏是一个文人，太平天国早期的文告大多出自其手，可在军事方面，他的才能一点也不比他的文采逊色。

这是一个优秀的团队。朝气蓬勃，充满生机，摧枯拉朽，气吞山河。他们喊出了"成者为王"的口号，"天下者人人之天下，非一人之天下。万世不易，世所未闻"。咸丰元年，公元1851年1月11日，这一天是洪秀全的生日。拜上帝会在广西金田村发动了"恭祝万寿"起义，建号太平天国。这就是历史上著名的金田起义。洪秀全造反了！

早在起义发生前，一个预言就在民间广泛地流传：1851年是甲子第四十八年，按照谶记，明朝即当复国。洪秀全一度把自己伪装成朱明的合法后裔，就是为了赢得人心，使起义更具正当性。然而，拜上帝会信奉上帝，却把这种"正名"完全抵消了。上帝学说与中国文化传统格格不入。太平天国信奉上帝，这在传统的中国士绅看来无异于信奉异端邪说，简直是大逆不道，其恶劣程度不下于谋反。

曾国藩在《讨粤匪檄》中就严厉痛斥：

粤匪窃外夷之绪，崇天主之教……士不能诵孔子之经，而别有所谓耶稣之说、《新约》之书；举中国数千年礼义人伦，诗书典则，一旦扫地荡尽，此岂独我大清之变？乃开辟以来，名教之奇变，我孔子、孟子之所痛哭于九原，凡读书识字者，又乌可袖手安坐，不思一为之

所也……[2]

按曾国藩的说法，中国"千年礼义人伦"即将"扫地荡尽"，就连孔子、孟子都要"痛哭于九原"了，读书人还能坐得住吗？因而纷纷投袂而起，加入镇压太平军的行列之中。与之相反的是，洪秀全的举动得到一些西方人士尤其是传教士们的喝彩，他们奔走相告，欢欣鼓舞，认为太平天国的胜利将使中国变成一个基督教国家。为此，他们从各方面给太平军以声援和支持。就连当初拒绝给洪秀全施洗的美国牧师罗孝全也专程赶到天京①，以实际行动支持洪秀全。

1856 年，第二次鸦片战争爆发，英法联军入侵中国。四年后，咸丰皇帝被迫逃往热河。这时，太平军与洋人似乎有了共同的敌人。这种共同的目标使它们之间的兄弟友谊在信仰的基础上又进了一步。洪秀全常爱说的一句话叫"西洋同家人"。他的将领中，许多人也认为如此。1853 年，镇守镇江的太平军名将罗大纲就在给英方的信中，把洋人称作"兄弟"。这是目前已发现的太平军给"洋兄弟"的第一封信。他在信中写道："英吉利国诸位兄弟"，"既系同拜上帝，皆系兄弟"。

十年之后，洋人与太平军已翻脸，太平天国慕王给戈登写信时仍然把洋人称作兄弟，"须知我等同拜上帝、耶稣，一教相传"。他还在信中强调说，"我国系与清朝争取疆土，与外邦毫无嫌怨"。这些想法在今天看来实在幼稚可笑。然而，当时太平军的将士们却坚信不疑，如同着了迷、中了邪一般。早在 1861 年，太平军为解安庆之围发动西征时，陈玉成大军挺进汉口，打到黄州后突然屯兵不前了，除了因为李秀成大军未能及时赶到外，还有很重要一点，那就是不想与租界里的洋人发生冲突。他们的迟疑，贻误了战机，而使曾国藩、胡林翼得以喘息，绝处逢生。

现在，李秀成似乎又陷入了这样一个怪圈。他不想与"洋兄弟"正面交战，

---

① 罗孝全被洪秀全封为"洋务丞相"，主管外交事务。

希望通过外交手段，妥善地处理好与"洋兄弟"的关系。这是一个极其可怕的误区，战争的时间是以分秒来计算的。战场上的三个多月，这意味着什么？

更令人疑惑的是，淮军开进上海，其间经过了一个多月的大规模持续运兵，即便有洋船掩护，要想完全不被发现也是不可能的。难道太平军一点情报都没有吗？恰恰相反，从李秀成与部下的信件中可以看出，他们在上海城中是有内线的，清军的一些动向他也有所了解，为何独对此事毫无觉察？

在1862年寒冷的早春时节，李秀成没有意识到，他已犯下一个致命的错误。

兵贵能战

1862年4月8日，这是清明节过后的第三天，上海十六铺码头突然热闹起来。几艘火轮船冒着滚滚浓烟，缓缓地靠上了码头。第一批淮军抵达上海。上海士绅苦苦盼望的救兵终于到了。

一些官员和百姓兴冲冲地赶到码头，来迎接他们的救星。可是，当这些大兵从轮船上走下来时，上海人不禁有些傻眼了。这些个从船上走下来的大兵竟然一个个蓬头垢面，衣衫不整，军官们穿着破旧的麻鞋，士兵中有的连鞋也没有，干脆光着脚板。由于长途旅行，他们脸色蜡黄，精神不振，嘴里叽里呱啦说着垮里垮气的土话，肮脏的包头布以及破旧的短褂散发出刺鼻难闻的气味。他们队形不整，武器也很杂乱。那模样儿简直不堪入目，活脱脱一群手拿刀枪的叫花子从天而降。这难道就是他们千辛万苦、花了大价钱请来的救兵吗？这些人能打仗吗？

李鸿章从上海人的眼里看到了疑惑，也看到了轻蔑，但他不以为意。兵贵能战，不在好看，待我一战，再笑不迟。李鸿章心里憋着一股气。其实，他自己最清楚，别看他的这些兵衣衫不整，装备落后，但却不乏能征善战之士，许多人都打过硬仗，甚至是从死人堆里爬出来的，他们敢打能打，虽不中看但却中用。只要稍加训练，即可投入战斗。李鸿章对此充满信心。

淮军抵沪不久，朝廷便委任李鸿章取代薛焕，署理江苏巡抚。薛焕的担心终于成为现实。其实这在李鸿章前往上海之前，曾国藩就已安排好了。据周馥回忆，李鸿章抵沪后办公地点设在东门外建汀会馆。作为一省最高长官，他集军政大权于一身，尽管公务繁忙，但军事却是第一位的。从安庆出发前，曾国藩就交代他说，此去上海，专以"练兵学战"为性命根本，吏治、洋务"皆置后图"。也就是说，除了军事之外，其他各事都可往后放一放。对此李鸿章深以为是，一到上海，他便以主要精力抓训练，抓战备，以期尽快提高淮军的战斗力。

部队驻扎下来后，他做的第一件事便是效仿湘军——"筑墙子"。所谓筑墙子，就是修筑工事。对于老湘军来说，这件事已司空见惯，可那些新招募的淮勇却觉得莫名其妙，吃饱了没事干，修这劳什子做什么？纷纷敷衍了事。李鸿章有一次来检查发现工事不符合标准，不禁大为光火，严加训斥。他告诫淮军士兵，修牢工事，保存自己杀伤敌人，这是湘军用血换来的教训，也是他们克敌制胜的法宝。他还以自己过去"浪战"的教训为例，说明筑墙子的重要性。

李鸿章下令将不合格的工事全部推倒重来，还让湘军老兵给予示范和监督。所有工事均严格按照湘军规制：高八尺，厚一丈，上设枪眼；营濠分内外两层（有的三层，视情况需要），外濠宽八尺，深一丈五，内濠减半；外濠之外还设有各种篱笆、陷马坑、梅花桩等等，牢不可破，坚不可摧。墙子筑好后，夜间由士兵们分工负责，层层驻守；白天则是依托墙子进行各种攻防阵法演练。防守时，砍杀、射击、投火球、抛石块；进攻时，则翻越墙子，利用各种阵法的变化，次第有序地展开攻击。为了提高部队的耐力，淮军还不时进行长途训练，士兵的腿上绑上了沙袋，每次急行军不少于三四十里。

这种训练很有实战性。不久，便取得了成效。有一次，薛焕借故来到军营，想打探一下虚实。自从淮军进入上海，李鸿章便喧宾夺主做了巡抚，这让薛焕一肚子怨言，但是当他来到军营，看到淮军将士的训练场景，还是大吃一惊：兵丁们在一丈多高的墙子上跳上跃下，动作灵活，身手矫健，抛出的火球和石块可以精准击中目标，杀伤力极大，此外，城防工事也有很大进展，坚固、实用，显然这是一支训练有素的部队。不久后，英国海军中将何伯也来视察。李鸿章陪他观看了部队的操练。看完之后，何伯也给淮军高度的肯定。事后，他在接受一家外国报纸采访时评价说，李鸿章的兵训练有方，士气高昂。这家外国报纸一向看不起清军，这次居然也不吝溢美之词。

　　各方的看法在迅速改变。淮军纪律严明，比起之前涣散的绿营兵要好得多。李鸿章率部进入上海后，一边抓训练，一边抓纪律。得民心者得天下，李鸿章深知这一点。军事以得人心为本，部队初来乍到，人生地不熟，收买民心尤为重要。于是，他三令五申，严禁部队骚扰地方，令人把营规军规刻印出来张贴，还让士兵们学习在湘军中传唱多年的《爱民歌》。歌词如下：

> 三军个个听仔细，行军先要爱百姓。
> 贼匪害了百姓们，全靠官兵来救人。
> 百姓被贼吃了苦，全靠官兵来做主。
> 第一扎营不要懒，莫走人家取门板。
> 莫拆民房搬砖石，莫踹禾苗坏田产。
> 莫打民间鸭和鸡，莫借民间锅和碗。
> 莫派民夫来挖壕，莫到民家去打馆。
> 筑墙莫拦街前路，砍柴莫砍坟上树。
> 挑水莫挑有鱼塘，凡事都要让一步。
> ……

　　这首《爱民歌》可以说面面俱到，对部队的军纪做了详尽的规定。一方面宣扬了爱民精神，一方面约束了兵丁的行为。歌的最后，还进一步升华了主题：

> 军士与民如一家，千记不可欺负他。
>
> 日日熟唱爱民歌，天和地和又人和。

这些并非李鸿章的发明创造，包括营规军规和《得胜歌》《解散歌》等，都是曾国藩亲手订立。李鸿章不过是照搬而已，但在收买人心和处理军民关系上的确收到了很好的效果。《爱民歌》直白浅显，通俗易懂，对于没有文化的底层士兵来说，是很好的教育方式，而贯穿其中的爱民思想更是受到当时上海各界的欢迎。

1862 年的上海，"洋化"程度已经很高。十里洋场，高楼林立；码头上停靠着各色外国货船和兵轮，商店里充斥着让人眼花缭乱的洋货；洋行、赌场和教堂，比比皆是，到处可见金发碧眼的洋人。李鸿章到了上海，很快就开了眼界。他对那些洋式的新玩意充满了浓厚的好奇和兴趣。当然，最让他动心的还是那些新式的洋枪洋炮。在来上海前，他就对洋人的新式火器有所耳闻，但直到亲眼所见之后，才有了切肤之感。

有一件逸闻，说有一次英法海军舰长邀请有关人士登舰参观，李鸿章装扮成一个随从混在参观的人士中。这是李鸿章第一次与新式的现代化舰船亲密接触，不胜好奇，参观的过程中不住地问长问短。事后，一个外国舰长打听此人是谁，有人告诉他是一个随从。舰长评论说，可他看起来更像是一个将军，而那位带队的倒像是一个随从。后来，有人把这事告诉了李鸿章，李鸿章听后大笑，说这个外国人倒算是有点眼力。不论如何，参观洋人的军舰给李鸿章留下了深刻的印象。几个月后，他在给曾国藩的信中还对此事念念不忘：

> 鸿章尝往英法提督兵船，见其大炮之精纯，子药之细巧，器械之

鲜明，队伍之雄整，实非中国所能及。其陆军虽非所长，而每攻城劫营，各项军火，皆中土所无……[3]

如今许多史学家在研究这段历史时，常爱提及这件事，并不厌其烦地引用这封信。这是李鸿章进入上海后，观念潜移默化发生改变的一个很好的说明，而这种改变的直接后果就是引发了一场"讲求洋器"的革命。

如果说，淮军在进上海之初还是一支以冷兵器为主的落后的军队；那么，几个月后它已经拥有了一支洋枪队，并迅速脱胎换骨，向以热兵器为目标的近代化迈开了步伐。应该说，这是中国军事近代化的一个伟大开端。走在前边的就是李鸿章和他的淮军。

第六章　立足之战

"洋兄弟"反目

同治元年，1862年4、5月间，上海的局势日趋紧张。一些消息灵通人士开始传播一个令人震惊的消息："长毛"和洋人闹翻了！如果说，李秀成迟迟没有发动进攻是顾忌洋人的话，那么现在一闹翻，这种顾忌便不复存在，李秀成随时可能向上海发起攻击。战争已不可避免。有人认为，这未必是坏事，因为洋人一旦放弃"中立"，便会正式出兵，那上海的安全就更有保障了。然而，更多的人还是抱着悲观的情绪。李秀成几万大军真要打过来，胜负姑且不论，谁又能保证上海不毁于战火？

就在上海人忐忑不安之时，事态已变得相当严重。英法两国开始陆续向上海增兵，而太平军也毫不示弱，上海周边地区的战斗不断发生，日趋激烈。看来传言并非空穴来风。事实上，洋人与太平天国的谈判的确是破裂了。中国内乱发生后，列强们对于中国的局势一直密切关注，跟踪评估。一种观点认为，太平天国有可能取代腐朽的清政府，西方应予支持与合作。

1861年4月，英国参赞巴夏礼来到天京觐见洪秀全，他向天王建议，英国政府愿向太平天国提供帮助，共同推翻清朝政府。对洪秀全而言，这是一个充满诱惑的馅饼，可接下去的谈话却变得不愉快了。有传言说，巴夏礼向洪秀全提出事成之后，平分中国。洪秀全一听便怫然不悦，认为这是一派胡言，根本无法接受，"事成平分，天下失笑，引鬼入邦，国人唾骂"。

尽管"西洋同家人"，但事关国家利益，洪秀全并不糊涂，他断然拒绝了巴夏礼的建议。巴氏颇感难堪，随后改用一种很不友好的语气，提醒天王务必考虑拒绝的后果。他说，"天兵"人数虽众，不及我洋兵万人，如果太平天国拒绝合作，他们将会另有行动。话说到这份上，已是在公然威胁了。天王怒曰，悉听尔便！觐见便不欢而散。当然，这个桥段只见诸野史，实际上，太平天国与洋人闹翻可能另有原因。

巴夏礼是一个臭名昭著的典型的殖民主义者，狂妄、傲慢、自大、蛮横，但凡洋鬼子有的坏毛病，他差不多全占了。巴夏礼早在 1841 年就来到中国，是个"中国通"，能说一口流利的中文。他参加过第一次鸦片战争，十几年后又亲手制造了"亚罗号事件"，挑起了第二次鸦片战争。清政府的官员们对其恨之入骨。两广总督黄宗汉就在奏章中谴责他说："天生巴夏礼，所以祸粤也，不去巴夷，粤难未已。"他还张榜悬赏："生擒巴夏礼者，（赏）数万，杀毙者，（赏）数万。"咸丰皇帝逃往热河后，曾下令僧格林沁，将入京谈判的巴夏礼扣留，差一点杀了他。

巴夏礼的天京之行，虽然没有达到目的，但英法等列强并没有立即与太平天国翻脸。因为第二次鸦片战争当时正在进行之中，而南方的贸易也使他们不敢轻易与太平军为敌。英国海军中将何伯——这是英军在上海的最高指挥官——在 1861 年 7 月 11 日给英国公使卜鲁斯的信中说道，不能同他们（指太平军）发生冲突，因为他们随时都可以停止上海的全部贸易。上海的英国商人们也认为，与"长毛"闹翻无疑是愚蠢的"自杀"。因此，在大规模的武装干涉之前，列强一直试图通过向天京当局发动外交攻势迫使其改变态度。为了达到这一目的，他们一边施压，一边不时表现出友好的姿态。然而，到了 1862 年 1 月 2 日，英国与太平天国的谈判破裂了。

破裂的原因，表面看是因为英方提出的四项要求全部遭到拒绝。这四项要求包括不准太平军进入上海、九江、汉口三地一百里之内等。但这些不过是摆在桌面上的理由。近年来，有学者研究发现，太平天国实行严厉的禁烟政策才是导致谈判破裂的真正原因。早在太平军占领天京之后，洪秀全就向各国宣布："彼此通商,理所应然……只有洋烟再勿来吾中国,其余自由贸易,无所禁止。"所谓洋烟,就是鸦片。禁止鸦片贸易,这对英国政府来说,意味着丧失巨大的经济利益。在前后二十年里,它已经为鸦片贸易发动过两次战争,当然不会再吝啬发动一次。不过,这一次矛头不是对准清政府,而是对准了太平天国。

谈判破裂后的第二天,巴夏礼就从天京赶往上海,协调中外会防,并敦促军方调兵遣将,准备武装干涉。恰在这时,清政府的态度也在发生微妙的变化。政变上台的慈禧,聪明地发现,与其像自己的老公咸丰皇帝那样仇视洋人,与其对抗,还不如联合他们,共同对付太平天国,这样对自己的统治显然更为有利。毕竟太平军是"心腹之害",而洋人只是"肘腋之忧"。

两股势力开始联合。这种局面在 1862 年的春天由暧昧、隐蔽逐渐转化成明朗和公开。不久,英法联军便以太平军妨碍了他们的贸易为借口公开参战,并妄言要肃清上海周边百里所有的太平军。在华尔洋枪队和清军的配合下,英法联军接连向上海周边地区展开攻势。4 月底的嘉定和青浦之战,使这次攻势达到了高潮。洋兵利用新式重炮,先后轰垮了太平军的防线。两次战斗中,太平军阵亡四千余人,被俘两千多人,损失惨重。

忠王愤怒了,原先一直保持克制,试图以德待人的想法看来是行不通了——只有打了!困扰李秀成多时,令他患得患失的难题,这时反倒变得简单明确起来。他决定全面反击。

5 月中旬,反攻开始了。李秀成亲率万余名精兵收复太仓,清军大败,守将李庆琛毙命。接着,太平军分兵进击嘉定与青浦,同样高奏凯歌。如果说,在这之前面对常胜军和英法联军的挑衅,太平军一直采取忍让克制的态度的话,那么现在,憋了一肚子气的忠王大军终于爆发了。而清军和洋兵也再次感受到了太平军那可怖的战斗力。很快,清军一百多座营垒就先后被踏平,联军和常胜军也遭受重创。青浦一战,常胜军副统领法尔思德被俘;南桥一战,法国舰队司令卜罗德上将被击毙,何伯负伤,大量洋枪被缴获。

南桥之战使上海的洋人不寒而栗。在卜罗德的葬礼上,曾经嚣张的气焰被一片忧伤的钟声和悲观的情绪所替代。联军向市区撤退了，龟缩进租界，不敢再露头。与此同时，忠王大军却乘胜挺进，再次逼近上海，从九里桥、新闸、徐家汇到法华、松江一线，到处都是头戴红巾的太平军将士。战旗猎猎，迎风飘扬，杀声震天，摄人心魄。

英国公使卜鲁斯不得不向太平军摇起了橄榄枝，希望以谈判来延缓太平军的进攻。与此同时，他还在办公室召见了何伯中将，指出应该让李鸿章的淮军去打头阵，而不是让我们的军人白白送死。何伯听了只有苦笑，他何尝不想如此。早在4月间，淮军开进上海不久，何伯就以中外会防局的名义，要求李鸿章派兵出战。他的如意算盘就是让淮军打头阵，以减少联军的损失，可李鸿章的想法正好与他相反，那就是尽可能地让联军冲在前边，从而保存淮军的实力。

何伯的心思，李鸿章一眼就看穿了。在没有充分把握之前，李鸿章可不想拿自己的家底去冒险。此外，他的部队确实还没有做好准备。有道是，不打无准备之仗。不战则已，战则必胜，否则别人就会小瞧了自己。抱着这样的想法，尽管联军和常胜军打得热闹，李鸿章却一直按兵不动。

为了敦促李鸿章出兵，何伯不得不亲自登门与李进行交涉。可李鸿章并不买账，他声称现在还不能出战，一是淮军目前尚未全部抵达，在这之前他是不会作战的；二是淮军是新到之军，道路生疏，必须探熟地形后方可行动；此外，还有粮草、装备等等问题，这些都需要解决。何伯无可奈何，随后又以中外会防局的名义，下达了一道命令：限淮军三日之内务必开赴火线，以配合联军作战。中外会防局是中外联合机构，你李鸿章即便是巡抚，也不能凌驾于会防局之上吧？没想到，李鸿章完全不理这一套。他马上以公文的形式回复予以婉拒，理由又是一二三，说得有理有据，滴水不漏。玩文字游戏，这是李鸿章的强项。他是翰林出身，又在曾国藩手下办理文案多年，何伯跟他来这个，根本不是对手。眼看着双方僵持不下，上海的官绅们着急起来了。他们既怕得罪洋人，也不敢公开冒犯巡抚，只好推出吴煦，让他从中斡旋，但同样毫无效果。

不久，朝廷收到了折子，纠参李鸿章畏战惧敌，贻误战机，来上海后光知道摆花架子，什么也不干。朝廷闻报大怒，一边电谕斥责，一边令两江总督曾国藩限期督办。可曾国藩和李鸿章穿的是一条裤子，他不仅不责罚李鸿章，还给李支招。曾国藩在信中这样写道，你不答应是对的，"兵勇训练未熟，人数未齐"，"断不宜出仗"，但洋人逼紧了也不妨"勉为应允"，"国藩不遥制也"。

李鸿章心领神会。曾国藩实际上是在告诉他，有些事不一定非要硬顶，完全可以采取另外一种手法，比如软抗、敷衍、阳奉阴违等等。就像"挺经"中的那位老翁一样，以退为进，有时却能收到更好的效果。李鸿章开始改变策略了，他同意把常胜军交给何伯指挥。常胜军又名洋枪队，是一支华洋混合的雇佣军，统领是美国人华尔。名义上，常胜军归江苏巡抚节制，但李鸿章却指挥不了它，因此把它交出去，李鸿章一点也不心疼。此外，他明面上也派出部分淮军随同联军作战，暗中却指示他们出工不出力。有一次，为了糊弄何伯，他答应把淮军派到某处作战，可到了该地，淮军连太平军的影子还没见着就被他下令撤了回来。

正是由于李鸿章的这些手段，当李秀成大军全面反攻时，冲在前面的联军和常胜军都先后遭受重创，而淮军却完好无损，保存了实力。

5月底，被太平军打怕了的英法联军放弃了上海城外围的全部防线，这时候，李鸿章再想往后退缩已经不可能了。他只能调动淮军前往接防。面对强大的太平军，淮军的真正考验终于要来了。

血战虹桥

6月17日，虹桥之战爆发。这是淮军援沪以来的"首秀"。尽管在这之前，淮军也零星地参加过一些战斗，但都属于协同作战，敲敲边鼓。然而，这一次，它将面对面地与太平军一决高下，真正较量。是骡子是马，现在该遛一遛了！

李秀成并没有把李鸿章和淮军放在眼里。早在安徽时，李鸿章就是他的手下败将，曾被打得狼狈逃窜，一败涂地。当李鸿章进入上海出任江苏巡抚时，李秀成便说了一句："败军之将，何足言勇？"有人提醒他说，现在的李鸿章已经今非昔比，他手下的这支淮勇也不可小视。李秀成听了却不以为然，一笑了之。

虹桥之战开始后，太平军一上来便摆出了志在必得的架势。李秀成的三支精锐——谭绍光部、陈炳文部和郜永宽部，共计五六万大军相继在虹桥、徐家汇和新桥等地投入战斗。他们轮番发起冲击，洪水一般的攻势，一波又一波，形成巨大的浪潮，扑向淮军阵地。

驻守虹桥的是淮军开字营，统领就是程学启。他的两营士兵只有一千多人，与太平军相比，众寡悬殊。然而，开字营修筑的"墙子"有效地发挥了作用。他们的抵抗也极其顽强。尤其是程学启，其凶悍无人能比。战斗中，他亲冒矢石，身先士卒，一边挥舞战刀，一边高声喊道，李帅已下死令，谁也不准后退一步，大丈夫建功立业的时候到了！在他的鼓动之下，憋足了劲的淮军将士鼓噪而起，玩命抵抗。战斗从白天一直持续到天黑。太平军反复发起攻击，最终都无功而返。

6月18日，李鸿章亲率淮军主力紧急驰援。好在虹桥之战前，李鸿章就已考虑到淮军兵力不厚，而上海外围战线过长，不宜分散。当李秀成大军围攻松江时①，他就拒绝前往救援，而把部队集中到虹桥一带。这一决定帮了他的大忙。当李秀成久攻松江不下，突然掉头杀向虹桥时，事先早有防备的李鸿章并不惊慌，相反却在极短的时间内，就将六千多名淮军中的五千多人迅速调往了战场。

李鸿章这一回是掏血本了。他明白，此战意义重大，只能赢不能输。因为各方都在关注，而更重要的是此战胜负将直接影响到部队士气和今后战斗走向。当天的战斗十分惨烈。双方的争夺进入了白热化，枪炮如雨，

---

① 城内主要是常胜军。

血肉横飞。李鸿章令人搬来一把西式椅子，端坐于虹桥桥头，亲自督战。淮军将士在他的激励下，奋勇厮杀，苦苦支撑。战局焦灼之际，新练的洋枪小队在作战中发挥了很大作用，对太平军造成了很大的杀伤。然而，太平军人多势众，尽管攻势一次次被化解，又一次次卷土重来。

随着时间推移，伤亡越来越大，压力也越来越大。面对太平军一轮又一轮如潮的攻势，有人担心起来，这样打下去，敌众我寡，且外无援兵，还能坚持多久？李鸿章心里这时也没了底。有人建议撤退，李鸿章默然无语。就在这节骨眼上，意外的情况突然发生了：太平军的攻势忽然减弱了下去。不久，探马来报，说"长毛"开始撤兵了。李鸿章亲自策马上前观看，果然，"长毛"大队正在成队地向后撤退，而且撤退的速度相当之快，似乎发生了什么事情。就连淮军乘胜发起追击，他们也无心抵抗，快速撤离了战场。

战局的扭转令人费解，但无论如何，淮军算是顶住了压力，取得了首战大捷。19日，他们乘胜扩大战果，程学启部进占泗泾一线，松江之围迎刃而解。接着，潘鼎新部、刘铭传部进军奉贤，取得金山卫之战的胜利。太平军不断后撤，他们主动放弃了上海外围多处要地，只留少数兵力固守青浦、嘉定等地，大部分主力都在很短的时间里撤回了苏州。

淮军捷报频传，李鸿章很是得意。他在给曾国藩的信中吹嘘淮军战果，还声称当军情危急时，"鸿章跃马而出，不作生还之想"。不管怎么说，连续的胜利的确带来了巨大的鼓舞。上海官绅们额手相庆，各种神奇的传说也不胫而走。有人说淮军五千战胜了"长毛"十万，而李鸿章跃马定乾坤的故事更是被传得神乎其神。上海人再也不敢小看"叫花子兵"了，就连英文报纸《北华捷报》也盛赞淮军，把它描述成"优秀军队"，叫人想起了"古罗马军团"。

至于太平军为何突然后撤，半途而废，实际上也是形势所迫。5月间，尽管太平军在上海发起了反击，取得了局部胜利，但从全国战场看，形势对于太平军已越来越不利了：江浙战场，左宗棠统率湘军，从衢州出发，向金华、杭州挺进，宁波被英法侵略军的战舰攻陷；安徽战场，继安庆失守之后庐州又陷，太平军少帅、年仅二十六岁的英王陈玉成突围至寿州后，遭叛徒出卖被俘就义，这对太平军而言无疑是一重大损失；江苏战场，情形更为不妙，曾国藩从安庆调集重兵水陆并进，不到两个月时间便连克沿江要地，天京告急，洪秀全大为恐慌，急令正在围攻上海的李秀成回兵救援天京。

此时的李秀成内心充满矛盾，他不愿放弃即将到手的胜利，又不能违抗天王的指令，于是便想速战速决，在短时间内拿下上海，然后再回师天京。为了达到目的，他几乎集中了全部主力，共计五六万兵马，从东、西、南三面，分十二路猛扑上海。本想摧枯拉朽，速战速决，没想到淮军的拼死抵抗超出了他的预料，急切之间无法得手，而天王的谕令却像催命符似的一道又一道，逼他火速回援。在这种情况下，他只好放弃原先的计划，从上海撤兵。

战局焦灼，老天也作怪。6月里，上海暴发了一场特大瘟疫。这场瘟疫如同年初的大雪一样史所罕见。据史料记载，瘟疫的情况相当严重，包括霍乱、伤寒、痢疾和鼠疫一股脑儿地全来了，成千上万的人死于非命。据学者考证，在这场大瘟疫中，淮军染病率为百分之七十，死亡率为百分之二十至百分之三十，即每十名淮军中死二至三人。但与之相比，太平军的情况更严重，因为他们的医药条件远不如淮军。大瘟疫在太平军中引起了极度的恐慌，也使双方的战事不得不暂时停滞下来。6月中旬，太平军从上海撤退时，行军行列中出现大批担架，上边抬着的都是身患重病的天国将士。

一般认为，李秀成下令撤退，是为了回援天京而迫不得已。不过，来势凶猛的瘟疫可能是一个更重要且更现实的原因。从李秀成大军急切后撤，退至苏州后又停留数月才开赴天京救援的情况看，上述说法或许能够得到部分印证。

1862年的李秀成，的确是不走运的。年初的大雪、夏季的瘟疫都好像故意与他作对。当他被俘后，在湘军大牢中回顾自己的失误时，他懊悔那场大雪阻碍了他的进攻，懊悔春夏之交的瘟疫使他被迫退兵，他还懊悔错把洋人当兄弟，一而再再而三地错过了战机……

然而，一切都为时已晚。除了客观的不利因素，他主观的判断和决策失误才是最致命的。

大错特错

1862年的夏季格外炎热，伴随炎热一起到来的是战争和瘟疫带来的满目疮痍。尽管天灾人祸，入夏以来，李鸿章的心情还是放松了许多。李秀成撤军后，上海的军事压力陡然减轻。对他来说，最困难的时期终于挺过去了。李鸿章看到了希望。

淮军进入上海后，李鸿章原先并无久驻的打算。按照曾国藩的计划，李鸿章率部入沪只是第一步，第二步则是移师镇江，并以镇江为驻地。早在淮军开拔前，曾国藩就对李鸿章说过，镇江的战略地位比上海更重要，上可会攻南京，下可规复苏、常。李鸿章原先也同意这一计划，可到了上海后，他便不想走了。谁都看得出来，上海是一块宝地，富得流油。当时江南大部失守，整个江苏也只有上海和江北两处尚在清军控制之中，而就赋税而言，江北远不及上海。如今，捧着金罐罐，他当然舍不得丢了。

于是，他向老师提出了新的用兵方略，即不去镇江而以上海为基地，如此同样可以图规苏南，会攻南京。他的这套方略概括起来即为四个字："用沪平吴"——沪，指上海；吴，即东吴，这是苏南的古称。但是曾国藩并不同意他的主张，这位坐镇安庆的钦差大臣仍然坚持按既定方针办。他多次催促李鸿章，要他尽快按照原定计划开赴镇江。对于老师的指令和朝廷的谕旨，李鸿章不便硬抗，便采取软拖的办法。他向朝廷和曾国藩报告说，上海华洋杂处，又是饷源重地，臣刚接任，"一切尚未措手"，是不是给他两三个月时间，容他将沪事办妥，再去镇江不迟。

其实，李鸿章内心早已打定主意，即坚持"用沪平吴"，哪儿也不去。因为在他看来，没有比上海更理想的根据地了。这里不仅有钱，而且从战略上讲，以此为基地也比以镇江为基地更为有利。然而，花花绿绿的大上海并非等闲之地，一个外来户，尽管是一省最高长官，要想在这藏龙卧虎之地站稳脚跟，坐稳屁股，也非易事。李鸿章的前任薛焕就是一个例子。他虽然身为江苏巡抚，但许多事情都得听任地方势力摆布。上海官场，宗派林立，其中势力最大的就是以吴煦为首的浙江帮。

浙江帮的形成始于王有龄时代。王有龄原是江苏布政使，布政使掌管着一省的民政和财政，王有龄就是利用手中的权力，拉帮结派，形成了一股强大的势力，就连江苏巡抚也得对他礼让三分。王有龄调任浙江巡抚后，浙江帮的势力并未稍减，反而形成了以吴煦为中心的新的体系，他们上下呼应，盘根错节，针插不入，水泼不进。李鸿章曾说过，吴中官场，风气败坏，自王有龄始。此人"专用便捷、圆滑、贪利、无耻一流，祸延两省"，"其宗派至今不绝"。此言一语中的。

李鸿章进入上海后，朝廷先后免去了薛焕的江苏巡抚和通商大臣之职，调他回京"简候"。其实，这样安排都是曾国藩事先筹划好的。早在1861年底，李鸿章尚未赴沪前，曾国藩已经着手弹劾薛焕了，称其"偷安一隅"，"不能胜此重任"，与此同时保荐李鸿章补授江苏巡抚。这样做的目的，就是要为李鸿章入主江苏扫清障碍。但是，曾国藩知道，去薛焕易，去吴煦难，去浙江帮更难。他对李鸿章说："不去煦，事权不一，沪事未可理也。"不过，他又交代李鸿章说，你此去上海，当务之急是练兵学战，先在军事上站稳脚跟，其他的事可暂缓进行。

李鸿章心领神会。其实，初进上海，李秀成大军压境，他根本无暇顾及其他，只能全力专注于军事。于是，上海的官场仍为吴煦一伙所把持。李鸿章名为巡抚，可权力却相当有限，许多事情他根本管不了，也插不上手，相反，人们却要看吴煦的眼色行事。

吴煦，字晓帆，浙江钱塘人氏，时年五十三岁。此人师爷出身，通晓官场门径，后来通过捐纳入了仕途，历任宝山县代理知县和嘉定县知县。1853年，嘉定闹起了小刀会，他的知县当不下去了，便跑到上海投靠了江苏按察使吉尔杭阿。太平军起，吉尔杭阿死于非命，吴煦又先后攀上了桂良和王有龄。桂良是恭亲王①的老丈人，正是他的保举，吴煦当上了上海道台。此后，吴煦又署理江苏布政使，官居二品。当时，他身兼苏松太道②、江苏布政使、江海关监督等五大要职，掌管着司法、海关、厘税、钱粮等重要部门。偌大的上海滩，可谓炙手可热，跺一脚地动山摇。

吴煦不仅在官场玩得转，而且他还通晓夷务。大清国的许多官员熟读四书五经，却不知道如何与洋人打交道。他们恨洋人，怕洋人，对于外边的世界一无所知，而吴煦却不同，他混迹上海多年，常与洋人打交道，熟知他们的脾性。外交、通商本来并不归他管，可别人管不了，遇事只有请他出马。比如，外交谈判，这本该巡抚管的事，可薛焕不通夷务，难得要领，常常谈了一半就谈不下去了，只好请来吴煦来擦屁股，让他出面收拾残局。久而久之，上海的外交谈判、通商事务，包括签约什么的，都成了吴煦的职权范围，而外国人也只认吴煦，"知有吴道台而不知有薛巡抚"。于是，吴煦便利用这种局面，挟夷自重，常常拿外国人来压薛焕，甚至对抗朝廷。

其实，吴煦的权力还不仅限于财政、外交和通商，他还有两项涉及军事的重要职务：一是常胜军督带，一是会防处总理。这两项职务使他的手中掌握了三支武装：一支是李庆琛的亲兵营，一支是李恒嵩的绿营兵，还有一支就是华尔的洋枪队。后者是吴煦花钱雇佣的外籍武装人员，具有浓厚的私属性质，完全听从他个人的调遣。

李鸿章进入上海前，吴煦与湘、淮军之间并无利害冲突，相反，他曾在经费上慷慨援手，给湘军以极大的支持。在与曾国藩的来往信件中，他们一直称兄道弟，打得火热。这次淮军入沪，也是吴煦出面请来的，但从内心讲，他并不希望湘军势力染指上海，只是局势所迫不得已罢了。

李鸿章到任后，一脚踢开了薛焕，但吴煦一伙并不担心，薛焕也好，李鸿章也罢，不管谁来，都得依靠他们，否则你甭想玩得转。吴煦有这个自信。

---

① 恭亲王奕䜣，道光皇帝的第六子，后因主持洋务，人送外号"鬼子六"。
② 简称上海道。

俗话说得好，强龙不压地头蛇嘛。在他看来，上海是他的地盘，一切都得按他的规矩办，表面上可以把你李鸿章当牌位供着，恭敬有加，但你不能碰他们的权力，更不能动他们的"奶酪"，否则他们将还以颜色。

李鸿章进入上海不久，很快就发现自己是被架空的。有许多事务，下属不向他请示，却向吴煦请示，有些他不让办的事却被允许办了，因为得到了吴煦的批准。所谓"令不出府衙之门"，真是一点也不夸张。有一次，城防标兵任命了几个军官，李鸿章居然毫不知情。更棘手的是，吴煦还死死把着财权，一点都不让李鸿章触碰。李鸿章要用钱，得事先和他商量，而他编排理由想给就给，不想给就不给，给多少也由他决定。淮军开进上海后，吴煦按月调拨九万两给李鸿章作为经费。在他看来，这已经是一笔不小的数目了——的确，每月九万两，一年就是上百万两，这钱要在别处，搁谁都合不拢嘴巴了——可这是在上海，这点钱实际上不算什么。

李鸿章带兵进上海，本就是冲着钱来的。当时整个江苏几乎都是战区，李鸿章真正能够支配的饷源也只有上海一地。尽管江北尚未丢弃，可那里的淮盐课税向由江北驻军都兴阿所有，这已成为惯例。作为饷源重地的巡抚，李鸿章筹钱的任务并不轻。他不仅要保证淮军的供给，还要负责湘军和镇江驻军的"济饷"，加上新到沪的淮扬水师、太湖水师，这点钱根本不够花。

李鸿章比吴煦小十三岁，虽然官职高于吴煦，但一直谦称为弟，相反，倒是吴煦毫不客气，始终以"愚兄"自居，完全是一副倚老卖老的架势。对于吴煦的掣肘，李鸿章一直忍让着。他刚进上海，立足未稳，还不能马上和吴煦闹翻，可吴煦却以为李鸿章懦弱，对此甚为得意。不过，很快他就发现自己错了，而且是大错特错了。

第七章　沪上争锋

反腐风暴

李鸿章下决心要整顿上海官场了。就在这时，一个机会送上门来了，有人向朝廷参奏吴煦之流利用权势，结党营私，谋利生财。其罪行包括开设钱铺，公款私存；合伙投资船业，利用洋船、商船走私倒卖；此外还有勾结洋人，囤积鸦片；在租界倒腾地产，出租房屋，以谋大利；等等。

这个参奏者名叫殷兆镛。他是江苏吴江人，道光二十年进士，曾入上书房，任侍讲学士，后官居大理寺少卿、署兵部侍郎。殷兆镛原在京中当差，此时丁忧回乡，住在上海，目睹吴煦等人利用职权徇私枉法，怒不可遏，便向上参了一本。朝廷批示查办，于是，一级一级，经由两江总督曾国藩转到了李鸿章的手里。

其实，这类弹章怎么查，其中大有讲究。一种是真刀真枪，刀刀见肉，枪枪见血，不把事情查个底朝天，把人整倒整垮决不罢休；还有一种便是走过场，雷声大，雨点小，最后来个"事出有因，查无实据"，便可交差了事。然而此时李鸿章正在打主意要整顿上海官场，这样送上门的机会岂能轻易放过？于是，他下令彻查此案。不仅要查，而且要一查到底，绝不手软。

吴煦手下有三大贪官，一是金鸿保，一是俞斌，还有一个是闵钊。他们都是吴煦的亲信，向以搜刮捞钱而闻名。吴煦的许多"发公家财"的不法生意都是经由他们之手暗中操作。有人曾在上海道署门前画了一只大乌

龟讥讽他们，画上俞斌为龟头，金鸿保为龟背，闵钊则为龟腹，可见他们
狼狈为奸，实为一体。

李鸿章决定从这三人入手，打开缺口。通过一番内查外调，很快掌握
了确凿证据。接着，他下令将吴煦的这些亲信党羽先后罢官撤职，并以"澄
清吏治"的姿态，大张旗鼓在上海滩掀起了一场"反贪风暴"，严肃整饬苏
省吏治。

吴煦有些蒙了。面对来势凶猛的打击，他显然缺乏心理准备，党羽们更
是慌作一团。然而，他并不认为凭李鸿章这三板斧就能轻易地将他们打倒。
这毕竟是在上海。吴煦相信，离了他们，李鸿章一个外来户不可能玩得转。

魔高一尺，道高一丈

吴煦开始反击了。第一招便是撂挑子。他主动提交辞呈，"禀请开缺"，
并且不等李鸿章批准，便称病不出。按照他的想法，只要他罢工，李鸿章非
乱套不可。偌大的上海，没有他便没法运转，而一旦停止运转，那问题就大了。
不但朝廷要责怪，洋人也会干预，到时候李鸿章只得乖乖地向他低头。

可是，吴煦又错了。就在他躲在家里想看李鸿章笑话时，李鸿章却下
令把他的账簿、票据统统查封了，然后一笔一笔地进行核查。这时吴煦才
发现自己出了昏招，偷鸡不成反倒蚀了把米。他后悔不迭，可是已经晚了。

查账的结果，问题十分严重。吴煦、杨坊等人假公济私，巧立名目，
不择手段，大肆贪污挪用，而且金额巨大，影响恶劣。此案不仅涉及上海
数十家钱庄、米号和船行，而且还涉及大量的军火交易。仅运送淮军来沪
一项，他们便虚报花销上百万两，其中大部分进了自己的腰包。吴煦这下
子彻底慌了。

面对李鸿章的步步紧逼，上海本土势力几乎不堪一击。吴煦低估了李
鸿章而高估了自己。李鸿章不是薛焕，也不可能是薛焕。他不是一个光杆
巡抚，而是一个军事强人。由他统率的淮军羽翼渐丰、声望日隆，而他的

身后还有曾国藩和强大的湘系势力，就连朝廷都得对他们含糊几分，何况一个小小的浙江帮呢？

不久，李鸿章又针对吴煦出台了一项关税、厘税管理的决策。这项决策简称"关厘分途"。所谓关，指关税；厘，指厘捐。这是上海财政收入的两大来源。照例，关税由关道，即苏松太道管理；厘捐由布政使掌管。吴煦身兼二职，这两大收入来源过去也一直由他一人掌握。现在，李鸿章做出了决定，即把关税和厘税分开管理，并"明定章程"，海关仍由吴煦负责，但厘捐却另委他人。他下令免除原厘捐局总办吴云的职务，任命自己人薛书常接替。

这一决策，实际上是分割了吴煦的权力。要搁以往，吴煦决不肯轻易妥协，可眼下他已是泥菩萨过江，自身难保，哪还敢提出半个不字？就这样，两大财权，李鸿章轻而易举地便从吴煦手中收回了一半。

吴煦心疼无比，如同身上被剜掉一块肉，尽管疼痛难耐，表面上还得做出心甘情愿的样子。然而，事情到此并没有结束。收回厘税只是第一步。李鸿章没有马上收回吴煦手中的全部权力，并不是姑息迁就，也不是顾及吴煦的面子，而是因为关税比较复杂，他暂时还没有物色到合适的人选来接手，这才暂时留着吴煦，让他代为管理。

其实，李鸿章和曾国藩早就商量好了，一边要打击吴煦的势力，一边要继续利用他们的经验和能力维持上海的局面。在给朝廷的奏报中，他们首先认定吴煦有罪，如"臣查吴煦开设银号，置买海舶，牟利营私，系属实情"，与此同时，又请求暂不对吴煦做出处理，等有了合适的人选再予参奏不迟。

这种策略相当高明，对于稳定上海至关重要。曾、李绝非等闲之辈，他们深知，打击地方势力是必要的，但维护上海的稳定同样必要。况且，初进上海，李鸿章手下可用的官员极其缺乏，尤其是理财和洋务方面的人才，更是稀缺。他只能继续利用吴煦、杨坊等人。如果因为打击吴、杨，而导致上海瘫痪，那并不是他们希望看到的结果。

不久，杨坊迫于压力，在吴煦之后也提出辞去苏松粮道之职，李鸿章一边接受，一边同样采取"不论不议"的方针。什么叫不论不议？那就是明知你有罪，却先不治你，所谓引而不发，你自己看着办吧。吴煦、杨坊自知罪大，拼命表现，希望戴罪立功，得到宽大处理。

然而，李鸿章表面上网开一面，但在经济清算上却毫不手软。他要求吴、杨等人，包括他们的同伙偿还所有的欠债和亏空。这是一笔数字巨大的金额。如同剜肉刮骨一般，李鸿章逼迫他们把多年来搜刮的财富一点一点地全吐了出来。吴煦、杨坊等人心如刀绞，痛苦万分。吴煦在给儿子的信中抱怨说，自己这是在"毁家"还债。倒是他的儿子比他想得开，劝他事到如今，钱是身外之物，还是保全自己最为要紧。

对吴煦、杨坊等人而言，那是一段饱受煎熬的日子。然而，政治斗争你死我活，却不见刀光剑影。李鸿章每每看见他们，依然笑脸相逢，和蔼可亲，仿佛什么事情也不曾发生。他对待吴煦，一如既往地谦称为弟，可吴煦却再也不敢以"愚兄"自居了。他服服帖帖地摆正了自己的位置，抱着一线希望，希望李鸿章能放他一马。其实，李鸿章与吴煦、杨坊之间并无真正的仇恨，但政治斗争的法则就是如此。一切都是为了权力。谁要碍事，就必须清除。李鸿章只能如此。

在削弱打击上海本土势力的同时，为了全面接管上海，李鸿章开始建立自己的权力运作体系。一些幕僚被陆续招至麾下，逐步形成了一个以他的幕府为中心的，掌管着军机、刑名、钱谷、文案等要务的核心机构，以取代清除异己之后留下的巨大权力真空。在这些幕僚中，著名的有郭嵩焘、刘郇膏、黄芳、周馥、丁日昌、冯焌光、钱鼎铭等，这些人后来都成了淮系的重要将领。他们协助李鸿章，为巩固权力、稳定上海局势，发挥了重要作用。其中，刘郇膏后来出任江苏布政使，分管厘税；黄芳出任海关道，剥夺了吴煦手中的海关之权；郭嵩焘接替杨坊出任苏松粮道。至此，淮军全面接管了上海的军政大权。

当这一切安排妥当之后，李鸿章便一脚把吴煦、杨坊踢开了。

东征第一大捷

清除了上海的旧势力，李鸿章的地位更加稳固，而战场上李鸿章也逐渐掌握了主动。1862年6月间，李秀成自淞沪撤围，回到苏州，这时上海外围的太平军大为减少，完全进入了守势。为了彻底扫除威胁，李鸿章指挥淮军发起了夏季反攻，先后克复金山、七宝等地。在这些战斗中，淮军攻势强劲，李鸿章的表现更是为官方和士绅们所称道。

进入8月，天京局势险象环生。湘军水陆并进，水师由彭玉麟督率，连续攻陷头关、江心洲、蒲包洲，直抵天京护城河口；陆路则由曾国荃统领，一路推进，逼近雨花台。天京为之震动，天王洪秀全一日连下三道诏书，急令李秀成火速回援。

为了应对这种局面，李秀成在苏州召开紧急会议，分析局势，认为湘军包围天京，淮军进逼苏南，太平军两面受敌。眼下当务之急，是要做好长期防御的准备，而不是与敌硬拼。只要大家团结一心，坚守两年，清军久困坚城，必无斗志，而后我军可实施反攻，一举将其击溃。出席会议的众王都表示赞同，但方案报到天京后，洪秀全龙颜震怒。他指责李秀成消极避战，下诏严厉斥责。据李秀成后来回忆：

> 诏云："三诏追救京城，何不启队发行？尔意欲何为？尔身受重任，而知朕法否？若不遵诏，国法难容！⋯⋯"诏逼如此，不得不行，是以计议调抽兵马起队前来。主逼如此，无心在扬、苏、杭之事，概交各将任，我少管理，连母亲及家眷概交与主为信，表我愚忠。[1]

洪秀全发怒的原因是李秀成居然不服从命令，迅速回援天京，而是另有主张。他三诏严逼，并声称"若不遵诏，国法难容"。在此情况下，李秀成迫不得已，只得从命。为了消除天王的猜忌，他把苏福省的印信委于部将谭绍光，就连老母和家眷也从苏州送至天京，作为人质，以表"愚忠"。

8月中旬，李秀成大军启程回援，并按天王之令，向围攻天京的湘军发起反攻。9月初，太平军在雨花台一带与湘军展开鏖战。战斗持续了一个多月，一直打得10月中旬。毫无疑问，这是一场愚蠢的消耗战，太平军投入主要兵力，损失巨大，却毫无建树。

与此同时，太平军大队北上造成了苏南兵力空虚，这就给了淮军可乘之机。李鸿章借机发起新的攻势。他调集优势兵力进攻青浦、嘉定。8月10日，淮军悍将程学启率部苦战八昼夜，攻陷青浦。此时，李秀成正在天京，青浦失守的消息传来后，他指令留守苏州的慕王谭绍光抽调苏、昆兵力收复青浦，以稳定苏南局势。

从8月下旬开始，谭绍光率部展开反攻。激战中，太平军一度打到静安寺、法华寺一带，再次逼近上海。当时，上海城内兵力单薄，几乎难以抵挡。李鸿章大为不安，紧急从周边调兵回援，这才击退了太平军的攻势。半个多月之后，谭绍光兵力不支，被迫放弃南翔，退守嘉定。10月下旬，嘉定陷落，太平军失去了在上海外围的最后一座堡垒，昆山和太仓受到严重威胁。谭绍光和陈炳文紧急磋商，与其被动挨打，不如主动出击，于是再次调集留守诸王部队，由昆山、太仓出发，向嘉定、南翔一带的淮军发起第二次反攻。

11月初，双方在三江口、四江口一带爆发大战。战斗持续多日，互有胜负。为了确保胜利，李鸿章不断增兵，淮军三大名将程学启、刘铭传、郭松林部先后投入战斗。此后，双方战斗进入胶着状态。眼看久攻不下，李鸿章发起狠来，一边从上海调集援兵，一边亲临前线督战指挥。面对淮军的强大攻势，太平军英勇抵抗，终因缺兵少粮，最后不得不放弃阵地，退守昆山。

四江口之役是上海外围战中决定性的一战。此战过后，上海之围彻底解除，太平军被迫退守苏昆腹地，难有作为。有人评价此役对淮军来说，是"东征第一大捷，亦为中兴第一转机"。此战过后苏南战场的真正转折已经到来了。淮军从此高歌猛进，不可阻挡。在短短一年多时间里，他们先后打了近百仗，攻克城池五十余座，为大清王朝立下了汗马功劳。

值得注意的是，在这一连串的胜利中，有一支特别的武装跟随李鸿章冲锋陷阵，驰骋效命，并配合淮军作战，发挥了重要作用。这支武装就是赫赫有名而又臭名昭著的常胜军。

第八章　奇怪的武装

咸鱼翻身

常胜军又名洋枪队，因为使用洋枪而得名。这是一支奇怪的武装，奇怪之处就在于它的组成人员最初清一色都是洋人。

晚清社会极端封闭保守，尽管两次鸦片战争洞开了国门，但"天朝上国""夷夏大防"的观念依然根深蒂固。在这样的社会环境下，出现一支像洋枪队这样金发碧眼、肤色各异的外籍雇佣军，的确让人匪夷所思。然而，对于光怪陆离的上海来说，这却见怪不怪。

五口通商之后，上海独为巨擘，其开放程度远远超过了中国其他所有的城市，包括最早开放的广州。据有关学者考证，咸（丰）同（治）之间，每天停靠上海码头的外轮达到三百余艘，上海的外侨人数，不包括外国驻军在内，达到两千人左右，而这些人中有水手、逃兵、流浪汉，以及罪犯、强盗等人渣，他们肤色不同，语言各异，但都为了一个共同目标，那就是要在上海滩这个花花世界捞上一把。正是由于这些人的存在，为洋枪队的组建奠定了基础。

洋枪队成立于1860年，加入者大多是一些流落上海滩的下层洋人，上海人管他们叫"牛虻鬼子"或"西洋瘪三"。这些人为了生计或者说为了钱，甘愿拿生命去冒险。

1860年，对于上海官绅来说，正是局势最为险恶之时。当时，太平军二破江南大营，横扫苏南清军，开始第一次威逼上海。上海的有钱人惊恐万状，出于保护自己的需要，开始雇佣洋人。在他们看来，这些洋人显然要比那些不中用的官兵强得多。他们能够使用洋枪，有的还是退役军人，具有一定的军事技能和素养，而且他们的洋身份，也让人另眼相看。因此，打这时起雇佣洋人的上海大佬越来越多。起先规模不大，只是看家护院而已。直到华尔洋枪队成立后，这种雇佣性质的武装才声名鹊起。

华尔是一个美国人，貌不惊人，身高一米七多一点。1860 年春夏之交，他和他的弟弟亨利·华尔一起来到了上海。初到上海时，华尔并不得志，他先是做守夜人，后又在一条法国船上打工，景况并不好。直到有一天，杨坊派人找到他，雇他出来组建洋枪队，他才从一个寂寂无闻的洋混子摇身一变，成了上海滩的大人物。

杨坊，字启堂，又字憩棠，浙江鄞县人。他是一个胡雪岩式的人物，早年在布店里当伙计，后来跑到上海，混迹洋场，成了怡和洋行的买办，不久便拥资百万，名噪沪上。怡和洋行是专做鸦片生意的，因此杨坊又被称作"鸦片大王"。在上海滩，此人手眼通天，并以精通洋务而著称。而他的后台老板不是别人，就是吴煦。

他向华尔开出了极为优厚的条件：首先是高工资。每个洋兵月薪高达三百五十两，比中国士兵高出近百倍[1]，而军官工资，低则六七百，高则一两千。其次，每次战斗胜利后还有额外奖赏。最诱人的是，每攻下一地，战利品全归他们所有。这可是一笔令人垂涎三尺的巨大外快。

华尔觉得非常划算，这是个一本万利的买卖。虽然这个"本"是指性命，可对华尔来说这不是问题。他天生就是一个冒险家，十五岁就曾试图逃学去参加美墨战争，虽然没有成功，但一年后，十六岁的他就在"汉密尔顿"号飞剪船当上了大副。他浪迹天涯，周游世界，抢过邮车，贩过"猪仔"，在许多国家留下了犯罪记录，受到通缉。后来，他加入过法军，参加

---

[1]　湘淮军士兵不过三至六两。

过克里米亚战争，并在中美洲组织雇佣军，进行各种阴谋活动。总之，华尔的冒险经历和犯罪记录同样丰富。在他身上既有贪婪、无耻的流氓本性，又有大胆、勇敢的冒险精神。这种人从来就不安分，在哪里都是捣乱分子。即便你不给他钱，他也要冒险。

洋枪队就这样组建起来了。俗话说重赏之下必有勇夫，在钱的作用下，那些混迹于上海滩的"牛虻鬼子"开始踊跃报名，他们中有美、英、法、意、德等欧美游民，也有来自亚洲的印度、菲律宾等国的外侨。总之，五花八门，乌七八糟，仿佛一个国际大杂烩，什么样的人都有。组建后才一个多月，洋枪队就开上了战场，偷袭松江竟大获全胜，一时间名声大噪。此后一年多的时间里，洋枪队频频出击，屡建战功，让太平军十分头痛。

洋枪队的胜利靠的是什么？除了军事冒险和嗜杀、狂野之外，最重要的是他们手中拥有最先进的武器——洋枪洋炮。十九世纪六十年代，当清军还在普遍使用大刀、长矛和一些落后的火器时，洋枪队已装备了来自欧美的最先进的武器，这无疑是一个巨大的优势。作为中国最早的一支西化武装，在冷热兵器交替之际，他们靠着科技实力占尽先机，令人生畏。

然而，这样一支武装，在同治元年（1862 年）之前，它的存在是不合法的。第二次鸦片战争期间，英法联军攻入北京，火烧圆明园，逼得咸丰逃往热河，受尽屈辱。此时的咸丰皇帝仇视洋人达到极点，当然不会同意建立一支由洋人组成的军队，尽管这个军队是"帮助"清政府的，那也不行。上海道台吴煦和前江苏巡抚薛焕都为这事上过折子请求保留，均遭朝廷严厉申斥，要求将其立即解散。

英国人起初也反对成立洋枪队，理由是这支武装的出现，破坏了西方的"中立"形象，不过这只是表面的说辞，更深层的原因是，华尔代表了美国的利益，这使英国人深感不快。英国公使卜鲁斯在给上海方面的照会中，就要求中方毫无条件地取缔洋枪队。

虽然面对朝廷和英国人的压力，但吴煦却暗中搞起小动作，名义上宣布解散，暗地里又悄悄恢复，如此把戏让英国人十分恼火。有一天，英国海军司令何伯中将竟派遣英国军队，包围了洋枪队设在松江城内的军营，抓捕了华尔。可是，他们低估了吴煦的能量。当华尔在美国领事馆受审时，匆匆赶来的吴煦却对审判提出了异议，认为这样的审判有悖于万国公法以及中外有关条约。

就在英国人感到不解时，吴煦给出了理由，即华尔先生已加入中国籍，系吾大清国的子民，按照万国公法和中外有关条约，他的案件应由上海道台衙门而不应由美国领事馆审理。此言一出，举座哗然。英国人马上质疑：华尔什么时候加入了中国籍？我们怎么不知道？吴煦显然早有准备，他不慌不忙地取出一份华尔加入中国籍的证明。

英国人措手不及，美国领事似乎对这样的局面很满意。他并不想处罚华尔，但也不想触犯英国人，现在一切都好办了。这个球可以名正言顺地踢出去了。他当庭宣布，由于华尔系中国公民，此案移交上海道台衙门审理。虽然华尔那天走出法庭后，又一次遭到英国人的逮捕，但很快又在吴煦、杨坊的帮助下逃了出来。

应该说，在洋枪队成立的最初一年多时间里，它的存在并不合法。华尔这个洋枪队队长也名不正言不顺，甚至像是一个逃犯，东躲西藏。然而，谁也想不到的是，到了1862年前后，这种情况突然发生了改变。转瞬之间，华尔咸鱼翻身，从阶下囚成了座上宾，他的洋枪队也身价百倍，成了英国人和清政府面前的红人。

华尔时代

1861年底至1862年初，发生了两件大事：一件是咸丰皇帝病死，发动政变上台的慈禧太后执掌朝政，改变了敌视洋人的态度；另一件是英国与太平天国的谈判破裂，以英国为首的列强决定撕下了"中立"的面纱，对太平军进行武装干涉。两件事一前一后，在很短的时间里相继发生，或许是一种巧合，但这种巧合却导致了清政府与列强之间由敌对转化为合作。

在这一时期的官方文件中，经常出现"借师助剿""中外会防"这样的词语。

借师助剿，顾名思义，就是借助外国列强的军队和外国军事人员之力打击太平军；而中外会防，则是借师助剿发生到一定程度后，清方与洋人正式联合起来而成立的一种组织机构。由此可见，借师助剿也好，中外会防也罢，通俗地说，就是清政府要联合洋人，借助洋人，共同剿杀太平军了。

1862年1月12日，上海中外会防局正式成立了。从天津陆续调往上海的英法联军，与上海的清军开始联手作战。在这种情况下，原先一直反对洋枪队的英国人不再反对洋枪队了。他们认为，洋枪队有利于对太平军作战。何伯中将率先改变了态度。对于华尔的支持，何伯表现出了少有的大方和慷慨。尽管英国人限制向中国出口先进武器，但洋枪队却可以毫不费力地从何伯那里买到各种先进装备，其中包括优质的来复枪和最新式的野战炮。不久，清廷也公开表态承认了洋枪队。不仅如此，大清皇太后、皇帝还隆重颁发诏书，正式命名该军为"常胜军"，并敕封华尔为副将，授三品顶戴花翎。

华尔一下子"抖"了起来，常胜军的地位也开始扶摇直上。到了1862年8月，常胜军的发展达到了顶峰，其人员已超过一万两千人，而且兵种齐全，其中包括步队、炮队、工兵队、舰队、大型运输船队，以及两个兵工厂、一个军医院。其战斗力远远超过了当时中国的所有军队。

与此同时，华尔的财富也在急剧增加，不仅拥有多处豪宅，而且三妻四妾①，仆佣成群。华尔还和他的胞弟亨利一起走私武器和鸦片，大发不义之财。据说在他死后，亨利卷走了令人咋舌的巨款，即便如此，华尔的妻妾们仍然获得了令人惊叹的遗产。在中国的内战中，华尔究竟聚敛了多少财富，谁也无从知晓。

李鸿章率领淮军进入上海后，华尔并不把他放在眼里。按照清代官场规矩，新上司到任，文官武将必须前来拜见，可是华尔却拒不进谒。这无

---

① 其中一个是杨坊之女。

疑是一种严重的冒犯。还有人向李鸿章告状说，华尔身为大清命官，不剃发、不留辫也是不能容忍的问题。可是李鸿章听了之后一笑了之，似乎并不计较这些。在给曾国藩的信中，他说华尔"众中矫矫"，虽然至今不剃头，不剪辫，也没到我处拜谒，但与外国人何必计较这些小节呢？

李鸿章的宽容和大度不会滥用，他之所以不跟华尔计较，正是因为认准了这支常胜军日后会对自己有用，他必须笼络住华尔。的确，在对太平军的作战中，这支华洋混杂的军队表现出了惊人的战斗力，其洋枪洋炮无坚不摧，发挥了巨大威力。太平军在交战中吃了不少亏。李秀成对此十分恼恨："其（指常胜军）炮太厉害，百发百中，打坏我城池"，洋枪连发，一拥而入，"是以我救不及"。在他被捕后，对此依然耿耿于怀，十分不服气，认为苏浙战事都坏在这帮洋鬼子身上，而不是因为淮军有多大能耐。他说：

> 苏、杭之悞（误）事，洋鬼作怪，领李抚台之赏，攻我各路城池。攻克苏州等县，非算李鸿章本事，实得洋鬼之能。[1]

8月里，淮军在攻克青浦后，李鸿章才第一次见到了华尔——这已是李鸿章进入上海四个月之后了。这次见面，华尔的表现同样很不恭敬。他对李鸿章表示，自己的常胜军，中国人是指挥不了的。言外之意，只有他本人才能够统领。他还夸下海口，让他带队去南京，不消几日即可攻克贼巢。这种自以为是、目空一切的态度，肯定不是李鸿章喜欢的，但他还是没有计较，相反却对常胜军的军事能力大加赞赏。在给曾国藩的信中，他评价道："华尔打仗实系奋勇，洋人利器彼尽有之。"与此同时，他还认为华尔在上海的洋人中很有地位，通过他可以改善与洋人之间的关系，用他的话说，叫"欲结一人之心，以联络各国之好"。

但从内心而言，李鸿章并不喜欢这帮"牛虻鬼子"。他在一些信件中多次把华尔称作"蠢家伙"，并称常胜军"均系外国流氓"，再三表示，只要"长毛"平定后，这些家伙统统都要滚蛋，一个都不能留。李鸿章是这样说的，也是这样做的，但这些都是两年之后的事了。

秘密交易

1862 年，华尔三十一岁，正是风华正茂的年纪，也是他一生中最风光的时候，但乐极生悲，就在这一年的 9 月，即李鸿章见到华尔没多久，华尔就战死在慈溪城下。当时，正在指挥作战的华尔被一颗子弹击中了胸膛。李鸿章后来接到了报告说，这颗子弹从华尔的第二与第三个纽扣之间射入，穿过胸膛，深深嵌入背部的肌肉中。连续几天的抢救之后，这个叱咤风云又臭名昭著的洋枪队头领死在了一条英国军舰上。

华尔的冒险经历结束了，但常胜军的故事还远没有完结。接下来，围绕这支军队的统领权问题，美、英、法三国展开了明争暗斗，而李鸿章也想乘机收回兵权。当时，接替华尔出任常胜军统领呼声最高的有两个人，一个是白齐文，一个是法尔思德。他们都是美国人，在常胜军中均为副统领，二人地位仅次于华尔，相当于二把手和三把手。可是这两个人李鸿章一个也看不上。他们不是职业军人，缺少职业军人应有的素质，自由散漫，纪律性差，不是理想的人选。当然，要依李鸿章，最好是安排自己人，可当时的条件并不成熟，选用一个中国军官还无法领导好这支桀骜不驯、华洋混杂的队伍。于是，他退而求其次，决定与找上门来的英国人进行合作。

9 月下旬，英国领事麦华陀和驻军司令斯塔夫利邀请吴煦前往使馆会谈。英国人的意图很明显，他们希望派遣英国军官接管常胜军，从而把法国和美国的势力排除在外。英国人的想法与李鸿章完全收回兵权的初衷存有差距，不过李鸿章还是认为可以接受，只是兵权归谁所有，必须事先讲清楚。按照李的授意，吴煦在会谈中提出，大清可以同意英国派军官代管常胜军，但前提是"兵权悉归中国专理"。也就是说，常胜军的将领可以是英国人，但军权要归属于大清，包括该军统领，也必须听从清廷——具体说就是接受李鸿章的差遣。

这一条件要是放在以前，英国人肯定不会接受，可现在，斯塔夫利几乎没有片刻犹豫，马上就答应下来。因为对英国人来说，能够抢在美国和法国之前，获得常胜军的指挥权就已经是一个胜利，别的可以从长计议。李鸿章似乎早就料到会有这样的结果。他正是利用了英国人的这种心理，确认了他对常胜军的领导权。会谈进行得基本顺利，双方达成了八项协议。这八项协议都是吴煦事先拟好的，并得到了李鸿章的同意。

本来一切都在掌控之中，可谁也没想到的是，就在双方达成协议后不久，半途杀出个程咬金。何伯中将突然不期而至，声称卜鲁斯决定由白齐文接管常胜军，同时取消此前与中方达成的所有协议。李鸿章简直匪夷所思，究竟谁代表英国，难道麦华陀和斯塔夫利的话都不作数了吗？卜鲁斯是英国公使，他的权限显然高于麦华陀和斯塔夫利。李鸿章对于这样的出尔反尔大为不满。他约见了斯塔夫利，请他做出解释。斯塔夫利含糊其词，声称卜鲁斯并不了解情况，且远在北京，难免做出不恰当的决定。言下之意，他对这项决定也是不赞成的。他还说，白齐文是个危险分子，让他来指挥常胜军，将来非出乱子不可，但他无法推翻卜鲁斯的决定。

那么，卜鲁斯为什么要做出这样的决定呢？事后，李鸿章才得知，原来英、美公使在北京达成了一项秘密交易：英国同意由美国掌控常胜军，而美国则支持英国插手中国的海军组建。当时，英国人李泰国和阿思本正在积极谋划帮助中国购买舰船，并打算利用中国组建海军之机获取更大的利益。

李鸿章的想法落空了。在英美的交易之下，白齐文如愿以偿坐上了常胜军的头把交椅。这是李鸿章最不愿意看到的。

白齐文1836年出生于美国北卡罗来纳州，早年参加过克里米亚战争。如果说华尔傲慢、狂妄的话，可毕竟还有底线，可白齐文却是一个彻头彻尾的浑蛋，他胆大包天，恣意妄为，有时发起飙来，甚至丧失理智，胡作非为。上任没多久，便惹出一大堆麻烦。他还经常吵着要求追加饷费，不达目的就胡搅蛮缠，闹得鸡犬不宁。

有一次，有人向李鸿章报告说，白齐文与手下军官联手做假账，一次就贪污白银三十万两。李鸿章非常生气，立令吴煦、杨坊严查此事，可杨坊到了常胜军军营，刚开口提及此事，白齐文便大发雷霆，甚至对杨坊拔枪相向。

这样的事多次发生，李鸿章极为恼怒。他下决心要整顿常胜军了。不过，当时的时机并不成熟，他只能暂且隐忍。

神秘的死亡

同治元年末，机会来了。

当时，南京一带的战状日趋激烈。由于李秀成大军回援，南京城下的湘军渐感兵力不足。曾国荃致信李鸿章，要求归还程学启部。程学启部是李鸿章初进上海时向曾国荃借来的，讲好日后归还，可李鸿章此时不认账了。其实，自打借的那天起他就没打算还过。如今程学启已成了淮军头号大将，他的开字两营也由最初的一千多人发展到数千人，成了淮军的绝对主力之一。李鸿章宝贝得不得了，哪里还肯归还？

曾国荃要不到人，曾国藩也不依了，很快就发来一道命令，让李鸿章火速派兵增援曾国荃，并点名要程学启一军放弃青浦，乘船前往南京援剿。李鸿章可以不买曾国荃的账，但对于曾国藩的话，他不能不听。左思右想，李鸿章想到一个办法，于是提笔上了一片，云：

> 现在伪慕王、听王各党恐我军乘势入苏，纠合苏、常、杭、嘉守贼十余万，由昆、太水陆并进围扑黄渡、四江口、头敌营盘，程学启督所部二千昼夜搏战十余日尚未解围。臣处各军赴救不遑，若令程学启远去，贼众深入，淞沪更危。[2]

这段话的意思是，我这边面对的太平军有十万之众，程学启根本无法赴援。如果他走了，"贼众深入，淞沪更危"。不过，对于老师的指示，他也表示要尽力执行，只不过派的人不是程学启，而是另外一个人——白齐文。

李鸿章在片中写道："惟查有三品顶戴白齐文接管华尔常胜军，此次攻克嘉定颇资其力。该军四千余人打仗向称奋勇，所有西洋炸炮、大炮各利器购备夙多，施放亦便"，臣已饬派该军"驰往金陵协力援应"。

李鸿章这么做一是应付曾家兄弟，二来也是甩包袱。当时，苏南局势已经逆转，淮军羽翼渐丰，有无常胜军已不像先前那么重要了。鉴于常胜军越来越难管理，留着也是祸害，不如将他们派出去，也好在恶战中消耗他们的实力。

李鸿章的如意算盘是一石二鸟，一箭双雕。可是，曾家兄弟也不是傻子。他们一听李鸿章的打算便表示反对。这帮牛虻鬼子的恶名他们早有所闻。他们宁可不要增援也不想自找麻烦。然而，没等曾家兄弟回复，李鸿章已经下达命令，要求白齐文克日率部开拔，前往南京助战，并令吴煦、杨坊予以督办。

白齐文接到命令，开初倒是答应了，但很快就反悔了。他想，上南京明摆着是要打硬仗嘛。这样的苦差事，凭什么让他去啊？如此一想，便按兵不动了。李鸿章催了几次不见动静，不禁有些光火了。他指示杨坊，如果常胜军不开拔，就停止发饷，想以此来逼迫白齐文。可当杨坊把这个决定通知白齐文时，白齐文火暴脾气立时被点燃了。他大骂杨坊，连带着痛斥吴煦和李鸿章。叫嚣如果敢停发饷银，就要他们好看。

杨坊害怕了，他回去后提醒吴煦，白齐文是个疯子，硬着来怕是不行，是不是劝说李抚台采取和缓的办法。可是，吴煦这一回却没有答应。一方面他觉得白齐文太过分了；另一方面他也希望坐山观虎斗，给李鸿章添点乱，从而解脱自己。

听了吴煦"添油加醋"的报告，李鸿章脸色铁青。他早就想整治白齐文了，只是没有抓住他的把柄，这一回白齐文抗命不遵，无疑是挑战他的权威，岂能容忍？于是，当即指示吴煦，常胜军不开拔，坚决不发饷，本抚台之命必须服从。

僵持了几天，白齐文首先退了一步，同意出兵，不过有个要求，那就是先发饷后开拔。白齐文这么做实际上是想找个台阶下，捞回一点颜面。可是，李鸿章这一次却一点面子也不给。他对前来向他汇报的吴煦和杨坊说，白齐文必须遵令而行，没有任何条件可谈。事情到了这一步，白齐文下不了台，索性破罐子破摔，不顾一切地大闹起来。

公元 1862 年 12 月 29 日，就在新年即将到来之际，一场兵变突然发生了。闹事的就是常胜军。他们封锁了松江城门，并在城内制造骚乱。维持秩序的清军一度与他们发生了冲突。零乱的枪声伴着清冽的寒风，带来阵阵恐惧和不安。白齐文气势汹汹地扬言，三日之内不见发饷，就要大开杀戒，洗劫松江。

杨坊闻讯，匆匆赶到了松江劝说，双方各执己见，自然谈不拢。吴煦、杨坊慌了起来。他们本来是想给李鸿章制造点麻烦，可白齐文的兵变使事态完全失控了。1 月 3 日，新年过后的第二天，白齐文采取了进一步行动。当天午后，一艘火轮船靠上了上海码头，从船上跳下了数十名常胜军士兵。他们在白齐文的带领下，气势汹汹地闯进了杨坊的住宅，逼迫杨坊立即发饷。

一番争执之后，狂怒的洋兵开始洗劫杨宅。这是一次光天化日之下的公开抢劫。整个事件持续了好几个时辰。据事后的报告说，杨坊本人也被打伤，伤情严重，"鼻额胸膛打伤吐血不止"，府上被抢走的银洋达四万两之多。

李鸿章震怒了！白齐文的举动显然超出了他容忍的限度。他当即做出了决定：对白齐文革职查办，悬赏五万元将其缉拿归案。在呈送朝廷的奏章中，李鸿章公布了白齐文的两大罪名：一是"不遵调遣"，二是"劫饷殴官"。其中任何一条都足以整倒白齐文。

白齐文虽然已加入了中国籍，但他毕竟还是洋人，有恃无恐，一向不把大清律条放在眼里。不过这一次，他闹得实在太不像话了，就连上海的外国人也看不下去了。本来就反对白齐文接管常胜军的英国驻军司令斯塔夫利与李鸿章进行了会见，并在会见中达成共识，即白齐文不再适合担任常胜军的统领了。也就是说，英国人同意撤掉他。但对李鸿章提出立即逮捕白齐文的要求，斯塔夫利表示了谨慎的态度。他认为，这样做也许会引起不安。因为白齐文毕竟是外国人，逮捕他有可能引起在华外国人的误解。实际上，他是担心这样做将有损于西方人高贵的体面。于是，李鸿章不再坚持自己的想法

三天后，白齐文被撤职，并限期离开上海。白齐文垂头丧气，在卫队的严密保护下，灰溜溜地去了码头。李鸿章信守承诺，没有对他实施抓捕，但白齐文的一举一动都在淮军的严密监视之下，直到他上船离开上海为止。

白齐文离开上海后，并不甘心。他跑到北京四处告状，得到了美英公使的支持，他们向清政府施加压力，试图恢复白齐文的职务，但李鸿章坚决顶住不办。他强调说，白齐文已入中国籍，并系我朝三品命官，其违反法令，应按中国之法予以治罪，外人不得干涉。

白齐文的目的没有达到，只好离开北京。如果他从此安分的话，他的故事也许就到此结束了。然而，这个天生的刺头儿，永远不会安分守己。离开北京后不久，满腹怨气的他竟然铤而走险，纠合旧部在松江抢劫了清军货轮，投奔了太平军。这一来，问题的性质完全发生了改变。如果说"殴官劫饷"还是内部矛盾的话，那么"夺船投逆"就是敌我矛盾了。

一年多后，淮军攻克漳州，白齐文成了俘虏，但被押解回沪的途中竟溺水而亡。事发蹊跷，在当时成了一个谜案。有人怀疑白齐文之死是淮军蓄意谋杀，而其背后或许有高层授意和指使，但从李鸿章的几份报告中却看不出丝毫破绽。第一份报告是在抓获白齐文时写的。李鸿章在报告中称，"该犯恶贯满盈""蓄意谋逆，谋害中国""实为中外人等切齿共愤"，此次由郭松林拿获，本可当场以敌对分子杀死"可省葛藤"，但考虑到事涉外交，还是捉拿归案，依法严办。

一个多月后，李鸿章又写了一份报告。这时白齐文已死，李鸿章详细呈明了押解途中如何遇风，如何翻船，如何往救不及，又如何在下游找到白齐文尸体的经过：

由于今夏江浙一带霪雨连旬，山水暴涨，而浙河滩高溜急，风波险恶，变起仓卒，非人力所能施……至白齐文等三犯本有应得死罪，即均淹毙，应毋庸议。[3]

报告的最后，他请求对"非救护不力"的押解人员"均请免其置议"；对同时淹死的兵将予以抚恤。据称，在这次事故中"殉职"的官兵共四人，其中官阶最高的就是守备衔千总贺光泰。他是这次押解的负责人。就连他自己都死了，如果说蓄意谋杀则很难解释。尽管如此，仍有人持怀疑态度，认为事情并非那么简单。然而，怀疑归怀疑，由于缺乏证据，最后只能不了了之。

对于李鸿章来说，这样的结果最好不过，因为白齐文一死即省掉了诸多麻烦，而整顿常胜军的目的也初步达到了。不仅如此，白齐文事件后，李鸿章很快就以"督带失职"为由，把吴煦与杨坊也一起参革了——吴被革去常胜军督带、杨被革去常胜军协办之职。从此，常胜军开始直接听从李鸿章的指挥，这是整顿常胜军的另一重要成果。

当然，常胜军的问题并未因此得到彻底解决。同治二年（1863 年）冬，接任白齐文的戈登又惹出了更大的风波。

第九章　制胜之道

西人秘法

同治二年，公元 1863 年，淮军进入了全面反攻阶段。此时的淮军已与一年多前初创时不可同日而语。这不仅表现在数量上，而且凸显在质量上，最显著的变化就是装备的近代化。

淮军刚进上海时，兵器主要以大刀、长矛和抬枪为主，但进入上海不久，这些旧式装备很快便被新式的洋枪洋炮取而代之。早在虹桥之战中，淮军已经拥有了新式的洋枪小队，尽管数量很少。但几个月后，各营都先后组建了洋枪队，并配以劈山炮队。

李鸿章一进上海就对洋枪洋炮表现了极大的兴趣。他曾扮作随从模样登上英舰考察，看后深受刺激。中外差距使他认识到，中国要强大必须向洋人学习，师夷之长技。为此，李鸿章开始思考这个问题，他多次深入前线观看洋兵和常胜军作战。这一看不打紧，更加坚定了他的想法。在嘉定、青浦的战斗中，洋兵的重炮着实令人生畏，炮弹落处，火光冲天，震耳欲聋，无坚不摧。太平军的营垒一座座被摧毁，尸首横飞，沙石崩裂。洋枪同样厉害，两军对垒，太平军还没冲到跟前，便纷纷倒下。大刀长矛根本无法发挥作用。这些都给李鸿章留下深刻印象。

更让他惊讶的是，"长毛"队伍中居然也装备洋枪洋炮，尽管数量还不那么多，但火力亦十分凶猛。如果淮军与之对阵，肯定要吃大亏。李鸿章有了紧迫感，决心改变现状。首先钱不是问题。虽然洋枪洋炮价格不菲，需要大笔真金白银，但李鸿章身为江苏巡抚，大权在握，且上海赋税丰厚，不必为钱发愁。购买渠道也不是问题。尽管西方对中国实行武器禁运，但在上海滩，十里洋场，花花世界，没有什么不能办到。通过各种方法，包括走私，各种武器都能搞到，包括那些最新式的洋枪洋炮也统统不在话下。

问题是，有了枪和炮，你还得学会用，可向洋人学习，许多人不接受。特别是淮军将领用惯了大刀长矛，对于洋枪这种新玩意，一是不懂，二是排斥。还有一点，那就是放不下架子，觉得向洋人学习丢脸。李鸿章便开导他们，中国兵器远逊于西洋，要看清差距，在这件事上"坚意要学洋人，同志诸君祈勉力为之"。他还批评那些保守者"坚僻自是"，说久驻上海，如果不能学得"西人秘法"，将来必定后悔。

4月里，常胜军在上海外围作战。李鸿章下令各部将领前往观战。他要这些将领亲眼看一看洋枪洋炮的威力。在他的力推之下，淮军各部都开始陆续操练起洋枪。刘铭传的铭字营和韩正国的亲兵营首先组建了洋枪小队。那些原先反对"洋器"的将领也都改变了态度，包括程学启、郭松林在内。

李鸿章很高兴，他一方面动用各种力量，不择手段，调用资金，千方百计大批购买洋枪，并装备部队，一方面亲自研究各国枪炮的性能和优劣。对此，他投入了极大的热情。只要翻阅一下那段时间他的信函、奏章，就会发现许多关于洋枪洋炮的文字：

> 连日由南翔进嘉定，洋兵数千，枪炮并发，所当辄靡，其落地开花炸弹，真神技也……[1]

又如：

> 西洋炸炮，重者数万数千斤，轻者数百数十斤，战守攻具，天下

无敌……[2]

再如：

> 短炸炮又名田鸡炮,亦称天炮,因其口斜昂向天,形如怒蛙……（炮弹）从高坠下，落地开花……[3]

以上描述,详细精到,栩栩如生,如同一首首洋枪洋炮赞美诗。那段时间,李鸿章简直对洋枪洋炮着了迷,他很快就熟悉了各种武器的性能、型号、产地和价格,谈起来头头是道,如数家珍,俨然成了武器方面的行家里手。

李鸿章如此热衷于习练洋枪,当然是出于战争的现实需要,可他也许并未意识到,前行的道路并不平坦,等待他的将是各种禁区和阻力。

头脑风暴

十九世纪上半叶,西方先进国家的军队基本完成了冷兵器向热兵器的过渡,但闭关自守的清朝军队却停滞不前。尽管鸦片战争的炮声让国人震惊,一些有识之士也大声疾呼要"师夷之长技",但碍于天朝上国等传统观念的束缚,中国的变革始终步履蹒跚。如果李鸿章和他的淮军不是进入上海,可能也不会迈出这一步。然而,战争的严酷现实和耳濡目染,逼着他们不得不做出改变。

然而,枪炮买回来后,要聘请洋教官,这一来麻烦大了。"尊王攘夷""夷夏大防",这都是上纲上线的原则问题,更何况我泱泱天朝上国居然要向蛮夷学习,这不是"用夷变夏""变乱成法"吗? 另一边的洋人倒是挺主动的,法国人和英国人都表现出极大热情。他们先后抛来了橄榄枝,主动提出要以"中外会防"的名义帮助清军进行训练。有人对李鸿章说,如果这个法子行得通,倒也不妨试试。有"中外会防"这块牌子挡着,外界也不好说三道四。可李鸿章却不干。他知道这些洋人不是善茬儿，所谓的训练是有条件的，那就是得把军队交由他们统一管理。这不明摆着是黄鼠狼给鸡拜年吗？李鸿章毫不犹豫，一口回绝。

在李鸿章的授意下，将领们开始自己想办法了。刘铭传最先给自己的铭字营请了洋教官。先是一两个，后来又逐步增加，最多时达到七八个。有人向李鸿章打小报告，说刘麻子乱搞，把洋人都搞进来了。李鸿章听后一笑，说："这个刘麻子从来就是天不怕，地不怕。"那口气听上去与其说是批评，倒不如说是赞扬。其他各营一看这架势，也都醒悟过来，纷纷效法。于是，那些金发碧眼的洋教官接二连三地被请了进来，一时间成了淮军各营中的一道奇特的风景线。

有了洋教官，淮军的训练开始发生了变化。由于这些受聘的洋教官大多经过挑选，很多人曾在军队任职，并有参战经历，有的还毕业于本国军事名校，军事素质强，训练水平高。即便有些人来自常胜军，但也多系正规军人出身，与那些牛虻鬼子不可同日而语。他们拿了钱，便恪尽职守，尽心施教。

不久，淮军的训练便立竿见影，收到很大成效，虽然洋教官和本土士兵之间难免会产生些摩擦，比如一些洋教练脾气大，举止粗暴，动辄打骂士兵，对军官也不够尊重，但李鸿章认为这些都是小事，不必计较，关键是要学到真东西。在他的支持和倡导下，洋教官受到了充分的尊重。他们中不少人后来正式加入淮军，不仅在训练中，而且在战斗中发挥了重要作用，立功受勋，成为骨干。有的人后来还加入了中国籍，永久地留在了中国。其中法国人毕乃尔就是一个典型。

毕乃尔是刘铭传最早聘请的外国教官之一。他的中文名叫毕华青，此人早先是法国军队的一名军官，第二次鸦片战争时来到中国。他受聘于铭军后，教练洋枪最为得力，深受刘麻子赏识。后来，他正式加入淮军，并跟随刘麻子转战苏、浙、皖、鲁等地。他不仅懂军事，而且善战勇悍，不断获得奖赏，剿捻结束后，他已受封总兵候补，赏加提督衔——这已是清代武职最高军衔。由于共事多年，毕乃尔与刘铭传之间交情也越来越深，后来他还主动要求"冠戴薙发"，加入中国籍，并到刘铭传的老家合肥定居。李鸿章得知此事表示支持。他还专门向朝廷上奏称：

> 伏念毕乃尔孤身远寄，本无可依，缘主帅暨统将两人均系合肥县籍，乃尔在营日久，所识亦多淮军将士，前此随军西上曾过庐州，乐其风土敦庞，人情朴厚，窃愿隶安徽合肥县籍，并于县境略置田庐，俾有因依，庶冀世世子孙长为圣朝赤子……仰副皇上怀柔远人，爱惜战将之至意……[4]

这一奏折在同治五年（1866年）得到批准。毕乃尔从此隶籍合肥，成了一名法裔中国人。刘铭传还帮他娶了一个合肥老婆，后来他就生活在合肥、六安一带，当地人都叫他"毕鬼子"。据合肥地方史料记载，毕乃尔死后葬在中国。他的墓地就在六安城外的白塔乡，墓碑上刻有"毕大公之墓"，柱表正面还镌有一副对联，上书：

> 异地借才　用夏变夷真杰士
> 同仇敌忾　摧锋蹈阵大功臣[5]

据传此联出自合肥名士王尚辰之手。刘铭传不忘故人之情，还在墓侧置祭田二十石，命人为毕氏守墓，并在金桥一带为其后人置田一百三十石，供其生活。1958年毕墓被毁，据当地人称，墓中可见大小棺木两口，系夫妻合葬。毕身材高大，着朝服，挂朝珠。

根本之争

李鸿章在上海的一举一动，其实曾国藩都看在眼里。对于李鸿章大搞洋枪、大练洋操，先是不以为然，认为这样实不足取。他写信提醒李鸿章外界对此有所反映，要他注意。可李鸿章照练不误。不久，虹桥之战爆发，淮军的洋枪小队在战斗中发挥了作用，战绩显著。李鸿章兴冲冲地向曾国藩报喜，声称洋枪实为利器，"长毛"死伤无数。这一来，他的劲头更足了。不仅要练洋枪，还要改西操①。消息传到安庆，曾国藩有些不悦。他立即写信对李鸿章进行批评，口气也严肃起来，认为洋枪洋炮固然有用，但如此热衷却过了头。

　　然而，李鸿章还是没有听进去。特别是尝到洋枪的甜头后，他更是津津乐道，爱不释手。对于李鸿章的所作所为，各种告状信纷至沓来，这让曾国藩大为不快。更让他担忧的是，此风迅速蔓延，不久就连湘军也受到波及。不少湘军将领纷纷效法淮军，购买洋枪，组建洋枪小队，其中他的九弟曾国荃最为积极。这些可能或多或少都是受到了李鸿章的影响。李鸿章曾私下里多次写信给曾国荃和湘军将领，向他们多方灌输洋枪洋炮的优越性。他说，大刀长矛已经过时，岂能与洋枪洋炮相抗衡？西洋火器神威无比，吾等一旦拥有，即可战无不胜，平定"长毛"岂在话下？

　　在李鸿章的鼓动下，曾国荃和一些湘军将领不禁心痒起来，对洋枪表示了极大的兴趣。曾国荃去信询问李鸿章从哪里可以购得洋枪。李鸿章回信说，上海这边常胜军大搞走私，"牛虻鬼子，满船运载，以获大利"，同时广东那边也有途径。曾国荃提出能否帮他购买一些，李鸿章满口应承，还在信中慷慨表示，近来已嘱其兄李瀚章赴广东，通过香港购买天字号洋枪三千杆，买来后一定"多多奉献"。

　　曾国荃接信大喜，可曾国藩得知此事后，马上加以制止。他在给九弟的信中说："制胜之道，实在人而不在器。弟若专从此处用心，则风气所趋，恐部下将士，人人有务外取巧之习，无反己守拙之道，或流于和、张之门径而不自觉，不可不深思，不可不猛省。真美人不甚争珠翠，真书家不甚

---

　　① 即改变营制和操练方式。

争笔墨，然则将士之真善战者，岂必力争洋枪洋药乎？"

曾国藩的态度很明确，即打仗说到底靠的是精神，是士气。洋枪洋炮虽然有用，但都是外在的东西，过于追求，反而本末倒置，适得其反。在信中，他还列举了鲍超与和春、张国梁这样正反两面的例子来说明问题。鲍超的部队没有洋枪，但照样打胜仗，而和春、张国梁部"洋枪装备最多"，还是无法挽回败局。

在曾国藩眼里，洋器只是从属，不能视作根本。他多次写信给李鸿章，口气一次比一次严厉。李鸿章一边敷衍，一边也为自己辩解。他回信说，西洋军器，威力强大，尤其是炸炮，格外神勇。和春、张国梁失败不是因为他们有洋枪，而是因为他们没有用好洋枪，问题就出在操练上。他还举例说，常胜军不过是拼凑起来的乌合之众，为何屡立战功？就因为他们手中有先进的外洋火器。因此，他强调说：

> 鸿章亦岂敢崇信邪教，求利益于我，惟深以中国军器远逊外洋
> 为耻，日戒谕将士，虚心忍辱，学得西人一二秘法，期有增益而能
> 战之……[6]

在李鸿章看来，什么根本不根本，打胜仗才是硬道理。曾国藩对此极为不满，但此时李鸿章羽翼已丰，且远隔千里之外，曾国藩生气归生气，也拿他没有办法。

在李鸿章的坚持和努力之下，淮军换装速度很快。与此同步的是营制改革。改制后的淮军，取消了抬枪队、刀矛队和小枪队，统统改为洋枪队。在洋枪普及之后，李鸿章又把目光投向洋炮。淮军配备洋炮起步较晚，一则因洋人"禁不出售"。当时，英、法等国都有严格的规定，即严禁大炮进入中国。因为火炮的输出是双刃剑，中国军队一旦拥有也可以用来抵御他们。二是因"价格过昂"。洋炮的价格非常高，是洋枪的几百倍、几千倍之多。光一枚走私的十二磅普通榴弹价格就高达三十多两。淮军初入上海，根本

拿不出这笔钱。三是洋炮的技术要求较高，培养一名炮兵显然要比培养一名洋枪手难得多。这些障碍都使淮军发展炮兵步履维艰。不过，李鸿章并未放弃，他决心让淮军有自己的炮队，而且要配备世界最先进的克虏伯和阿姆斯特朗大炮。事在人为，到了同治三年（1864 年），随着淮军的节节胜利，淮军的炮队也陆续建立起来。据专家考证，这是中国最早的近代意义上的炮队。

经过几年发展，到了平捻结束时，淮军三十余支部队，总计八万余众，全部换上了洋枪，而且各营也都相继建立了先进的炮队。在装备上，达到了当时国内顶尖水平。从历史角度评价，淮军的换装不仅提高了战斗力，更重要的意义是推动了中国军事近代化的发展，功不可没。

实现这一切并非轻而易举，李鸿章为此花费了很大的气力。为了维持每年高达六百多万两的军备开支，他利用巡抚之权，四处搜刮，多方张罗。苏省百姓为此背上了沉重的租税负担，苦不堪言，士绅们也不堪忍受。一时间，怨声载道，群起而攻。弹劾李鸿章的奏章不断呈送朝廷。奏章指责他横征暴敛，"不闻德政，惟闻厚敛"。当年在上海奏弹吴煦的高级官员殷兆镛也加入了声讨的行列。不过，在这场军备竞赛中，李鸿章笑到了最后，他的淮军不仅压倒了太平军，也压倒了湘军。当初那支土得掉渣的叫花子兵，在他的精心打造下终于脱胎换骨，迅速成为当时中国最先进的军队。此后，在苏南战场以及剿捻之役中，淮军的洋枪洋炮均大显身手，所向披靡。

从李鸿章的话中，不难看出他的得意："各营得此利器，足以摧坚破垒，所向克捷，大江以南逐次廓清，功效之速，无有过于是也。"

第十章 苏州之战

力不从心

同治二年（1863 年），苏南战局发生根本逆转。淮军在上海站稳脚跟后开始发动反攻。与此同时，湘军也进逼南京，形成南北夹击之势。李秀成的日子便越来越不好过了。在洪天王的压力之下，他不得不率部回援，但他北上之后，太平军的苏南战场便陷入崩溃。淮军大举北上，不久，常熟、昆山、吴江和江阴等地先后失陷，苏州岌岌可危。李秀成闻讯，急忙改变原定的"进北攻南"作战计划，下令从皖北撤军。

"进北攻南"是天王提出的主张。10 月前后，李秀成率部在南京城下与湘军激战四十余日，不胜撤军，受到天王斥责，并被革去王爵。李秀成颇感冤屈。其实，他在南京城下打得相当不错。他的数万援兵使湘军承受了极大的压力。由于瘟疫，湘军减员较多，而太平军凭借洋枪洋炮多次发起凌厉攻势。曾国荃的大营濒临险境，几不可支。事后在谈及这些战斗时，曾国荃说："贼之火器精利于我者百倍之多，又无日不以开花大炮子打垒内，洋枪队多至二万杆，所以此次殒我精锐不少，伤我士卒不少……"太平军的火器的确给湘军很大的杀伤。曾国藩在一封信中也惊叹道："该逆又以西瓜开花炮，打入营内，惊心动魄。"

应该说，从技术角度看，这次战役李秀成没有任何错误，他的指挥也可圈可点。太平军的猛烈攻击致使曾国藩陷入了安庆之战后又一次"恶风巨浪"。他在给友人的信中毫不掩饰地说："鄙人心已用烂，胆已惊碎。"可是，尽管李秀成打得十分勇猛，但最后的胜利还是可望而不可即。究其原因，一是曾国荃顽强抵抗，死守不退；二是太平军匆促北上，未带御寒之衣，加之断粮，在久攻不下的情况下只能半途而废，被迫撤军。

洪秀全对于这样的结果很不满意，而在受到严厉处分之后，李秀成也不免心生怨愤。在后来的自述中，他写道："主不修德政，尽我人生一世之愚忠对天。"此刻除了"愚忠对天"，李秀成又能如何呢？天京救援失利后，"进北攻南"的战略旋被提了出来。所谓进北攻南，即渡江至长江北岸，由安徽至湖北，攻击上游敌之后方，迫使南岸之敌回援，从而达到解救天京之目的。李秀成打心里并不赞成这一计划。他的担心是，自己率部过江，有可能导致南北隔绝，使苏南群龙无首，陷入混乱。他的担心不无道理。几个月后，苏南全面崩溃，一发而不可收拾的局面果然发生了。

可是，由于刚刚受到处分，他不敢坚持己见，更不可抗命不遵。这种无奈的心情后来在他的自述中表露无遗：

> 自攻（湘军）未下，我主严责革爵，调我当殿明责，即饬我进兵北行，不得不由，从（冒）雪而往。[1]

1862 年 11 月下旬，"进北攻南"计划开始实施。李秀成大军从浦口力战渡江，进入安徽，先后攻克含山、巢县、六安等地。在太平天国研究中，有专家认为，"进北攻南"战略并无过错，相反给予极高的评价，认为这是洪秀全智慧的体现。历史上功过是非，有时很难判断。如单从结果出发，又会陷入"成王败寇"的俗论。因此，我们只能抛开这些，做一些客观的陈述。从理论上讲，"进北攻南"战略具有合理性，它的可行性能从经典的三十六计"围魏救赵"之计中找到依据。可这一战略的实施，必须有个前提，那就是必须迷惑敌人而使战略意图秘而不宣。

然而，太平军并没有做到这一点。他们的战略意图从一开始就暴露无遗。

因为湘军截获了李秀成与洪仁玕的书信。从书信中他们掌握了太平军计划。这是一个致命的疏忽。从这一刻起，太平军的努力已注定不可能有好的结果。曾国藩胸有成竹，指挥若定。不论江北发生什么情况，他都以不变应万变，死围南京一动不动。用他的话说，就是像钉子一样牢牢地钉在那里。他对部下们说，贼之行动无非掣我下游之兵而援上，以解金陵之围……贼之蓄谋，至狡至狡，不可上当。

李秀成的行动徒劳无益。严寒的冬季，江北大雪纷飞，将士们缺衣少粮。严重的饥饿威胁着部队。死亡人数每天都在急剧增加。部队退往和州后，已经坚持不下去了。更为糟糕的是，江南战局此时也发生了不可逆转的改变。湘军攻破雨花台，天京告急，洪秀全急命李秀成回援，"进北攻南"战略至此宣告彻底失败。从和州撤退过江时，太平军陷入一片混乱之中。由于江水暴涨，道路崩塌，渡江之船也十分缺乏。加之江浦失守，官兵围追堵截，饥寒交迫的太平军将士伤亡惨重。据李秀成自己说，"此举前后失去战士数万余人"。

问题的严重性在于这次失利是无可挽回的。湘军进逼南京城下后，从此再也没有后退半步。想当年，李秀成六解京围，如今已经无法做到了。而在苏南战场，淮军步步推进，所向披靡。李秀成陷入两面夹攻之中，顾此失彼，难以招架。

11月淮军兵临苏州城下，实施合围。苏州是李秀成的大本营。1860年6月，李秀成攻下苏州后，便建立了苏福省。该省以苏州为中心，下辖常州、松江、太仓、苏州四州府。李秀成把这里看成了自己的地盘，打算长期经营。他还花费了三年半的时间，在苏州城内修建了富丽堂皇的忠王府。这座著名的建筑如今已成了全国重点文物保护单位。笔者曾到过那里，它的宏伟和气势让人印象深刻，可见忠王当年没少投入心血。

苏州的重要性不言而喻。从政治上，它是江苏省会，是太平天国仅次于天京的第二中心。从战略上，它是天京的东南屏障，且位于常州与嘉兴之间。嘉兴在其南，常州居其北，三地互为掎角，苏州失，常、嘉亦危矣。从经济上，苏杭常嘉更是太平天国的命脉所在，作为东南财赋之地，一旦不保，天京将失去根本。

李秀成回援天京后，苏福省的留守重任便落到了慕王谭绍光身上。谭绍光是李秀成的爱将、老部下，他是广西金田乡人，壮民。金田乡乃洪秀全发动起义之地。这里拜上帝会影响甚大，仅谭氏家族入会者就多达六十八人。谭绍光幼年学过木匠，故有谭木匠之称。金田起义爆发时，谭木匠才十六岁，便参加了太平军。

谭绍光在太平军的早期活动，史料付之阙如，这可能是因为他当时年幼，不甚知名。直到1859年，他跟随李秀成出京作战，才逐步崭露头角。此后，谭绍光名气渐大，由于战功卓著被进封为慕王，成为李秀成的得力臂膀。在太平天国后期的苏杭战场上，他的表现相当抢眼，打过许多硬仗，曾在青浦之战中生擒常胜军副统领法尔思德。

太平军主力北上后，淮军开始凶猛反攻。为了改变被动局面，按照李秀成的部署，谭绍光几次主动出击，但都未能打破困境。后在淮军大举进攻之下，只好退守苏州。从10月开始，苏州进入了艰苦的攻守战。李鸿章亲临苏州城外，督率淮军水陆各部向苏州八门发起猛攻。此时的苏州已陷入重围之中，内无粮草，外无救兵，军心浮动，形势万分危急。面对这种局面，作为天国的优秀战士，谭绍光没有动摇和畏惧。他主张坚守到底，誓与苏州共存亡，在危难时刻彰显出了血性忠贞的男儿本色。

11月下旬，淮军和常胜军向苏州娄门发起猛攻。15日夜，常胜军偷袭未获成功，恼羞成怒的戈登调来二十尊大炮连续向太平军阵地轰击达三小时之久。城墙和石垒在炮火中纷纷倒塌，太平军被迫后撤。戈登在望远镜中看到此情，不禁大喜。他抽出指挥刀，大叫一声，带头冲了上去。常胜军嗷嗷号叫着，扑向石垒。就在他们即将靠近时，退却的太平军突然掉头掩杀回来。戈登的部队被拦腰切成两半，首尾不能相顾，幸亏后援部队及时赶到，才把戈登救了出去。

此役常胜军损失惨重，死伤达一百八十多人。战后，戈登不得不沉痛地发表布告进行哀悼和自责。布告云：

本指挥官对于昨日战役中奋勇作战之诸将士等表示无限欣慰与祝贺，敌人等之顽抗与其阵地之坚强难攻，遂使本队军官与士兵等不幸遭受重大伤亡。本指挥官对于军士等之伤亡，殊深扼腕，并自信此类惨事决不使其再见。[2]

给予常胜军沉重打击的就是驻守娄门的谭绍光部。该部在谭绍光的指挥下，打得极其英勇顽强，而谭绍光本人更是亲临前线，身先士卒。他在战斗中赤足上阵，光着臂膀来回冲杀，左奔右突，如同一头发怒的雄狮，令人生畏。事后，就连他的敌人也不得不对他表示敬佩，称他"为人勇敢而聪敏，在困难之中从未示弱"。

然而，就在慕王浴血奋战、英勇抵抗之时，一场背叛却在暗中悄悄谋划。

阳澄湖密约

背叛的中心人物乃驻守苏州的"四王""四天将"。四王为纳王郜永宽、比王伍贵文、康王汪安钧、宁王周文佳；四天将系范启发、张大洲、汪怀武、汪有为。为首的则是纳王郜永宽。

纳王郜永宽是当时苏州守军的二号人物，地位仅次于慕王谭绍光。郜永宽是湖北人氏，参加太平军后一直跟随李秀成转战南北，立下不少战功，1861 年受封为纳王。李秀成回援天京后，纳王起初跟随北上，激战于天京城下，后天王下令"进北攻南"，他又随同李秀成转战皖北，一路打到六安。后苏南告急，李秀成特令他率部回援，协助慕王谭绍光共守苏州。李秀成的用意是加强苏州的防御力量，殊不知适得其反，反倒铸成大错。

纳王等人回到苏州，很快与慕王谭绍光闹起不和。当时驻守苏州城的共有五王，从级别上，大家都是王，爵位相等，文书平行，尽管李秀成把统辖之权交给了慕王，可其他四王并不听命于他。太平天国后期洪秀全封王已到了滥封的程度，各地守将次第封王，大大小小的王随处可见，据称总数达一千二百个之多。可谓无处不是王，逢人便是爵。洪秀全这么做，一是为了鼓舞士气，二是为了防止大权旁落。尤其是李秀成，权高震主，天王更是猜忌甚重，认为增封多王，可分其权，以达牵制之目的。但如此一来却也造成了诸王并立、各自为政的局面。

谭绍光年轻气盛，疾恶如仇，对于纳王等人不听命于己，甚感恼火。加之生于广西，向以两广将士坚定可信，而看不起三江两湖人氏，认为他们见风使舵，根本靠不住。在大庭广众之下也时常不留情面，公然挖苦嘲弄，这使纳王等人深感受辱，怨气甚大。

这种矛盾很快就被李鸿章利用了。就在苏州之战打得难分难解之时，一个名叫郑国魁的人悄悄与郜永宽联系上了。郑国魁生于合肥撮镇，早年家贫，混迹于乡里，时常偷鸡摸狗，打架生事，由此留下恶名。族长对他又气又恨，虽多次训诫，却屡教不改。终于有一天，族长忍无可忍当众发狠说，此人败坏郑氏族风，非除不可。然而，未等族长采取行动，郑国魁已抢先一步动手了。一天夜里，就在族长从烟馆里出来，走在回家的路上时，暗中突然有人蹿出，从背后狠狠捅了他一刀，结果了他的性命。

杀人者就是郑国魁。因命案在身，家乡待不下去了，他便跑到无锡等地做起了盐贩子。由于他心狠手辣、胆大妄为，在江湖上很快有了名气。提起"郑驼背"，或"郑小老大"，也算远近闻名，无人不晓。后来，他又吞并了盐枭巨头董小老大，更是名声大振，成了当地有名的大盐枭，手下拥有五六百众、数十艘走私船，实力相当可观。

1860 年，太平军进入苏南，郑国魁先是投靠清军，后在周庄为太平军围困被迫投降，但在太平军的时间并不长，他又再次降清，被时任江苏巡抚的薛焕收编。淮军入沪，李鸿章接任江苏巡抚，薛焕的部队被编入淮军，郑国魁和他的部队自然也成了淮军水师的一部分。江南湖泊密布，水上作战尤为重要。郑国魁长年贩卖私盐，穿行于水道港湾，熟悉地形，善使舟楫，很快有了用武之地。四江口之役，他率水师激战十五昼夜，立下大功；

此后的昆山之战中，他也有上佳表现，被擢升为副将。

苏州之战开始后，由于太平军在城内厚积重兵，且城池坚固，淮军久攻不下，损失惨重。就连一向傲慢的常胜军统领戈登也产生了畏难情绪。苏州地形易守难攻，太平军利用长桥之利很容易就能把敌人击溃。戈登提议，最好通过谈判解决问题。所谓"谈判"，说白了就是收买策反，招降纳叛。其实，早在苏州之战前，李鸿章就开始频频使用这一招了。他利用各种手段渗透收买，从内部瓦解太平军。常熟得手，几乎没费一枪一弹，就是因为收买了叛将骆国忠。戈登的提议得到了李鸿章赞同。于是，一场暗中收买悄悄进行起来，而在中间穿针引线的就是郑小老大郑国魁。

郑国魁在投降太平军时与纳王相识，二人后来还结为了盟兄弟。利用这一关系，郑国魁很快便与纳王接上了头。11 月 28 日，纳王的代表悄悄与淮军进行了接触。这是有确切史料记载的双方第一次正式会晤。谈判地点就在淮军军营。参加的人员有程学启和戈登，苏州太平军的代表是康王汪安钧，他是受纳王委派而来。会谈内容围绕献城降清以及如何具体实施而进行。

而就在双方悄悄接触的当天，李秀成竟突然由天京赶回了苏州。

当时苏南局势已经陷入极端困境。淮军攻城拔寨，兵临苏州；左宗棠围攻富阳，威逼杭州。眼看苏杭不保，李秀成一再请求率部救援，可洪秀全就是不准。后在"奏三求四"之下方才勉为应允，但条件是李秀成须拿出十万两助饷。洪秀全在自己的政权面临生死存亡的时刻，居然提出了这样不可理喻的"交换"。难道李秀成拿不出钱，苏南就可以置之不理吗？李秀成无奈，只好四处筹集，包括合家首饰，最后总算凑足十万两交给天王，然后紧急赶赴苏南。洪秀全给他的救援时间是四十天。无论救援成功与否都必须按时返回天京，否则律法从事。

四十天，对于李秀成来说真是异常紧迫。他想迅速改变局面，于是采取以攻为守的战术，率部向无锡发起猛攻，试图一举摧毁淮军的攻势，但由于兵力不足，很快陷入窘境。淮军张树声、刘铭传、郭松林、李鹤章等部，众兵云集，将李秀成团团围住。无锡城下，连战告败，从苏州增援的太平军也屡屡受挫，被迫退回。

11 月 28 日，就在康王前往淮军大营密谋投降的当天，李秀成从无锡来到了苏州。此时，城内人心涣散，士气低迷，失败的情绪像雾霾一样四处笼罩。面对如此局面，李秀成心力交瘁，思想上也悲观起来。他召集诸王开会，提出放弃苏州，乃至天京。敌强我弱，与其做无谓的牺牲，不如暂退广西，以避敌锋芒，保存实力。可他的主张立即遭到了谭绍光的激烈反对。放弃就意味着逃跑，这样势必毁了天国的事业，越是这时候越要坚强。他坚决表示要竭尽血诚，力战到底。

谭绍光的态度激昂，言辞激烈，对李秀成也多有顶撞。但李秀成并没有计较，相反倒为有这样忠勇的部下而感到欣慰。其他诸王也先后发表了看法。尽管他们闪烁其词，态度暧昧，可因为正在密谋投降，所以也都不赞成弃城而去。

李秀成见提议无人响应，而继续战斗下去则前途渺茫，一时束手无策。这时，城内的气氛越来越不对劲，一些风声开始传进了李秀成的耳里。有一次闲谈，李秀成对纳王等人说："现今我主蒙尘，大势已去，你们都是两湖人，去留可以自便，你我不必相害。"这话无疑是在试探，纳王等人听后面面相觑，半晌无语。

李秀成后来回忆："我观其行动，悉其有他心，故而明说。"即便如此，李秀成却没有采取任何措施，原因是——李秀成后来在《自述》中谈道："郜永宽等这班亦是我手下之将，自小从戎，教练长大至今，做到王位，与谭绍光两人是我左右之手"，"久悉其有投大清之意，虽悉其所为，我亦不罪。"他还说道，"该等在我部下，久有战功，我成名者，皆其各等之力"。或许正是看在他们过去的功劳和老部下的情分上，他才不忍心下手？然而，这样做的后果不言而喻，极其严重。可以说，这是李秀成后期犯下的又一重大错误。事后他也曾追悔莫及，痛心地表示："我见势如斯，不严其法，久知生死之期近矣。"

11 月 30 日，李秀成离开苏州前，与慕王谭绍光垂泪而别。临行前，他再次向谭绍光提出了放弃苏州、撤回广西的想法，但谭绍光还是坚持己见，不肯同意。城外无边的夜色，仿佛预示着不祥的结局正在降临，但大局糜烂，积重难返，李秀成已回天乏术。

堡垒最容易从内部攻破

当天夜里，李秀成出胥门，黯然别去。李秀成一走，纳王等人便加紧了行动。次日夜里，他们再次约见程学启和戈登。这一次，纳王亲自出马，陪同他的只有康王。这是一次极其秘密的会见，地点就在苏州城外的阳澄湖上。据戈登的说法：

> 12月1日，程将军来见我，问我愿不愿会见纳王……他一再坚持要我会见，我同意了当日夜间在北门会见纳王。于是。我去赴约，在程将军船上与纳王相会……次日，程将军告诉我，纳王决定与其他诸王会晤，磋商行事步骤。[3]

这是一次具有实质性意义的会见。在这之前，纳王曾派人送来一个折中的方案，即在清军攻城时，纳王等四王四天将的部队将保持中立，他们头缠白布，以示区别，双方互不伤害，可这一方案随即遭到清方否决。他们的要求是献城投降，而不是什么保持中立。

经过一番讨论，双方最终达成了一致。纳王同意献城投降，而清方则保证投降者的生命安全。会谈中，双方还就一些具体条件进行了讨价还价。程学启提出了诱捕李秀成的计划，纳王没有接受。他说，忠王是老上司，不忍下手，但他同意捕杀谭绍光，作为交易的一部分。最后谈到了论功行赏之事。纳王说，献城之后，他本人无所谓，只要携带财物回乡即可，可各位兄弟总不能白干了。程学启明白他的意思，他说这不成问题，因为在这之前的太平军叛将都得到了封赏，这一次自然不会例外，回去后他即向李抚台禀报。

会谈至此，所有的交易都圆满达成。为了表示诚意，程学启还指天发誓，折箭为盟，并与纳王换帖拜把，结为兄弟。尽管如此，纳王似乎还不放心。为了确保降约执行，他又当面提出请戈登居间作保。戈登满口答应，并作为保人在降书上画押签字。所有该做的都做了，纳王心里总算踏实了。在他看来，洋人言而有信，有他们作保，可以万无一失。

12 月 3 日，就在双方密谈之后的第二天，突然发生了意外。程学启接到城中来信，说是慕王发现了阴谋，要处死纳王，不过纳王已有准备，但原定抓捕慕王的计划发生困难。原来，谭绍光截获了纳王与戈登之间的信件。如果说，先前李秀成对纳王等人的阴谋只是怀疑的话；那么，现在白纸黑字，罪证确凿，已不容置疑。谭绍光极为震怒，但如何处置，却让他颇为犯难。

谭绍光坐镇苏州，名义上节制苏福省诸军，但他亲统的部队只有两万余人，其精锐多被抽调前往天京，而纳王等四王统领的部队却多达七万之多，占苏州城内全部守军的四分之三，守着六个城门中的四个城门，实力远在慕王之上。如果强行采取措施逮捕诸王，一来他没有把握，二来即便抓捕了诸王，也难保不引起诸王部下的反抗，甚至造成自相残杀。这个局面他不能不有所顾忌。

就在谭绍光举棋不定之时，诸王们已经决定先下手了。12 月 4 日，即在谭绍光发现纳王等人阴谋的第二天，他遇害了。

关于慕王遇害的过程，史料有两种记载。一种是被刺于城楼。据戈登说：

> 12 月 4 日晨，程将军来见我，告诉我说，纳王已决定同意在城上捉住慕王，把他推下城来，交给我们做俘虏。[4]

李鸿章 12 月 6 日的奏折也印证了这一说法。

> 二十四日午刻，慕逆传令各伪王上城堵御，正在对众指挥，郜云

> 官商令伪天将汪有为出其不意，立拔腰刀刺杀之，大众呼噪齐入，将
> 慕逆死党杀毙千余……[5]

这份史料表明谭绍光遇刺的地点是在城楼上，动手的系"天将"汪有为。他乘谭绍光不备，"立拔腰刀刺杀之"。

另一种说法认为，谭绍光遇害的地点是在慕王府议事厅。据《太平天国史》等书记载，当天中午十一时①，谭绍光把诸王召集到了府上举行会议。他试图开诚布公地以理服人，让纳王等人悬崖勒马。会议开始前，众人进行午餐、祈祷。祈祷毕，正式开会。诸王身着朝服，依次而坐，慕王坐首席，并主持会议。他首先发表讲话，表示大敌当前，唯有奋战到底，只要大家齐心合力，就能克服困难，战胜"清妖"，共保天国大业。接着，他表扬了两广将士的忠心，并对那些离心离德的叛卖行径予以了抨击。矛头所指，不言而喻。谭绍光越说越愤慨，情绪也开始激动起来。与会诸王如坐针毡，很快起了争执，会场一片混乱。就在此时，康王王安钧突然起身，脱去朝服，冲向谭绍光，拔出匕首插入慕王的脖子。由于事发突然，慕王未及反抗，已经流血倒地。其他诸王这时一拥而上，砍下慕王的头颅。

以上两种说法尽管在地点和细节上有所出入，但大致过程和结果基本相同。谭绍光就这样死在叛徒之手。当天夜里，淮军先头部队郑国魁、郑国榜两营没费一枪一弹便开进了娄门——这座太平军坚守数月、岿然不动的坚城终于从内部被攻破了！

苏州失守的消息传来，正欲返回天京途中的李秀成闻讯不禁泪洒征袍，心如刀绞。

血溅姑苏

12月5日，这是四王、四天将献城投降的第二天。一大早，纳王等人

---

① 一说是下午二时。

就来到李鸿章的大营进行参拜，并献上谭绍光的首级。李鸿章笑脸相迎，好言抚慰。接着，淮军各部在程学启的亲督之下大举进城，随即在城内展开搜剿，慕王部下数千名两广将士惨遭杀害。

这场血腥的屠杀结束不久，12月6日，一场更大规模的杀戮又开始了。这一次，厄运降临到了四王、四天将的头上。应该说，这是一次极为隐秘的计划，参与机密的只有李鸿章、程学启等少数几个核心人物，许多人都被蒙在鼓里，包括戈登在内。据戈登说，当天中午，时间约在十二时半，当时他正在娄门上，这时城外的一所军营内正在进行受降仪式。

所谓受降仪式，就是当天中午李鸿章正式接见并宴请八降将。地点就在城外龚生阳的军营内。这个安排戈登显然是事先知道的，而且，纳王等人骑马出城时，他也在场目睹。让人不解的是，作为受降的保人，戈登理应参加仪式却没有受到邀请。接下去，似乎发生了意外。仪式进行没多久，娄门外突然出现了混乱，一大队淮兵鼓噪着、呐喊着，边开枪边冲进城门，好像发生了什么事情。戈登正在纳闷时，程学启出现了。他"面色苍白"，神情严峻。他告诉戈登，纳王没有去见抚台，而是逃走了。戈登很是疑惑，刚才还看纳王跟其他人一同去了，怎么会突然逃走呢？戈登并不知道，就在他和程学启相遇之前不久，一场血腥的杀戮已经在龚生阳的军营里上演了。

关于杀戮的细节有各种版本，大致过程是，纳王等八人来到军营，叩拜李鸿章，在履行了必要的程序之后，众人入席。李鸿章免不了夸赞八人一番，他对他们说，从现在起，你们就是大清的官了，今后大家好好干，共同立功。酒宴开始不久，有人走来送上一封急电。李鸿章看了一下，便起身说公务在身要暂离片刻。李鸿章走后，酒宴继续进行。有人捧出顶戴、官服，恭送到八王面前让他们试穿，纳王等人此时已完全放松了警惕。就在他们喜滋滋地更换官服官帽时，门外一声炮响，站在身后的兵勇们突然动手了，他们拔刀一阵乱砍，外边的伏兵也一拥而入，八降将未及反应便纷纷成了刀下之鬼。随后，按照既定的部署，早已枕戈待发的淮军各部立即展开行动，在城内开始了一场血腥的大屠杀。数万太平军在毫无准备的情况下遭到驱散和血洗，仅双塔寺庭院一处，就有三万多太平军倒在血泊中。

双塔寺就在苏州城内，寺内双塔为宋代所建。如今除了一块不起眼的太平军纪念碑外，关于那场大屠杀留下的遗迹已经不多了。寺内面积并不大，而庭院只有足球场般大小。难以想象，苏州杀降最为惨烈的一幕就发生在这里。据说，整个杀戮过程惊心动魄，前后持续了数日之久。数万太平军以"整编"为名，被分批带到这里，然后分批杀害。

一个名叫呤唎的英国人事后曾来过此地，他在"亲历记"中描述道："三万太平军被押此处屠场处死，我们掌握了充分证据，知道被杀数目甚巨"，"（双塔寺）庭院半英亩左右，地上浸透了人类鲜血，抛满尸体的河道水带红色"，"地下三英尺深也浸染了鲜血，这是中国最优秀的鲜血"。由于"河道里弃满了被斩首的太平军的尸体"，清朝官吏不得不雇佣船夫疏通河道。呤唎这个外国人对于中国内战中发生如此野蛮暴行感到无比震惊。他在文章中悲愤地惊呼：人类的屠杀太可怕了，他为此"不寒而栗"。

那么，苏州杀降是怎么发生的？它为什么会发生？直到如今，这中间仍然存在着诸多谜团，学界的说法也各不相同。如程学启主谋说、骗降说等等，均自成一说，但对于李鸿章和淮军来说，原因其实很简单，即"恐变"而已。

八降将献城之后，其部仍据守阊、胥、盘、齐四门，其部队建制完整，兵力强大。当时，探马来报，降众有"二十余万"。这个数字显然有夸大之嫌，比较靠谱的数字约在七至十万。即便如此，其数量也远在全部淮军和常胜军之上。后者兵力只有二万至三万。

这对淮军是一个巨大威胁。如同卧榻边躺着一只老虎，而这只老虎的表现并不驯服。他们在各街巷路口堆石置卡，"隐然树敌"。他们还不断招募苏州附近的"贼党"陆续进城，扩大其势力。除此之外，他们还向李鸿章提出了这样那样的要求。这些要求包括：半城而守、准立二十营，以及保奏总兵副将等官职，指明何省、何任。

半城而守，是指将苏州城划为两半，降众与清兵各据一半；准立二十营，即要求将太平军降众单独编队二十营，以保持其独立性、完整性；至于保奏总兵副将，指明何省何任，就是要实缺，不要候补。

清代官员分候补、实缺。候补是虚衔，就是给你这个级别，比如总兵、副将什么的，但却没有具体职位。也就是说，你这个总兵、副将是空的，有名无实。实缺就不同了，你不仅有这个级别，而且还有与这个级别相应的官职。所谓指明何省何任，就是说，不光要有虚衔，还要具体落实到某省某地某职。这些条件在李鸿章看来无疑是在要挟，难以接受。用他在奏折中的话说："其挟众要求之状种种堪虞。"

不过，按照"骗降"的说法，李鸿章的这种指责言过其实。因为，早在阳澄湖密谈时，纳王等就提出了这些条件，并得到了程学启的同意。如果真是如此，他们的要求并未超出受降条约的范围。因而"骗降说"认为，程学启开始答应了降将的要求，后因无法兑现承诺而对方又不依不饶，于是杀心顿起。

阳澄湖降约究竟有没有提出这些条件？抑或是纳王等人在献城之后是否又进一步加码提出了新的要求？这些都存在争议。不过，骗降的可能性也是存在的。程学启急于拿下苏州，不排除采用欺骗手法。问题是，纳王等人在投降之后摆出不答应条件就绝不妥协的姿态，显然并不明智，而且是在激化矛盾，这也是引来杀身之祸的另一方面重要原因。

据李鸿章上奏称，纳王等人献城后，"城内胁众概行剃发"，但"郜云官（即纳王）并未剃发"。其时，李秀成"尚在望亭，距苏甚近"，他们均系"忠逆"党羽，"诚恐复生他变"。李鸿章的担心不无道理。当时，太平军降将叛来叛去的先例，屡有发生；至于诈降的教训，也不是个别例子。就在不久前，太仓太平军守将蔡元隆就假意投降，当李鸿章之弟李鹤章前往受降时差点被打死，淮军官兵更是死伤无数。

那么，纳王等人究竟有无复叛的企图呢？目前，学界研究尚存空白，但从理论上至少是存在这种可能。杀降不祥，自古而然。李鸿章身系儒将，且淮军中降将亦不在少数，程学启本人就是一个。如果不是"恐变"的话，他们没有理由大开杀戒。然而，"受降如受敌"。战争是残酷的，而且你死我活。

从李鸿章立场看，宁可信其有，不可信其无。宁可错杀，不可姑息。一般认为，苏州杀降是出自程学启的预谋，这是普遍的看法。作为前敌统兵大将，出于自身安全考虑，程学启力主杀降毫不奇怪。

杀降发生后，各方震动。牵线人郑国魁深感对不起朋友，卧床三日，"涕泣不食"，并请僧道为八降将超度亡灵。有人指责程学启心狠手辣，程则振振有词："杀降负盟，为国无私，此心可质鬼神！"看似光明磊落，实则内心有愧。事后有一次，李鸿章和他开玩笑说："你也是投降之人，何以如此相残同类？"程学启闻言大怒，回去后闭门不出，部将闻讯而来，听见室内脚步急促，暴怒之声，传于室外，于是急向李鸿章报告，担心闹出什么事来。后来，李鸿章亲自前来叫门，为时甚久，程学启方平息怒气，怏怏而出。

以上记载见于多处史料，至少透露了一点，李鸿章和程学启等人对杀降之事并不感到光彩，但在公开场合，不论程学启还是李鸿章都不肯认错。李鸿章在给朝廷的奏折中一再为自己辩解。1863 年 12 月 13 日的奏折写道：

> 臣并非好杀降者，兹郜云官等所求太奢，欲踞省城，关系太大，未便姑容养痈成患，且诛八酋而后能解散二十万众，办法似无不是……[6]

鉴于杀降之后各方指责，批评之声四起，李鸿章开始还有些担心，但朝廷似乎并无责怪之意。密谕云："所办并无不合，甚为允协"，"人心大定"。至于曾国藩，不仅没有指责，反倒大加赞许。他夸奖李鸿章，称此举"殊为眼明手辣"。其实，曾国藩在皖南作战时就曾多次干过屠城的勾当，为此有了"曾剃头"的恶名，只是这一次李鸿章远胜于己，不愧是青出于蓝而胜于蓝。

既然朝廷和自己的顶头上司都表示认可，李鸿章的一颗心也就放下了。然而，让他意想不到的是，偏偏有一个人不依不饶，非要讨个说法，闹得他好不狼狈。此人就是常胜军统领戈登。

第十一章　磨难星的丧钟

公开叫板

苏州杀降发生后，戈登极为愤怒。在整个有预谋的计划中，他始终被蒙在鼓里，就像一个十足的傻瓜，完全被别人要弄了。更让他恼火的是，作为保人，他曾亲口答应纳王等人要保证他们的安全，却没能做到。这不仅让他失信于人，而且也使大英帝国军人的尊严和荣誉蒙受羞辱，令他无法容忍。

早在杀降发生后的当天下午，戈登就觉察到了异常。当时他在娄门遇到程学启，询问发生了什么事。此时杀降已经开始了，可即便如此，程学启仍含糊其词，不肯吐露实情，并编造谎言，说是纳王没有前来受降，逃走了。

戈登对此大感疑惑。因为在这之前他明明看见纳王等人前往受降地点了，怎么会逃走呢？看着外边纷乱的景象，戈登感到不放心。在程学启走后，他便前往纳王府打探情况。天黑时分，他到达了纳王府。王府里一片狼藉，看不见一个人影，屋里也被打劫一空。这情景让他目瞪口呆。这时，夜幕已经降临，激烈的枪声不断从城里传来。戈登知道出事了。就在他打算转身离去时，一个黑影从暗处蹿了出来，扑通跪在他的面前。

戈登吓了一跳，仔细一看，只见那人面色恐惧，浑身颤抖。他告诉戈登他是纳王的叔叔，说是清军刚才来抄家了，抢走了东西，逢人便杀，他和一些亲友死里逃生，请求戈登一定要救救他们。说着，他带着戈登来到自己的藏身之处，这里还躲着纳王的其他一些亲友。他们一见戈登，便都大声哀号，哭声一片。纳王的叔叔告诉戈登，纳王下落不明，外边的屠杀已经开始了。直到这时，戈登还感到难以置信，他安慰他们说，这也许是一些乱兵，他会找人来保护他们的。当时戈登身边只带了一名译员，他打算出去求援，可纳王的亲友们死活不让他走。他们把戈登看作唯一的救命稻草。戈登无奈，就这样拖至次日凌晨四时，才说服众人得以抽身。临走时，他告诉纳王的亲友们，他还会再回来的。

戈登离开纳王府后，找到了他的卫队和汽轮。这时，城内的大屠杀仍在进行，城门、道路均被封锁，水面上也严禁船只通行，到处都是荷枪实弹的淮军士兵，没有李巡抚和程将军的通行证，谁也别想通过。戈登的汽船和卫队被扣留了一个多小时才准予放行。等他再次回到纳王府时，这里已经空无一人。

戈登十分生气，他前往娄门找到程学启，责问他这是为什么。程学启含糊其词，说降兵叛乱了，不得不予以弹压。戈登半信半疑，直到这时，他还不知道"八王"已经被杀。后来，他离开程学启，走到栅栏边时遇见了贝莱少校。在交谈中，贝莱少校说出了实情，戈登异常震惊。戈登随贝莱少校来到住处，见到了纳王之子，并把他带上汽轮，保护起来。这之后，他们开船到了"八王"遇难处，找到了"八王"首级。回想这事的前前后后，戈登相信所有的一切都是经过精心策划的有预谋的谋杀，他震怒到了极点。

戈登发难了。1863年12月7日，即杀降发生的第二天，情绪激动的戈登便闯进了李鸿章的大营，要找李鸿章算账。他冲进了大帐，面色狰狞，活像一头发狂的狮子。惊慌失措的幕僚们告诉他巡抚大人进城去了。戈登无处发作，只好留下了一封措辞激烈的信，然后扬长而去。

李鸿章这时候早已躲了起来。在得知戈登要来闹事的消息后，他便乘船离开了大营。不过，这件事让他十分难堪。作为一个省部级高官、统兵大员，落到如此地步，实在颜面无光。

虽然戈登的这封信并没有留存下来，但从李鸿章留下的文档中可以看到少量内容。在《骈诛八降酋片》中，李鸿章称戈登"有欲带领常胜军与官兵开仗"之语，并称其"招去郜云官义子郜胜镳，及久从苏贼之广东人千余名，意殊叵测"。这些都与一些史料基本吻合。戈登收留了纳王之子，在给李鸿章留下"短简"后，便去了昆山。

常胜军在攻下苏州后便奉命撤往昆山，戈登去昆山与部队会合，不排除发动兵变的可能。常胜军拥有六个步兵团、四个攻城炮队、两个阵地炮队、一个舰队，共三千余人。这是一支装备精良、极其凶悍的武装，而一旦开战，太平军残部也可能会卷土重来，群起响应，后果不堪设想。

李鸿章对此不能不感到担忧。更让他头痛的是，外界舆论对他极为不利，尤其是在华洋人对此事表示强烈不满。他们大肆渲染，猛烈抨击。英国新任驻华陆军司令伯朗将军甚至威胁说，要中止对清政府的所有军事援助，并打算把常胜军的统领权接管过来。他还和翻译官梅辉立亲自赶往苏州，当面要求李鸿章"备文认错"。

短短几日，事态的发展已经相当严重。面对这一切，李鸿章一开始显然缺少必要的估计。尤其是戈登的态度让他始料不及，他根本就没想到，戈登会翻脸不认人，居然公开闹腾起来。

事实上，杀降可能引起戈登的反对，李鸿章不是没有预料。他之所以事前瞒着戈登，就是为了避免计划受到干扰。正如他在奏折中写的，如果事前征询戈登的意见，他必然极力反对，"此事遂无了局矣"。原以为生米煮成熟饭，戈登只能接受现实。没想到的是，戈登的反应竟会如此强烈，令李鸿章措手不及。

在李鸿章眼里，戈登是历任常胜军统领中最好的一个。他出身英国军官世家，父亲是皇家部队的一名将军。戈登从小受到良好的教育，十五岁考入皇家军事学校，毕业后进入军界，成为一名年轻的工兵少尉。其间，他参加过克里米亚战争，积累了丰富的军事经验。第二次鸦片战争爆发后，戈登跟随英国军队入侵中国，并参与过对圆明园的抢劫和破坏。此时他的官职已升为工兵少校。

华尔战死后，英国为了插手常胜军，曾极力推荐戈登作为继任人选。从条件看，戈登的资历和能力都足堪此任，但也有人提出疑问，因为戈登是英军司令斯塔夫利的妹夫，后者的举荐不排除含有私心的可能。当然，戈登后来落选并非这一原因，而是由于美、英两国的政治交易使白齐文从中获利，捷足先登。一年多后，白齐文被李鸿章撤职，戈登的机会重新来了。在斯塔夫利的再次举荐下，他顺理成章地接手了常胜军。

1863 年 1 月，戈登正式到任，成了继华尔、白齐文之后的常胜军第三任统领。作为一名职业军人，毫无疑问，戈登与那些牛虻鬼子不可同日而语。他具有良好的军事素质，无论训练还是指挥作战，都比他的两个前任更专业、更优秀。他训练严格，讲究战法。作战时强调两翼和后路的保护，并十分注重水、陆之间，步、炮之间的多兵种配合。这种先进的作战理念和模式，不仅对太平军造成了很大的杀伤，而且对淮军陈旧的战法也是一种改变和提升。

在管理、驾驭部队的能力上，戈登的表现同样可圈可点。在他上任之初，一些白齐文的余党和美籍军人曾联合起来，不断制造麻烦，试图将其赶出常胜军。有人甚至断言，这个英国人不可能站住脚。但事实是，戈登不仅站住了脚，而且他还成功地平息了数次哗变，躲过了有预谋的暗杀，并通过清洗、安抚、拉拢、分化等手段，将敌对的力量逐一化解，从而把常胜军的大权牢牢掌控在自己手中。

如果单从能力上看，戈登称得上是一个优秀的职业军人。他恪尽职守，勇敢冷静，同时讲究科学态度，从不蛮干胡来。在上海外围作战时，起先他一直按兵不动，理由是他的精确地图尚未绘制出来。上海不是没有地图，只是绘制得比较简陋粗糙。戈登认为这样的地图错误百出，根本无法使用。有人对此不以为然。地图就这么重要吗？华尔没有地图，不是照样作战吗？对于这样的质疑，戈登不屑于回答。他坚持自己的想法，冒着危险，亲自到上海周边进行实地勘察。有一次在勘察中遭遇了太平军，险些成了俘虏。

他的功夫没有白费。在他的努力下，精确的地图终于绘制出来，其范围包括上海周边方圆百里的地形地貌，并在上面清楚地标明了每一座城镇、村庄、山川、河流以及它们之间的距离。测绘技术在当时的中国还非常落后，戈登的这张地图采用了西方先进的测绘技术，精确度大大提高。李鸿章看后，极为赏识。后来的事实也证明，磨刀不误砍柴工，戈登的做法无疑是正确的。精确的地图保证了部队灵活、机动而有效地作战，并最大限度地避免了伤亡。

苏州之战中，戈登的表现也很神勇。战斗结束后，李鸿章在为他请功恩赏的奏折中，对其褒奖有加。奏折云：

> 英国兵官会带常胜军权授江苏总兵戈登，奋勇勤苦，洞悉机谋，火攻利器，尤多赞助，拟请旨酌加赏赉，俾事竣回国藉示荣宠。[1]

除了在军事方面，戈登的令人称道之处还表现在他办事讲规矩，服从中方领导。这些都使李鸿章颇为满意。从现存的李鸿章来往信函中，能够看到一些这样的评价："英兵头戈登接管（常胜军），尚循礼法，月糜饷五万元，东征西剿，亦尚效命。"

在戈登闹事之前，李鸿章对戈登的总体印象是相当之好，两人的关系也保持得不错。然而，这一次戈登为何摆出了一种不依不饶、彻底决裂的姿态？

道义乎？利益乎？

冰冻三尺非一日之寒。戈登接掌常胜军后，表面上与李鸿章维持了稳定的关系，但双方之间的矛盾并未消除，相反日积月累，越积越深，而杀降事件只是一个导火索而已。

常胜军的问题说到底是一个领导权问题，这始终困扰着李鸿章，找不到彻底解决的办法。英国人一直试图控制常胜军，美国人也不甘落后，但问题在于钱是中国人掏的，具体地说，常胜军的军费来自上海的赋税。如果中国人指挥不了，还要它干什么呢？

在戈登继任之前，李鸿章曾与英国驻军司令斯塔夫利重新签订了《统带常胜军协议》。该协议共十六款。在谈判中，李鸿章舌敝唇焦，寸土必争，终于废止了原协议中某些不合理的条文，最大限度地维护了中方对常胜军的统辖权。比如，协议规定，常胜军管带由英方派出，但须经中方委任，并听从抚台"节制调遣"。这在清政府看来是一个重大胜利。李鸿章也颇感得意，把这一成果称之为"渐收权柄"。

然而，根本问题并没有得到解决。英国人利用自己的权力，经常插手常胜军的事务。与此同时，协议在执行过程中也阻力重重。比如，为了控制常胜军的规模，李鸿章坚持该军规模不得超过三千人，多余人员必须撤裁。这样做，一是为了节饷，二来也是为了遏制常胜军的发展，以防其势力过大。

可英国人并不希望如此。他们希望常胜军的规模越大越好，这样通过控制常胜军，便可达到控制中国军队的目的。不过，李鸿章在这一问题上相当清醒。英国人的扩军要求屡次遭到回绝。在这个问题上，李鸿章是寸步不让，丝毫不肯妥协。他的头脑很清楚。好比饲养老虎，必须有一个限度。如果控制不了，那就宁肯少养一点。他不可能因为老虎对他有用而整天提心吊胆地生活在对老虎的恐惧之中。

攻打苏州前，因为扩军问题戈登又一次与李鸿章闹了不愉快。当时，戈登请求增加一百五十名英国士兵，以充实常胜军的战斗力。他认为这一要求很合理，因为苏州大战当前，扩充军力并无不妥。可是，报告送上去后，李鸿章却断然否决，理由是没有必要。戈登非常恼火，认为李鸿章不通情理，心胸狭窄。这话很快传到了李鸿章耳里，李鸿章也不客气，马上用教训的口气警告。

诸如此类的事，发生过多次。常胜军的牛虻鬼子们不禁牢骚满腹，心怀怨恨。特别是新签订的《统带常胜军协议》，许多条款对他们的权力进行了多方限制。比如，其中规定常胜军不得干预其驻地松江的地方事宜，不准倒卖军火，取消不合理的额外津贴，占城费改为赏金，发饷由清方官员点名检验，清方拥有行使军法的权力，等等，这些都严重损害了他们的既得利益。

常胜军的不满情绪日益增长，这些李鸿章都心知肚明，但如今的淮军羽翼渐丰，李鸿章不可能再像以前那样迁就他们。如果说，在华尔时代他还要"欲结一人之心，以联络各国之好"的话，那么现在他根本用不着看他们的脸色。牛虻鬼子有的是，如今淮军也有了，无论是洋枪还是洋炮。

淮军的强大使李鸿章有了底气。他的强硬不仅表现在态度上，也表现在行动上，而他手下的将军们也一个个挺直了腰板，傲慢地昂起了脑袋，早就不把这些牛虻鬼子放在眼里了。有一次，程学启的部下为了一点小事，公然向常胜军开枪寻衅。这在过去简直不敢想象，可如今居然发生了。李鸿章护犊子是出了名的，何况是他的爱将程学启。戈登虽然强烈抗议，李鸿章也答应要"严办"，不过双方都心知肚明，所谓的严办不过是做做表面文章，戈登毫无办法。

苏州之战，常胜军冲锋陷阵，吃苦受累，可破城之后，李鸿章却一纸调令把他们调往了昆山，连城都没让他们进。结果，好处全归了淮军，他们吃香的喝辣的，而常胜军连一根骨头也没捞上。戈登实难咽下这口气。恰在这时，杀降发生了，积怨已久的戈登终于爆发了。

在那些亡命的西洋"淘金者"中，戈登显得别具一格。这个来自英国的皇家军官，似乎对钱财看得很淡，并不贪婪。他刚到常胜军履任，便主动配合清朝政府，按照协议革除陋规，消除弊端。如免除各种不合理的补贴、严禁倒卖军火、反对抢劫行为、杜绝吃空饷等等。这些令人称道的表现，与他的前任们简直大相径庭。不过，戈登很乐意接受各种奖章、奖牌等荣誉性的奖励，包括形形色色的具有纪念意义的战利品，如军刀、宝剑等。据说，他回国时带走的这类奖章及战利品数量极为可观。所以当他觉得荣誉受损时，做出如此激烈的反应，似乎顺理成章。

不过也有人认为，戈登名义上革除陈规陋习，不准别人贩卖军火，实际自己与太平军暗通款曲，大做军火生意。其数量甚至超过了他的前任华尔和白齐文。戈登和他的前任们一样，都具有狂妄贪婪的本性，只不过他善于掩饰，更会欺世盗名而已。哪种说法更可信呢？

苏州之战是苏南战场的关键一战，所谓关键，不仅是战略上的，也是财富上的。苏州的富庶毋庸置疑，而忠王经营多年，所聚集的财富之巨更是不言而喻。苏州之战前，各方便觊觎已久。英国人主动提出协攻苏州，其目的显然是要染指苏州的财富。李鸿章当然不能同意。而常胜军作为李鸿章领导下的军队参加了作战行动，还在战斗中还担任主攻，同时戈登在策反谈判中也发挥了重要作用，从大清的角度看，他们无疑是有功的。这一点，就连李鸿章也不否认。可是，纳王投降后，戈登提出要与淮军一起进城参与接收，却同样遭到李鸿章的驳回。理由是常胜军的纪律不好，为了防止抢劫，他们不能进城。紧接着，李鸿章又下令让他们开往昆山待命。

戈登接到李鸿章的命令，心里极不情愿，常胜军的部下们更是大肆吵嚷，向他抗议。为了平息部下的情绪，戈登向李鸿章提出了一个折中方案，即常胜军可以不进城，遵令开赴昆山也可以，但作为补偿，应该发放两个月的特饷，以资奖励，否则他无法向下边交代。其实，戈登如此已是做了很大的妥协，但即便如此，李鸿章仍不接受。他对戈登说，没有什么特饷，战争期间，理应体念时艰，并要求常胜军立即开拔。

戈登一看李鸿章不答应，马上使出惯用的手法，提出辞职。当时的情况是苏州刚刚克复，大局需要稳定，而且戈登真要撂挑子不干了，英国方面也要找麻烦。于是，李鸿章只好劝说戈登收回辞呈，同时也退了一步，同意加发常胜军一个月的恩饷。

就这样，问题似乎得到了解决，常胜军也遵命开赴昆山。在戈登任职一年多的时间，他多次撂过挑子，李鸿章早已司空见惯，并未太当回事。然而，没想到的是，杀降发生后，戈登却一反常态，大闹特闹起来。

不排除戈登反对杀降表现出良知的一面，但苏州之战前后发生的利益争端，不免让人产生这样的疑问：如果李鸿章满足了常胜军的要求，即让他们进城（抢劫在所难免），或同意加饷两个月，这场风波还会发生吗？

对症下药

戈登风波严重刺激了李鸿章。作为苏南战场的最高指挥官，他的权威受到了前所未有的挑战。尽管这场风波来得快，去得也快，不久就平息了下去，但它造成的麻烦还是让李鸿章着实忙乱了一阵。他不得不拿出很大的精力来应对各方的压力。为了避免戈登的纠缠，他不得不经常变换办公地点，甚至还躲到一条汽轮上去暂避一时，十分狼狈。李鸿章出任抚台后还从没遇到这种情况，尽管白齐文也闹过事，可他再出格，还没有狂妄到把矛头公开指向自己。

风波乍起时，李鸿章惶惶不安了好一阵子。虽然数万淮军将士忠于他，但他终归担心朝廷屈服于洋人的压力，最后倒霉的只能是自己。这样的事早已屡见不鲜。为了影响朝廷的看法，他连夜起草奏报，一边为自己辩解，一边以进为退，主动请求治罪。声称都是自己考虑不周，给朝廷惹麻烦了。他在奏折中写道："值此时事多艰，中外和好，臣断不敢稍涉鲁莽，致坏大局。惟洋人性情反复，罔知事体"，如果英国公使争执不下，"惟有请旨将臣严议治罪，以折服其心，臣不胜感激悚惶之至"。

仔细阅读这篇奏报，可看出李鸿章的行文技巧。从字面上看，他似乎一点错也没有，只是为了大局，才甘愿受罚，承担责任。不过，李鸿章的担心似乎是多余的，朝廷并没有追究他的意思。不久，北京的密谕下达了。在密谕中，朝廷态度十分明确，先是指责郜云官（纳王）等人"挟众要求"，"殊出情理之外"，接着又抨击戈登和洋人"不明事理，性多谬执"，继而对李鸿章给予了全面的肯定。密谕云：

> 李鸿章办理此事，甚为允协，断无将其议罪之理。该抚督军剿贼，

方当事机顺手之际，惟应勉益加勉，嗣后于剿抚一切事宜，仍期准情
酌理办理，一切至当，岂能妄为外国人之所掣肘。将来英国公使如果
向总理衙门议及此事，亦必据理驳斥之也……[2]

接到密谕，李鸿章大喜过望，一颗悬着的心终于落了地。有了朝廷撑
腰，李鸿章的态度也强硬起来。在这之后，当英军司令伯朗将军和翻译官
梅辉立赶到苏州要他认错时，李鸿章便理直气壮地告诉他们，这是中国军政，
与尔外国人何干？本抚台怎能向尔认错？这样岂不荒唐？与此同时，他还
坚持杀降没有错，不仅是必要的，而且是及时的。作为前敌统帅，他有这
个权力。伯朗大为恼怒，他本想施加压力，结果未达目的，反倒闹了一肚子气，
只好怏怏而归。

不过，为了尽快平息风波，摆平戈登，李鸿章也采取了一些措施。幕
僚们向他建议，戈登所要的不过是钱和面子。这对李鸿章来说并非难事，
不久，他就开出了一份大礼——犒劳常胜军洋银七万元，并奏请朝廷降旨，
赏戈登头等军功牌一枚，白银一万两，以资嘉奖。

戈登得知消息，起初还扭扭捏捏，表示不能接受。李鸿章明白，他需
要一个梯子。这是双方维护体面的重要步骤。于是，李鸿章先后派了几拨
人前往调解。这些人当中有马格里、潘曾玮、李恒嵩，还有总税务司赫德，
等等，他们都被请出来充当说客。潘曾玮是沪上名流、记名道员，李恒嵩
则为常胜军会同管带，他们都与戈登关系密切，而马格里的身份更为特殊，
他原系英军第九十九联队军医，此后加入淮军，为春字营炮队教习。马格
里不仅是戈登的好友，而且他还娶了纳王的侄女为妻。戈登闹事某种意义
上也是为纳王等人抱不平。现在就连他这个"苦主"的亲戚都站出来劝解了，
戈登还有什么话好说呢？

总之，李鸿章给足了戈登面子。戈登再不下台，那就是不识趣了。果
然，当这一切铺垫好了之后，戈登便见好就收。一天，潘曾玮奉命前往昆山，
代表李鸿章向戈登宣旨嘉奖。戈登命令常胜军列队欢迎，并鸣放礼炮。所

谓"排队祗迎，免冠敬谢"，毕恭毕敬。这时戈登的态度已完全改变了，他接过嘉奖，口称："外邦小臣，叨沐殊恩，感愧交并。"他还表示要谢辞奖金，声称眼下军费拮据，不敢滥受上赏，虚糜帑项。尽管他对杀降仍表示异议，但态度已趋于和缓，调门也一点点地降下去。

之后不久，戈登主动前往李鸿章的大营进行了拜谒。这次拜见向外界表明，两人已重归于好。李鸿章的表现十分大度，他对戈登的贡献给予充分肯定，并狠狠把他夸了一番，戈登也避而不谈杀降之事，他对李抚台和朝廷的赏赐一再表示感谢。两人"相见甚欢"。李鸿章后来在一封信中写道，戈登在感激之余，"渐知悔悟，约束弁勇"，并率领常胜军为其"驰骋效命"。

戈登是一个聪明人，知道适可而止。其实，在整个事件中，他一直都在虚张声势，并不敢轻举妄动而越雷池一步。许多事情都有一道线，一旦越线，性质就会完全改变。戈登知道分寸，这也是他强于白齐文之处。此外，还有一个细节顺便提及：那就是戈登接受了朝廷颁给的军功牌，却一再辞谢赏给他个人的一万两白银。他上奏表示称，在中国办事只求得一体面。去年蒙大皇帝赏银一万两断不敢领，但后来当他回国时，有人按李鸿章的指示把这笔钱作为路费存进他的账户后，他也就装聋作哑笑纳了。

这就是戈登。在三任常胜军统领中，戈登曾经是李鸿章最满意的一个，却也是让他最难堪的一个。

怨恨入心

戈登风波平息后，表面上一切又回到从前，但怨恨已入心，种子终归是要生根发芽的。

从有关的文字记载来看，这一时期李鸿章对戈登和常胜军的负面评价越来越多。他给曾国藩的信中抱怨说，"戈登利心颇大，常胜军霸位要挟，不知又耗许多财力"。在给曾国荃的信中则把常胜军比作"磨难星"。他说："外间不知者以为好帮手，其知者以为磨难星也。"其厌恶之情，溢于言表。

但在当时，战争还在进行，常胜军对李鸿章还有利用价值，他不得不暂时维持现状。

苏州之战后，淮军继续向无锡、嘉兴、湖州等地迅速推进，尽管太平军持续败退，但其抵抗却变得更加顽强和凶狠。再也没有人愿意投降了。血淋淋的事实教育了他们：与其投降被杀，不如奋战到底，或许还有一条生路。于是，各地战况更加惨烈。对于李鸿章、程学启来说，杀降的不利后果立时彰显出来。

1864年初，程学启在率部攻打嘉兴时中弹身亡。在这场实力悬殊的交战中，淮军屡攻不下，就是因为守城的太平军誓死不降，英勇抗击。战斗打得极其残酷。程学启、刘秉璋等部水陆大军将城团团围住，持续猛攻二十多天，伤亡惨重，毫无进展。

程学启发怒了！他将指挥不力的部将姜宝胜当众斩首，然后督率三军向嘉兴发起强攻。在他重金悬赏之下，敢死队轮番攀城。半个月后的一天，嘉兴城终于被炸开了一个缺口，但顽强的太平军仍然坚守不退，他们迅速集中了数千条洋枪，用强大的火力死死封住缺口。淮军屡攻不下，缺口前的尸体堆积如山。程学启急红了眼，亲率敢死队冲向缺口，于是淮军将士蜂拥而上。嘉兴城终于被攻破了，但程学启却在进攻中被子弹打中了太阳穴。这是致命的一枪。他被送到苏州后不久，便脑浆迸裂，一命呜呼。

程学启的死，使李鸿章痛心不已。他连呼痛失臂膀。许多年后，甲午之战爆发后，他仍念念不忘这位当年的爱将，特别是在淮军连战连败之后，他更是思念程学启，连声感叹道，若有方忠[1]在，何惧强敌？

然而，尽管太平军竭尽全力奋勇抵抗，但大势已去。在淮军和常胜军的凶猛攻势下，无锡、嘉兴等重镇先后告失，整个苏南战局已陷入一个不可逆转的颓势。1864年，这是太平军历史上充满了噩梦的最后时光。

5月11日，太平军在苏南的最后一个重镇——常州被攻陷。此役淮军

————————

[1] 程学启字方忠。

主力几乎全部投入了战斗。李鹤章、刘铭传、张树声、郭松林、杨鼎新、周盛波、刘士奇、王永胜、龚生阳等部几路围攻，激战经日。常胜军的六十四磅大炮再次发挥威力，将东南城墙轰坍十余丈，黄翼升的水师各营也从汽轮上频频发炮。常州城内炮火蔽日，硝烟弥漫。

11 日这天，连日的阴雨突然停歇。未时二刻（午后一点半），李鸿章下令发起总攻，淮军各营以及常胜军均奋勇向前，冲入缺口，与守军展开激战。太平军几度冲击，试图挽回败局，但都未能成功，只好被迫退守城中展开巷战。在激烈的巷战中，太平军给予淮军很大的杀伤，但最终还是寡不敌众，大部分守军或战死或被剿杀。

战后，李鸿章喜不自禁。在给朝廷的奏报中，他兴奋地写道："该逆出万死一生之谋，我军亦为背城一战之举"，"虽巷战逾时，伤亡将卒又逾千人，而悍逆全股扑灭"，"江南大局渐定，堪以仰慰圣廑"。曾国藩闻讯也欣喜异常，他致函李鸿章说："壮哉！儒生事业近古未尝有之。"

捷报传至北京，两宫慈颜大悦，颁旨大赏三军。李鸿章加恩赏骑都尉世职，其弟李鹤章遇缺提奏，刘铭传、郭松林、王永胜、刘士奇赏穿黄马褂。其他诸将均交部论功行赏，"从优议叙"。对于戈登，李鸿章也没忘记。他在请功折中，称其"带队助剿，迭著战功，此次协同攻克常州，尤为出力"，奏请朝廷赏加提督衔，并颁发旗帜功牌，以示奖掖。

表面看一切如常，李鸿章还像从前那样看重戈登和常胜军，但此时一个计划已在他心中悄然成形——那就是遣散常胜军，除掉这个磨难星。常州之战后，李鸿章认为时机已经成熟，在与幕僚们磋商时，大家也都赞同，认为江苏战事已近尾声，而淮军业已壮大，保留常胜军实无必要，相反他们麻烦不断，倒是弊大于利。

一天，李鸿章把丁日昌找来，谈了自己的想法。他告诉丁日昌，他已决定解散常胜军，但要先摸一下戈登的态度，意在稳妥。丁日昌字禹生，亦作雨生，广东丰顺人。同治二年（1863 年），李鸿章在上海办机器局时便把他延揽至幕下。淮军攻占无锡后，李鸿章委其掌管营务处，成为亲信之一。

丁日昌深谙理财筹饷之道，于洋务也深得要领。

受命之后，丁日昌便立即动身前往昆山，原以为这个任务并不轻松，闹不好又会惹出一场风波，哪知他担心的并没有出现。这是一次平静的谈话。戈登神情忧郁，有些打不起精神，但在整个谈话过程中却没有出现任何不愉快。当丁日昌婉转地提出解散常胜军时，戈登没有任何反对，反倒请丁日昌转告李抚台，认为鉴于目前情况，常胜军已无存在必要，他个人完全赞同。

这个回答让丁日昌大感意外，以为自己听错了。但戈登告诉他，今天的常胜军已不是过去的常胜军了，人员变化很大，战斗力也大不如前。我对它不再抱任何希望了。在说这番话时，他情绪低沉，语调落寞。他还对丁日昌说，既然常胜军已"不足为用"，那么留着它还有什么意义呢？

丁日昌带着将信将疑的心情回来复命，一路上都在犯嘀咕。李鸿章听了汇报，也有些迷惑。为了掌控常胜军，戈登和英国人可没少费心思，如今怎么竟要主动放弃呢？就在李鸿章、丁日昌捉摸不定时，戈登的报告送来了，竟然主动提出了辞职，并建议解散常胜军。李鸿章不禁大喜过望。不论戈登是不是故作姿态，但他的报告白纸黑字，千真万确。尽管戈登为什么要这么做，李鸿章一时间还揣摸不透，但这送上门的机会，岂能错过？李鸿章当即批准同意戈登的报告，并立即着手解散常胜军。

不久，朝廷的批复到了。谕旨要求李鸿章"乘势利导，妥为遣散"，并称这"实属不可失之机"。看来，朝廷与他想到一起了。李鸿章得到指示，便迅速行动起来，在资金极其困难的情况下，令丁日昌多方筹措十九万遣散款，将常胜军就地遣散。等到英方得知消息，试图阻拦时，为时已晚。

"磨难星"的丧钟终于敲响了。5月30日，在克复常州不到二十天，常胜军便全部遣散完毕，包括戈登在内的大部分官兵先后离开了部队。从建制上说，这支显赫一时的武装打这以后便彻底消除，再也不存在了。不过，它的精华部分却在经过筛选后，被李鸿章保留下来，并分别编入淮军序列。其中包括拥有最先进的六十四磅开花大炮的炮队，以及枪队、海上救生队，包括部分外国军官、帮同教习等等，从而使淮军的实力进一步增强。

戈登为何要自解兵权呢？各方揣测颇多。李鸿章在给朝廷的奏折中有如下分析：

> 权授江苏总兵戈登带队协剿，自前月二十二日攻破南门城垣未得爬入，弁勇伤亡多人⋯⋯其忠勇勤劳，允堪嘉尚。常州既克，苏省军事稍定，便欲辞退回国。因常胜军洋枪队近来老勇大半逃亡，逐渐新募打仗不甚得力，欲将枪队调回昆山妥为遣散，以节糜费，暂留炮队六百人并外国大小炸炮送交臣处派员接管。其所用外国弁目陆续资遣。[3]

奏折中列举的理由是，近年来常胜军老兵"大半逃亡"，而招募的新兵打仗"不甚得力"，加上"苏省军事稍定，（戈登）便欲辞退回国"。

常胜军战斗力衰退，这是事实。苏州之战，常胜军伤亡惨重，军中老兵或逃离或战死，加上内部腐败严重，战斗力大不如前。在江阴之战中，该军为太平军大败，死伤八百余人，其中英国军人死二百五十二人，伤六十二人，戈登受到诸多指责。常州之战，常胜军的大炮虽然轰塌了城墙，但在进攻中却不得力，远远落在了淮军的后边，而且伤亡惨重，死伤达一千余人。以前打仗时，淮军需要常胜军配合支援作战，现在则颠倒过来，常胜军作战反倒需要淮军配合支援。戈登极爱面子，这种状况显然是他接受不了的。

难道这就是戈登辞职的全部原因吗？似乎还不完全是。有记载云，按协议规定，常胜军的行动受中方指挥，但需报经英方同意，可戈登前往常州参战，事先没有得到英国公使和驻军司令的同意。因此，英国方面很不高兴，之后他们做出决定，要求将戈登解职，这一做法显然激怒了戈登。这也是导致戈登愤而提出解散常胜军的原因之一。

此外，还有记载称，英国军方当时下达了一条命令，要求所有英国现役军人停止在中国军队服役。戈登接到了这个通知。既然他已经不能继续留在常胜军了，那么常胜军是否存在与他还有什么关系呢？因此，当李鸿章意欲解散常胜军时，他便爽快地答应了。

当然，除了以上原因，也不排除戈登主动请辞是在故作姿态，以退为进，试探李鸿章。按照戈登的一贯做派推论，这样的可能也是存在的。戈登在就任常胜军统领的一年多时间里曾多次辞职，而且每次辞职，不论李鸿章，还是英方，总是极力挽留。这一次，他是不是也在想，还会有人挽留他呢？如果他真是这样想的，那就大错特错了。

常胜军解散后，困扰李鸿章的一块心病终于解除了。在与幕僚交谈中，他大发感叹，没想到解散常胜军如此轻而易举，实出意外。他没想到戈登竟能"主持议撤，为我出力"。在给曾国藩的信中，他一反过去，说起了戈登的好话，说他是一个"忠直好人"，后来还上疏朝廷请求赏赐戈登黄马褂，以示荣宠。

这件事的处理使李鸿章颇为得意，各方也给予很高的评价。曾国藩就来信大加赞赏，称他"驾驭洋将擒纵在手，有鞭挞龙蛇视若婴儿之风，尤以为佩"。李鸿章接信后欣喜异常，但仍不忘谦虚地表示，这都是托朝廷的福，实乃"中兴运气使然"。

英国人十分恼怒。常胜军的解散是他们"以华制华"的政策的一次挫败。至于戈登的命运后来如何，有史料记载，他离开中国后参加了英国远征军，死于苏丹。看来，他在非洲的冒险远没有在中国那么走运。据说，他是在一次战斗中被反政府武装击毙的，两根长矛刺中了他的身体，当场致命。在他死后，他的头颅还被砍下来，挂在树上示众。这一年，他五十二岁。

第十二章　十万大裁军

球的另一种踢法

同治二年（1863年）的夏季，苏浙的天气十分反常。刚入6月，天气就热得不行。傍晚时分，李鸿章脱去官服，在院子里散起步来。他解开衣衫的领口，一边走一边轻轻摇着手中的折扇。就在这天下午，朝廷的谕旨到了。李鸿章展开一看，眉头便慢慢锁了起来。原来是朝廷要他会攻南京。

自打收复苏锡常之后，苏南大局已定，可南京依然久攻不下，这是太平军最后的堡垒。一年多来，曾国荃指挥湘军不遗余力疯狂猛攻，怎奈守军极为顽强，湘军进展甚缓。朝廷为了早日平定"贼巢"，于是立令李鸿章率领淮军会攻南京。谕旨云：

> 李鸿章所部兵勇攻城夺隘，所向有功，炮队尤为得力。现在金陵功在垂成，发捻蓄意东趋，迟恐掣动全局，李鸿章岂能坐视。著即迅调劲旅数千及得力炮队前赴金陵，会合曾国荃围师相机进取……著该抚酌度情形，一面奏闻，一面迅速办理。[1]

按理说，会攻"贼巢"，这对于淮军来说责无旁贷，李鸿章也很愿意这么做，问题是他愿意，曾家兄弟可不愿意。尤其是曾国荃，流血流汗，死啃南京，如今打了一年多，可谓备尝艰辛，图个啥呢？不就是为了夺取首功吗？现在，眼看大功就要告成，突然有人要来伸手摘桃子了，他能愿意吗？不仅他不能接受，他手下的湘军众将也无法接受。

同治元年（1862年）春，就在李鸿章率部援沪差不多同时，曾国荃等湘军将领率部沿芜湖、巢县、无为、运漕、和州一路杀来，直逼南京。面对湘军汹汹而至，天王洪秀全急令李秀成回援。9月，李秀成大军奉命从上海撤军回援，在南京城下与湘军展开激战。当时，曾国荃的全部兵力加上杨岳斌、彭玉麟的水师总共不过两万余人，而且由于瘟疫的影响，部队严重减员。与之相比，李秀成的援军有数万之众，且皆为精锐之师，加上城内的守军，兵力数倍于湘军。

从9月至11月间，南京城外的战斗进行得异常激烈。太平军主力在李秀成的指挥下向曾国荃部湘军发起猛攻，旨在一举解除京围。由于兵力不足，湘军不得不退守营垒，固守顽抗。战斗中，太平军的洋枪洋炮占据了优势，尤其是新购之开花炮，威力巨大，足以令人丧胆。每次发炮，沙石迸裂，火球腾飞，湘军营垒一片鬼哭狼嚎。好在老天帮忙，那段日子阴雨连绵，太平军的洋枪洋炮由于受潮，这才使攻势受到了减弱。

对于曾国荃来说，那是一段极为艰难的日子。艰苦的战斗持续了四十多天，双方兵力都受到了巨大消耗，但湘军的损失更为严重。曾国荃面临着极大的压力。他目不交睫，衣不解带，几乎支撑不住，差一点崩溃，而他的兄弟曾国葆情况更糟，由于疲劳过度，一病不起，竟死于军中。

不过，尽管情况万难，曾国荃最后还是挺了过来。不久，江浙战场出现转机，左宗棠在浙江连战连捷，而李鸿章的淮军也在苏南打开了局面，这些都给了曾国荃有力的支援。特别是苏南战局的迅速逆转，使李秀成不得不停止南京外围的攻势，转而兼顾苏南。曾国荃终于得到了喘息之机，度过了最困难的时期。

1863年底，苏州、无锡先后被淮军攻克，太平军遭受重创，开始节节败退。曾国荃抓住时机，几路并进，向南京发起强大攻势。湘军先克雨花台，次克孝陵卫，与此同时，水师杨岳斌、彭玉麟所部合力攻克九洑洲。到了

1864 年 2 月，曾国荃部突破南京外围天保城，直逼南京城下。

眼看胜利近在咫尺，触手可及，就在这当口，朝廷却要淮军前来会攻，这不是明摆着要抢功吗？难道到手的肥肉还要分给别人？曾氏兄弟自然坚决反对。然而朝廷有旨，谁敢不遵？曾家兄弟心里纵然一百个不情愿，表面上还不得不做出拥护状。

对于曾氏兄弟的心理，李鸿章再清楚不过。据《异辞录》载，淮军诸将听说要去会攻南京，个个摩拳擦掌，表现得异常兴奋，但幕僚们却很担心。他们议论纷纷，都说："湘军百战之绩，眼见大功垂成，怎甘拱手让人？淮军如去天京，鲍军①驻东坝，必有一战。"刘铭传听后不以为然，说："湘军之中，疫病严重，鲍军十病六七，怎能挡我巨炮？"刘铭传的话在淮军将领中很具代表性，毫不掩饰其争功之心。问题是部将们能这么想，李鸿章却不能这么做。他心里清楚，只要一出兵，那就明摆着是掠人之美，分人之功，非得罪曾家兄弟不可。可如果不出兵吧，朝廷这边怪罪下来，他也不好办。李鸿章真有些左右为难。好比踢球，朝廷把球发出来了，你不接不行；接了，往哪踢却是一道难题。但事情再难，游戏还得进行下去。球到了你的脚下，你总不能不踢吧？思来想去，李鸿章决定还是先稳住球再说。

他首先向朝廷上奏，推说苏南战事尚在进行，急切之间无法抽队成行；接着又分别给曾家兄弟写信，向他们示好。李鸿章在信中说，沅浦"劳苦经年，经营此城，一篑未竟"，"不敢轻言越俎"，更"不敢近禁脔而窥卧榻"。意思是说湘军的地盘，他无意冒犯，更不敢抢功。不过，他在信中也婉转提醒道，我可以找理由，也可以拖时间，但你们攻城也得加快，否则让我屡屡抗旨，上边追究下来我可担待不起。

李鸿章这么说并非言过其实。朝廷在七日之内连降三旨，要他迅赴南京。这个人情不是那么好卖的，卖不好还会引火烧身。于是，李鸿章不得不留一手，特派黄翼升赶往安庆拜谒曾国藩。黄翼升就是前边提到过的水师老将，

---

①　即湘军鲍超所部，当时驻扎在东坝一带，是苏南通向南京的必经之道。

后被李鸿章挖到淮军，与李成了知己。此人是跟随曾国藩开创湘军的元老，与曾氏私交甚密。

在一个炎热的下午，黄翼升来到了安庆。曾国藩午睡刚起，黄翼升便来求见。两人入座后，黄翼升很快便转入正题。他这次来是奉李鸿章之命，向曾国藩讨个"一纸书"。你曾家兄弟不是不想让我去南京吗？那你总得给我一句话，不能平白无故地让我背黑锅。但曾国藩马上看穿了李鸿章的心思，这是想把抗旨的罪责转到我头上啊。曾国藩拒绝了黄翼升的请求。黄讨了个没趣，只好回去复命。

李鸿章的小算盘落空了，那下面的球怎么踢呢？面对朝廷的严旨催逼，他坐不住了。思索再三，李鸿章煞费苦心地上了一道折子。这份折子很长，先是详述了苏南各处急需用兵的情况，但这些只是铺垫，关键之处却在以下这段：

> 臣于攻克常州后，未敢遽议协剿金陵，一以臣部兵将苦战经年，伤病疲乏，未得休养，若遽令远出，诚恐再衰三竭，无裨大局；一以曾国荃全军两年围攻，一篑未竟，屡接来书，谓金陵所少者不在兵而在饷，现开地道十余处，约有数处五六月间可成，如能及早轰开，自必无须协助。又叠准曾国藩咨缄，属令派兵接防句容、东坝、溧水、高淳各处……[2]

这段文字乍看平常，却机锋暗藏，不愧出自刀笔高手。其要害处有两点：一是"屡接来书"——谁的来书？曾国荃也。他在信中说"金陵所少者不在兵"，且地道业已挖成数处，五六月间即可破城，"自必无须协助"——意思是说，曾国荃多次来信告诉他，南京无须援助，也就是不想让他前去会攻。二是"又叠准曾国藩咨缄"，令派兵接防句容等处。这话的意思是，曾国藩已给他另派了任务，让他去句容等地接防，他无法分身。以上两点，潜台词都显而易见，即不是我不去南京，而是曾氏兄弟不想让我去啊。据曾国藩的亲信幕僚、时任曾国荃机要秘书的赵烈文记述，李鸿章的折子暗藏玄机，"明指中丞有信，不须其来"——无疑是在告状，要开脱自己，推脱责任。

曾国藩知道了这份奏章后，极为不悦。但李鸿章既然把球踢向自己，他也不能不接。于是，他也连忙起草了一份奏章，以进为退，主动请求朝廷派淮军前来会攻。奏中云，知者以为我是体谅李鸿章太辛苦，"不知者以为臣弟贪独得之美名，忌同列之分功"，这尤违臣兄弟平日报国区区之意。这一招回得很妙。事后，赵烈文在日记中评论道，曾国藩之奏"平直无奇，实则高李数倍"。摘要如下：

> 此一事而机械百出，语言处处不同，其图望大功、日夜算计，心计之工，细入毫芒。中堂此疏，不望有功，但求无过，其辞气之卑约，不独自雪无专功之念，而李之骄亢，已隐然言外。处功名之际，固当如此，即论手段，平直无奇，实则高李数倍，不可不细细体味。[3]

姜还是老的辣。曾国藩见招拆招，举重若轻。相形之下，李鸿章倒显得小肚鸡肠，不够义气和磊落了。这场暗中较量，师徒俩各怀心思，钩心斗角。在1864年的夏季，这个小小的插曲也许不值一提，之所以后来引起史家的兴趣，因为它隐约传达了一个信息，即曾李之间并非铁板一块，而湘淮之间，门户自立已初见端倪。不过，对于李鸿章来说，当曾国藩把皮球重新踢回来时，他便意识到了老师的不满，马上改变态度，及时收敛，做出了积极的回应。他一边协饷五十万支援曾国荃，一边上奏朝廷，提出一个新的计划，即先克湖州，以切断太平军的后路——当然，这样做的目的还是要拖延时间。

可朝廷并不理会，一脚又把球踢了回来。谕旨命李鸿章"不必定俟湖州克复"，即刻增援江宁。这一来，李鸿章被逼无奈，只好上奏朝廷，称其已抽调淮军枪炮队一万四千人，由刘铭传、刘士奇、王永胜、周盛波等督率，开赴南京。淮军开拔的消息传来，曾国荃不免如坐针毡。他在龙脖子大营招来众将，共商对策。众将气急败坏，决心死力一战。次日，南京城破。

以上记载同样见于赵烈文的日记。有意思的是，曾国荃头天听说淮军要来，第二天就攻下南京，可见淮军的前来对湘军的刺激有多么巨大。其实，李鸿章宣布派兵不过是一个姿态，或者说是一个幌子。实际上，直到南京破城后，淮军仍然没有一兵一卒出现在南京附近。这就是李鸿章的聪明之处，他宁愿糊弄朝廷，也不愿得罪曾家兄弟。

看看李鸿章的奏折就不难明白。他一边声称拟派淮军"赴援金陵"，一边又继续找理由拖延时间。他在奏折中说：

> 克日会合赴援金陵。因天气酷热，军士远役易致疾病，属令晓夜登程，分起徐行。其辎重粮药炮位子弹均由水路装运。长江千里，船只维艰，须月杪方能齐备……现在湖州未复，苏防未松，臣暂难远离矣。俟各军拔营后，如此间防剿大局布置定妥，臣拟乘坐轮船携带常胜军所遗炮队前往协攻，仍克期往还，以图兼顾……[4]

天气热，军士易生病；运输工具不足，需要时间准备；湖州未复，尚需兼顾……如此种种，均言之成理，而北京远隔千里之外，山高皇帝远，也由不得你不信。就这么七拖八磨，不久就传来了湘军"克复金陵外城，毙敌数万"的消息，朝廷这才指示李鸿章，让他探明情况，"如金陵全城均经克复，（淮军）即可无庸调往，以为协剿湖州之用。"直到这时，李鸿章才松了一口气。虽然前面与曾家兄弟闹了点不愉快，但最后他总算做得漂亮——金陵让功，实际上是送了曾国藩一个大人情。

据《异辞录》载，战后李鸿章来到南京，曾国藩亲往下关迎接，一见面就拉住他的手说："金陵一战，愚兄弟薄面，都靠成全了。"

天京悲歌

1864年7月19日，这是太平天国的至暗时刻。就在这一天，天京陷落了。

太平天国在轰轰烈烈折腾了十三年之后，终于走到了尽头。

其实，失败的气息早已弥漫在太平军中。苏锡常相继失陷之后，战局一败涂地。李秀成退守丹阳时，他的堂弟李世贤便派人前来，劝他另作他谋，千万不要回京。李世贤乃太平天国侍王，李秀成的忠实部下。此时，他正屯兵溧阳。李世贤对天国的现状充满了失望。在他看来，国势崩坏，天王昏庸，而京中朝政已为洪姓诸王把持，此时回京无异于殉葬。他恳求李秀成前往溧阳，主持大计，共谋出路，但李秀成并没有接受。

看到李秀成不听劝说，李世贤焦急万分。他知道忠王回京必无好结果，急切之下，甚至打算出兵，强逼李秀成前往溧阳。但李秀成得知消息后，却轻车简从，提前赶回了京城。李秀成后来回忆说：

> 那时，家弟李世贤兵屯溧扬（阳），劝我前去，别作他谋，不准我回京。我不肯从。其①欲出兵前来，逼我前去，不欲我回京。后见势不得已，见我母亲在京，难离难舍，骨血之亲，故而轻奇（骑）连夜赶回京。[5]

李秀成赶回天京后，还抱着一线希望，试图说服洪秀全，放弃死守天京的愚蠢做法。在太平天国生死存亡的关头，这不失为一个明智的选择，也是一个保存实力、徐图再展的正确方针。到京的第二天，他便上殿启奏，陈述局势严重，必须采取果断措施。

李秀成说："京城不能保，曾国藩兵困甚严，濠深垒固，内无粮草，外救不来，只有让城别走。"洪秀全听后大怒，斥责李秀成贪生怕死，心怀二心："朕奉上帝圣旨，天兄耶稣圣旨下凡，做天下万国独一真主，何惧之有？"他还赌气说，"不用尔奏，政事不用尔理。尔想走就走，想留就留，一切由你。朕铁桶江山，尔不扶，自有人扶。尔说无兵，朕之天兵，多过于水，何惧曾妖者乎？尔怕死，便是会死。政事不与尔相干，朝政由王次兄勇王执掌，

---

① 指李世贤。

幼西天王出令。有不遵者，合朝诛之！"

话说到这个份上，李秀成知道再说什么已无用了。天王执迷不悟，已是油盐难进。于是，他扑地哀求，只求一死："请吾主一刀杀我，免我日后被俘受刑。为主臣子，未闲半刻，今将国之事启奏，主却如此责我，我愿死在殿前，尽心报答我主！"洪秀全不予理睬，宣布退朝。李秀成后来回忆说：

> 如此奏启奏，主万不从。（我）含泪而出朝门。阖朝众臣前来善劝。次日天王其知自过，赐下龙袍，以安我心。[6]

尽管洪天王事后表示了歉意，但他昏庸固执日甚一日，已听不得任何意见。不论何事，都鬼迷心窍，声称"有天所定"。除了天父、天兄、天王之外，军称天军，民称天民，国称天国，营称天营。好像他的一切都有天护佑，不可战胜。至于什么"万国独一真主""铁桶江山""朕之天兵，多过于水"之类，已近于胡话。

此时的洪秀全与早期的洪秀全完全判若两人。自打建都大京，他似乎忘掉了自己的理想，当年的锐气也荡然无存，一头扎进深宫再也不出来了。他曾经宣布要建立的美好国家，实行的改革政策，也都抛诸脑后——《天朝田亩制度》也是停留在文字上，说说而已，从来没有实行过——相反，他沉浸于极度的奢华和享乐之中。他儿子被俘后供称，自己有八十八个母后，这已超过了"三宫六院七十二妃"的规格。他在宫中的雕花大床尺寸惊人，横直八尺，而妻妾由于太多不得不采取编号管理。天京事变后，洪秀全变得更加多疑，除了洪姓诸王，他谁也不信。结果朝政搞得一团糟，而他却浑然不觉。

由于长期围困，城中缺粮已达极点，死者甚众。李秀成奏报天王，请求降旨，妥筹办法。洪秀全的回答近乎荒谬。他降旨，没有粮食吃，那就吃甜露吧，此物可以养生。所谓甜露，出自基督教神话。据《旧约》载，以色列人出埃及，一天晚上，旷野中有鹌鹑飞来，遮满了营。早晨，在营的四周地上出现露水。当露水上升之后，留下了有如白霜的小圆物。以色列人不知道是什么，便互相询问。这时，摩西便说："这就是耶和华给你们吃的食物。"

此时，洪秀全搬出所谓的基督教甜露，不禁让人目瞪口呆。众臣无人相信，都说此食物不能食得。天王道："取来做好，朕先食之。"众人面面相觑，无言以对。李秀成被捕后，曾在《自述》中说：

> （天王）入南京之时，称号皇都，自己不肯失志，靠实于天，不肯信人，万事具（俱）是有天。[7]

然而，洪秀全口中的"天"并不能拯救天国，包括他自己。6月1日，洪秀全病故。据载，他患病约在"三月将尾，四月将初"，直到病已很重了，他仍然信天，不肯吃药。用李秀成的话说，"此人之病，不食药方，任病任好，不好亦不服药也"。

洪秀全死后，其长子洪天福登基，朝政更加败坏，洪姓诸王把持朝纲，胡作非为，并对李秀成极尽排挤之能事，局势愈加危殆。

天作孽，犹可违；自作孽，不可逭。正所谓灭六国者六国也，非秦也；族秦者秦也，非天下也。梁启超有云，假如让李秀成与洪秀全换一地位，则今日之域中，安知为谁家之天下耶！后来，李秀成在牢中回顾天国得失成败时，也曾悲叹道"自乱于己，内外慌张，为将为臣，无法挽救"。

7月19日，在洪秀全死后一个多月，天京城破。湘军挖地道至城下用火药轰塌城墙，从东门至北门，出现多处缺口。"隧道内所装火药爆裂，万雷轰击，天地为动，城壁崩坏廿余丈"。湘军呼啸奋登，前仆后继。李秀成扑救不及，眼看大势已去，众人泪流满面。李秀成心念幼主，直奔朝门。此时，幼天王已经失魂落魄，从宫内奔出。跟他一起跑的还有他的两个弟弟，分别为三弟光王、四弟明王。由于情况紧急，李秀全无法兼顾，只得丢下光王、明王，独护幼天王一人向城外突围而去。

可是，十六岁的幼天王不会骑马，又未经战阵，在大难临头时早已惊慌失措。李秀成在最后时刻再次表现了他的忠诚。出城前，他先回家辞别母亲和家人，众人流涕不舍，但李秀成这时已顾不得他们了。为了保护幼主突围，他还将自己的战马让给了洪天福，这也是后来造成他被俘的重要原因。

天京破城后，战况极为惨烈。城中军民十余万奋起抵抗，"无一降者"。火光冲天，刀光剑影，喊声震耳，血流成河。李秀成在乱军中护送幼天王冲出城去，遇湘军追杀，被迫分兵两路，一路护送幼天王逃离，一路由他殿后掩护。

混战持续了整整一天，人饥马乏，兵士失散。李秀成由于把战马让给了幼天王，自己换坐的劣马此时已"不能行走"。他只好弃马，徒步逃上一座荒山，在一座破庙内暂避。天亮后，一个樵夫发现了他，厄运由此降临。

据史料记载，李秀成被俘地点就在今天的南京东南方山，其藏身的破庙名为海会寺。南京文史机构曾对此展开调查，据一个名叫陶明才的当地老人回忆，正是他祖父辈在得到樵夫的消息后，带人捉了忠王送交湘军大营，"曾九大人与他平坐吃茶，赏他功牌札子"。公元 1864 年 7 月 22 日，李秀成在被俘后的第三天，被曾国藩下令处决，终年四十一岁。

李秀成被俘后的表现历来存在争议。不可否认的是，他在大牢中一度有过"乞活"之念，特别是曾国藩从安庆赶来，以礼相见，他亦为之所动。《旧闻随笔》记，李秀成被俘后，九帅令人将其押往大帐，迫使下跪，面对刀兵环伺，李秀成"瞋目大骂"。曾国藩来了以后，便服召之，抚其背曰："若（你）亦人杰也，不早遇知己，乃如此。可惜，可惜！"言到此，秀成不觉膝至地，痛哭失声。也许曾国藩这句话触到了他的痛处，想到天王对他的猜忌及种种委屈无奈，不禁悲从中来。后来，曾国藩令其写供状，他便草书万言，名曰《自述》。文中有悔意，对湘军战绩"甚称美焉"。这事一直为世人所诟病，成为李秀成的一大污点。其实，对于李秀成无须拔高，亦无须贬低，只须实事求是，还其本来面目即可。从他被俘后的整体表现看，仍不失男儿本色。这从赵烈文留下的日记中便可见一斑，兹摘录如下：

其一：

闻生擒伪忠王至，中丞亲讯，置刀锥于前，欲细割之。或告余。余以此人内中所重，急趋至中丞处，耳语止之。中丞盛怒，于座跃起，厉声言："此土贼耳，安足留，岂欲献俘耶！"叱勇割其臂股，皆流血，忠酋殊不动。[8]

其二：

晚同朗山至伪忠王处，与谈良久……余云："何不早降？"曰："朋友之义尚不可渝，何况受其爵位！"……因问："汝今计安出？"曰："死耳……"[9]

其三：

傍晚赴市，谭笑自若。作绝命词十句，无韵而俚鄙可笑，付监刑庞省三，叙其尽忠之意，遂就诛。[10]

后来居上

太平天国被镇压后，清王朝度过了一次严重的危机。所谓大寇荡平，举朝欢庆，而论功行赏，其功劳最大者，除曾国藩外，乃曾国荃、李鸿章和左宗棠三大方面军将领。曾国荃大破"贼巢"，夺得首功，而李鸿章逆转苏南，左宗棠横扫浙东，也都居功至伟。于是，个个加官晋爵，并赢得"中兴名臣"的美誉。

李鸿章春风得意。他被朝廷封为世袭一等伯，赏戴双眼花翎，淮军文武将弁一万多人也都受到不同程度的奖赏。除了加官晋爵之外，还有一件事令李鸿章高兴，那就是迎娶继室夫人赵小莲。

李鸿章原配夫人周氏在 1861 年病故。当时，正是李鸿章走背字的时候，安徽浪战，一败涂地，他带着家室颠沛流离，最后逃往江西。周氏夫人便是在逃难中离开了人世。周氏夫人是当地文士周菊初的侄孙女。周菊初乃李鸿章启蒙老师，因爱李鸿章之才，便把侄孙女许给了他。当时，李家家境平平，周氏嫁入李家后，勤俭操持，贤淑本分。不过，她生前既没得到丈夫的多少恩爱，更没分享到丈夫日后带来的荣华。二人婚后不久，李鸿章便进京赶考，一走几年，而她则始终待在老家。两人天各一方，离多聚少，直至后来战乱发生，她又四处逃难，提心吊胆，最后客死他乡。

周氏夫人过世时，李鸿章正在江西，处于漂泊彷徨之际，后来入曾幕，创淮军，并率部援沪，转战苏南，也无暇顾及家庭生活。直至苏州克复，局势好转，他才结束了鳏居生活，迎娶了第二任夫人赵小莲。

赵小莲出自太湖望族，乃进士赵畇之女。赵家门第显赫，其家族科甲连捷，屡获馆选，四代进士，簪缨不绝。其祖父赵文楷是嘉庆朝的状元，曾册封出使琉球国正使，当代佛学大师赵朴初即为赵文楷五世孙；其父赵畇乃道光朝进士，做过咸丰帝的伴读；其兄赵继元系同治朝进士；侄子赵曾重则为光绪朝进士。赵小莲与李鸿章婚后，育有三子一女，其女菊藕，即作家张爱玲之祖母。

赵畇与李鸿章之父李文安系好友。咸丰三年（1853 年）前后，李鸿章随工部侍郎吕贤基回乡办团练，曾与赵畇、袁甲三等人一起共事。袁甲三即袁世凯的叔祖，后官至漕运总督，赵畇时以知府衔帮办团练，他们都与李鸿章相交甚洽。吕贤基死后，福济出任安徽巡抚，与袁甲三不和，同时排挤李鸿章，赵畇颇为不满，曾出面为袁、李说过公道话，这使福济心生不悦。面对如此局面，赵畇心灰意懒，于是请调广东。直至同治元年（1862

◆ 紫禁城 ◆

◆ 乾清宫御座 ◆

◆ 李鸿章 ◆

后太皇母聖崇熙恭欽孝誠莊豫貽昭康佑寿禧慈今命同人

• 慈禧太后 •

门十朱轮家万石

卢堆黄金斗量珠

◆ 曾国藩笔迹 ◆

◆ 左宗棠画像 ◆

◆ 何桂清 ◆

◆ 薛焕 ◆

◆ 刘秉璋 ◆

◆ 外国代表在北京紫光阁觐见同治皇帝 ◆

◆ 戈登画像 ◆

◆ 接受"洋教习"训练的清军 ◆

◆ 清军队列 ◆

◆ 清军队列 ◆

迴旋陣圖

從一字陣分四排或六排并立每排中間成四人走出中數排向前正走旁兩
排向左右斜走出後立定四繪并放放畢即分內旁轉身向外立之裝繪後
四人繼道接放不絕旁轉如前俟中走與旁立之人首尾相接旁立人轉身向
裡與陣尾四人跟行復道炸炮在復視陣中首尾一週時隨尾夾入出陣開放
即統陣外旁下周而復始愈轉愈道循環無窮右欲打退步則旁立之人不向
內轉即從西退退下分段成排尚過戒馬則變成小方城各城部位頂前後參
差以便四向放鎗繪畢乃還原排此陣遇步武分六枝四枝均可退下成城四
城成成三城 退首退成四城成四城六枝退首退成六
六城成成化

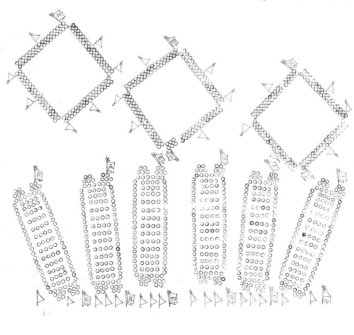

◆ 潘鼎新《洋枪队大操图说·回旋阵图》◆

◆ 平定捻乱战图（局部）◆

年），其母王夫人病逝，他才扶枢归乡，此后采菊东篱，优游林下，不再为官。

此时，李鸿章已是江苏巡抚，正在苏南作战。后由其兄李瀚章从中牵线，与赵家订下婚约。两年后，苏州克复，李鸿章便正式迎娶了赵小莲。婚礼操办得相当隆重，李鸿章特地派人把母亲接来，主持仪式。赵小莲嫁给李鸿章时已是二十四岁，尽管比李鸿章小十五岁，但在当时已属大龄青年。据说，她是一个心志颇高的女人，高不成低不就，故一直待字闺中。不过，她出身名门，温淑贤雅，过门之后，经理家政，相夫教子，周到备至，深得各方赞赏。有意思的是，自从赵小莲嫁到李家，李鸿章便开始好运连连，诸事顺遂，一路青云，大红大紫。民间传说，赵小莲有"旺夫运"，这才给李鸿章带来了好运。这虽是茶余饭后的笑谈，不过李鸿章与赵氏恩爱有加倒是事实。在她去世后，李鸿章特地写信给儿子经方，嘱其将赵氏葬入多年前选好的"吉地"，并留下遗言，死后要与赵氏合葬。后来，家人便按他的要求，在他死后将其与赵氏合葬一处。

同治三年（1864年），对于李鸿章来说是一个幸运年，他加官晋爵，又迎娶佳偶。然而，尽管喜事不断，也不是没有烦恼，很快，大裁军的消息早在南京攻克前就已从朝中传了出来。一些官员和御史相继上奏，请求裁军，但究竟怎么裁、裁多少，看法不一，尚无定论。总理衙门大臣薛焕曾托人带信给李鸿章，说是裁军已成定论，不过早晚而已，请他未雨绸缪，及早准备。

南京战事一结束，裁军的风声便一天紧似一天。其实，同治三年的大裁军本属惯例。按清制，每当大规模的军事行动结束后，八旗、绿营都将撤回原防，而团练原非经制军，属临时招募，本无防地，战事一旦结束，兵士便要解甲归田。

从撤裁的范围看，也确乎如此。其范围几乎包括了江南所有军队，如镇江冯子材部、扬州富明阿部，以及松沪贵州兵、水师广勇等，均在其列，显然并非专对湘淮军。不过军兴时期，湘淮军的发展和扩张速度极快，至攻克南京时，总兵力已达三十多万，俨然成为清王朝第一武装，此次裁军必然首当其冲。

曾国藩初办团练，只有数千之众。曾国荃部围攻安庆时，兵力不过六千余人，可到了克复南京时，已增长至五万多人。加上曾国藩直接指挥的湘军，总数达到十二万之多，翻了好几番。而湘淮军的另外两大支——左宗棠部、李鸿章部——同样如此。左宗棠的湘军开赴浙江时只有八千之众，可到同治三年已发展到五万多人，而淮军的发展更快，援沪时东拼西凑，仅为十三营六千五百人，可现在已是一百二十营，六万之众，加上淮扬水师以及少数防军，总兵力达到七万余人。维持这样一支军队，需要巨大的军备开支，地方财政亦不堪承受。而它的存在，已对中央构成了潜在的威胁。太平军被镇压后，湘淮军的撤裁便势在必行，很快提上了日程。

淮军的撤裁与否，对李鸿章的政治生涯也有至关重要的影响。李鸿章明白，自己之所以能有今天——出任封疆，爬上苏抚的高位——靠的什么？不就是这支武装吗？淮军从无到有，艰难缔造，李鸿章实难割舍。

为了尽可能保住淮军，李鸿章开始多方运动。他首先要争取曾国藩的支持。8月6日，离南京克复不过半月余，他就给曾国藩写了一封信。信的开头先是恭贺曾氏兄弟"并拜侯伯"，并称这是"盖代未有之奇勋""旷古难逢之盛典"。接着又谈到了一些军务，继之涉及裁军。他说，镇江冯子材部、扬州富阿明部，均属老疲之师，应在可裁之列，省下的军费还可资助贵军，不无小补。但湘、淮军都应保留，用以防剿大江南北。"俟大局布稳，仍可远剿他处，呼应尚易，乞酌夺为幸"。信的最后，他还劝说曾国荃不要辞职："沅丈积忧累劳，热毒未愈，而恩眷特隆，似未可急于求去。"

除了争取曾国藩的支持，李鸿章还游说朝中朋僚故旧，如薛焕、陈廷经等人，为其说项。

薛焕乃原江苏巡抚、李鸿章的前任，此时已就任总理衙门大臣。同治元年（1862年），李鸿章援沪时挤掉了此公的苏抚交椅，他一度对李心怀不满，牢骚满腹，但这种不满很快就被李鸿章化解了。李鸿章的办法很简单，就是给钱给利。天下没有永久的朋友，却有永久的利益。就这样，他们之间不仅化解了矛盾，握手言欢，而且成了朋友至交。后来薛焕还与李鸿章结为儿女亲家，两人相互援引，来往频繁。

陈廷经，字执夫，号筱舫。他是道光二十四年（1844 年）进士，由庶吉士授编修，累官内阁侍读学士，时任御史，以通洋务、敢直言而名重京师。李鸿章写信请他们帮忙，希望能够说服朝廷，尽可能多地保留淮军。至于如何说服，需要过硬的理由。官场艺术，最忌直来直去，讲究的是拐弯抹角，委婉曲折，李鸿章深谙此道。

1864 年 10 月 11 日，李鸿章就有一信致陈廷经。信中说，外国利器强兵，百倍于中国，而我国之兵将安内或有余，但御外则不足，若不及早自强，变易兵制，仍然沿袭百年绿营旧规，厝火积薪，可危实甚。接着，他又写道，兵制关立国之根基，驾驭外夷之枢纽，今昔情势不同，岂可狃于祖宗成法？必须尽裁老弱病残，厚给粮饷；废弃弓箭，专精火器；革除旧防地，化散为整；选用能将，勤操苦练。海口各处艇船也要革除，仿效外国船厂，购买西方机器，先制造夹板火轮，等等。

这封信高谈阔论，不着边际，其实内容大有讲究。乍看，它是讲兵制改革。如废弃弓箭，专精火器，革除旧防地，购买西方机器，制造火轮兵船，等等。一言以蔽之，旧兵制已不能适应新形势，必须要改，而且他是站在国家安全高度来论述这一问题的，可谓高瞻远瞩。但这只是表面文章，内在的要害却在于裁谁留谁。既然那些百无一用的绿营兵已经不能适应新形势了，何必再留？朝廷既然要裁军，首先应改变旧防地制度，把那些无用的经制军、绿营兵裁掉，把原有的防地让出来，这才是根本出路。至于留谁，他没明说，但诸如"专精火器""选用能将""革除旧防地，化散为整"等等，也都不言自明，只有淮军才符合这样的条件。

在给陈廷经写信的同一天，李鸿章也有一信致薛焕，大意也是如此。希望朝廷"为远大计"，及时改革绿营旧制，"选留劲旅，厚给粮饷，精求火器，择置能将，使各国无轻视之心，即当局有操纵之术"。李鸿章翰林出身，历练于曾幕，刀笔功夫确实不同寻常。行文不留痕迹，处处可见心机。翻阅《李鸿章全集》，常见一些文字，表面上波澜不惊，实则入木三分，令人叹服。

而令人奇怪的是，曾氏兄弟不仅主动提出撤裁，而且还表现出了一种令人难以理解的积极态度。南京克复后第十九天，曾国藩就主动上折子，请求撤裁所统之军。十天后，他又以曾国荃有病，疏请开缺浙江巡抚。如果说，这只是做做表面文章，倒也罢了，问题是曾氏兄弟不光说说，而且是真干。不久，湘军的撤裁便大刀阔斧地进行起来，其嫡系曾国荃部还成了撤裁的重点。到了当年11月，该部已陆续遣撤兵将达两万五千人之多。

曾氏兄弟如此迫不及待地撤军，着实良苦用心，外人或许不解，但曾氏兄弟却心里清楚。尤其是曾国藩，他以一个在籍侍郎振臂一呼，居然轰轰烈烈，闹出了这么大的动静。如今环顾海内，其权势显赫，已无人能比。就算朝廷不猜忌他，他也会忐忑不安。自古伴君如伴虎，位高权重，尾大不掉，这可是为官统兵者之大忌。早在曾国藩被授予江督，并以钦差大臣督办四省军务时，他就开始顾虑重重了。1863年2月13日，他在致九弟国荃的信中就曾打算辞去钦差和江督两席，而专治军务。原因是"权位稍分，较少指摘"。不久，他又致信九弟。信中明确写道：

> 疏辞（钦差、江督）两席一节，弟所说甚有道理。然处大位大权而兼享大名，自古曾有几人能善其末路者？总须设法将权位二字推让少许，减去几成，则晚节渐渐可以收场耳。[11]

在曾国藩看来，自古位高权重者多不能善终，因而必将"权位二字推让少许，减去几成"，方可善始善终。曾国荃对此极表赞成。由此可见，急流勇退的想法，早在南京破城一年多以前，就已在曾氏兄弟的脑中形成共识。台湾学者王尔敏曾做过详考，并指出，近人妄加揣测，认为曾氏撤裁湘军缘于朝廷猜忌和压制，并不符实。与其说朝廷猜忌，不如说曾氏兄弟主动抽身，更为确切。

1864年8月，曾国藩由安庆来到南京，兄弟俩曾有过一次长谈，就裁撤之事做过全面规划。曾国荃提到，眼下诋毁之言甚多，左季高对他有嫉妒之意。左季高即左宗棠，季高是其字。曾国荃攻下南京，夺得首功，左宗棠心中不服，背后常有怨言。这些曾国藩早有所闻。

事实上，权势越大，危险也越大。南京克复，曾氏兄弟功高盖主，不利的言传也越来越多。最让他们提心吊胆的是有关圣库的传言。

所谓圣库，是指天王府的库藏，据说内有财宝无数，价值难以估量。湘军破城后，便对全城进行野蛮的烧杀抢掠，天王府自然是抢劫的重点。令人奇怪的是，后来一场大火莫名其妙地将天王府化为灰烬，圣库的宝藏也不知下落。这场大火来得蹊跷，于是外界传闻甚多，曾国荃亦难逃嫌疑，加之南京浩劫，百姓涂炭，千夫所指，骂声不绝。曾国荃如坐针毡，声名狼藉。

曾国藩也为其弟担心，让他辞职回乡，以避锋芒。至于曾国荃所部撤裁之事，他们也进行过商议。按照曾国荃最初的想法，既然要裁那就全裁，索性来个彻底的。但曾国藩并不赞成。他主张"退中次序不可凌乱，痕迹亦不可太露"。早在年初给九弟的信中他就表露了这层意思："金陵果克，断不能全数遣散，一则江西是管辖之境，湖南是桑梓之邦，必派劲旅防御保全。二则四五万人，同时遣散必无许多银钱。"

曾国藩认为，撤裁是必然的，但不能全裁，而要分批稳妥进行。坐轿的愿意，抬轿的不肯，这里还有许多人情世故。曾国藩的思虑是更为妥当的，裁军牵涉到众多兵将，这里还有一个安置问题，需要稳妥、细致，不能出乱子。

在这次谈话中，他们还谈到了一个重要问题，即"撤湘留淮"的打算。曾国藩告诉其弟，李鸿章如今亟谋保留，四处游说。曾国荃对李鸿章的钻营颇有讥讽，但也承认眼下"长毛"虽平，但北方未靖，捻匪仍很猖獗，需要保留一定的军力以防剿大江南北。至于留湘还是留淮，曾国藩认为，如今湘军暮气日重，强弩之末，渐不能穿透鲁缟。以后平定两淮看来还得靠淮勇。他还表示，少荃勇于任事，精神可嘉。湘勇老疲，宜多裁，而淮勇气方强盛，不宜多裁。

这次谈话，实际上定下了撤湘留淮的基调。曾国藩如此谋划，一来因为淮军后来居上，不断壮大，已有超越湘军之势，曾国藩对此寄予厚望，但更重要的原因还是出于策略上的考虑。在他看来，湘军目标太大，尤其是他直接指挥的部队，更是如此。至于左宗棠，虽然也是出自曾幕，并由曾国藩保荐，但自打成了气候，便不把曾氏放在眼中。洪杨之乱平定后，他甚至公然与曾氏兄弟争功，两人渐渐不和。这样的人不足以信赖。而李鸿章则不同，虽有骄亢之气，但对曾氏忠贞不二，尤其是金陵让功，更让曾氏对他多了一份信任。因此，决定撤裁湘军，保留淮军，实为曾国藩反复权衡之结果，亦为其功成身退前的一项重要安排。

从 8 月至 11 月间，曾国藩多次致信李鸿章，明确表达了这个意见。即，湘军锐气消减，将来戡定两淮要靠淮军，因此，淮军不可轻议裁汰。这当然是李鸿章求之不得的。他迫不及待地向曾氏表达了忠心和感激之情，并声称"敝部淮勇能战而多士气"，将来师门需要，可随时征调。不论出于何种考虑，曾国藩的坚定支持，又给了淮军又一次重要机遇。

同治三年（1864 年）的大裁军，规模相当可观。曾国荃部裁去两万五千多人；左宗棠部裁去最多，裁去四十营共六万多人，只留两万余人；江西、湖南、镇江等地的驻军也相继撤裁，总人数达到近十万。唯淮军七万之众，只裁去一万多人。这样的结果，令李鸿章喜出望外。

第十三章　无力回天

铁帽子王之死

同治四年（1865 年）春，就在南方各部陆续开展大裁军时，从山东传来一个令人震惊的消息：蒙古亲王僧格林沁在曹州兵败身亡。置僧王于死地的是活跃于北方的捻军。

捻军，又称捻子，或捻党。该组织最初起于安徽、河南一带，后逐渐发展至山东、江苏地区。他们"结则为捻，散则为民"，经常一股一股地活动，故被称作"捻子"。所谓捻，即拧成一股、结为一体之意。

1853 年，太平天国建都天京后，各地捻军纷纷起义响应，并在安徽北部雉河集会盟，公推张乐行为盟主。四年后，张乐行正式接受太平天国领导，被封为沃王。从此，捻军与太平军遥相呼应，并肩战斗。1862 年，就在太平军在苏、皖地区与湘军激战之时，捻军在山东、直隶一带也日趋活跃，声势越来越大。为了稳定北方，朝廷下令蒙古亲王僧格林沁率兵进剿。于是，一场持续了五年之久的剿捻之战便在北方拉开了帷幕。

僧格林沁是晚清著名的蒙旗将领，由他统领的蒙古铁骑威名显赫，所向无敌。这位出生于科尔沁草原的"巴图鲁"，少年时代就是一个不同寻常的孩子。据《科尔沁左翼后旗志》载，僧格林沁幼年家境贫寒，他的父亲给人放牧为生。一天，其妻在外放羊，身怀六甲的她突然一阵肚痛，随后便在野外生下了一对双胞胎男孩。这两个男孩后来取名一个叫朗布林沁，一个叫僧格林沁，译成汉语便是宝象和宝狮之意。后来，僧格林沁长大成人，果然成了一个雄狮般的猛将。他历经道光、咸丰、同治三朝，屡建战功，被倚为干城。

幼年的僧格林沁尽管家境贫寒，但其血统高贵。据《蒙古世系》载，他的祖先上溯二十六代是元太祖成吉思汗二弟哈布图哈萨尔。他的父亲是哲里木盟科尔沁左翼后旗第九代索王的远房亲戚。道光五年（1825年），僧格林沁的人生发生了一次重要转折。这年8月，第九代科尔沁索王病故，由于索王无嗣，道光帝令从郡王近支青少年中遴选承继，最终选中了僧格林沁。这一年，他十四岁。

科尔沁索王是嘉庆皇帝的女婿。僧格林沁继嗣后，便成了道光帝的外甥。有了这层关系，即便他不想显贵都难了。从此，僧格林沁一路升迁。三十九岁时，已是镶黄旗蒙古都统①。道光帝驾崩时，他还被命为"顾命大臣"，成了亲贵中手握重兵的显赫要员。

然而，要说僧格林沁的发迹完全是靠背景和关系，那就大错特错了。1855年，太平军北伐两大统帅林凤祥、李开芳都先后死在他的手上。

林凤祥官居天官副丞相，李开芳则是地官正丞相。按照太平天国的官阶，最高者为王，王下为侯，侯之下为丞相。丞相分六等，每等为四级。林凤祥的官职在丞相中属一等三级，而李开芳的官职在丞相中属二等一级。这究竟相当于什么级别的官职？由于太平天国官秩混乱复杂，很难说清楚。不过，从天京事变后，洪秀全破格提拔李秀成为地官副丞相，由他总揽军事看，这应该算是较高级别的职务。

林凤祥和李开芳都是太平天国早期的名将。他们率部北伐是在太平天国建都天京后开始的。当时的北伐军声势浩大，号称八万之众。其实，经专家考证，最多为两万人，甚至连这个数也远远不够。但是，就凭这为数不多的兵力，北伐军居然深入北方，辗转百战，一路打到天津城下，京畿

---

① 镶黄旗为上三旗之一；都统为旗兵最高职务，从一品，相当于大军区司令。

为之震动。于是，僧格林沁临危受命，率部出征。双方激战于津郊一带。

北方毕竟是清王朝的老巢，兵力雄厚，而北伐军远离后方，孤军深入，终因寡不敌众，被迫向南突围。然而，僧格林沁的蒙古铁骑日行千里，紧追不舍，林凤祥一军撤至连镇时被围，而李开芳率少数骑兵突围至山东冯官屯，也被围困。两军浴血奋战，苦守待援。当时的情况十分严峻，外无救兵，内无粮草，就连树皮草根都吃光了，以至于到了"人相食"的程度。一年后，北伐军弹尽粮绝，全军覆没，两大统帅先后殉难。

据史料记载，林凤祥和李开芳死得都很悲壮。他们先后被凌迟处死，但均视死如归。李开芳被带去讯问时，"戴黄绸绣花帽，穿月白袖短袄，红裤红鞋"。面对僧格林沁，他盘腿席地而坐，毫无惧色，并求赐饭。当饭送上来时，"遂开怀大嚼，说笑如常"。

由于全歼了北伐军，僧格林沁名声大振，受到嘉奖，被封为博多勒噶台亲王，世袭罔替①。四年后，僧格林沁又在天津大沽口打了一仗。这一仗，不仅惊动了国人，也惊动了世界。他的名声也因此更加响亮。

大沽口之役时在 1859 年。这年夏天，英国新任公使卜鲁斯率舰队开抵大沽口，以"换约"为名强行登陆。当时朝中战和不定，进退失据，咸丰帝以"重劳民力"为由，不许接战。于是，英法列强气焰更加嚣张。6 月 24 日，英法军舰炸断拦河铁链。次日，又炮轰大沽炮台。指挥这次作战的就是后来驻守上海的英国海军司令何伯将军。

此时，僧格林沁身为钦差大臣，督办大沽海防。面对挑衅，他忍无可忍，于是不等请示朝廷，便下令还击。战斗打了一天一夜，最后击沉英国军舰四艘、重伤六艘。英法两军伤亡人数高达四百余人。

这是一次令人振奋的胜利。自第一次鸦片战争以来，中国军队还从未取得过一次对外作战的胜利。事后，就连远在数千里之外的马克思也对这场战斗给予了关注和肯定，他撰文写道，中国人的抵抗毫无疑义是有理的，

---

① 即"铁帽子王"。

"中国人这种行动，并没有破坏条约，而只是挫败了英国人的入侵"。

大沽保卫战堪称僧格林沁一生中最大的亮点，尽管一年后，第二次鸦片战争爆发，他兵败通州，受到严谴，被拔三眼花翎，撤职查办，然而，他不畏强敌，捍卫国家尊严的爱国主义之举还是赢得了后人的景仰。据《僧格林沁轶事》载，科尔沁草原上至今还流传着一些有关僧格林沁的颂诗赞歌。其中一首这样唱道：

> 嫩江十旗为羽翼，
> 大漠南北为僚佐，
> 攘外安内的僧王爷，
> 威震四海垂竹帛。

然而，就是这样一位大名鼎鼎的僧王爷却栽在了捻军的手上，最终在曹州一命呜呼。

1864年，天京陷落，南方的太平军基本被官兵肃清，但北方捻军却开始了新的联合。早在两年前，僧格林沁的蒙古骑兵开进皖北，席卷宿州等地，捻军大盟主张乐行遇难，余部各自为战，分散于各地。当时的捻军仍然保持着"居则为民，出则为捻"的习性，彼此间的联络也十分松散。而天京陷落后，形势陡然严峻，由于皖北根据地大量丧失，加之清军的严厉剿杀，新的局势使分散的捻军又重新聚集到了一起。

11月下旬，西北太平军的首领遵王赖文光、淮王邱远才率两部太平军数千人，在皖北与捻军主力两万多人会合，一些太平军、捻军残部也闻讯赶来投奔，从而组成了一支以赖文光为首的统一的新捻军。赖文光陈述：

> 其时江北所剩，无所归依者数万，皆是蒙、亳之众，其头目任化邦、牛宏升、张宗禹、李蕴泰等，誓同生死，万苦不辞，请予领带，以期报效等情……予视此情状，君辱国亡家败之后，不得已勉强从事，竭

尽人臣之忱，而听天命。[1]

从陈述中可见，当时的情形，群龙无首，急需有人站出来，于是在众人的公推之下，赖文光走上了领袖的位置。

关于赖文光，有笔记称，他是洪秀全之妻赖皇后的族弟。天王在金田起义时，他就跟随麾下，时年尚幼，但已英姿勃发，崭露头角。东王掌权时，他曾遭到排斥，在天京闲居数年，及至东王死后，他才又恢复权力。天京陷落后，他撤往北方，手下仍有数万之众，并具有较高的威望。正因为如此，皖北会师时，他才理所当然地被推为领袖。

皖北会师是一次重要的会盟。参加会盟的除赖文光，还有任化邦、张宗禹。这是捻军后期的两大著名将领。任化邦号鲁王，张宗禹号梁王，他们的王爵究竟是太平天国所封，还是他们自称的，历来存在争议。不过，二人的重要性不言而喻，他们与赖文光一起并称为捻军后期的"三大巨头"。在当时极端困难的条件下，新的会盟无疑给大家带来了希望。他们共约"誓同生死，万苦不辞"，"披霜蹈雪，以期复国于指日"。

新的捻军时代就这样开始了。在赖、任、张三大统领的带领下，重整旗鼓后的捻军，开始振作起来。他们仍然保持原有的五旗军制，用黄、白、红、蓝、黑五色军旗加以区分，但战术却有了重大改变，即易步为骑，采用流动战术。所谓易步为骑，就是改步兵为骑兵，两条腿变四条腿，这就极大地提高了作战机动性。一时间，捻军的骑兵呼啸来去，神出鬼没，像旋风一样驰骋于豫、鲁、苏、皖的广大地区。这一来，可把僧格林沁害苦了。

僧格林沁担负剿捻重任是在同治元年（1862年），朝廷授他为钦差大臣，节制直、鲁、豫、鄂、皖五省兵马，目的就是要他迅速扑灭"捻患"。僧格林沁的蒙古马队，号称天下无敌。在镇压太平天国北伐军时，占尽优势，令人生畏，捻军一开始也处处受制，损失惨重。然而，当捻军进行重组、改变战术之后，僧格林沁开始遇到了新问题。这个新问题就是：你有马，我也有马；你能跑，我也能跑。可跑与跑却不一样。一个是主动跑，一个是被动跑。捻军处处占据主动。他们想走就走，想打就打，忽东忽西，行踪不定，纵横驰骋，往来迅疾，而僧王爷只能跟在屁股后边，被他们牵着鼻子走，整天东奔西突，疲于奔命。

捻军的战术很明确，就是利用精骑善走的特点，"以走疲敌"。这一来，他们的目的完全达到了。可傲慢自大的僧王爷却不服气，堂堂蒙古马队能跑不过你们这些乱匪？于是穷追不舍，不达目的誓不罢休。

僧格林沁显然低估了捻军骑兵的作战能力。捻军常常在运动中寻找战机，利用有利地形，出其不意，突施冷拳。不打则已，一打便是正着。等到清军大部赶到时，他们又倏忽而去，再次不见踪影。就这样，僧王爷疲于奔命，吃尽了苦头，一败邓州，再败南阳，三败鲁山，损兵折将，死伤无数。

朝廷大失所望，无奈之中，只好又将希望寄托于曾国藩身上。同治元年（1862年）以后，湘淮军渐成气候，曾国藩集军政大权于一身，朝廷已隐约感到了不安。在这种情况下，他们急需培养满蒙亲贵的势力，以此达到与湘淮军的平衡。和春、向荣先后死去，此时朝中有实力和威望的满蒙将领所剩无几。算下来能用的只有两人，一是僧格林沁，一是胜保。可这两人中，无论军功和地位，后者都无法望前者项背。

因此，在同治元年，朝廷着意扶持僧格林沁，让他以钦差大臣节制五省兵力，比曾国藩还要多一省，就是要拿他制约曾国藩。而一向傲慢自大的僧王爷也从没把曾国藩和他的湘军放在眼里。他曾放言说，若论战斗力强弱，"皖军为上，豫军次之，楚军（指湘军）为下"。

皖军即淮军，排第一倒也说得过去，可要说豫军也强于湘军，显然就有失公允了。僧王爷这样讲，无非是要把曾国藩踩在自己脚底下。

1864年，南京收复后，对于大清王朝来说，形势似乎一片大好。尽管捻军还在扑腾，但在当权者看来，这些不过是小鱼小虾，不足为患。相反，倒是曾国藩的湘淮军羽翼渐丰，成了一块心病。因此，南京一破，朝廷便开始了大裁军，其中重点自然是湘淮军。与此同时，北方的部队不仅没有裁减，僧格林沁的部队甚至还在不断补充增加。然而，僧格林沁连连失利，捻军越闹越凶，朝廷已意识到，眼下可堪此任的只有曾国藩的湘淮军了。

其实，征调曾国藩的命令早在捻军进入河南前就已下达了，只是由于曾国藩推三阻四，才迟迟没有落实。这事明摆着，仗打好了，功劳是僧格林沁的；打不好，责任却是湘淮军的。这种傻事谁愿意干呢？可不想干总得有理由，总不能公开抗旨。

于是，曾国藩处心积虑上了一道折子，七绕八拐，陈述了不少理由。其中有两条意味深长，一条是说自己不是不想去，而是"自揣临阵指挥，非其所长，不得不自藏其短"；另一条是湖北已有僧格林沁和湖广总督官文两大钦差，再派他去，实无必要，且三个钦差"萃于一隅"，恐怕要让"贼匪"轻视。

曾国藩这番话除了推诿之外，更是暗含讥讽。其潜台词有二：一是耻笑僧格林沁和官文无能，四百里内两大钦差，厚集重兵，却拿捻军毫无办法；二是真要我去也行，但另两位得走人，否则三大钦差挤在一块，岂不丢朝廷的脸？

就在曾国藩推托之时，捻军已离开湖北，像一阵旋风似的刮向了河南。接着，他们又在河南接二连三地重创了僧格林沁所部。3月间，捻军忽然北上，由黄河故道进入山东，数日之内便穿越曹县、菏泽、定陶、郓城、巨野、济宁等地，直逼直隶边境。朝廷震动，下诏痛责僧格林沁无能，说他"玩寇纵敌"，纵捻北来。僧王爷恼羞成怒，气急败坏。自从通州兵败之后，他一心要戴罪立功，没想到事情却越来越糟。

为了挽回败局，僧格林沁下令穷追不舍，一心要与"捻匪"一决雌雄。从3月底到5月初，僧格林沁率部从河南追到山东，又从山东追到河南，之后再由河南追到江苏，再由江苏追至山东。短短一个多月，狂奔数千里，经常是一昼夜追赶一二百里。马队快，步队每追不及，疲困至极，累死者达数百人之多。

就这样，僧格林沁仍嫌速度太慢。他下死令，马不停，人不歇，非达目的不可，他自己也以身作则，"寝食俱废"。有时累极了，便在道旁小憩片刻，

"饮火酒两巨觥",喝下后接着上马再追。有笔记称,僧王日夜追敌,常数十日不离鞍马,手累得不能抓缰绳,便用布带将手捆于缰上。其求胜心切,由此可见一斑。可是,人毕竟不是铁打的,马也不是铁打的,时间长了谁也受不了。僧格林沁虽然不辞劳苦,忠于职守,可战略上却完全被敌牵制,有勇无谋,跋扈鲁莽,对此,曾国藩早有预见,"此于兵法,必蹶上将军"。此话不幸言中。

1865 年 5 月 17 日,疲惫不堪的僧军追至山东曹州,在菏泽高楼寨一带遭到捻军伏击。菏泽是黄河水套地区,为防黄河泛滥,当地建了许多河堰,河堰上柳林密布。捻军主力埋伏于林中,先派小部骑兵诱敌深入。18 日,僧军进入伏击圈,于是,数万捻军呼啸而起,分三路掩杀。旌旗招展,万马奔腾,杀声震天,硝烟弥漫。激战数时之后,僧军完全溃败。狼狈不堪的僧格林沁被迫率残部退向高楼寨的一个荒圩之内,很快被捻军团团围住。

当天夜里,僧格林沁率少数亲随,冒死突围。据杭州将军国瑞[①]的奏报称,三更时分,僧王率部冲出围墙,未至贼濠,已被发现,捻军开始围裹。此时,枪声不绝,乱军中可闻僧王督军大喊杀贼。无奈捻军"恃众包抄,越裹越厚","困在垓心"的僧王并无少怯,遂抽佩刀,手刃悍贼。激战中,马被长矛刺中,受惊跃起,僧王坠马落地。天亮时分,人们才发现"将星陨坠,身受八伤,生颜宛在"。其阵亡处在曹州府城西北十五里,地名吴家店。

另据《太平天国史》载,僧格林沁最后被杀是在一块麦地里,而致他死命的竟是一个未成年的太平军少年张皮绠。

> 太平军在村庄(高楼寨)周围环筑营垒,据长濠围住敌人,又在庄外柳林中集结大军作长围防备着敌人逃脱。到三更,僧格林沁用密集的火力打开一条血路,冲出长濠,企图乘夜突围……他穿入柳林后,太平军就四面杀来,僧格林沁的败兵,心寒胆裂,不敢招架,死的死,伤的

---

① 此人系宗室,时在僧王手下帮办军务。

伤，逃的逃，还不到天亮，就全部被解决了。僧格林沁躲到麦陇深处去，给太平军中的童子张皮绠搜索出来，把他杀死，事见张皮绠传。[2]

据《张皮绠传》称，张皮绠是五更起来拾粪时发现了僧格林沁。当时僧王已经受伤，加上疲困无法动弹。张皮绠一看是个"清妖"，便靠过去乘其不备猛地将他砍倒。僧王挣扎着，张皮绠愣怔片刻，接着又是一阵猛砍，就这样结束了他的性命。事后，清军曹州马队找到了僧王遗体，发现其"脖项伤七处，右膀伤一处"，可见张皮绠下手十分凶狠，而"脖项伤七处"显系致命原因。但张皮绠当时并不知道被杀的就是威名赫赫的科尔沁王爷，更不可能知道他会因此青史留名，只可怜僧格林沁做梦也想不到他一世英名竟毁在了一个小孩子手里。

不过，关于僧格林沁的死，还有另外的说法。《见闻琐录》载：

> 有乌某者，素强悍，遂惑众为乱。僧王方饭，乌某从后杀之，率其乱众欲投捻匪。潘琴轩（鼎新）中丞明日追至，急击乌逆。部下半属勉强从乱，颇有倒戈相向者，内外夹击，遂擒之，斩其首，刳其心肝，以祭僧王。
>
> 时予在潘军办粮台，亲见其事，非陷贼伏中死也。予乃叹当时所闻尚不能凭，况千百年后乎。甚矣！史之难尽言也。[3]

《见闻琐录》的作者名叫欧阳昱，他是江西人氏，系同治癸酉拔贡，曾任州判，著述甚丰。以上所记之事，自称"亲见其事"，言之凿凿。按他的说法，僧王不是死于张皮绠而是死于叛将之手。但这一说法并不取信于众，相反倒有为尊者讳之嫌——因为与其让僧王爷不光彩地死在一个小屁孩手里，倒不如让他死在叛将手中，稍许多几分尊严。

高楼寨一战，是捻军打得最漂亮的一仗。朝廷闻报，异常震撼，僧格林沁之死和他的王牌骑兵的灭亡，再次说明满蒙骑兵和绿营旧军皆不足恃。

怎么办呢？回过头来，还得依靠湘淮军。至于裁军，也紧急叫停。

从全国的形势看，已不容乐观。东南太平军余党未靖，中原"捻匪"传烽正盛，而西北陕甘的回民起义也星火复燃。尤其是僧格林沁死后，捻军声势大涨，兵锋迫近京畿。此时平定内乱、稳定局势已是朝廷上下的当务之急。于是，朝廷紧急调整剿捻方略，决定重新起用曾国藩。然而，此时湘军已陆续撤裁大半，只有淮军在曾、李的共同努力下，仍然保留了大部分军力，实力未减。如今，曾国藩挂帅出征，他能靠谁呢？只有淮军。

就这样，淮军的机会又来了。

打圈圈之法

1865 年 6 月，在僧格林沁死后不久，朝廷便下达谕旨，任命曾国藩为钦差大臣，赴山东督师剿捻。与此同时，免去他的两江总督一职，由李鸿章署理，李鸿章的江苏巡抚之职则由江苏布政使刘郇膏暂护。

曾国藩接旨后，强起就任。对于这项任命他是打心里不情愿。在接旨的当天，他便在日记中写道：

> 接奉廷寄，知僧王于二十四日接仗失利，邸帅阵亡，命余赴山东剿贼，李鸿章署江督，刘郇膏护苏抚，为之诧叹忧愤。[4]

这"诧叹忧愤"，可以很好地说明曾国藩的心情。此后，谕旨接二连三，急如星火，催促他迅速赴任。6 月 14 日，他接到了第一道廷寄，令其出省剿匪，不过并未免去其两江总督之职；可是仅隔一天，第二道廷寄又到了。此时，朝廷已做出免去他两江总督等一系列决定。对于这样的安排，曾国藩显然十分不满。自攻克南京，他便以"持盈保泰"之策自励，做好了功成身退的准备。如今，湘军遭到撤裁，身边只剩三千多人的护卫亲兵，几近赤手空拳。在这种情况下，他拿什么去剿捻？如果剿办不力，那又会是什么结果呢？思来想去，深感无力担此重任。于是，再三上奏推辞，可圣意已决，就是不准。曾国藩不免忧心忡忡，寝食难安。

而与曾国藩不同的是，李鸿章接旨后却暗自窃喜。曾国藩一走，他便由苏抚升任江督。"江督乃天下大缺，枢廷部臣衣食所系"——这个要职有多少双眼睛盯着，能坐上这把交椅的人自然是风光无限。但这种心情他不能流露出来，尤其是在曾国藩面前。在致曾氏的信中，李鸿章写道："上意专倚吾师，保障北方，收拾残烬。事机紧迫，物望丛积，自属义不容辞。"为了让曾国藩宽心，他还表示，要尽全力支持老师。

李鸿章的态度使曾国藩稍感安慰。7月4日，李鸿章来到南京，曾国藩亲自到水西门迎接，并和他一起返回公馆。此后，两人交谈甚久，一直到下午四时左右方散。查曾国藩日记，从7月4日至7月9日，短短六天里，曾李之间有过四次"久谈"或"久坐"。除了7月4日之外，在7月5日有两次"久坐"：

> 早饭后……出门至少泉（荃）处久坐……中饭后阅本日文件。在竹床小睡……少荃来久坐，灯后去。[5]

7月9日有一次"久谈"：

> 中饭后，李少荃来久谈，至傍夕始去。[6]

7月9日的谈话结束后，曾国藩第二天便乘船离开南京，前往徐州剿捻前线。在南京短暂的几天内，他们都谈了些什么，日记中未作详述。不过，剿捻必定是其中一个重要话题。曾国藩向李鸿章坦陈了心中的忧虑。他认为自己精力大不如前，而此次责任弥重，心中不免"甚感悚惧"。李鸿章知道他担心的是什么，于是向其保证，自己会尽全力给老师提供支持。李鸿章是有底气的，湘军虽然大部撤裁，但淮军幸而得到保留，如今可资调遣。

至于行军打仗所需的钱粮，有两江在手，自然也不必担心。

7月10日，曾国藩离开南京，一路走走停停，9月16日到达徐州。李鸿章说到做到。他先后调拨被他称作"上驷之选"的刘铭传、张树声、周盛波三军共三十三营近一万七千人交由曾国藩指挥。另调潘鼎新一军十营，包括开花炮队一营，开赴山东，护卫畿辅，同样也归曾国藩调度。他还把三弟李鹤章派往曾营，"随侍旌麾"，联络诸将。

为了确保调度顺畅，曾国藩要求李鸿章将另外一个弟弟李昭庆也派往麾下，并将与自己较为亲近的刘秉璋的十营淮勇也调往山东归其节制。李鸿章也一律照准，同时在饷需上也确保供应。除淮军外，曾国藩还从各地凑来两万湘军，共八万大军，可谓兵强马壮。

到了剿捻前线，曾国藩根据僧格林沁失败的教训，归纳总结出了捻军的活动特点，即"打圈圈之法"——用他的话说——就是"捻贼"以马队善走的特点，有时疾驰狂奔，日行百余里，一连数日不停歇；有时在方圆百里之内转圈，如蚁旋磨，忽左忽右，引诱官兵追击，使之疲劳。僧王曹县之败，便"系贼以打圈圈之法疲之也"。

根据这一特点，他又进而分析了"捻匪"的长处和短处，认为其长处有四，短处为三。根据这些长短处，他针锋相对地制定了一套作战方略。其要点为：以静制动——你捻军不是能跑吗？好，你跑我不跑；我重点设防，先把你围起来，然后再加以剿灭。用他的话说，这叫"以有定之兵，制无定之贼"。具体做法就是在捻军经常出没的豫北、皖北、苏北、鲁南四省十三府重点防守，然后将这些点连成一线，形成一个大口袋，将捻军装在袋中，逐一消灭。这一想法固然是好，可实施起来难度却很大。首先它需要四省督抚驻军齐心合力，同心同德，否则一点突破则前功尽弃。

然而，各地督抚守将却各怀私心，谁也不愿牺牲地方利益。于是，各自为战，任由捻军纵横自如。时间一长，久而无功。朝廷急了，便开始追究责任。于是，各地督抚又把责任推给了曾国藩，说他消极畏敌，没有尽心尽力。他们还拿他与僧格林沁相比，说什么僧王爷再不济，人家鞍马劳顿，没功劳还有苦劳，而今他曾大帅倒好，安居徐州，风不吹日不晒的，倒是气定神闲，可"捻匪"却愈加猖獗了。

面对无端批责，曾国藩大呼冤枉，可他一张嘴说不过多张嘴。面对弹章四起，谤议盈路，不禁大感头疼。为了改变局面，他不得不对原先的战略加以修订。即在重点设防之外，增设运河、沙河与贾鲁河防线。曾国藩认为，贾鲁河、沙河是捻军闯入山东、皖北必经之地，只要扼守住这道防线，捻军的行动就会受到限制，然后，"各分汛地，层层布置"，便可渐逼渐紧，最终把捻军驱逐至豫西山多田少贫瘠之处，加以剿除。

应该说，这一方案对先前的方案进行了优化，也更加完善。但是，你想得好不等于做得好，计划再好也得人来执行。就在曾国藩千辛万苦，好不容易将千里长堤修筑起来之后，一天夜里，捻军大队突然冲破开封以南防线，向东奔突而去。守护堤防的河南防军几乎是一击即溃。千里长堤，铁壁合围，转瞬化为泡影。

计划再次受挫，于是抨击之声又起。就连李鸿章也对这一做法的可行性表示了质疑，甚至讥讽这种"修墙筑堤"之法，"闻者皆笑其迂"。他还写信给刘秉璋说，古有万里长城，今有万里长墙，不意秦始皇在千年之后，竟然遇见公等知音了——这话显具挖苦之意，虽是对刘秉璋说的[①]，实则却是暗讽曾国藩。

面对这种局面，曾国藩也是一筹莫展。一方面各地互相掣肘，不听调遣；另一方面，捻军确实狡猾，让他焦头烂额，应对失措。在给其弟曾国荃的信中，他的语气颇显无奈，数万大军"想与敌交一下手而不可得，可恨之至！"。想当年，轰轰烈烈的太平军都被他打下去了，而如今面对擅长"打圈圈之法"的捻军，他却束手无策，无能为力。

曾国藩身体一直不好，加上各方压力，不久病情便加重了。1866年11月9日，他向朝廷上奏，声称自己病难速痊，请开协办大学士等缺，另派

---

① 刘秉璋也是河防之策的热心筹划者之一。

钦差大臣接办军务，自己则以散员留营效力，不主调度。在奏折中他还附了一片，奏陈剿捻无效，请求将自己封爵暂行注销，以示自贬之意。

不过，朝廷还算给面子，几天后批示下来，赏假一个月，让他在营安心调理。同时令钦差大臣关防由李鸿章暂行署理，至于注销封爵一事，"著无庸议"，未加批准。

随后不久，"匪氛更炽"。捻军分为东、西两股，一股深入山西，一路挺进河阳。朝廷焦急万分，不得不对剿捻人事做出重大变动。即令李鸿章与曾国藩对调。前者以钦差大臣出任剿捻统帅，而后者则返回江督本任。朝旨云：

> 内阁奉上谕，曾国藩著回两江总督本任，暂缓来京陛见；江苏巡抚一等肃毅伯李鸿章，著授为钦差大臣，专办剿匪事宜。[7]

朝旨下达的日期是 1866 年 12 月 15 日。此时，距曾国藩初拜大命仅一年半有余。

指挥失灵

曾国藩下课了。原因虽是多方面的，但其中很重要的一个，便是淮军难以调遣。

淮军是由李鸿章一手缔造，虽说淮出于湘，湘淮一家，但淮军毕竟与曾国藩隔着一层。尽管李鸿章慷慨支持，把六万淮军交与曾氏调遣，但曾国藩却无法像以前指挥湘军那样得心应手。问题很快就暴露出来。1865 年 5 月间，就在曾国藩刚接手剿捻事宜不久，淮军大将刘铭传便不经允许，拔队北上济宁，并拟渡过黄河，后因李鸿章阻止，方才停止行动。

曾国藩对此十分恼怒。要在湘军，这样的事他绝不轻饶，可对淮军就不得不网开一面。然而，事情刚刚平息，刘铭传又惹乱子了。他在长沟与陈国瑞发生火并，并导致陈部伤亡惨重，陈国瑞本人也被他抓起来关了好几天。陈国瑞可不是一般人。他官至提督，在当时的军界名噪一时。此人作战凶悍，性格暴戾，是个不好惹的人物。

关于陈国瑞的经历，有史料称，他早年加入过太平军，后来投靠了湘军总兵黄开榜。黄开榜是湖北人氏，早年劣迹斑斑，"素行无赖，不齿于乡里"，投军后表现也不好，"日纵淫博"，被黜除名。后来猛然省悟，得知皖营募勇，便前往投军。三年后，因战功升为参将。有道是人以群分，物以类聚。黄开榜率部攻打临淮关时，部队俘获了一个太平军少年，充当火兵。黄一见很喜欢，便收为义子。这人就是后来大名鼎鼎的陈国瑞。

陈国瑞有两个绰号，一个叫"红孩儿"，一个叫"陈大帅"。前者是对手叫起来的，因为陈国瑞作战时喜穿红装，在阵中左右驰突，骁勇异常，而一片红色，分外耀眼，于是太平军和捻军都叫他"红孩儿"，一听说"红孩儿"来了，都十分震惧。

同治元年（1862 年），陈国瑞投靠僧格林沁，被收为养子。有一次，僧王率部攻打白莲池，久攻不克。于是，陈国瑞自告奋勇，带领五十勇壮，乘夜从山后攀越险道，出其不意，直逼营濠。守军发现奋起抵抗。陈国瑞架梯而上，爬到一半时，守军用挠钩钩住他的发辫，情形十分危急。这时，忽然电闪雷鸣，大雨倾盆，挠钩滑脱，陈国瑞乘势冲上营濠，守军顿时大乱，莲花池随之克复。事后，僧王大喜，拍着他的背说："我统诸将不能克，儿乃克之，是吾大帅啊！"于是，"陈大帅"一名不胫而走。

史料载，陈国瑞"状貌奇伟"，"凶暴桀骜"，虽然作战勇猛，但性躁好酒，时常疯癫乱法。在投靠僧王之前，他曾在漕运总督吴棠手下帮办军务，受到吴的大力提携。有一次，不知为了何事，他一怒之下要杀养子陈邦振。陈邦振官居总兵，也是一个高级官员，可陈国瑞想杀就杀，毫不顾忌。陈邦振为了躲避，逃入吴棠府中求救。吴棠身为漕运大员，又是陈的上级，本以为出面说情便可化解此事，没承想陈国瑞发起飙来，根本不听，立逼吴棠交出养子。吴棠不交，于是陈国瑞竟带亲兵数百人直闯吴府，用刀猛劈大门。吴府中人被迫退守二门，陈国瑞猛攻不克，怒不可忍，竟以头触门，一时痰涌气厥，昏倒在地。直到这时，吴棠才下令开门，派人把他抬到一古庙中看管起来，事后撤职查办，"永不叙用"。后来，捻军起，正值用人之际，他才得到僧王的起用。

陈国瑞桀骜不驯、狂悖粗鲁是出了名的。他不仅敢对吴棠放肆无理，而且当着僧格林沁的面，也时常出言不逊。僧格林沁在山东狂追捻军，日行百里，几乎失去了理智。这是兵法大忌，众人明知不妥，但都不敢劝阻，只有陈国瑞不怕。在高楼寨一战的前夕，陈国瑞曾抓住僧王的马缰劝谏他不要盲动，并大叫：如王爷去，老子不去！——居然当着僧王的面敢称"老子"，可见其狂悖。此事载于《见闻琐录》，并非空穴来风——可惜僧格林沁听不进去，否则或可免于一死。

说好听点，陈国瑞是个不羁之才，说不好听的他就是一个活土匪。此人喜怒无常，嗜杀成性。有时杀人毫无理由，难以理喻。有一次，兵驻滕县时，他找来剃头匠，人家以为他要剃头，刚把剃刀拿出来，他却突然跳起来二话没说，拔刀就把人给杀了。再找一个来，又杀掉。剃头匠们闻风丧胆，四处奔逃。兵丁们找不到剃头匠了，便抓来了一个衙役，逼他去找剃头匠。这个衙役姓洪，见过一些世面。他找到一个剃头匠，让他去。可剃头匠不敢。洪衙役就说，这是大帅的命令，你去也得去，不去也得去，否则大家都活不了。剃头匠不知如何是好，洪衙役便安慰他说，陈大帅是湖北人，你只要说自己是湖北人，大帅必会顾及乡情。果然，剃头匠这么一说，居然保全了性命。不过，理发的过程却惊心动魄。理了一半时，只见陈国瑞忽然拔刀跳起，剃头匠吓坏了，浑身直打哆嗦。好在陈国瑞这一次发怒并不是冲着他来的。他转身跑开，不一会儿，浑身是血地提刀回来了。原来他是听说有"贼"路过，便跑去截杀。杀完之后又回来坐下继续理发，好像什么都未发生。

陈国瑞的神经质和嗜杀成性近似一种病态，不过有时候明明该杀的人，他却不杀，反倒委以重任。有一次在扬州，有客来访，茶沏好后还未喝，客人就走了。陈国瑞起身送客，回来后想喝茶时，发现杯子已经空了。原

来是戈什哈①以为没人喝了，便顺手端起喝了。陈国瑞大怒，查问是谁喝了
他的茶。那个戈什哈自知大祸临头，索性豁出去了，脖子一梗道：老子喝的！
陈国瑞一听，怒目而视。在场的人都吓得出了一身冷汗，以为此人必死无疑，
可接下去发生的事却大出意外。陈国瑞什么也没说，转身走开了。一连几天，
那个戈什哈提心吊胆，寝食不安，不知这个心狠手辣的陈大帅会如何发落他。
然而，出乎所有人意料的是，陈国瑞竟然提拔了他。事后，他把这个戈什
哈叫到面前问他，知道为何让你当官吗？戈什哈说不知。陈国瑞说，就凭
你敢对老子称老子，你就是当营官的料。以上故事见诸多种笔记，着墨不多，
却异常生动。陈国瑞就是这样一个浑身匪气、骄横不羁的家伙，但他碰上
刘铭传，算是遇上硬茬了。

刘铭传是淮军猛将，早年贩过私盐，十几岁时就杀过人。自从程学启
战死后，淮军第一名将的称号便非刘莫属。到了太平天国后期，刘铭传转
战苏南，勇冠三军，名气越来越大，可陈国瑞粗鄙无知，向以僧王爱将自居，
根本没把刘铭传放在眼里，结果一进济宁长沟便与刘铭传打了起来。

据刘铭传称，长沟克复后，他督队进入该圩。1865 年 7 月 2 日午后，
陈部兵勇前来，声称前往济宁公务，须由圩内过桥。卫兵见陈国瑞在内，
即开门放行。没承想，陈部兵勇一进圩内，便开始"四面掳抢"。抢夺的
重点是洋枪。据说陈国瑞早就眼红淮军的装备了。在抢夺中，淮军一个名
叫张宗余的哨官被打死，于是引发众怒，双方大打出手。刘铭传急令禁止。
可陈国瑞并不收敛，亲督部下"逢人便砍，遇物即拿"，圩外陈军也随之呼应，
"内外夹攻，枪声相应"。这一下惹毛了刘铭传，他下令整队还击。

铭军训练有素，火器精良。他们一动手，陈国瑞便吃了大亏。陈的兵
勇不堪一击，迅速溃败。刘铭传下令关门打狗，铭军随即紧闭圩门，封锁街巷，
最后将劫营者逼进一条窄巷，一顿洋枪大餐，打得对方鬼哭狼嚎。陈国瑞
一看不妙，爬上房顶想逃走，可铭军追赶而至，将他团团围住。这场火并

---

① 满语，卫兵之意。

前后持续了两个多小时。最后，陈部死的死，伤的伤，残兵全部被缴械，陈国瑞也束手就擒。

当晚亥时（九至十一时），驻扎在济宁的杭州将军国瑞①接到报告，说是长沟发生械斗，死伤多人，陈国瑞"现尚被困于圩内"，大为恼怒，立即下令弹压，并连夜派人前往交涉。济宁知州程绳武奉命赶到长沟，传达杭州将军的指示，要求刘铭传释放陈国瑞，可刘铭传回答，陈国瑞素好争斗，现在放人，他一出圩必然要带兵报复。现留圩内，以俟处置明妥，不使再逞凶横，即行放出。一见刘铭传不肯放人，杭州将军又令山东藩司丁宝桢前往查核，可刘铭传还是那句话，放人可以，但要等事情查办稳妥之后。

如此一来，陈国瑞便生生被关了好几天。刘铭传每天让人给他送一点稀粥，以不饿死为限，目的就是折磨他。陈大帅委屈得不得了，平时骄横惯了的他哪里受过这份罪。几日之后，陈国瑞终于获释，回到济宁向杭州将军禀报事情经过，陈在报告中的说法与刘铭传完全不同。据陈说，他到长沟后，令各队驻于圩外，只有亲兵小队连日追贼，疲乏已极，先已进圩。不久，因住处与铭军兵勇发生冲突。他闻讯从屋内出来制止，这时刘铭传也来了。双方约定，各自约束部下。可刘铭传走后，其部兵勇却堵住街口，放起火来，陈部勇兵烧伤多人，被迫出屋，"又被一阵枪炮，打倒若干"。事后清点，伤毙勇丁五十六人，受伤勇丁一百一十九名，失落马匹九十七匹。按陈的报告，械斗是由铭军引起，刘铭传"不能约束众勇"，"咎无可辞"。

对于自己如何落入铭军之手，陈国瑞也有自己的说法。据其报告称，事态平息后，刘铭传很快过来了。他对陈国瑞说，事情无关紧要，请他到公馆歇息，可他去了之后，马上被关了起来，而刘铭传也不再照面了。据此说法，他是被"请"去而不是被抓去的。可是，对于此说，很多人并不相信，认为这是陈国瑞曲意粉饰，不过是想为自己挽回一点颜面而已。

长沟械斗发生后，影响极坏，而且刘、陈双方互相指责，俱不相下。

---

① 僧格林沁战死后，钦差大臣关防由国瑞暂护。

尤其是刘铭传有令不行，有禁不止，根本不把钦差大臣放在眼里。杭州将军试图查办，却无能为力，只好向朝廷请求，说是奴才望轻才浅，虽令不行，实有不足镇服之势。又说，陈国瑞"尚知惭愧"，但刘铭传却"语欠平和"，奴才实在难有排解之处，恳请皇太后皇上另派大员来营查办。

朝廷闻奏也很是震怒，大敌当前，刘、陈两人身居高位，均为提、镇大员，不思奋勇杀敌，反倒相互械斗，任贼远飏，实属不成事体，且各执一词，殊失大员体度，于是下诏严斥。曾国藩也很恼火。他虽然厌恶陈国瑞，但对刘铭传屡屡生事，不听调度，同样十分恼火。更让他生气的是，就在此后不久，又发生了一件事。刘铭传为了建立马队，以对付捻军，竟然打着曾国藩的旗号将托伦布马队调过来，占为己有。

刘麻子的胆子也太大了，矫诏调兵，这可是乱政杀头的大罪。曾国藩忍无可忍，决定严办此事。可是，还没等他拿出处理决定，李鸿章就写信给曾国藩，极力为刘铭传求情了：

> 矫令调托一节，或志在剿捻，因无马队可用，为此权宜，不知尊意不欲……省三未能仰体高深，致有此咎，尚祈原宥。[8]

李鸿章的袒护之意很明显，总之希望老师念其劳苦逐战，不要加以苛求，并表示今后他一定会经常写信训饬他、教育他，"鸿章知无不言，断不敢稍有徇护"。由于李鸿章反复说情，且正在用人之际，曾国藩最终放弃了对刘的严处，只是把他叫到临淮大营当面训斥了一顿。然而，刘铭传并不收敛，依然率性而为，我行我素。此后不久，他因向曾国藩提出剿捻方略未被采纳，便一气之下撂起了挑子——提出告假回家。此事按理应向曾国藩报告，可他却写信给了李鸿章，让他帮着转达。这一来，曾国藩按捺不住了。刘铭传请假已够让他恼火了，而李鸿章插手此事更让他不悦。指挥权既然在我，你李鸿章为何屡屡干预我的调度？于是他给李鸿章写了一封信。在信中，曾国藩直截了当，几乎就是在向李鸿章质问了：

目下淮勇各军既归敝处统辖，则阁下当一切付之不管，凡向尊处私有请求，批令概由敝处核夺，则号令一而驱使较灵。以后鄙人于淮军，除遣撤营头必先商左右外，其余或进或止，或分或合，或保或参，或添募，或休息假归，皆敝处径自主持，如有不妥，请阁下密函见告。[9]

应该说，这封信措辞冷静，但却极其严厉。在信中，曾国藩明确告诉李鸿章，淮军既然归我统辖，你就不应再管了，更不该在一边指手画脚，横加干预。有人说这是李鸿章暗中掣肘，操纵淮军，从而导致曾国藩剿捻失败的铁证之一。这个说法也许过于夸大了。要说李鸿章存心扯后腿，破坏剿捻要务，也许并不符合实际，但淮军不听调度，造成曾国藩驾驭指挥困难，倒是事实。

其实，曾国藩早就考虑到淮军不比湘军，未必完全听从他的指挥，为此他特地把李鸿章的两个弟弟李鹤章、李昭庆调到身边，就是为了加强与淮军诸将的联络调度。此外，他还向李鸿章要来了刘秉璋①。刘是进士出身，相对于众多出身草莽的淮军将领来说，曾国藩认为与他便于沟通，目的还是希望通过他更好地掌控淮军。

可是，这一想法完全未能实现。李鹤章虽是李鸿章的三弟，早年随父办团练，后又随二哥李鸿章投入曾幕。淮军开赴上海不久，李鹤章南下统兵，成了李鸿章的得力助手。常州攻陷后，他被朝廷赏穿黄马褂，授甘肃甘凉道道员。就其身份和资历来说，李鹤章应该说分量不轻，可淮军诸将并没把他放在眼里。尤其是刘铭传、郭松林、周盛波等淮军功臣更是一个个趾高气扬，飞扬跋扈。李鹤章根本左右不了他们。

李鹤章如此，李昭庆更不在话下。作为李鸿章最小的弟弟，李昭庆在

---

① 刘秉璋时任江苏臬司。

家中备受娇宠。李家兄弟六人，李昭庆行六，合肥人俗称"小老巴子"。他比李鸿章小十二岁，李鸿章平时就很迁就他。曾国藩调用他时，李母首先反对。可曾国藩写信给李鸿章说，昭庆智略粗具，但历练不深，应该让他加强锻炼，发奋自强，苦战立功，总不能光靠兄之门荫以成名，这样外界会说闲话的。

在曾国藩的劝说下，李昭庆这才来到曾营。当时，李鹤章因病未到，曾国藩希望通过李昭庆来联络淮部，并让他组建统领武毅军。可李昭庆少不更事，难耐艰苦，驻守济宁时，竟然未获批准便擅自离营回乡探母。曾国藩气得直摇头，他说什么事这么急啊，难道就不能等到批准再走吗？

至于刘秉璋，曾国藩同样也很失望。此人功名虽高，但非统兵之才。在淮军中，他除了和潘鼎新为发小、吴长庆为乡党，关系较好外，与其他诸将格格不入，根本起不到沟通淮军各部的作用。在这种情况下，曾国藩不得不请李鸿章亲自出马了。1866年6月间，他就写信给李鸿章说，如果六、七月份，军情毫无起色，只有劳驾阁下北征了。因为鄙人不能"上马督战"，阁下却能"匹马当先"。这话的意思是说，自己是帅才而非将才，临阵指挥，非其所长。正因此他希望李鸿章能来，带领淮军打上一二胜仗，士气定会振奋百倍。

果然，不久后曾国藩便向朝廷提出了这一请求。他在给朝廷的奏折中说，剿捻年余，仍无成效，忧愧无极，请求饬令李鸿章出防徐州，会办东路；湖北抚臣曾国荃移驻南阳，会办西路。其目的就是希望调用李鸿章、曾国荃前来助他一臂之力，如同当年镇压太平军一样完成剿捻大业。

可是，朝廷这时显然已经失去了耐心，很快做出了曾李对调的决定。这对曾国藩来说，无疑是件难堪的事。

猫和老虎的故事

这是一个古老的寓言，老虎向猫求艺，结果猫教会了老虎，反倒使猫的生存受到威胁。现在，曾国藩似乎就遇到了这样的问题。李鸿章是他一手培养的；此后撤湘留淮，又是经他力挺；如今淮军后来居上，李鸿章实力大增，自己竟面临"下课"的窘境，真好像寓言中的猫后悔不迭。这样的结果不是曾国藩所能预料的。

有人指责李鸿章，认为曾国藩剿捻无功，究其原因明为淮军不听调遣，实为李鸿章暗中掣肘。刘秉璋的儿子刘体仁在《异辞录》中就说，李鸿章对剿捻"事事干涉"，"及师久无功，文忠 ① 继为帅"，便持此种观点。《梵天庐丛录》中也说，曾国藩曾对撤裁湘军一事后悔无比，并发出合九州之铁不能铸此大错的叹息。

曾李对调的决定下达后，曾国藩的心情极为郁闷。为了挽回颜面，他曾多次上疏恳请："但求开缺，不求离营"，希望以"散员"身份继续留营自效，以便维持湘、淮军心。至于江督一职，他请求由李鸿章代理，并掌管钦差大印。但朝廷似乎并不这样想，谕旨要求他立即交出印信，回任江督。曾国藩的心里非常难过。1867 年 1 月 20 日，他给其弟曾国澄写了一封信：

> 自十一月初六接奉回江督任之旨，十七日已具疏恭辞；廿八日又奉旨令回本任，初三日又具疏恳辞。如再不获命，尚当再四疏辞。但受恩深重，不敢遽求回籍，留营调理而已。余从此不复作官。[10]

语气之中，难掩失望的心情。在一次次请求被驳回之后，他甚至有了"从此不复做官"的念头，只是"受恩深重，不敢遽求"。值得注意的是，就在这封信写过不久，曾国藩又有一信写给九弟曾国荃。信中，除了表达无法灭捻的忧愤外，还有一段劝说曾国荃的文字。当时，曾国荃正在湖北巡抚任上，由于连失三县，受到朝廷严厉申饬。曾国藩劝他说：

---

① 李鸿章谥号文忠。

奉初九、十三等日寄谕，有严行申饬及云梦县等三令不准草留之旨。弟之忧灼，想尤甚于初十以前。然困心横虑，正是磨炼英雄玉汝于成，李申夫①尝谓余怄气从不说出，一味忍耐，徐图自强，因引谚曰"好汉打脱牙和血吞"。此二语是余生平咬牙立志之诀，不料被申夫看破。余庚戌、辛亥间为京师权贵所唾骂，癸丑、甲寅为长沙所唾骂，乙卯、丙辰为江西所唾骂，以及岳州之败、靖江之败、湖口之败，盖打脱牙之时多矣，无一次不和血吞之。弟此次郭军之败，三县之失，亦有打脱门牙之象。来信每怪运气不好，便不似好汉声口。惟有一字不说，咬定牙根，徐图自强而已。[11]

这些话与其说是劝说曾国荃，倒不如说更像是在给自己打气。可是这一次，他即便想"好汉打脱牙和血吞"也做不到了。1867年1月29日，上谕再次下达，对于曾国藩一再"固执己见"已有明显诘责之意，并要求他"克期回任"，以便让李鸿章"专意剿贼，迅奏肤功"。谕云：

> 内阁奉上谕……曾国藩当仰体朝廷之意，为国家分忧，岂可稍涉疑虑，固执己见？著即懔遵前旨，克期回任，俾李鸿章得专意剿贼，迅奏肤功。[12]

曾国藩无奈，只好在1867年2月前往徐州，正式与李鸿章办理交接。此时，李鸿章的心情想必也是复杂的。不过，对于曾国藩想留营效力，"坚辞回任"一事，他打心里不赞成。一来，他不想留个"婆婆"在身边，指手画脚。二来，江督地位重要，自己离开了，如果曾国藩不回任，这一肥缺就有可能落至别人之手，他也不愿意。但为了给曾国藩保留颜面，他也上疏请求能否给曾国藩一点时间，不必操之过急。他在奏折中说，曾国藩"积

---

① 李申夫，名榕，号六容。曾任浙江盐运使、湖北按察使、湖南布政使。

劳久病""精力不支"，确属实情，又称"其素性耿介，量而后入"——意思是说，曾国藩身体有病，脾气又倔，这事最好不要硬逼他，以示圣慈宽大为怀。但与此同时，他又在奏章中提出了自己的担忧，声称"臣与曾国藩皆离本任根本重地"，工作如何不受影响，这"于大局确有关碍，感激之余不无过虑"。

李鸿章的心思显然十分微妙。他一方面迫不及待地想从曾国藩手中接过权力，一方面又不得不照顾老师的情绪。此后不久，外界就传出了"徐州交篆"的风波。篆，乃印章。曾李对调，自然要交接关防印信，这本来不是问题。问题是，李鸿章有些迫不及待了，这就引起了风波。《苌楚斋随笔》载，李鸿章接到任命后，急于上任，派一个候补道前往曾国藩处亟索钦差大臣关防。这是一种不顾礼仪的做法，让曾国藩大为不快，他说，这种交接要事，须当面交付，以昭郑重，今如此取去，亦省事。话语中酸溜溜的味道，一听便知对这事相当不满。另据《异辞录》载，李鸿章来到前线，急着从曾国藩那里索取钦差大臣关防，曾国藩提醒他"关防，重物也，将帅交接，大事也"，并表示自己不会离开军营，回任江督。

为了调和矛盾，刘秉璋就劝过曾国藩，说曾国藩回任两江总督，负责给前方部队筹饷，相当于"管粮台"，这事有过先例，大可不必计较。可曾国藩仍然坚持不回，后来李鸿章见到曾氏，私下对他说，以公的名望功勋，违旨不回，固执己见，朝廷也拿你没法，可是乃弟曾国荃在湖北屡遭败绩，你就不怕朝廷追究他吗？听了这话，曾国藩这才有所顾忌，决定回任。以上记载，出自刘体信和刘体智，两人均系刘秉璋之子。此事来源据称出自其父。不过，据曾国藩 1867 年 1 月 1 日奏折称：

> 遵即择于十九日饬派江苏候补道林桐芳、衡州协副将胡正盛谨赍钦差大臣关防驰赴徐州，交李鸿章祗领。[13]

而 1867 年 1 月 15 日，李鸿章也有一份奏章，内容与此相印证：

　　窃臣钦奉恩命，简授钦差大臣，当经具折恭谢天恩，嗣准两江督臣曾国藩派江苏候补道林桐芳、衡州协副将胡正盛赍送关防，于十一月二十三日驰抵徐州，臣即于是日未刻恭设香案，望阙叩头谢恩，祗领开用。[14]

　　从以上资料看，关防大印是曾国藩派人送去徐州，负责送印的官员一个叫林桐芳，一个叫胡正盛，这一点明确无误，至于李鸿章是否派人"呕索"却无丝毫涉及。

　　有道是无风不起浪，徐州交篆或许事出有因，但情形也许并不像后人渲染得那么严重。曾李在交接中出现了不愉快，可能有之，但总体上两人之间的关系并未出现大的裂痕，而在此后曾国藩回任后，对剿捻事宜并无懈怠，对李鸿章和淮军仍一如既往地支持和关注。1867 年 2 月，曾国藩即将起程回宁之前，还写信给曾国荃说，"少泉（荃）宫保于吾兄弟之事极力扶助"，"大约淮湘两军、曾李两家必须联为一气，然后贼匪可渐平，外侮不能侵"。这基本反映了曾国藩的心态。

　　然而，曾李瓜代却是一个重要的标志。它标志着一个时代结束，李鸿章和他的淮军从此取代曾国藩和湘军走到了历史舞台的中心。

第十四章　万里长墙遇知音

不怕贼打，就怕贼跑

李鸿章走马上任了。1867 年 2 月，在早春的寒意中，他抵达徐州。自 1853 年以来，朝廷为剿捻先后派遣了二十二个统帅，到李鸿章已是第二十三个。其中有亲王、总督、巡抚、总兵不等，一个个你方唱罢我登场，结果都是难竟其功。现在，轮到李鸿章登场了。

此时的李鸿章踌躇满志，志在必得。在与曾国藩会商之后，旋即拔营前往河南，进驻周家口。然而，让他没想到的是，就在他刚上任不久，捻军就当头给了他几棒。1866 年 12 月间，就在李鸿章督师前不久，捻军在杞县、河南一带分为东西两支：一支由赖文光、任化邦率领，继续周旋于山东和中原一带，称为东捻军；一支由张宗禹率领，前往陕甘，联络回众，称为西捻军。

捻军一分为二，这是战略上的重大调整，也是形势所迫。当时清军调集了大量军队，集中于苏、鲁、豫、皖地区，进行围追堵截。捻军虽然挫败了曾国藩的多次围堵，但局势并未改观，相反更加严峻。赖文光后来在《自述》中写道：

> 予虽才识微浅，久知独力难持，孤军难立之势，于丙寅十六年秋，特命梁王张宗禹，幼沃王张宗爵，怀王邱远才前进甘、陕，连结回众，

以为掎角之势。[1]

对于捻军的分兵之策，史家历来有不同的评论。一种认为，这无疑是削弱自身的错误做法，从而给了清军逐个击破的条件；但另一种观点则认为，分兵陕甘，联络回众，扩大了捻军的基础，有利于进一步开展斗争。究竟哪种观点正确，其实很难做出判断。不过，李鸿章就是在这个背景下挑起了剿捻的重担。

此后不久，湖北传来了消息，东捻军主力正在安陆臼口镇一带集结，李鸿章闻讯便立即调集各路大军开始向安陆进发，计划就地围歼。这是李鸿章上任后实施的第一个战役部署。各路大军包括刘铭传、张树珊、周盛波、鲍超以及郭松林的新湘军，总兵力达到七万之众。

朝廷对此寄予厚望，明确指示道：

> 鄂省地势非平旷，马力不能施展，若各军四面夹击，齐心并力，必可痛挫其锋，以后势如破竹，易于剿办……[2]

李鸿章深以为然，接旨后他上奏吹捧圣上英明，指授机宜，极其透彻，为臣不能不钦佩叹服；与此同时又信心爆棚地吹嘘"目下军势既集，网罗已张"，必将就地围剿，痛挫其锋。然而，他话音未落，接二连三的失败便接踵而至了。先是郭松林的新湘军在罗家集中了埋伏，之后张树珊部又在杨家河全军覆没。事情到此还没完。不久，尹隆河之战爆发，号称"淮军第一名将"的刘铭传同样大败而归。这让李鸿章极为震惊，颜面尽失。

郭松林，就是李鸿章创建淮军时从曾国荃手下跑过来的那个不守军纪的将领。此人到了淮军后，由于作战勇猛，很快成了淮军的名将之一，号称"清朝赵子龙"。太平军被镇压后，他告假回乡葬父，离开了淮军。曾国荃出任湖北巡抚后，召他组建新湘军，他又重新回到了老上司的麾下。1866年12月下旬，捻军进攻德安城，郭军赶去救援，与捻军接仗。此后，捻军一路向天门、京山、钟祥方向退去，郭松林率部穷追不舍。次年 1 月 20 日，当郭军追至钟祥附近的罗家集时，早已埋伏于此东捻军主力将郭军团团围住。这一仗，郭松林的九营新湘军被打掉了一半，其弟郭芳珍阵亡，他自己身中七枪，被捻军生擒。不过捻军撤退时看他伤势严重，便把他扔在了路旁，他才算捡回了一条小命。有说法是他隐瞒了真实身份，蒙混过关，也有说法是捻军故意要羞辱他，才没杀这个垂死的战俘。不论哪种说法，堂堂淮军名将打得如此狼狈，着实让人大跌眼镜。

比起郭松林，张树珊的运气就更糟糕了。杨家河一战，成了他在这个世界上的最后一次表演。张树珊，字海柯，是张树声之弟，在淮军中同样是个响当当的人物。张家兄弟九人，其中名气最大的要数张树声、张树珊二人。论官职，二人的品级也最高。张树声先后出任过两广总督和直隶总督，在淮军中地位仅次于李鸿章。张树珊虽不及其兄，但也官至记名提督、广西右江镇总兵，赐号"悍勇巴图鲁"，一品武职。他们与三弟张树屏共同率领的树字营是淮军最早的基干部队之一。

在张家兄弟中，张树珊是作战最勇猛的一个。自淮军进入上海后，他就打过无数硬仗，如青浦、四江口之战，还有江阴、常州之战，等等，他无不参与，并立下显功。剿捻开始后，他率部进入河南，担任游击之师。所谓游击之师，顾名思义，就是机动部队，主要任务就是追剿捻军，比担任防守任务的部队要辛苦得多。如果只是辛苦点倒也罢了，问题是成天跟在捻军屁股后边东奔西颠，追又追不上，打又打不着，即便拿出浑身解数也有劲使不上，让人干着急。李鸿章督师后，指挥各路大军扑向湖北臼口，张树珊部也在其中。但是，东捻军这时早已有所警觉，他们先是在湖北兜圈子，一会儿从黄冈飙向枣阳，一会儿又从黄州驰向德安。张树珊追得恼火，又犯了僧格林沁和郭松林的错误。1867 年 2 月，张树珊率部向云梦一带追击。这时，突然传来消息，说是捻军大队正在向德安进发，距城仅三十余里，张树珊闻讯立即掉头赶往德安。与此同时，另一支淮军主力周盛波部也得到消息，先一步赶到德安，在胡家店一带与捻军相遇，并激烈交火。捻军发起猛攻，试图冲破周盛波部的防线，但却遭到大小炸炮的连环轰击。几个小时后，捻军开始退却，盛军乘胜追击，追了八九里路之后，夜色已深，周盛波不敢贸然深入，遂令所部退回胡家店扎营。

周盛波在淮军中同样名头不小。他与其弟周盛传都是李鸿章创建淮军时的老班底。周家早年贫寒，但凭借淮军起家，逐渐发迹。周盛传兄弟六人，其中名气最大的要数周盛波和周盛传。周盛波，字海舲；周盛传，字薪如。在兄弟中，周盛传行四，周盛波行五。在他们上边还有一个三哥周盛华，早年更为有名。咸丰三年（1853年），周盛华首倡团练，率先在紫蓬山结寨，拉起队伍，两年后战死。此后，"兄死弟及"，周盛波、周盛传开始接过兄长的枪，并逐渐崭露头角，名扬淮上各县。据周盛波《自述》称，自咸丰三年至咸丰十一年（1861年）间，"将十载，为战二百九十有六，杀贼以万计"。周盛波，字海舲；张树珊，字海柯，"二海"之名由此而来。

李鸿章创建淮军后，周盛波兄弟响应号召，率部投奔，其番号分别为盛字营和传字营。此后他们开赴上海，南北转战，逐步壮大，盛军也由此成为淮军的十一大军系之一。值得一提的是，后来成为民国执政的段祺瑞，他的祖父、父亲都是盛军军官，后来段祺瑞也参加了淮军，并从这里发迹，成为清末民初的风云人物。这是后话。

剿捻开始后，盛军被调归曾国藩节制。周盛波此时已是记名提督，凉州镇总兵。僧格林沁战死后，捻军围攻雒河集，周盛波和其弟周盛传率部救援，与捻军鏖战数日，终于击退任化邦数万之众，取得胜利。

周氏兄弟勇猛善战，但猛中有谋，粗中有细，并不鲁莽。周盛传还有"亚夫""公瑾"之称。亚夫，乃汉代名将周亚夫；公瑾，即三国东吴名帅周瑜是也。

胡家店之战后，张树珊率部赶到，与盛军会合。第二天，他们东西分进，相隔二十余里，午后到达德安王家湾。这时，探马来报，东捻军主力在赖文光、任化邦的带领下正在附近集结。张树珊主张立即追剿，但周盛波却提醒他说，敌甚狡诈，不可冒进，我军各队正在赶往这里，不如等他们到了再行围歼。

周盛波的意见其实是正确的。况且，郭松林新败不久，前鉴不远，更应谨慎才好。但张树珊并不接受周盛波的意见。他认为，兵贵神速，机不可失。"捻匪"精骑善走，不怕贼打，就怕贼跑。如等各部赶到，只怕是黄花菜早就凉了。

当日下午，张树珊不顾周盛波的反对，率部继续向前推进。走了五六里之后，到达新家闸，这时东捻大队正屯扎于杨家河东岸，绵延数十里。从兵力看，双方对比悬殊。按理，张树珊应该有所顾忌，可他求战心切，生怕捻军一转眼又不见踪影，当即下达命令，令所部六营左右夹击，自己则统亲兵营居中，马队四面游护。布置完毕，全军鼓噪而起，一拥而上，在枪炮的掩护之下，冲过河去。

捻军看树军来势凶猛，迅速退却。张树珊发现捻军要跑，急得大叫，并督带亲兵数百人一路猛追，可追了一段之后，捻军突然不跑了，而是掉头包抄过来。原来，他们发现张树珊孤军深入，且兵力单薄。于是，立即回抄，切断了张树珊与大队的联系。

一场殊死的拼杀由此展开。战斗打得昏天暗地，从下午一直战至夜里三更。树军被团团围困，各营数次突围未果，只好据墙死守。这时，夜已深，四周漆黑一片。乱战之中，突然不见张树珊的踪影，众兵将四处找寻，最后在河边发现了他的尸体。据《清史稿》记：

> 树珊率亲军二百人穷追，抵新家搒。贼横走抄官军后，树珊力战陷阵，至夜半，马立积尸中不能行，下马斗而死。[3]

另据李鸿章给朝廷的奏折：

> 询据逃回亲兵云：当贼回犯时，该镇督副营及亲兵苦战，屡陷贼阵，被围垓心，昏夜莫辩，及至亲兵二百余人伤亡将尽，张树珊犹大呼冲突，手刃数贼，力尽坠马，为贼所害。此张树珊力战阵亡该军先胜后挫之情形也。[4]

张树珊战死，距郭松林罗家集之败仅半月有余。在如此短的时间，湘淮军接连大败，损兵折将。李鸿章出师不利，颇为不爽。这时，曾国藩在一边当起了评论员。在郭松林大败之后，他就写信给九弟说：

> 人皆言捻子善避兵，只怕打不着。余则谓不怕打不着，只怕打不胜。即鲍、刘① 等与之相遇，胜负亦在不可知之数。[5]

曾国藩的话不幸言中。他的信是1867年1月26日写的，不足一月，刘铭传又在尹隆河之战中大败蒙羞，差一点丢了性命。

刘铭传与鲍超

尹隆河之战发生在1867年2月19日，这是臼口之围中最重要的一战。此战中清军的两大主角，一个刘铭传，一个鲍超，都是湘淮名将，当时军界重量级的人物。

鲍超，字春霆，四川奉节人，行伍出身，早年家贫，卖水为生。钦差大臣向荣奉命督师，剿杀太平军，鲍超初为其部下，后江南大营兵败，鲍超始归曾国藩节制。初入湘军时，鲍超颇以湘军为轻。他在向荣手下干过，好歹也算是正规军，于是便有了优越感，看不起这些乡丁团勇，经常口出不敬之语。加之个性粗犷，爱喝酒，经常违犯军纪，曾国藩非常恼火，有一次差点杀了他。

据鲍超的部将徐连升② 说，有一次，鲍超奉曾国藩之令执行军务，路过一城，与守兵相识，听守兵说有好酒菜，竟留下大吃大喝起来，结果因酒

---

① 鲍指鲍超，刘指刘铭传。

② 徐连升系湖北黄陂人，官至提督。

醉误了大事。曾国藩大怒，下令按军纪执行斩首。鲍超的好友雷脱皮见状，抱住鲍超不放，舍死相求，幸好这时有人出来说情，还拉着几个幕僚从军帐中出来好一阵劝说，这才让曾国藩同意免去鲍超的死罪，改为八百军棍。

事后，鲍超得知这个救他的人就是曾国藩的幕僚陈士杰。陈士杰系拔贡出身，为曾国藩阅卷门生，时任曾幕文案，颇得曾的信任，后来官至两广总督。前面曾经提到过，淮军东援上海之初，正是陈士杰以母病为由辞任主帅，这才成就了李鸿章。

关于陈士杰救鲍一事，见诸多种笔记，《清史稿·陈士杰传》中亦有载，说："鲍超时为小校，坐法当斩，力请释之。"看来确有其事。据说，陈士杰会看相，他从军帐中察看鲍、雷二人，结论是：此二人面有贵相，于是出手搭救。

陈士杰没有走眼，后来鲍超果然勇冠三军，骁勇异常，所部号霆军，所向披靡。咸丰十年（1860 年），祁门大营身陷太平军重围之中，曾国藩面临绝境，万般无奈之下，已做好杀身成仁的准备。鲍超闻警，日驰百余里，连战连捷，杀开一条血路，力解祁门之围，救了曾国藩一命。至此，曾国藩彻底改变了对鲍超的看法。

鲍超虽是文盲，没念过书，但他带兵打仗自有一套：一是以身作则，冲锋在前。不仅他自己如此，而且要求各级军官都如此。二是赏罚分明，勇者重奖，怯者重罚。三是经常总结经验，勉励忠勇大节。四是与部下同吃同住，同甘共苦，夏日露天，冬日围炉，大块吃肉，大碗喝酒。醉了倒头便睡，经常是和几个人挤在一张床上，不分上下彼此尊卑贵贱，如同家人子弟。乍看上去，他和他的兵将之间不像上下级关系，倒像是一群称兄道弟的江湖好汉。

尽管鲍超不是湘军嫡系，他的部队人员庞杂，素质也不高，而且还有不少降兵降将，把它称作一支杂牌军毫不过分，但鲍超却不在乎这些，他的标准只有一个，只要能打有血性，遇敌不装孬，逢战不认庺就行。因此他的手下多是敢战之士、亡命之徒。鲍超对他们的约束也很差，只要打了胜仗，随你烧杀抢掠，他一概不闻不问。所以，当时就有人评价说，霆军不是一支有纪律的部队，但上阵打仗，"中兴诸将，实无其匹"。

南京克复后，太平军余部退往江西，鲍超奉令追剿，1864 年 6 月中旬到达南昌。当时的江西巡抚是沈葆桢，他召见鲍超时问他，肃清江西，需多长时间？鲍答，一月。沈葆桢将信将疑。当时，江西境内的太平军力量还很强大，康王汪海洋部占据金溪许湾，筑墙死守，官兵多次围攻都未能得手。这年 8 月是乡试之期，能否按时开考，必须根据战事决定。沈葆桢心想，即便鲍超一个月能够肃清全境，也得留有余地。于是问，10 月入闱如何？闱，即科举时代的试院。入闱，就是指考试。鲍说，只管准备便是。第二天，鲍超发兵，率部与康王血战。有笔记称，"是日阴风惨合，杀声腾天。炮火之声，号呼叫喊之声，震惊数十里外"，鲍超督队强攻，"贼遂溃败，其精锐殆尽。积尸如山，血流入河，三日犹赤"。果然不出一月，全省肃清，10 月乡试如期举行。

曾国藩有一次纵论湘军名将，说湘军最能战者，乃一鲍二李而已。[1] 一鲍，指鲍超；二李则为李续宾、李孟群。

与鲍超相比，刘铭传属后起之秀，但他的传奇经历一点也不比鲍超差。尽管刘铭传刚入淮军时，鲍超已是浙江提督，穿上黄马褂了，但资历有先后之分，贵贱却无早晚之别。到了太平天国后期，刘铭传的风头已有压倒鲍超之势。

刘铭传，字省三，自号大潜山人，1836 年 9 月生人，家居安徽庐州府合肥县西乡刘老圩。早年家境贫寒，出身低微。刘铭传兄弟六人，他排行老六，小时候因出天花，脸上留下麻点，故有"六麻子"的绰号。这个绰号听上去很不雅观，但刘铭传并不忌讳。民间相传，有一天，他的夫人项氏正在作画，刘铭传在一边看得高兴，便提笔助兴，在上面画了一些梅花，并随手题下一首诗。诗云：

圈圈点点又叉叉，

---

[1]　一说此为陈玉成语。

顷刻开成一树花。

若问此花何人画，

大潜山下刘六麻。[6]

刘六麻子不仅长相粗犷，个性也很生猛火暴。他年轻时贩过私盐，十八岁时就杀过人。刘铭传的父亲因病早逝，丢下孤儿寡母，家中生活十分艰辛。1854年，太平军攻克庐州，四乡地主纷纷筑寨自保，办起团练。当地一个土豪也挑头拉起了队伍。为了筹款，他四处摊派。一天，土豪带人来刘家索款，刘母拿不出，便遭到百般凌辱。刘铭传的几个哥哥都忍气吞声，敢怒不敢言。不久，刘铭传回来了，母亲哭诉其状。刘铭传不禁大怒，说："大丈夫当自立，安能受此辱哉？"说罢，就去追土豪。土豪一伙儿看到刘铭传追来，并不把这个毛头小子放在眼里，还故意把刀扔给刘铭传，羞辱说即便他拿着刀也不敢杀人。谁承想，刘铭传接过刀，几乎连眼都没有眨一眨，便手起刀落将土豪砍下马来，手下人见状大骇，一哄而散。刘铭传这时跳上土豪的马，一手提刀，一手提头，拍马冲入村中，昂然大呼："此人欺侮乡里，我已杀之！愿保乡里者，随我来！"

在他的号召下，从者云集。很快数百人围聚而至，众人共推刘铭传为头。转眼之间，刘铭传便成了当地的团练首领，拉起了一支武装。队伍有了，手下要吃要喝，还要刀要枪，这钱从哪里来呢？只有四处索要，名为"保护乡里"，实与土匪无异，就连自己娘舅家也不放过。不过，刘铭传"勒索"的对象主要是富人，不对穷户。这样一来，当地富户便不免怀恨在心。其中有一个姓郭的大户，因为经常被刘铭传索要团费，便密谋要除掉他。

一天清晨，郭姓兄弟带人埋伏在一处山口，这是刘铭传每日必经之地。他们架起了土炮，做好了准备，不一会儿看见刘铭传带着队伍过来了，便瞄准放了一炮。轰隆一声巨响，硝烟弥漫。郭姓兄弟弹冠相庆，以为刘铭传必死无疑。谁知硝烟散去后，刘铭传居然从烟尘中站了起来。他拍拍身上的尘土，然后灰头土脸地朝他们走过来了。大户兄弟吓坏了，浑身发抖，连忙跪地求饶。刘铭传走到他们面前，并未发怒，只是问钱粮在哪。郭姓兄弟忙不迭地保证，绝不拖延。打这起，乡里其他富户也都老实起来，乖乖交钱交粮。刘铭传有了饷源保证，队伍越拉越大，他的武装也很快成了西乡著名的三大团练之一。

同治元年（1862 年），刘铭传加入淮军，这是他人生的重要转折。早在大潜山时，他就立下誓言："生不爵，死不谥，非丈夫也！"加入淮军后，他的誓言逐一实现，生前晋爵一等男，死后谥号"壮肃"。

刘铭传是个胸怀大志之人，但他性情耿直，桀骜不驯。从一些记载看，他长相短小精悍，面色刚毅，声若洪钟；与人相处，从不迁就，稍有不合，便拂袖而去，每逢争执，更是面红耳赤，毫不相让。即便在高官权贵面前，也不失本色，我行我素。李鸿章是他的老上司，对他恩重如山，但他从不巴结，遇到不如意的事，一言不合，照样顶撞。有一次李鸿章做寿，别人纷纷送上重礼，唯恐落在他人之后，只有刘六麻子按合肥乡俗送上两斤寿面、两条方片糕，并附诗一首：

> 时人个个好呵泡，
> 鸡鱼肉蛋整担挑。
> 惟有省三情太薄，
> 二斤挂面两条糕。[7]

李鸿章看了，不以为忤，反倒深爱其才，对他多方呵护和提携。据说，曾国藩曾面见淮军诸将，后对李鸿章说："脸上有麻子者，帅才也！"曾国藩没有走眼，刘六麻子后来果然成了淮军的一员猛将。他勇武剽悍，充满血性。所部之铭军，更是淮军之劲旅。

剿捻开始后，铭军已成为淮军十一大军系之一，兵员上万之众，洋枪达到四五千支，此外，还有大小开花炸炮数十门，战斗力极为强大。此时的刘铭传，可以说无人在他眼里，鲍超当然也不例外。另一边，鲍超也不把刘铭传当回事，在他眼里，刘铭传不过是晚生后辈，岂能与自己相提并论？于是两人互不服气，暗争雄长。

同治六年（1867年）2月，东捻军在连战连捷之后，士气大振，决定分头抢渡汉水，西进川陕，但在渡河时受到了官军阻挡，迫不得已集结于臼口一带。李鸿章觉得机会来了，再次调集各路大军实施包围，并令淮军主力刘铭传部由北而南、湘军主力鲍超部由西而东两边夹击。面对官军的咄咄逼人之势，赖文光、任化邦决定退守尹隆河一带，并做好与清军决战的准备。

2月18日，刘铭传率部驰抵下洋港，探明捻军大队正在尹隆河驻防，于是便写信给鲍超，约好次日辰时（上午七至九时）两军同时发起攻击。2月19日，铭军先抵尹隆河，时间刚至卯时（上午五至七时），离约定攻击时间还有一个时辰，但刘铭传为了抢夺头功，不等鲍超到达，旋即下令发起攻击。于是，铭军大队丢下辎重，大举渡河。河对岸的捻军一看铭军来势凶猛，稍加抵抗便向后撤退，刘铭传挥师追击，一口气追了四五里路，这时后路发现大队捻军。刘铭传闻报，担心后路有失，马上抽调马步队五营回援。

如此一来，正中捻军下怀。佯装撤退的捻军开始掉头反扑。这是捻军惯用的战术。铭军很快前后受敌。为了抵挡捻军的反扑，刘铭传将部队分为左、中、右三路，奋力迎战。但捻军在鲁王任化邦的带领下，集中兵力首先击溃了左路刘盛藻部。于是，铭军阵脚大乱。中路、右路随之溃退。中军也被团团围困。混战中，唐殿魁、李锡增、田履安、吴维章等部将先后阵亡，刘铭传衣冠尽失，狼狈不堪。

幸好这时鲍超部按约定时间从背后发起了攻击，捻军猝不及防，难以抵挡，被迫撤离战场。刘铭传侥幸逃过一劫，尹隆河之战也转败为胜。按理，他应该感谢鲍超，可他没有，相反却因输在了鲍超的手下而感到丢脸。更让他难堪的是，战后鲍超派人送来了他丢失的衣冠。其用意何在？不言自明。

刘铭传大受刺激，于是不顾事实，开始攻讦鲍超。他上报说，淮军之败原因在鲍，因为他没有按时发动进攻，所以导致淮军孤军作战，损失惨重。

鲍超一听大怒，明明是你提前进攻，怎么反倒血口喷人，倒打一耙？于是，他也上报说，刘铭传为抢头功，违反约定，事后颠倒黑白，意在嫁祸于人。两人互相指责，都向领导告状。这时候领导的态度就很重要了。然而，作为前敌统帅的李鸿章不知是偏听偏信，还是有意袒护，竟然认定主要责任在鲍而不在刘。他在给朝廷的奏折中说：

> 该提督 ① 血性忠勇，平素好战轻敌……尹隆河之役，接仗过猛，又因鲍超期会偶误，致有此失，幸霆军援应奋勇，再接再厉，乘机大捷，转败为功。[8]

这明摆着是袒护刘铭传。尽管他也批评了刘铭传，说他"平素好战轻敌"，但在关键之处——究竟是谁延误了战机——他的屁股却坐到了刘铭传一边，明确认定鲍超"期会偶误，致有此失"。至于鲍超的功劳也是"乘机大捷，转败为功"——如此措辞，自然是醉翁之意不在酒。

李鸿章护犊子本是司空见惯，但曾国荃是作为湘军领导，竟也没有为鲍超说话。作为湖北巡抚，他上奏称，尹隆河之战，刘铭传遇到的是任化邦，而鲍超接仗的是赖文光，任强而赖弱，所以刘铭传败了，鲍超胜了。看上去，他似乎没有偏袒任何一方，但话中有话，即刘铭传遇到的是强敌，败得情有可原，而鲍超碰上的是弱旅，胜则亦在情理之中。

曾国荃为何不帮鲍超？原因可能有两个：一来鲍超非湘军嫡系，亲疏有别；二来曾国荃当时因屡战失利身陷弹劾，这时便更不想得罪于李鸿章。于是，鲍超便成了牺牲品。不久，朝廷下旨严责鲍超。鲍超气坏了，马上闹起了情绪。他上奏说伤病复发，请求开缺调理。

曾国藩对于这一切心知肚明。他在给曾国荃的信中说，春霆 ② 撂挑子，

---

① 指刘铭传。

② 鲍超字春霆。

一是上边赏罚不明；二是九弟的报告与事实不符；三是少荃指他爽约。尽管曾国藩旁观者清，但他也没有伸出援手。原因是，鲍超撂挑子，含有要挟之意，这是他不能允许的。他在信中说：对于诸将"有挟而骄者"，决不能"低首恳求"，而要以"硬字诀"对之。

关于硬字诀，曾国藩曾有过解释，他说，朱子尝言：悔字如春，万物蕴蓄初发；吉字如夏，万物茂盛已极；吝字如秋，万物始落；凶字如冬，万物枯凋。又言以元字配春，亨字配夏，利字配秋，贞字配冬。他认为，这贞字即硬字诀也。这话听上去有些费解，如果简单地说，这硬字诀便是冬藏之法。凡事遇到难处，须咬牙挺住，如同挺过冬天，迎来的将是春之生机。

由于无人主持公道，鲍超忧愤成疾，心灰意懒，不久便提出遣散所部霆军三十二营。有一次，湖北来人，曾国藩向他问起鲍超的病情，并在当天的日记中记道：

> 戈什哈自湖北归，询及鲍春霆之病：久不能言，面色如炭，各伤皆发，头上一伤流黄水，沉重已极；唯尚能吃米汤少许，耳聋，二者微有生机耳。[9]

由此可见，当时鲍超的病情已相当严重了，上边即便不同意开缺也办不到了。不过，对于霆军，李鸿章并不同意完全遣散，而是提出挑其精壮，加以改编。这个办法一如当年对待常胜军，就是要留住精华，为己所用。

他的想法不久便得以实现。当年的 7 月 29 日，鲍超的霆军在撤裁了老弱病残之后，其精壮被挑选后带往济宁，整体编入淮军，完全达到了李鸿章的目的。

关于霆军的改编，这里还有两个小插曲需要补充。鲍超请辞后，霆军将士希望归属曾国荃领导，这事曾国藩也是知道的。他在同治六年（1867 年）四月二十二的日记中写道："霆军已至德安，军心愿归弟处。"

后来，曾国藩又提出调用直隶提督娄庆云前来接统，但都未能实现，最后只好归并淮军。

一年多后，捻军被镇压后，曾国藩进京觐见皇太后、皇上。在养心殿上，太后还关心地问起鲍超和霆军：

上："鲍超病好了不，他现在哪里？"

对："听说病好些。他在四川夔州府住。"

上："鲍超的旧部撤了否？"

对："全撤了。本存八九千人，今年四月撤了五千，八、九月间臣调直隶时恐怕滋事，又将此四千全行撤了。皇上如要用鲍超，尚可再招得的。"

这次奏对仅十数句话，但提及鲍超的就有以上两处，可见鲍超的名气之大。但如此名将，最终还是在湘、淮两系的明争暗斗中落寞而去。

筑墙之法

臼口之围，李鸿章一败再败。尹隆河之战后不久，东捻军又在蕲水歼灭湘军彭毓橘部。至此，李鸿章上任以来实施的第一次围剿计划彻底破灭。

1867 年春，东捻军从湖北突围进入河南南阳一带。当时他们面临几个选择：一是北上陕西，二是西下四川。可是由于陕西贫瘠，就食困难，而四川路途遥远，赖文光与任化邦等人磋商之后，决定东上山东，进入富庶的胶莱一带。这一决定实际上存在重大失误，因为它给了李鸿章利用运河和胶莱河做防线围剿捻军的机会。

李鸿章未督师前，曾对曾国藩的所谓"河防"不屑一顾，说是"闻者皆笑其迂"，并讥讽道古有万里长城，今有万里长墙，不意秦始皇在千年之后竟遇知音，但在接二连三地吃了败仗之后，他才真正领会到曾国藩的良苦用心。对付捻军，光从陆路围剿显然不够，而利用河防，限制其流动，则不失为有效之策。直到这时，李鸿章才认识到，还是老师的手段高明。此法虽笨，但笨办法自有笨办法的道理，最简单的常常是最有用的。于是，他决定仿效曾氏"筑墙之法"来对付捻军。

从1867年6月，李鸿章在认真研究和部署之后，决定实施"倒守运河"之策。所谓倒守运河，就是将原来的东岸设防转为西岸设防。为了保险起见，他设下了两道防线：一道是胶莱河防线。其战略目标是困敌于胶莱海隅，加以歼灭。第二道是运河防线。此防线的战略目标是，万一捻军突破胶莱防线，则利用运河防线，继续围歼。

为了确保这一计划的实行，李鸿章亲自巡阅运河，沿途察勘，并督修长墙。"炎风烈日之中，弁勇昼夜兴作，劳苦异常"，"七月初间，运西长墙一律完整"。接着，李鸿章又调集数万重兵，其中包括淮军的全部主力，以及山东、河南、直隶等地的部队，层层设防，铁壁合围。

尽管如此，李鸿章仍然不放心。他最担心的是什么呢？原来，胶莱河自新河南至塔埠口二百六十里，其中淤浅处甚多，而且秋后河床干涸，捻军很容易从这里突破。他向朝廷上奏表明了自己的担心，并决定亲自带队前往督防。

9月23日，李鸿章驰抵沂州，与山东巡抚丁宝桢会晤。此时，东捻军正在莒州一带活动，由于淮军游击之师的追剿，捻军大部开始向胶莱防线北端移动。李鸿章提醒丁宝桢说，贼有回窜之意，并且山东军在胶莱，墙垒未坚，勇粮未放，恐致误事。丁宝桢不以为然，声称已令王成谦、王正起等军扼扎莒沂要隘之十字路，本抚将自带杨飞熊十营驻扎沂州，堵其回窜。李鸿章又提醒说，据潘鼎新报告，鼎军二营接防潍河西岸十余里，但其下至海口尚有六七十里地，无人防守，贵抚应派山东军驻防。丁宝桢当即应允。

会晤之后，李鸿章即带刘秉璋、沈宏富等马步队进驻台儿庄，就近指挥。但是，让他没想到的是，就在他到达台儿庄十来天后，就传来了一个令人沮丧的消息：东捻军就在胶莱防线的北端突破鲁军防线，渡过潍河。

李鸿章几个月的精心筹划转瞬化为泡影，他又气又恼。很显然，问题就出在丁宝桢身上。尽管李鸿章一再提醒他要加强胶莱北端防线，他也的确派出了十四营防军前往驻守，但这一切不过是虚应故事。首先，十四营兵力显然不够；其次，当捻军突围时，鲁军也未做认真抵抗，倒是捻军大队突破防线之后，他们反倒来劲了，大张旗鼓地进行追赶，唯恐捻军跑得不快。

鲁军的所作所为，表明丁宝桢有自己的小算盘。作为地方官，他不希望自己的辖区成为战场，所以阳奉阴违，明堵实不堵，其用意只有一个：驱捻出鲁。这就是导致鲁军防线被突破的根本原因所在。

李鸿章大为恼火，他指责丁宝桢"慢师轻敌"，玩忽职守，可丁宝桢也不是个好对付的角色，随即以牙还牙，攻击李鸿章调度不力，"纵贼误事"。他还把责任推到淮军身上，认为潘鼎新部行动迟缓，救援不力，而李鸿章"徇私诿咎，倒置是非"，完全是推卸责任。

虽然李鸿章身为钦差大臣，专办剿匪事宜，但他管不了丁宝桢，后者作为一省大员也根本不买他的账。说到底，这是中央与地方的博弈。李鸿章早在督师伊始，就曾提出统一事权，明确地方权限，以防掣肘，可他的想法根本无法实现。曾国藩督师时就因地方掣肘，一事无成，现在轮到李鸿章吃苦头了。

丁宝桢是清代官场名臣之一。他是咸丰三年（1853 年）的进士，历任编修、知府、巡抚，后来官至四川总督。关于他的那些事儿，有几件值得一提。一是杀安德海。这虽是几年后的事，但从中可见丁宝桢的为人作风之一斑。众所周知，安德海是慈禧太后身边的贴身太监。有一次，他奉慈禧之命，南下采办，一路上作威作福，惹得怨声载道。尽管如此，由于他是慈禧面前的大红人，谁也不敢动他，就连时任直隶总督的曾国藩也睁一眼闭一眼。可到达泰安时，丁宝桢却出其不意杀了安德海，理由是太监出行，有违祖制。采取的手法也异常果断，先斩后奏，杀了再说，并"曝尸三日"，以解民愤。

这件事震动了朝野。民间传说，慈禧闻讯大怒，开始要杀丁宝桢，后来又改变了主意，不仅没有杀丁，反而提拔了他。原因是，外界一直有传闻，慈禧与小安子不清不白。安德海被杀后，曝尸三日，人们亲眼看到安德海确系"无根之人"，这就使谣传不攻自破，倒为慈禧洗清了污名。以上只是坊间传闻，但这件事不难看出丁宝桢的个性，就连皇太后身边的红人他都敢动，你说他还怕谁啊？

丁宝桢的强硬还表现在另一件事上，这就是广为人知的杨乃武与小白菜的故事。杨乃武一案经刑部复审后即将平反，可丁宝桢恰好入京，为祖护地方官，他大闹刑部，居然指着刑部尚书桑春荣的鼻子，说他老迈糊涂。他还责问验骨的司官，凭什么人死三年了，还能确保验尸无误。他气势汹汹，大声咆哮，刑部大小司员无人敢与之争辩。虽然杨乃武与小白菜的案子最终还是翻过来了，但丁宝桢为人强势，咄咄逼人，认准的事儿便一意孤行，甚至到了不通情理的地步，由此亦可见一斑。

丁宝桢不仅强势，而且精明。李鸿章为了加强胶莱防线，曾提出将山东地方军由他统一调遣，丁宝桢马上表示不反对统一调遣，但正确的做法应该是将山东境内的淮军统一纳入他的指挥，这样才更为有利。

丁宝桢就是这样的一个人，刚硬无比，又聪颖过人，同朝为臣，谁要占他上风几乎没有可能。李鸿章碰上他，算是遇到硬茬儿了。两人腾章相诋，你来我往，朝廷不耐烦了，说你们都别吵了，李鸿章有问题，丁宝桢也有问题，于是下令李鸿章"交部议处"，丁宝桢摘去顶戴，革职留任。

两人各打五十大板，这是清廷的惯用手法。但这一顿板子，倒把李鸿章打醒了。这么闹下去，对谁都没有好处。眼下要紧的是尽快消灭捻军，建功立业。否则，曾国藩前鉴不远。

李鸿章想明白后，便不再认死理了。他开始主动讲和，首先进行自我批评，认为大敌当前，应该一致对外。丁宝桢也是个吃软不吃硬的主儿，冷静下来之后，也以和解的姿态做出了回应。此后，双方达成共识，一致决定加固运防，共同对敌。然而就在这时，朝中有人对运防提出了疑问，认为这玩意儿曾国藩过去做过，李鸿章现在又做，但都没搞出什么名堂，所谓劳而无功，不如罢之。李鸿章一听这话就急了。如果说，几个月前他还是运防的嘲弄者和否定者的话，那现在已是其坚定的捍卫者了。在他看来，灭捻者，非运防不可，除非另有更好的办法。至于运防眼下尚未奏效，问题不在运防，而是另有原因。他上疏陈述理由，请求不罢运防，认为现在需要的是耐心，千万不能朝令夕改，否则前功尽弃，军心亦为之动摇。

李鸿章的请求最终得到了采纳。对于东捻军来说，这实在是一个不幸的决定。从9月初至11月下旬，短短的两个月间，淮军在加强运防的前提下，施展了猛烈攻势，以刘铭传为首的四支精锐的游击之师以骑制骑，以快制快，接连获得了胜利。尽管东捻军突破了胶莱防线，但仍被困于狭长的运河防线之内，无法摆脱淮军凶猛的追击，在连续不断的打击下，损失惨重。

9月间，李鸿章移师济宁，作进一步部署。此后不久，东捻军在山东境内频遭重创，被迫向江苏北部游走。刘铭传部紧追不舍，一路跟进。据报，11月17日，在日照的追击战中，铭军曾击中任化邦的右耳，尽管伤势并不严重，但李鸿章仍然很重视，并专门向朝廷上奏了此事。

任化邦，小名任柱，安徽蒙城人，小捻子出身——很小就跟随叔父舞枪弄棒，加入了捻军。他的哥哥、弟弟，包括妻子在内，都是清一色的捻军。任化邦勇猛善战，高楼寨打死僧格林沁、罗家集重伤郭松林、杨家河击毙张树珊、尹隆河大败刘铭传，这些战斗都是任化邦亲自指挥的。在捻军内部，他名气甚至超过赖文光。李鸿章把他看作死敌，认为他是"亳州积年巨捻，最为凶悍之首逆"。

日照之战中，任化邦被淮军的枪弹所伤，但所幸未及要害。负伤后，他率部迅速退至苏北赣榆，然而刘铭传跟在后边紧咬不放。为了改变被动局面，任化邦决定利用淮军远道疲乏，对其实施伏击。11月19日下午一时左右，铭军与善庆马队来到了赣榆城下。他们找到了当地老百姓，打听捻军去向，得知捻军已向青口一带退去。刘铭传下令继续追击。此时，天降大雾，四野昏暗，数步之外不见人影。铭军行进之中，突闻喧嚣四起，只见大队捻军黑压压地从四面围扑而来。一时间，杀声震天，地动山摇。刘铭传与善庆随即分头迎敌。洋枪队连环施放，火光冲天，捻军正面的冲击虽然被抵挡住了，但很快又有大队捻军从铭军身后包抄过来。在运动中伏击敌军，这是任化邦的拿手好戏。无论高楼寨，还是尹隆河，他都频频得手。这一次也如法炮制。然而，就在双方激烈拼杀之际，捻军内部突然一阵慌乱，继而向后溃退。铭军乘机追杀，大胜而归。

事后据报，捻军中途败退是因为任化邦在战斗中中弹身亡。而杀死任化邦的不是淮军，而是捻军内部出了叛徒。此人名叫潘贵升，系任化邦手下内五营头目，他在安丘之战后被刘铭传所收买。刘许以三品顶戴，并赏银二万两。于是，潘某等人趁着激战之际实施了暗杀计划。马队哨官邓长安受命从背后开枪，任化邦中弹身亡。李鸿章后来在报告中称，"任逆被枪子洞穿腰肋，登时毙命"。

任化邦的阵亡是捻军的重大损失。在东捻军中，任化邦与赖文光可谓最佳搭档。一个善战，一个善谋。李鸿章曾评价说："任柱马步贼为最善战，赖汶洸（文光）为最善谋，两逆狼狈相倚，固结不解。"任化邦战死后，赖文光顿失臂膀。此后，起义军开始一蹶不振，连遭败绩。12月间，淮军主力在寿光给予了起义军致命打击。这一仗，东捻军几乎被打光，残部仅剩数百骑跟随赖文光冲破六塘河，沿运河南下奔逃。最后在扬州瓦窑铺一带被围，赖文光被俘。时间是1868年1月5日深夜。

俘获赖文光的是淮军吴毓兰部。吴毓兰是合肥东乡六家畈人，他与其兄吴毓芬原先都是程学启的部下。据吴奏报称，他带队沿运河东岸追杀，在瓦窑铺附近"遇贼"。当时，雨夜昏黑，捻军数百骑拼死抵抗。五更时，他们纵火烧房，开始突围。吴毓兰率军堵截，火光中看见一首领执黄旗指挥，于是吴军连放数枪。该首领坐骑中弹，摔倒在地，当场被生擒。后经讯问指认，此人就是遵王赖文光。

赖文光被俘后，在扬州被处决。至此，东捻军全军覆灭。李鸿章甚为得意，他在给朝廷的奏折中称，东南五省全境肃清，所有捻逆全股扑灭。

然而，李鸿章高兴得太早了。就在东南捷报频传之时，西捻军张宗禹部却在陕西越过黄河，进入山西，并将剑锋指向畿辅。

第十五章　大功告成

济宁风波

西捻军的动向很快引起了朝廷的不安。不久，张宗禹率部进抵保定，京畿为之震动。朝廷紧急调度，立令官军各部回救根本。

李鸿章在济宁接到谕旨。1867年秋，他便移驻山东济宁。东捻军被镇压后，新年将至，淮军诸将先后来此集结度岁，进行休整。次年正月，大年尚未过完，朝廷北上救援的谕旨就到达了。李鸿章不敢怠慢，立即召集众将传达，并手谕各部做好开拔准备。但他没想到的是，淮军诸将的反应却是空前抵触，竟各寻理由，纷纷撂起了挑子。带头的就是刘铭传。他首先提出请假三个月，理由是身体有病。接着，郭松林和潘鼎新等也紧随其后，提出了休假的请求。而刘秉璋、李昭庆等也不甘落后，纷纷要求"卸勇"，即离开部队，解甲归田。

李鸿章又气又急。京畿危殆，刻不容缓，而抗旨不遵，罪名尤大。虽说这些年淮军连续征战，的确兵疲马乏，伤亡严重，急需休整和补充。这些也都是实情，但淮军诸将的不满情绪如此之大，却另有原因，李鸿章比谁都清楚。东捻剿灭，淮军诸将个个居功自傲，野心膨胀，许多人跃跃欲试，心中有了更高的期望，然而，朝廷功大赏轻，诸将们于是牢骚满腹，抱怨之声四起。

其中怨气最大的要数刘铭传。平定东捻，他居功至伟，可最后得到的奖赏只是一个三等轻车都尉。就连曾国藩都为他不平。在给李鸿章的信中，曾国藩写道：

> 省三创倒守运河之谋，使此股奸除净尽，又苦追苦战至三年之久，实为非常之功。而三等轻车都尉仅与英中丞同赏，劳逸相去万倍。此间公议，多为抱屈，知渠必不能无郁郁……阁下忍辱耐烦，肃清中原，虽不以劳浮于赏为意，亦必对省三而歉然……[1]

尽管曾国藩为刘铭传抱屈，但也无可奈何，只能在信中希望李鸿章劝说刘铭传忍耐，"善承天眷，善居成功"。信的最后还一再"至嘱，至嘱"。

不过，李鸿章的劝说显然没有起到作用。刘铭传带头告假便说明了问题。曾国藩希望他"善承天眷，善居成功"，可他却没曾国藩的"雅量"，向来我行我素，从不肯委屈自己。东捻灭了之后，他本以为凭借自己的功劳，完全可以跻身地方之长，甚至疆吏大员，可李广功高，封侯无望，内心极为不满。其实，李鸿章作为淮军统帅，何尝不想为部下争功，可要保举地方之长或疆吏一级的高官并非易事。以李鸿章当时的地位和影响尚嫌不足，尽管他也做过努力。

淮军诸将中最早出任地方高官的有两人，一是刘秉璋，一是张树声。这两人都有功名在身，刘是进士，张是廪生。同治四年（1865年），刘秉璋先是升任江苏按察使，接着又出任山西布政使。差不多同时，张树声也先后官居徐海道（按察使衔）、实授直隶按察使。

清代重文轻武，官吏提拔重视功名。这是明代以来的传统，刘秉璋、张树声要论战功可能不如刘铭传，可他们有功名，按提拔条件显然胜出了刘铭传。当然，光有功名还不够，清代官吏提拔，还须经督抚保举，这是一条重要途径，而保举者的地位和影响至关重要。

李鸿章出任江督后，一直力推部下出任地方，但都因为影响力不够，或机遇不佳，未能实现。最早他曾向曾国藩推荐过潘鼎新、刘秉璋。当时，河南巡抚吴昌寿与湘军作对，惹恼了曾国藩，曾便有心倒吴。他写信征求李鸿章的意见，问他谁可出任豫抚，并提到刘铭传是否合适。李鸿章回答是，铭军尚单，省三气力尚举不起。此后不久，他便向曾国藩建议说，鄙意以为，如图豫事，潘鼎新、刘秉璋可堪造就。

李鸿章这么做并非厚此薄彼，压制刘铭传，而是考虑到现实可能。潘鼎新、刘秉璋毕竟是文途出身，出任地方大员易于通过，而刘铭传出身武职，缺乏功名，相对来说，硬杠子上要差一点。即便保举，也未必能获得批准。因此，他才舍刘铭传而举潘鼎新、刘秉璋，但这一谋划后来中途搁置，此后战事不顺，曾国藩也离任而去。但李鸿章并未放弃，到了剿捻前线不久，他便大造舆论，声称如要迅速灭捻，地方大员必须知兵，因为捻军为害四省，需四省合力剿灭，若地方大员不知兵，定会贻误战机。李鸿章这么说，就是为部下出任地方之长做铺垫。

潘鼎新带兵进驻山东后，李鸿章便有意扶持他。他对潘鼎新说，你的任务不光是带兵打仗，而是要做好开府山东的准备。潘鼎新听了这话，乐不可支。可是不久后，朝廷突然任命丁宝桢出任山东巡抚。李鸿章的计划再次夭折。

东捻剿灭，淮军诸将功莫大焉，一个个满怀期望，都把眼睛盯上了地方大员的交椅，没承想却是空欢喜一场，不免心灰意懒，意气消沉。有人甚至有离开李鸿章另立门户的想法。现在，朝廷又要他们去围剿西捻，于是憋在心里的怨气也一股脑地发了出来。

李鸿章的命令执行不下去了，这还是淮军组建以来从未遇到过的情况。朝廷催促发兵，急如星火。从正月初一至十二日，谕旨一道接着一道，接连下了八道，而且口气一道比一道严厉。李鸿章一筹莫展，焦灼万分。正月初四，他给曾国藩写了一封信。信中写道：

　　省三（刘铭传）、子美（郭松林）、琴轩（潘鼎新），谆求三月假，仲良（刘秉璋）、幼弟（李昭庆）请卸勇，皆来济宁，聚讼不休。论军情必须稍为息养，论大局则又义无可辞……变故环生，竟无止境，终必溃败决裂而后已，奈何奈何。[2]

从信中的语气看，李鸿章已是万般无奈。一方面，他难以说服部将；另一方面，他又无法向朝廷交代。他本想拖延时日，慢慢周旋，可朝廷等不及了，眼见李鸿章久不覆奏，于是龙颜震怒。正月初十日、十二日的两道谕旨已是杀气逼人，严责李鸿章应援不力，褫黄马褂，拔双眼花翎，并要严查刘铭传、善庆、温德勒克西等诸将责任。

消息传出，不啻是火上浇油。淮军诸将又一次炸了营。众人情绪骚动，济宁的局面已有失控的迹象。一旦发生兵变后果难以预料。李鸿章内心十分惶恐，后来他在奏折中写道："并连奉正月初十、十二日寄谕各一道，臣跪读之余，虞慄悚惶，愤急莫可名状……"可以说，此时的李鸿章正面临着发迹以来极为严重的危机。摆在面前的是一道十分棘手的难题。如果处置不当，他的功劳和前程都将毁于一旦。

就在这紧要关口，有两个人站出来帮了他的忙。这两个人，一个是刘秉璋，一个是潘鼎新。

刘秉璋与潘鼎新

刘秉璋，字仲良，安徽庐江县砖桥乡人。潘鼎新，字琴轩，安徽庐江县广寒乡人。两人是表兄弟，自幼一起长大、一起读书；同窗数年，私交甚密。潘鼎新的父亲名叫潘璞，乃当地名士，潘、刘二人自幼就受业于潘璞。道光二十五年（1845 年），刘秉璋时年十九岁，潘鼎新十六岁。就在这一年，两人私下约定，决定不辞而别，结伴进京。据说，此事由潘鼎新动议。当时刘秉璋初试不利，名落孙山，而潘鼎新已是新科秀才，胸怀大志，他不甘心蜷缩于三河小镇，于是便动了"京师之游"的念头，可他害怕家里反对，不敢说出来，刘秉璋得知后，却很支持他，他还典当了衣物帮助筹措盘缠。

及至一切准备就绪，就在潘鼎新动身前，刘秉璋也动心了，提出要和他一起走，潘鼎新自然求之不得。就这样，两人结伴而行，悄悄上路了。两天后，潘、刘两家得知消息，大为惊讶，急忙追赶，很快就追上了他们。

潘璞十分不悦。他以为这事都是刘秉璋撺掇的，并称"小试之文，毋深思大力"，即使到了北京，还是难有作为。其实，潘璞错怪了刘秉璋，殊不知始作俑者乃其子潘鼎新也。虽然两家长辈很不高兴，极力劝阻，但怎奈两个年轻人态度坚决，非去不可，最终两家大人只好妥协。三河离京师千里迢迢，途中要经过皖北、山东和直隶，路上需耗时数月，颇为艰辛。于是，家里便替他们雇了一辆小推车，一路上两人时而徒步，时而乘车。当时给他们推车的脚夫姓叶，也是三河人。此人干活尽职尽力，每到一地住下后，次日一早，天刚放亮，他便首先起床，然后站在屋外喊，二位少爷，天已蒙蒙亮了，该起身了。一路走来，几乎天天如此。久而久之，叶某便有了一个绰号，叫"叶蒙蒙亮"，至于他的本名反倒没人知道了。刘、潘二人后来发迹后，叶蒙蒙亮甚是得意，逢人便吹嘘，说自己当年如何如何，"一车推出了两个抚台"。

据刘氏后人说，刘秉璋升任四川总督后，不忘旧情，把叶蒙蒙亮也带去了，可叶蒙蒙亮仗着自己当年推车有功，便有些得意忘形，结果在当地影响不好。有一天，刘秉璋便把他打发回去了。叶蒙蒙亮一肚子牢骚，返乡的路上嘀嘀咕咕，甚为不满，到家后，发现刘秉璋已替他造了房，置了地，这才转怒为喜，心满意足地过起了日子。

潘、刘二人到达北京是道光二十五年（1845 年）的冬季。进京后，他们寄宿于庐州会馆，拜同乡人李文安为师。李文安就是李鸿章的父亲，他是道光十四年（1834 年）的举人、道光十八年（1838 年）的进士，时在刑部任郎中。由于李文安的关系，潘、刘二人得以周游于一些京官之间。其中孙兰检、吕鹤田两位侍郎对他们颇为欣赏。两年后，李鸿章在会试中高中进士。随后，李文安便对潘、刘说，吾儿新贵，今后就让他来教你们吧。于是，潘、刘二人便转而师从李鸿章，所谓"兼师李氏父子"，指的就是这件事。

道光二十九年（1849 年），这是潘鼎新和刘秉璋进京读书的第四年。这一年，他们冒顺天大兴籍参加北闱乡试。乡试就是考举人，所谓冒籍，和今天的"高考移民"有相似之处。清代考试与当今一样，各地都有名额限制。北方考生水平较低，相比南方易于录取，因此有人便冒籍北方考生，这样的情况不在少数。据《异辞录》载，道光末年，南方人冒顶北籍者甚多，考上以后还要讥讽北人无学。是年秋天，北闱乡试揭榜，潘鼎新再次榜上有名，而刘秉璋又一次名落孙山。显然潘鼎新运气不错，在秀才和举人考试中都走在了前边，可两年后刘秉璋时来运转，后来居上，先是在咸丰元年（1851 年）的乡试中如愿以偿，考取举人，此后又于咸丰十年（1860 年）高中进士。相比之下，一直春风得意的潘鼎新却在举人这个位置上止步不前了。

其实，潘鼎新早在道光三十年（1850 年）就有机会获得进士，那年他参加庚戌会试，文已入选，但因词气勃发，引起怀疑，考官认为此文不像出自北方人手笔，考生很可能是个冒籍者，于是不予录取。潘鼎新年轻气盛，从此愤不应试。咸丰十年，当刘秉璋高中进士的消息传来后，他才后悔了，但为时已晚，因为此时的他已身陷战乱，再也没有机会了。

也正是在这一年，太平军攻占了三河，回到家乡的潘鼎新与父亲和妻子一起逃往合肥丈人家。潘鼎新的丈人，即潘璞的亲家，是个势利之人。他的官职不大，只是青阳司巡检。清代行政区划相当庞杂，除了县、厅一级机构外，一些距县较远的地方则设立巡检司。巡检司从九品，官虽小，职权却相当于小的知县。潘璞的亲家就是这样一个比七品芝麻官还小的小官，可你别看他官不大，架子却不小。潘鼎新中举前，其父潘璞前去求婚，遭到一口回绝，理由是"吾女不惯为炊"。为炊，就是烧饭。意思是说，你家中没有仆佣伺候，我女儿可不是烧饭之人。谁知没多久，潘鼎新中举的消息传来，他马上换了一副嘴脸，主动前来求亲了。潘璞心中有气，便说求亲也行，先拿二百金来！巡检无奈，只好如数奉上。这时，潘鼎新尚在京中，当他中举之后，便有人找到李鸿章，向他打听潘鼎新是否婚配。李鸿章说，未闻。来人便请李鸿章从中说媒。据说来提亲的女方家是个京中高官，条件自然要比巡检好得多，可因为潘璨已收了巡检的钱，不能自食其言，只好作罢。为此，据说潘鼎新郁闷了好一阵子。

战乱发生后，潘家逃往合肥，意在投亲，但没想到的是亲家收留了女儿、女婿，却把潘璨拒之门外。潘璨哪肯受此屈辱，一赌气便打道回府，不料在回程中遇害身亡。史料称，潘璨是被太平军所杀。当时他坐在一个独轮车上，车的一边载着行李，一边坐着人。到达三河镇时，遇到太平军搜检，令其下车。双方争执起来。潘璨被拖至一边，一刀砍下脑袋，之后又弃尸于道旁。噩耗传来，潘鼎新痛不欲生，随后率乡团及诸子侄夺回其父尸骨，并发誓要为父报仇。从此，潘鼎新便在三河一带拉起队伍，办起团练，与庐江的吴长庆等往来呼应。

就在这一年，刘秉璋考中进士，也返回家乡。他路过安庆时，淮军的组建正在紧锣密鼓地进行之中，李鸿章便让刘秉璋回乡说服潘鼎新、吴长庆等参加淮军。不久，潘鼎新、吴长庆在刘秉璋的说服下先后带队奔赴安庆，加入淮军。潘鼎新建立鼎字营，为最初淮军十三营之一，并于1862年开赴上海。此后不久，李鸿章又奏请朝廷批准，把刘秉璋调到上海，授命其组建良字营[①]，吴长庆部亦归其节制。

刘秉璋进士出身，以翰林从戎，这一点与李鸿章相同，在淮军诸将中独一无二。由于这一特殊身份，他在淮军中显得鹤立鸡群，同时又有些孤立，与淮军诸将气味难投，格格不入。不过，李鸿章始终对他高看一眼，格外关照。淮军驻扎苏州时，负责粮台的鲁白阳面对各军要饷，时感捉襟见肘，难以应付。他向李鸿章反映情况，诉说苦衷，李鸿章对他说，粮台再难应付，唯李观察、刘学士不可得罪。李观察即李鸿章之弟李鹤章，刘学士即刘秉璋是也。

---

① 刘秉璋，字仲良，良字营即取仲良中的良字。

李鸿章器重刘秉璋，但刘秉璋因为自负，经常爱提点不同意见，这让李鸿章时感不快。李鸿章督师剿捻后，刘秉璋向他提出借银扩军，意在扩大自己的势力，从而为晋升疆吏做铺垫，但李鸿章从实际情况考虑没有批准，刘秉璋便闹起情绪，屡屡提出要卸甲归农。李鸿章甚为不满，他对左右说："仲良老发权子！一事不准便生事，不知器局如是偏激。"发权子，这是庐州土语，意为惹事，闹情绪。

其实，李鸿章对刘秉璋有看法，早在太平军被镇压后就已初现端倪。当时，曾国藩以退为进，决定撤裁湘军，唯留老湘营。他知道刘秉璋在淮军中与众人不合拍，便有意将其招至门下，由他统带老湘营。

曾国藩欣赏刘秉璋由来已久。早在 1861 年，他在安庆时第一次见到刘秉璋便十分器许，称他"气象峥嵘，志意沉着，美才也"。此后，便多次流露了罗致之意。这一次，他写了一封信，让人带给李鸿章，明确提出要调刘秉璋。带信的人就是江南水师提督黄翼升。

李鸿章接信后颇感不悦，尤其是对刘秉璋更是不满。在他看来，曾国藩有罗致之心倒也罢了，但问题是你刘秉璋竟也有投奔之意，岂不是辜负了我的厚爱。但不快归不快，当着众人的面，他不好公开拒绝。之后，他设宴招待带信前来的黄翼升。当时，李鸿章住在苏州拙政园，时值初春，园内山茶花盛开，一片春意。李鸿章便借题发挥说，你看这花开得如此艳丽，哪怕仆婢今日折一枝，明日摘一朵，但都无损大局啊。这话什么意思呢？就是说满园春色，少个一两朵花也不碍事。我淮军人才众多，谁要走就走吧，我不在乎。

黄翼升听出了弦外之音，第二天他便整理行装自行离开，尽管这一次刘秉璋调动未成，但剿捻开始后，曾国藩还是以军务需要为由奏请朝廷批准，将刘秉璋要了去。不久，刘秉璋便连续得到升迁，先是江苏按察使，随后又是山西布政使。直到李鸿章取代曾国藩督师后，刘秉璋才又重归其麾下。但这之后不久，刘秉璋就提出借银扩军的要求，未获批准，他便萌生离意，多次求解兵权，都被李鸿章否了。

东捻平定后，刘秉璋又一次提出要走，谁知李鸿章仍不同意。他说，古人闻征召而欣喜，哪有老师在而学生退隐之理？军务以来，候补藩司臬司没有简缺者，如今你以学士任方面大员（指藩司），上下属望之深，怎么可以无动于衷，淡然处之呢？刘秉璋说，区区一藩司之职，我岂在乎？李鸿章知道不可挽留，便批准了他的请求。此时，淮军诸将聚讼不休，纷纷求退。就连李鸿章的小弟李昭庆也跟着起哄。李昭庆早在曾国藩督师时，就被调入军中，作为重点培养对象。李鸿章接统指挥后，对其重视程度丝毫未减。李昭庆部先后扩编至十九营，号武毅军；善庆、温德勒克西马队八千余人亦归其指挥。但是，尽管李鸿章着意栽培，可李昭庆却不争气。武毅军转战数省，除了跟在捻军屁股后边东追西撵，疲于奔命外，几无建树。及至东捻平定，论功行赏，李昭庆只落了个记名盐运使。于是，他对哥哥李鸿章大为不满。

其实，李鸿章也有难处。当时军中需保荐者动辄上万，而批下来的却极少。武职不被重视，而文职中藩、臬两司候补者，从不获简。何况李昭庆是自己的亲弟弟，他更要避嫌。但李昭庆心中不快，便也跟着要求卸甲离营。

此时，济宁局面完全乱了套，李鸿章身陷困境，已无计可施。正月十日，朝廷严旨下达，令拔李鸿章双眼花翎，褫黄马褂。这已是相当严厉的处分。更可怕的是，朝中反对派也在罗织罪名，欲置李鸿章于死地。消息传来，李鸿章更感惊骇不安。就在一筹莫展之际，刘秉璋首先站出来了。

尽管他对李鸿章有意见，但他毕竟是个识大体的人，加上内外有别，紧要关头，还是要维护老师。严旨到达之后，他便来找李鸿章了。此时，刘已离职，但尚未离营。他向李鸿章建言："诸将谋去公，显而易见。惟琴轩① 究竟读书人，可激以义。"又说服潘鼎盛新，"吾辈道义之交，缓急顾不可恃耶！"

---

① 潘鼎新的字。

次日，李鸿章召见潘鼎盛新，曰："见诏书耶？"

潘曰："然。"

李曰："不为我惧乎？"

潘曰："何惧之有！君之于臣，犹父之于子也，喜则予，怒则夺，抑奚以异。"

李鸿章听后大笑："琴轩，其速勤王。"

于是，潘鼎新立即整队北上。潘鼎新一动，其他各部将领也都坐不住了。果如刘秉璋所料，一盘死棋立时活了过来。几天后，各路淮军络绎进发，李鸿章也率指挥部开拔。一天，行军路上，遇飞驰而来的驿递，身上插着羽毛，迎风飘动。李鸿章便问何往，答曰："致李宫保。"

李鸿章不免心中惴惴，以为朝廷动怒，派缇骑前来抓人，及至拆阅廷寄，方知潘鼎新部已由东阿渡过黄河，离京不远了，朝廷闻讯转怒为喜，谕旨嘉勉，李鸿章一颗悬着的心终于放下了。据《异辞录》称，事后李鸿章颇感欣慰，在致曾国藩的信中写道："诸将虽野，尚知尊亲。"

从正月十六日开始，淮军陆续开拔，一场危机顺利化解。然而，细心的人可能会注意到，就在淮军诸将皆"投袂而起"之时，只有一个人例外，坚持以病为由，返回了故里。他就是淮军第一名将刘铭传。

济宁风波，刘铭传满腹牢骚，带头请退，但在李鸿章看来，不过"为酒后牢骚之谈"。他对刘的评价是，此人对名利"亦尚超脱"，但素性轻率，闹点情绪也是常情。至于他为何坚持要走，则是另有缘由。在刘铭传请辞的报告中有这样一段文字：

> 刘铭传三年转战，劳苦尤甚，积受寒湿，手足麻木，疮疖遍体，不能乘骑。臣因该提督素资得力，属其始终奋勉，毋得偷安，而目击其狼狈情形，策励之余，实深矜悯。[3]

显然，刘铭传有病是实，但真正的原因并不在这里。李鸿章私下里有一信给曾国藩，透露了玄机：

> 省三因陈国瑞为六、七王所倚爱，恐为中伤，浩然归里。二三月后当徐挽入营，或令由汴北向，自为一路耳。师与通问，乞怂恿之。[4]

从这段话中，可以看出，刘铭传回乡实为李鸿章的安排，目的是担心六、七王加害于刘铭传。所谓六王，即恭亲王；七王即醇亲王。刘铭传因在长沟火并，与陈国瑞结下仇怨，而此时陈国瑞投靠二王，受到"倚爱"，李鸿章担心刘铭传北上"恐为中伤"，故而让他回乡暂避一时，日后再作安排。果然，几个月后，刘铭传又重新应召回到军中，并接受重任，这是后话。

张宗禹之死

张宗禹是西捻军的最高统帅。有关他的背景材料大致如下：一、他是安徽蒙城雉河集（今涡阳）人，外号"小阎王"；二、生卒年月不详，约生于清嘉庆、道光年间；三、家有良田千亩。

如果从"阶级论"出发，他完全不应该走上反抗的道路。但性格即命运，张宗禹从小就是一个不安分的人，单从外号"小阎王"便可看出这一点。他的父亲是个恪守礼教之人，平日对他管束甚严，可结果适得其反。张宗禹自幼不爱读书，并厌恶科举，年稍长便与捻众交往。不久因为一件小事，他离家出走，投奔族叔张乐行，并跟随其转战南北。

张乐行是捻军早期著名的领袖。在他遇害后，张宗禹继续坚持战斗。1864年，张宗禹率部与赖文光、任化邦会合组建了新捻军。在曹州之役中，他与任化邦等一起重创僧格林沁的蒙古马队，并击毙了僧格林沁。1866年秋，出于战略需要，张宗禹与赖文光、任化邦分军两处：赖、任走东北，号东捻军；张宗禹及幼沃王张宗爵等西走入陕，号西捻军。

张宗禹的西捻军约五万之众。他们由西北入陕，一路所向披靡，11月便打到西安城下。陕西巡抚刘蓉的湘军接连大败，朝廷急调左宗棠督办陕甘军务，率部驰援。由于久攻西安不下，1867年3月，张宗禹率部进入渭北，与回民起义军联合作战，并继续采用流动作战方式，飘忽不定，来往闪击，搞得左宗棠焦头烂额，疲于奔命，却一无所获。

左宗棠乃湘军名帅，他才华出众，果断干练，但恃才傲物，目空一切，也是出了名的。他自比诸葛亮，并以"老亮"自号，但他这个"诸葛亮"遇上捻军却没了脾气，抓又抓不住，打又打不着，只能徒唤无奈，忧愤不已。李鸿章曾讥讽他说，张总愚①、任柱，虽是天下无赖子，但老亮绝非敌手！

1867年12月，张宗禹转战陕北，连续攻占安塞、延川、绥德等州县，就在这时传来了东捻军的告急文书。此时，任化邦在赣榆遇难，局势岌岌可危。为了援助东捻军，张宗禹本打算直接发兵苏、鲁，但考虑到那里官军众兵云集，不易得手，于是决定施围魏救赵之计，率部直插京畿，以迫使清军回防。1867年底，西捻军从陕西渡过黄河，由晋南进入豫北，再由豫北转向直隶，并在冀南渡过滹沱河。到了次年的正月，进抵定州，威逼京畿。

清廷为之震动，急调各地勤王之兵十万之众，集结于直隶，实施围堵。当各地清军蜂拥而至时，张宗禹得知东捻军已全军覆没，他们的救援行动已失去意义。

于是，他召集众将商议，认为直隶为险境，不宜久留，必须速回陕北，与回军会合，以免被"清妖"围困，重蹈东捻军覆辙。

计议已定，西捻军开始迅速回撤。他们计划从河南退回山西，再由山西退往陕西。然而，由于清军围追堵截，西捻军的撤退并不顺利，只能被迫游走于直、豫、鲁三省平原，与敌周旋，再寻找机会退回陕西。

济宁风波平息后，淮军大队开始北上，这对西捻军来说如同雪上加霜。由于兵力悬殊，起义军的情势更加危殆。尽管如此，清军的战绩一开始却

---

① 这是李鸿章对张宗禹的蔑称。

不明显，相反倒是一片混乱。究其原因，一是多头指挥，体系混乱。当时，应朝廷之令，北上宿卫之兵计有湘、鲁、豫、直、皖、吉等各军，由恭亲王奕䜣出面节制。于是，直东战场几百里之内，竟然出现了三个钦差大臣、一个总督、三个巡抚、两个侍郎和一个将军，而且，在这些大员之上还有一个总指挥恭亲王。俗话说得好，一个和尚挑水吃，两个和尚抬水吃，三个和尚没水吃。现在，一下子来了这么多和尚，结果可想而知。李鸿章对此大为不满。他说，这样下去，将一事无成，"其免于九节度使之溃者几希"。

除了多头指挥外，更让李鸿章头疼的是碰上了左宗棠这个老冤家，处处与他作对。他提出"圈制"，以守待变，左宗棠偏不同意，力主强力追剿，两人互相抵牾，争执不休。

左宗棠为人一贯强势，不甘人下。早在湖南巡抚骆秉章手下做师爷时，他就十分霸道。师爷并非正式官员，但由于骆秉章的器重，他大权独揽，甚至比巡抚还巡抚，整个湖南官场提到左季高没有不害怕的。有一天，永州镇总兵樊燮前来汇报工作，骆秉章便让他去找左宗棠。樊燮来到左宗棠那里，由于没请安，不禁惹恼了左师爷，武官见我，无论大小，都要请安，你为何不请安？樊燮也不服气，朝廷体制，哪有规定武官见师爷要请安的？武官地位虽轻，我好歹也是朝廷二三品官，在我面前摆什么谱啊。左宗棠听后立时大怒，起身就踢樊燮，让樊燮狼狈不堪。

这事发生不久，便有人上疏把左宗棠告了，朝廷令湖广总督官文查处。官文早想整治左宗棠了①，于是便要严办。幸亏胡林翼、曾国藩出面说情，南书房行走潘祖荫也上疏力保。疏中有"国家不可一日无湖南，湖南不可一日无左宗棠"，此句流传一时，使左宗棠名声大振。后来，此案大事化小，小事化了，左宗棠不仅没有受到查处，反而得到了提升。再之后，他入了曾国藩幕府，从此开始青云直上。《异辞录》中说，"左文襄②勋业，以幕客

---

① 有传言，樊燮之事是官文暗中指使。

② 左宗棠谥号文襄。

时为始"，此言不虚。

左宗棠入曾幕，与李鸿章一样，都受到曾国藩的器重，官分上下，情如兄弟。早年在湘军，左宗棠驻地与曾国藩大营相距数十里，每次来，曾国藩总要设宴招待，并戏称："大烹以养圣贤。"左宗棠能吃而善谈，每次来也不把自己当外人。入座则盘杯狼藉，遇到大块肉食，便动手撕扯，大吃大嚼，恣意笑乐，旁若无人。

左宗棠是有名的杠子头。凡事爱抬杠，每抬则必争上风。有时，较真起来，怒目而视，仿佛要打架一般。他与曾国荃、李鸿章等经常抬杠，彼此较起劲来，互不相让，言语冲撞，难免伤及和气。早在曾幕时，李、左之间就不融洽，除了湘皖地域之见外，左宗棠行事张扬，为人刻薄，这也不为李鸿章所喜，但李、左真正不和却始于1864年。

晚清中兴名将，号称曾、胡、左、李。无论年资，还是其他，左宗棠似乎都在李鸿章之上，但到了1864年，淮军后来居上，李鸿章的地位已有超越左宗棠之势，这让左宗棠心里很不舒服。

金陵会攻，朝廷屡诏李鸿章往援，可李鸿章碍于曾氏兄弟的关系，一边按兵不动，一边南下图浙。这一来，等于把手伸进了左宗棠的地盘，他岂能容忍？他告李鸿章"越境掠功"，李鸿章自然不承认。两下打起嘴仗，你来我往，怨恨的种子从此埋下。

刘秉璋说过，李文忠与左文襄皆当世之英，两强相遇，各不相下，久之遂生意见。此话精辟之至。有笔记载，一日，某公请客，李鸿章和左宗棠都来了。席间，李鸿章说："非翰林不入相。左公伟业盖世，封侯封公，我不敢望，惟有大学士一位，恐怕要让我一筹。"清制，大学士必由翰林提拔。李是翰林出身，而左只是举人。李鸿章知道左宗棠不服自己，故有此言，意在挖苦他。另有笔记称，洪杨之乱后，李鸿章与左宗棠闲谈论功。李说，你别尽自夸张了，死后谥号不能得一"文"字。谥号，乃死后封号。按定例，非进士翰林出身，不得谥"文"字。这句话同样是在刺激左宗棠。左闻之默然，半晌无语。

　　左宗棠一生最大的缺憾就是没能考中进士。他二十岁中举，偏偏此后接连三次会试都铩羽而回，不禁心灰意懒。他曾有诗云："蚕已过眠应做茧"，句中流露了无法排解的郁闷之情。此后，他一见到进士就不舒服。后来，他做了陕甘总督，便重科榜（举人）而轻甲榜（进士）。有进士翰林来见，他也没好脸色，言辞中多有揶揄。

　　俗话说，打人不打脸，骂人不揭短。李鸿章的话无疑是在揭短，触到左宗棠的痛处。尽管李鸿章的话后来并未应验，左宗棠死后破格得谥号"文襄"，但在当时李鸿章的话却让他大受刺激。

　　左宗棠是个心高气傲之人。他刚明果断，勇于任事，这是他的优点；但他性格要强，为人处世，一味霸蛮，很难与人相处，这又是他的缺点。

　　西捻军进逼直隶后，李鸿章受到朝廷严责。出现这样的局面，李鸿章认为这都是左宗棠惹的事，他在陕西剿贼不力，结果放贼出山，殃及鄙人。不过，鉴于丁宝桢的教训，他决定忍让，主动求和。在给曾国藩的信中，他写道："鸿章此行迫于大义，吃苦受气是分内事。拟再与左公议和，但勿相犯，决不失敬。"

　　不久，李鸿章进驻山东德州，主动与左宗棠寻求和解，朝廷也令恭亲王协调李、左关系，而此时的左宗棠由于追剿不力，也开始反思自己的战法。5月间，漳、卫上游，陡发山洪，运河水位猛涨。西捻军三面遭水，行动困难，被迫徘徊于直鲁边境。左宗棠看到战机有利，开始接受李鸿章"圈制"之策。6月14日，李鸿章与左宗棠在德州桑园会晤——这就是著名的桑园会议。李、左两巨头的携手，带来了直东战场的重要转折。

　　西捻军的厄运从此开始了。从5月至7月间，湘淮军利用运河、黄河和大海的长墙工事，对西捻军实施全面围剿。7月间，刘铭传销假归队。这显然是李鸿章授意的，如同他请假离队一样。不过，公开的手续完全按照程序进行。像刘铭传这样的高级军官离队归队都有严格的制度规定，必须报经朝廷批准。所以，曾国藩为此专门上了专奏，并在得旨后派员驰赴合肥催促。当时，正值剿捻关键时刻，急需刘铭传这样的得力将领。曾国藩在专奏中特别恳请朝廷对刘多加奖勉。他说，朝廷的表扬意义不同，"则天语一字之褒，胜于臣等函牍万万矣"。

刘铭传接旨后，6 月起程，一个月后便到达山东前线。李鸿章在德州大营接见了他，令他驰赴前敌，会合各军，全力痛剿"贼寇"，"务期悉数殄除"。刘铭传的到来使湘淮军如虎添翼，但对兵力悬殊的西捻军来说却是雪上加霜。起义军遭受沉重打击，伤亡惨重。7 月 14 日，在商河之战中，张宗禹中弹负伤。据李鸿章的奏折称：

> 商河之战，逆首张总愚（张宗禹）自带黑旗队冲阵，被我军枪伤落马，枪子自背后穿小腹而出，贼数十骑扛之而逃，群贼立即纷溃。[5]

在奏折中，李鸿章还写道，他亲自审讯了张宗禹亲兵毛牛儿等人，证实"小阎王"张宗禹"腹受枪伤甚重"。最后，他的结论是：

> 是张总愚受伤情形甚为确实，既系子穿小腹，似亦万无生理。[6]

然而，他的话未落音，几天后，张宗禹竟又出现在济阳鄢家渡、龙王庙一带。8 月 4 日，西捻军在商河、乐陵一带遭遇淮军追击，张宗禹率部试图摆脱，但淮军诸将次第追击，并逐步形成合围。战斗从 4 日一直持续 13 日，西捻军突至山东荏平附近的南镇，陷入了刘铭传、潘鼎新、郭松林等几路大军的联手合击。西捻军顽强抗击，直至数千将士伤亡殆尽。最后，张宗禹仅带数十骑突出重围，在高粱地里不知所终。

荏平一战，是西捻军的最后悲歌。此战，他们全军覆没。张宗禹之兄张宗道、其弟张宗先、其侄张正江等全部阵亡，就连他的儿子张葵儿也未能幸免，被官军抓获，只有张宗禹去向不明，众说纷纭。

官方宣称张宗禹投水而死，其依据是李鸿章的报告。李鸿章称，民间纷传张宗禹投水淹毙，后来抓获了张的亲随王双孜。李鸿章与袁保恒等亲自提讯。王犯供认，他跟随张宗禹九年，战败当日，张带八人逃至徒骇河边，自知难逃一死，遂令随从七人各自逃命，自己则下马脱衣投水而死。据此，李鸿章在报告中做出认定：

> 臣再四研讯王双孜，人尚老实，所供张逆投河时情节语气历历如绘，证之各营降众所称张总愚平日屡说事急必自寻死，不肯显受刑戮，亦属相符，是其投水伏诛毫无疑义。惟刻下黄水盛涨，灌入徒骇，深不见底，事隔多日，该逆尸身随水漂流，必已腐烂无从寻认，谨照钞王双孜供词恭呈御览，仍将该降人羁留在营备质。[7]

这份报告写于8月25日，即战后十多天。9月6日，李鸿章再次上报，确认张宗禹之死"毫无疑义"：

> 逆首张总愚投水淹毙，前据降人王双孜口供录呈在案。旋又据豫军张曜等解送，续收降贼王结巴，臣亲加研讯，亦在张总愚逃走八人之内，所供与王双孜相符，是其投水伏诛毫无疑义。是日全股歼除，张逆亦毙，嗣经各处搜捕并无实在匪踪。[8]

但是，对于这种说法有人表示质疑。尤其是左宗棠，一直不相信张宗禹投水自杀的说法，认为这是李鸿章弄虚作假，贪功求赏。他上疏言，张逆未死，必伏后患。为了抓住李鸿章的把柄，他"多方搜剔"，并派兵四处搜寻证据，这让李鸿章大为恼火。两人关系进一步恶化。李鸿章觉得左之所为，完全是出于嫉妒。在给曾国藩的信中，他愤愤不平地指责左宗棠，称他是"阿瞒本色，于此毕露"。然而，尽管存在争议，张宗禹的下落始终不明，最后朝廷只能接受李鸿章的说法。《清史稿》等史书也都如是记载。

那么，张宗禹究竟是否死了呢？

学界看法不一，直到如今仍然未有定论。不过，在如今的河北沧州孔家庄却有一座张宗禹的墓碑。据说，张宗禹跳河后并没有死，而是逃到了孔家庄，隐姓埋名活了下来，直到二十年后病死。临死前，他才道出自己的真实身份。民国版的《沧县志》有如下记述：

> 张酋败后，逃至邑治东北之孔家庄，变姓名为童子师，后二十余年病死，即葬于其庄，至今抔土尚存焉。其临殁时告人曰："吾张宗禹也。"

事过一百多年后，有人去孔家庄追访考证，撰文记述了张宗禹逃至孔家庄后的生活情形，并配发了张宗禹墓碑的照片。墓碑孤零零地竖在荒草丛中，显出了几分凄冷。我看着照片，不禁心生感慨：轰轰烈烈终归平静，尘埃落定，日月依旧。

另据《张宗禹传略》记，张宗禹尚存一子，其后裔如今都生活在皖北故里。

第十六章　天津教案

李鸿章的郁闷

西捻军覆灭后，轰轰烈烈的捻军起义被彻底镇压下去。就在茌平之战后不到半个月，朝廷的嘉奖令下达了，李鸿章加太子太保衔，任湖广总督、协办大学士。应该说这是很高的荣誉，可李鸿章似乎高兴不起来。在此之前已有风声，传曾国藩要调直督，而江督的交椅仍由李来坐，可现在朝廷让他出任湖广，他原先重返江督的想法看来是落空了。

果然，此后不到十天，朝廷又发布了两项重要的人事变动：一项是曾国藩调任直隶总督，另一项是马新贻接任两江总督。这一来，李鸿章就更郁闷了。在晚清十大总督中，直隶总督和两江总督最为显要。直督为疆臣之首，两江为财富之区。曾国藩由两江调任直隶，就其威望和资历来说，自在情理之中，可马新贻调任两江，就让李鸿章有些不服气了。

马新贻是山东菏泽人，世代为官，二十七岁中进士，曾历任安徽按察使、布政使，浙江巡抚等职，调任两江时已官居闽浙总督。如果从他的经历看，出任两江不过是平级调动，尽管位置更为显要，也没有什么特别称奇之处。然而，一般认为，曾国藩离任后，江督最合适的人选应该是李鸿章而不是马新贻。

马新贻与李鸿章虽是同年进士，但到同治二年（1863年），马新贻出任安徽布政使时，李鸿章已是江苏巡抚；同治四年（1865年），马新贻担任浙江巡抚时，李鸿章已是代理两江总督。从资历上马新贻不如李鸿章，就战功而言更无法与李相比。可朝廷偏偏把江督这个重要位置给了马新贻。

自1861年曾国藩就任江督以来，江督的位子就一直由曾、李二人轮换来坐，而两江也一直被视为湘、淮军的地盘，不容他人染指。1865年9月，朝廷曾一度任命吴棠署理两江。任命刚下达，就遭到曾、李二人的联手抵制。

吴棠是安徽盱眙县（今明光市）人，举人出身，早年在安徽办团练时就与李鸿章相熟，加之同为皖籍，私交甚密。1861年，吴棠的好运开始了。他迅速走红，官职不断蹿升。

据说这一切都与慈禧提携有关。慈禧父亲早年在湖南任副将，死于任上，慈禧姊妹扶柩还乡，一贫如洗，几无资费。船过清江浦时，吴棠正好在这里任县令。恰巧吴的一位朋友，也是副将，死后棺木恰巧也路过清江浦。吴棠出于旧谊，派人送去丧仪三百两。谁知送钱的人送错了地方，送到了慈禧姊妹的手中——原来此副将非彼副将也！送钱的人回来后，吴棠大为恼火，本想派人将钱追回，后来幕师劝他说，船上之女为满洲闺秀，将来作为秀女选入宫中也未可知，不如将错就错，结下善缘。吴棠认为有理。然慈禧姊妹不知就里，却大为感动，约定将来若显贵一定要报答这位好心的县令。

北京政变后，慈禧垂帘听政，执掌朝政，果然信守诺言，回报吴棠，先是提拔他为江宁布政使兼署漕运总督。当时，这个任命一发表，李鸿章还非常高兴，因为吴棠是他的老朋友，由他出任漕帅，许多事情自然好办。

然而，吴棠出任江督却触犯了湘、淮系的利益。其实，慈禧此举也是一石二鸟，一来报答吴棠；二来也想借机削弱曾、李的权势，以防"内轻外重"。对于这一任命，曾国藩和李鸿章当然不能接受。尽管吴棠是老朋友，李鸿章也顾不了那么多了，他和曾国藩一唱一和，声称吴棠不擅军事，用兵之道，实非所长，不宜担任该职。尽管慈禧别有深意，吴棠圣眷颇隆，曾、李也不惜顶撞，最后朝廷不得不收回成命。

如今捻军剿灭，李鸿章居功至伟，就连曾国藩都要比他逊色几分，江督一职由他回任按说顺理成章。可是，出乎意料的是，朝廷偏偏没有这样安排。李鸿章明白，朝廷是在猜忌自己了。剿捻时期，淮军进一步扩展，已达十一大军系，鼎盛时兵力达到二百营之多。捻军消灭后，朝廷又赏加李鸿章太子太保、协办大学士。随着权势日隆，猜忌和攻讦也随之而来。左宗棠尤为不服，公然诋毁李鸿章，说什么"张宗禹未死，伏有隐患"。而一些大臣也上疏建言，要求撤裁淮军，而且撤裁规模之大也超出了李鸿章的预想。

八月，李鸿章应召进京陛见。两宫垂训，明确要求淮军撤出直隶，并进行裁军，除了保留部分军力平定"回乱"外。这是一个明确的信号。所谓飞鸟尽，良弓藏；狡兔死，走狗烹，这是集权时代的普遍规律。现在这样的命运降临到自己的头上了，如同当年曾国藩撤裁湘军一样。这些都使李鸿章感到悲凉，但他无能为力。在给马新贻的信中他说，弟为创练淮军，平定中原之贼，受到中外指责，苏浙百姓的怨恨，好在一切都已结束了，"撤军归农是吾素志，此后扁舟垂钓"，不再过问军事了。

1869 年 2 月，李鸿章前往湖广赴任。遵照朝廷的旨意，他先赴南京，与曾国藩商讨撤裁淮军之事。这次撤裁计划第一步为五十营；第二步是对保留的部分进行切割，分别调往苏、鄂、直、鲁四省，归由各省督抚节制。李鸿章自己带往湖北的只有郭松林部、周盛传部及亲军十九营。按照此项计划，淮军总营数将减至七十五营，人数从八万裁至三万。

这对淮军来说，是一次不小的削弱。淮军将领的情绪也因此大受影响。刘铭传、潘鼎新等纷纷提出解职。这让李鸿章焦虑不安。但朝廷的态度是坚决的，不容丝毫置疑。

次年 1 月 15 日，曾国藩进京陛见。皇太后、皇上在养心殿还特地询问了裁军的情况。

上："汝在江南事都办完了？"

对："办完了。"

上："勇都撤完了？"

对："都撤完了。"

上："遣撤几多勇？"

对："撤的二万人，留的尚有三万。"

上："何处人多？"

对："安徽人多。湖南人也有些，不过数千。安徽人极多。"

上："撤得安静？"

对："安静。"[1]

这次陛见时间不长，曾国藩在当天的日记中作了详细记录。从君臣之间不多的问答中，有关裁军的内容就占了主要部分，可见最高当局对此事的重视。应该说，从1868年7月至1870年6月，在将近一年的时间内，李鸿章表面上风风光光，实际上并不舒心。在湖广总督位置上坐得也不安稳。一会儿被调往四川查办吴棠被参案，一会儿被派往贵州督办军务，镇压苗民起义，一会儿又受命紧急入陕，应对回民骚乱。李鸿章对这些安排都非常不满。尤其是入陕要和他的老冤家左宗棠搞到一起，用他的话说，一想起来就感到"味如嚼蜡"。

然而，就在李鸿章不甚得意之时，一北一南，天津（直督管辖之区）和南京（江督督署所在地）先后发生了两件大事。应该说，这两件大事都具有偶然性，而且之间并无关联，但对李鸿章和淮军来说，却又带来了一个机会。因为正是这两件大事改变了朝廷的人事安排，改变了李鸿章和淮军的命运。

历史常常会出现一些意外。这些意外不仅使枯燥的历史变得富有戏剧性，而且也常常导致历史的进程发生意想不到的改变。这两件大事，一件是天津教案，一件是马新贻遇刺。

火烧望海楼

天津教案的起因与一个名叫武兰珍的人有关。武兰珍何许人也？资料阙如，只知道此人系一个拐骗犯。官方文件把他和一些罪犯统称为"游民""无赖"。据有关文档记载，武是在街头用迷药拐骗一个孩童时被抓获的。当时，他用一个烧饼将一个孩童诱入僻巷，在孩子吃烧饼时，他用迷药捂住他的口鼻①使其昏迷。就在他试图将孩童抱走时，有人发现了他。武兰珍见势不妙，拔腿就跑，但闻讯赶来的市民紧追不舍，将其抓获，扭送官府。

用迷药进行犯罪在清代极为普遍。从清代刑档中，可以看到很多这样的案例。据说，迷药的成分主要是押不庐、草乌末和曼陀罗。作案的手段主要有以下几种：一是将药置于烟草中让人吸入致迷；二是掺入茶饭中让人食后丧失知觉；三是直接捂住被害人口鼻造成昏迷。后一种手段最为简便迅捷，在对付妇女和儿童中经常被使用。

同治年间，民间报官丢失孩子的事屡有发生，天津的情况尤为严重。就在武兰珍案发前，天津知府张光藻刚办了两名拐匪，一个叫张栓、一个叫郭拐，紧接着武兰珍的案子就发生了。本来，这件案子与此前发生的众多的拐骗案一样，只是一个普通的刑事案件，但在对武的审讯中却曝出了一条令人震惊的信息——迷药的来源是出自一个名叫王三的人，而王三的身份却是一个法国天主堂的教民。

当时的审讯是公开进行的，堂下围满了百姓。武兰珍的回答使现场一片哗然，人们的情绪开始激愤起来，纷纷要求惩办幕后主使王三。负责审讯的天津知县刘杰一看事态严重，连忙向上级报告，于是此案惊动了天津知府张光藻和三口通商大臣崇厚等人。

三口通商大臣，简称三口大臣。由于与南洋五口通商大臣相对，又称北洋三口通商大臣——这就是后来北洋大臣的前身。所谓三口，是指牛庄、登州、天津三个开放口岸。三口大臣驻扎地在天津，其主要职责系负责通商事务和对外交涉。三口大臣设于咸丰十一年（1861年），崇厚为首任大臣，在此位置上干了将近十年，应该说具有相当经验。在听了汇报之后，他认为此案如果确系王三主使，应予惩办，以平民愤，不过事涉教会，应妥善慎重。

---

① 一说迷药是掺入烧饼中。

　　然而，此时天津城内已是谣传纷起，民情汹汹。人们对教会的仇视由来已久。这种仇视早在明代教会进入中国就已经开始。因为西方教会与中国传统礼教向来格格不入。两次鸦片战争后，伴随着列强的武装侵略，大批传教士纷纷涌入中国，这种仇视和抵制也变得更加激烈和更具广泛性。中国士绅阶层是反对教会的中坚力量。他们利用自己声望对教会进行猛烈声讨。这在百姓中影响至深。一些反教会的小册子广为流传，其中关于教会的种种不伦和丑恶的传闻更是让人们无法容忍。这些传闻包括挖眼剖心、利用密室忏悔奸污妇女、集体裸浴、鸡奸、乱伦等等。

　　除了思想文化上的抵制，在实际生活中，教会与平民的矛盾也非常之大。一些教民狐假虎威，为非作歹，而每次发生冲突，总是教民取胜。因为他们依仗教会的势力，官府不敢得罪。这就助长了教民的气焰，使广大百姓心怀不满，充满怨恨。

　　其实，这种状况不只天津存在，全国凡有教会的地方大体如此。这是一种普遍状况。在天津教案发生前，青浦、南昌、扬州等地都先后发生教案，而原因都与这种反抗教会的情绪有关。

　　天津的情况更为突出。《北京条约》后，这里作为最早的对外通商口岸之一，一时间，"万国衣冠自西来"，洋商云集，教堂林立。与此同时，各种矛盾也在这里相互碰撞交汇，平等与不平等、侵略与反侵略、欺压与反欺压，这些就像种子一样，在这块土地上播种生长，一方面孕育着爱国主义精神，另一方面也培植着仇外情绪。在 1870 年前后，反对西方教会的情绪在这种背景下空前高涨。如同一个火药桶，只要出现哪怕一点火星都会随时爆炸。

　　为了缓解敌视情绪，教会也曾试图做出改善。从利玛窦开始，传教士们便采取了行医送药等各种手段。此外，教会还办起了育婴堂和慈善机构，用来收养弃婴，博施济众。当时，天津的法国教会育婴堂最为有名，收养了大量的弃婴。而其中女婴居多，一方面是因为当时社会重男轻女，女婴易于收养；另一方面，这些女孩长大成家，嫁的也多是穷苦人家，这也宣扬了"上帝的恩德"，使那些心存感激的百姓心悦诚服地加入教会。

可是，教会的这项举措很快就被一些人钻了空子。他们为了领到赏钱①，不惜采用坑蒙拐骗的手法，把一些非法所获的女婴送往育婴堂，而教会不加甄别，来者不拒，这就使拐骗孩童的恶行有了市场，愈演愈烈。

这种情况很快引起了人们的谴责，更让人不满和疑惑的是，育婴堂的女婴常常大量死亡。就在当年的春夏之交，一个月内就有三四十个孩子死亡。育婴堂把他们草草装殓，悄悄扔至野外。有时，一个木盒里竟装有三四个孩子——这种做法严重违反了中国的丧葬习俗，而且景象之凄惨，让人不忍直视。这些孩子是如何死的？为什么会成批死亡，而且死后为什么要悄悄扔掉？这些疑问不免引起种种猜测。

不久，民间就盛传，教会把这些孩童收去后，挖心剖肝，用以制药；诱污奸淫，采阴补阳。还有一种传言，说传教士收养女童为的是挖眼取珠，据说眼珠可以配药炼银，使用此药每一百斤铅石可炼银八斤。尽管这些说法十分离奇，但越来越多的人相信了，甚至有人声称自己亲眼见过被剜去双眼的孩子，还有人声称去野外察看过那些尸体，被开膛破肚者大有人在。

民间愤怒的情绪迅速升级。乡绅们义愤填膺，他们在孔庙集会，声讨教会的罪行，天津街头到处贴满了揭帖檄文，人们奔走相告，怒火万丈。此时的天津如同一个即将喷发的火山，只差一个突破口了。就在这时，武兰珍的案子发生了。

1870 年 6 月 20 日，有消息称，望海楼教堂附近围满了民众，人们强烈要求入内检查，随后啸聚的人数越来越多，很快达到数千②之众。望海楼位于天津三岔河口的北岸。该楼早年为天津盐商修建，一度曾是皇帝巡幸驻跸之地，后来此楼年久失修，逐渐荒败。1862 年，法国租用三岔河口北岸以后，拆除了该楼，建造起"圣母得胜堂"，作为法国天主教天津教区总堂，亦称"望海楼教堂"。

---

① 教会对那些送来女婴的人给予奖励。

② 一说上万。

面对民众愤怒的情绪和要求，主持教堂的修女不得不同意民众选派代表入内检查。如果教堂清白无辜，倒也可以洗刷谣传、平息风波，可就在代表进入教堂时，一个满面怒气的洋人赶到了。他下令赶走正在进入教堂的民众代表，声称这是法国的领地，没有他的允许，任何人不得入内。这个男人态度傲慢，说话相当蛮横。他大声咆哮着，声嘶力竭。有人认出了他，说他就是法国驻天津领事丰大业。

美国驻华公使镂斐迪后来在致美国政府的报告中称，当天人群围集教堂，喧闹异常，堂内修女恐暴徒行凶，同意由五名民众组成检查小组入育婴堂检查。法国领事闻此骚动，赶至现场。此时，五人小组已推举好并进入育婴堂，但法国领事下令停止检查，并对五人小组进行怒斥，轰出堂外。

丰大业的阻挠使情况发生了变化。本来业已渐趋平静的民众，情绪变得更加激烈。眼看事情越闹越大，地方官不能不闻不问了。很快，天津知县刘杰匆匆赶到，一边安抚民众，一边与教会方面进行交涉。

为了查清事情的真相，刘杰带来了武兰珍，让他当面对质，指出收买孩童的教民王三就在教堂内，可教堂方面坚称并无王三其人，让武兰珍进行指认也未能指出，而且武兰珍所说的与王三见面的地点，也与实际情况不符。武兰珍交代，他与王三见面是在一个栅栏边，可教堂附近压根儿就没有这个地方。然而，情绪激动的民众根本不相信这些，反倒认为其中必定有鬼，或是有人做了手脚，试图掩盖真相，蒙混过关。

这时，刘杰向丰大业提出，除非准许到育婴堂进行一次彻底检查，否则民愤难以平息。丰大业认为这是在威胁。他说，你小小的知县竟敢和我这样说话？刘杰向他解释，说这是唯一能解决问题的办法。丰大业怒气冲天地说，知县级别低于领事，你不配和我谈话。刘杰的努力宣告失败。

第二天，聚集的人越来越多，士绅们带头声援，书院也停课支持，望海楼前人山人海。人们始与教民争吵叫骂，继之动手推搡。场面逐渐失控。民众向教堂抛扔砖头和石块，激烈的斥责声、叫骂声不绝于耳，惊天动地。

法国教堂的神父修女们这时感到了恐慌，他们派人赶往三口大臣衙门紧急求见，希望与崇厚协商，尽快寻求一个解决方案。就在协商进行之中，丰大业又一次赶到了。他要求崇厚立即派兵弹压，驱赶民众。可崇厚告诉他，眼下民气已起，不可强压，应以稳妥为宜。丰大业认为崇厚这是在敷衍推脱，不禁暴跳如雷。他指责崇厚纵容祖护，必须承担后果。谈话间，他还不顾起码的外交礼节，拔出手枪，对崇厚进行威胁。

崇厚久历官场，办理洋务多年，态度始终十分克制，但眼下局面让他十分棘手，因为洋人百姓两边都不能得罪。外交无小事，而民意又必须得到尊重。哪一方摆不平，都可能惹来大祸。他希望找到一个折中的方案，而急切之间，却毫无头绪。根据以往的经验，最好的办法是先稳住局面。他对丰大业说，阁下少安毋躁，我们会设法解决问题。丰大业问他如何解决。崇厚提议，能否让教堂交出王三，当面对质，使真相公之于众，民惑亦可迎刃而解。这一意见当即遭到丰大业的否定。他说，这是对教会的不信任，是一种侮辱。他拒绝交出任何人，并称这是不能容忍的。

谈话陷入僵局，丰大业怒气冲冲地拂袖而去。刚出了大门，便引来一片嘘声，围观的民众用嘲弄和谩骂向他表达了强烈的抗议。丰大业怒不可遏，这时县太爷刘杰恰巧从外边赶来了，他是来向崇厚通报情况的。丰大业看到刘杰，便指责他纵民滋扰，并且擅自去教堂抓人。刘杰刚从现场赶来，满头大汗，一肚子怨气，听了这话自然不满。二人争执起来，丰大业大怒，竟拔枪相向，击中了刘杰身后的一个随身仆役。这一下就点燃了导火索，顿时整个火药桶炸了开来。

民众一拥而上，齐声喊打，积聚的怒火顷刻化作巨大的能量，丰大业和他的秘书西门转瞬之间便死于乱拳之下。接着，愤怒火焰开始向四周蔓延。人们看见洋人就打，看见洋产就砸。望海楼自然首当其冲，很快燃起了熊熊大火，洋人和教民们抱头鼠窜。火光冲天，浓烟弥漫。埋藏在人们心中的积愤如同一场巨大的狂潮席卷而来，铺天盖地，不可阻挡。

直到三个小时之后，风潮才逐渐平息。此时，骚乱地点已是一片狼藉，教会方面损失惨重。事后据官方统计，此次骚乱的直接损失如下：打死洋教士、洋商及外国官员二十名，其中法国人十三名；中国教民死毙三十余名；毁坏法国教堂、仁慈堂、洋行等四处；误毁英国讲书堂四处、美国讲书堂两处。

事件发生后，法国纠集英、美、德、意等七国军舰云集天津、烟台一带，扬言要进行武装报复。两天后，朝廷谕令直隶总督曾国藩查办此案。一场严重的危机摆到了曾国藩的面前。

遭遇"教案门"

查办天津教案，这是曾国藩晚年最不幸的一件事。在他死后，有一副挽联这样写道："经百战生真福将，早三年死是完人。"下联指的就是他查办天津教案。曾国藩一世英名，结果却因天津教案背上了卖国贼的骂名，千夫所指，举国欲杀，而在查办此案过后第三年他便辞世而去。如果早死三年，这一切当可避免。

然而，天津教案毁了曾国藩，却成就了李鸿章，这是事前谁也没有想到的。

同治九年（1870年），曾国藩已是六十老翁。由于长期操劳，加之皮癣、失眠等症的折磨，他的身体每况愈下，一年不如一年。教案发生前，他的视力严重下降，经常眩晕，有时还会莫名其妙地发生呕吐。眩晕稍愈，可由于服药的副作用，又导致了"脾胃受伤，饮食减少，精神固倦，不能自持"。他多次向朝廷请假休息，就在天津教案发生前，朝廷刚刚批准了他的续假，可是，就在续假批下来的当日，教案便发生了。由于兹事体大，朝廷旋即取消了他的续假，令他前往天津查办教案。谕旨云：

> 崇厚奏津郡民人与天主教起衅，现在设法弹压，请派大员来津查办一折。曾国藩病尚未痊，本日已再行赏假一月，惟此案关系紧要，曾国藩精神如可支持，著前赴天津，与崇厚会商办理。[2]

谕旨是 6 月 23 日，即教案发生第三天下达的。尽管口气十分客气——"精神如可支持，著前赴天津，与崇厚会商办理"——但曾国藩心里明白，除非你爬不动了，否则就得遵旨照办。

接旨后，曾国藩大感苦恼。一方面，确实身体有病；另一方面，此案明摆着是一个烫手的山芋。在当天的日记中，他写道："午正数息，烦躁不耐久坐，在室散步。"两天后，谕旨又来了，令他迅赴天津，对失职官员"严参具奏"，对迷拐人口的匪徒和滋事人犯"严拿惩办"。在当天的日记中，曾国藩又写道："思往天津查办殴毙洋官之案，熟筹不得良策……"

确实，此案让曾国藩大感头痛。这类案子，他不用查也能知道个大概。其实，问题的难处不在于案子本身，而在于如何摆平各方。可要摆平各方，让洋人、朝廷和百姓三方都满意几乎没有可能，而得罪哪一方都不会有好结果，甚至还会身败名裂，成为历史罪人。这样的教训已有不少。接旨后，曾国藩不断找人谈话，希望找到一个好的对策，但始终没有找到。

7 月 4 日，曾国藩万不得已，只好动身前往天津。天津属直隶辖区，当时直隶省会和直隶总督府设在保定。由于天气炎热，一路上曾国藩起早赶路，常常是寅时（早晨三至五时）动身，午后即歇。歇下后仍没闲着，不断地见客谈话，了解案情。这一路，曾国藩走得很辛苦。这辛苦既是身体上的，更是心理上的。就这样走了四天，7 月 8 日到达天津。崇厚出城五里，在教军场迎接。

曾国藩到来的消息立即传遍了天津的大街小巷，人们欢欣鼓舞，仿佛看到了希望的曙光。一种普遍的看法认为，作为中兴名将的曾国藩一定不会屈服于洋人，而为国人撑腰打气。市民们拦住了曾国藩的轿子，向他呈递请愿书，吁请不畏强权，不惜一战。然而，曾国藩的想法显然与此不同。他认为眼下重要的不是出气，而是要确保和局。面对大沽口外正在集结的外国兵船，轻启兵端，与洋人开仗，实非明智之举。

由于这种思想指导，交涉从一开始就处于下风。丰大业公然开枪是造成骚乱的重要原因之一，却被忽略不计。案件的查办只是围绕事件如何发生、中方究竟应该负多大责任展开，这本身就存在极大的不合理性。

可是，曾国藩急于解决问题。他进城之后，马上与崇厚会谈，并抱病进行工作。就在到达天津的当天下午，他一边阅读文件，一边见客七次。曾国藩是想通过谈话，了解掌握更多的情况，以便找到妥善的办法，结果却很不乐观。几乎所有的人都异口同声，认为挖眼剖心之事确实存在。在他约谈的军政官员中，有一位名叫左宝贵，时在军中担任游击（从三品），当时名气还不算大，但后来官至高州镇总兵，在中日平壤之战中浴血奋战，以身殉国，一时间英名远播，就连光绪皇帝都为他亲作《御制祭文》。

左宝贵是回民出身，为人朴实忠勇。他对曾国藩说，6月4日，他和一个名叫卢思诚的同僚亲眼看到两具孩童尸体，都是"无眼无心"。而另一位官员反映的情况更为严重。他说，他曾派一个把总去查过，一些被抛弃的尸体"不止无眼无心"，有的甚至是"只见骷髅，无皮无肉"。此外，还有两个官员反映说，7月9日，他们亲见一棺内"有埋三尸者"。

曾国藩当天召见的都是在津的高级官员，有地方的，也有军队的，大家所见所闻都与坊间所传近似，而且说得有鼻子有眼，可谓言之凿凿，时间、地点、人证、物证俱在，完全不容置疑，可事后调查却发现根本不是那回事，不仅无法证实，而且与事实出入很大。

为什么大家都异口同声，且说得惊人一致？这实际上反映了一种情绪。说明不仅是百姓，而且大多数官员都强烈不满于洋人和洋教。他们宁可轻信谣传，不是缺乏辨别能力，而是更愿意相信这是真的。这就可以解释，为什么天津的动乱持续了三个小时才被制止。因为动乱发生时，很多官员和士兵其实都站在民众一边，他们对打杀洋人和洋教同样感到大快人心。据说，动乱发生时，直隶提督陈国瑞不仅不派兵弹压，还连声叫好。

这个陈国瑞就是在长沟与刘铭传打架的那个陈大帅，他是受到六王爷、七王爷的重用，才被派到直隶任上的。他的言行后来被洋人抓住不放，并指名道姓要把他归案抵命。当然，陈国瑞事后并不承认他说过这些话。不过，按他的性格，说出那样的话一点也不让人感到奇怪。

　　天津的反洋情绪从上到下都极为普遍，这使曾国藩倍感压力。为了尽快查清案子，做到"力求平允"，以理服人，他对办案人员特别强调了要查清两点：一是武兰珍是否受王三指使？王三是否代表教堂？二、挖眼剖心之说究竟是否属实？如果是，那么证据何在？他认为，"此两者为案中最要之关键"，只有把这两点"研鞫"透彻，"乃可服中与外之心"。

　　不久，初步调查报告出来了。首先，王三归案后，时而供称武的药是他给的，时而又翻供说不是，而武兰珍供认的王三是宁津人，但此王三为天津人，并称自己叫王二，不是王三。从证词看，前后不符，漏洞甚多，同时也无教堂主使的确据。其次，对教堂男女一百五十多人逐一讯问，均称习教已久，其家送来教堂，并无被拐骗情形；至于挖眼剖心，则全系谣传，毫无证据。

　　为了查清事实，曾国藩又做了两项调查：一是亲自追问那些传播挖眼剖心的人，结果"无一能指实者"，均为道听途说；二是遍询天津城内外，亦无一例丢失幼童被卖教堂而报案者。

　　这份调查报告写得很长。文中还详细分析了津民对洋教"积疑生愤"的原因有五个方面，其中包括文化习俗上的差异。如：教民死后有施洗之说，教主以水点其额，并封其眼，如此便可升入天堂。至于幼儿大量死亡，则因"仁慈堂收留无依子女，虽乞丐穷民及疾病将死者，亦皆收入"①。最后，曾国藩在给朝廷的奏折中作出如下结论：

　　　　此次详查挖眼剖心一条，竟无确据。外间纷纷言有眼盈坛，亦无其事。盖杀孩坏尸，采生配药，野番凶恶之族尚不肯为，英、法各国乃著名大邦，岂肯为此残忍之行？以理决之，必无是事……[3]

　　这一结论完全否定了外间的谣传，特别是否定了挖眼剖心的传闻，而

_____

① 另据资料，同治九年春夏，天津发生瘟疫，仁慈堂孩子大批死亡也与此有关。

且还提出要"布告天下，咸使闻知"，立时引来了不满，人们根本无法接受这样的结论。一来雪洋人之冤，二来解士民之惑——这究竟是在帮谁说话？曾国藩的立场显然出了问题。有人上奏批驳说，焚毁教堂之日，众目睽睽之下起出人眼人心等物，用坛所装，"眼满盈坛"，后交崇厚收执，这是事实，不容否定。

朝廷闻奏，立即下谕询问有无此事。谕旨说，起出人眼人心之事，崇厚在先前的奏报中为何没有提及？听说，现在这些证物（指人眼人心）已经灭失，是否确有其事，"著曾国藩确切查明"。

曾国藩接谕后，知道有人在诋毁自己，误导朝廷，连忙上奏解释。他说，如果有人眼人心等物取出，众目昭彰，崇厚岂能一人消灭？且由教堂取出，必有取出之人，而呈交崇厚收执，也必有呈交之人，可这样的人根本不存在。在调查中，有一人声称，眼珠由陈国瑞携带至京，可询问陈国瑞，陈却不知道这件事，显系子虚乌有。

这个传闻由何而起呢？经过追查才发现，原来是崇厚的专使到京送奏折时，向总理衙门说起过这事。可该专使并非亲眼所见，也是道听途说，亦属误听谣传，"未经考实，致有此讹"。因此，曾国藩向朝廷上奏说，如果真是"眼珠盈坛"，那么教堂内肯定有千百无眼之人，可烧教堂时谁又见到一个呢？就是尸体也总得有个去处吧，可去处又在哪里？

为了进一步查实案子，曾国藩还把天津的王三、安三，河间王三、纪金海、刘金玉以及其他涉案疑犯统统提来讯问，结果仍没找到迷拐案牵涉教堂的确切证据。为此，曾国藩敦促朝廷"请发明谕"，以辩洋人之诬。

曾国藩态度似乎完全偏向了洋人。这一来，时人大为不满，后人也评说不一。有人指责他祖护洋人，媚外求荣；也有人说他实事求是，严谨客观。不过，要说曾国藩存心祖护洋人，可能并不符合实际，不过希望和平解决问题却是他始终未变的初衷。他在给朝廷的奏稿中毫不隐讳地表示："故于迷拐一节言不实不尽，诚恐有碍和局"，"不如浑含出之，使彼有转圜之地"。在给一个同乡的信中，他写得更加直白明确：

国藩初奉查办天津之旨，即不欲以百姓一朝之忿，启国家无穷之祸，故奏明立意不开兵端……其后亲讯剜目剖心等事，莫能指出确据，即迷拐一节，亦止有教民出拐之事，亦无教堂主使之迹。洋人新遇此变，官被殴毙，堂被焚毁，忿恚已深，若执无据之词与相争论，不惟无以折服其心，转恐益激其怒，故奏请明谕，力雪剜目剖心之诬，冀为釜底抽薪之计。[4]

什么叫"浑含出之"，"冀为釜底抽薪之计"？说得明白点，就是迷拐之案是否牵涉教堂，既然找不到确证，只能含糊了之，不再追究，否则你和洋人谈判，采用"无据之词"与之争论，不仅无益，反而会激化矛盾。与其如此，不如公开澄清，说明剜目剖心之事并不存在，以缓外交争端。曾国藩的目的很明确，就是"立意不开兵端"，"即不欲以百姓一朝之忿，启国家无穷之祸"。

曾国藩的想法对不对呢？这值得商榷。不过，若论当时国力，中国显然不是列强的对手，两次鸦片战争就有过耻辱的教训。有鉴于此，曾国藩力劝朝廷，"中国目前之力，实难遽起兵端，惟有委曲求全之法"。

然而，曾国藩的"委曲求全之法"实在是长他人志气，灭自己威风。如从简单的爱国情绪出发，自然要遭到谴责，可明知国力不逮，偏要把国家拖向战争，这难道就是明智的抉择吗？中国古有卧薪尝胆的故事，而卧薪尝胆不同样是一种委曲求全之法吗？

其实，曾国藩的观点在当时也不是完全孤立的，它代表了一些务实派[①]官员的想法。但是，朝中保守派势力却坚决反对。7月12日，内阁学士宋晋就上奏说，和局固宜保全，民心未可稍失，请求布置海防兵力，以备一战。朝廷当即批示，令曾国藩"酌情办理，据实奏闻"。

———————————————

① 或称洋务派。

曾国藩接旨后，一边奏报拟调刘铭传全队拔赴沧州一带，"稍资防御"，一边向朝廷表白，声称自己不畏外人要挟，"臣自带兵以来，早矢效命疆场之志，今事虽急，病虽深，此心毫无顾畏"，同时又说明不能轻易动兵。否则，即使今年可胜，洋人明年还会再来；即便天津能够支持，可沿海势难尽备。因此，他吁请朝廷"昭示大信，不开兵端，实天下生民之福"。

此时，曾国藩是两头受压，一头是保守派的攻击，另一头是洋人的咄咄逼人。多国公使气势汹汹，要求赔偿损失，严惩凶手。为了化解压力，曾国藩采取了分化的策略。他提出把俄、英、美等国的损失与法国分开处理，即对前者"速为料理，不与法国一并议结，以免歧混"。这种做法在技术上有可取之处，因为俄、英、美三国损失相比法国较小，先易后难，可分化对手的力量。如果俄、英、美等国淡出交涉，剩下法国一家，压力就会减少。

可是，法国公使罗淑亚并不好对付。7月15日，他从北京来到天津，约见曾国藩。17日，双方举行了会见。会见是在崇厚的通商衙门里进行的。这次会见，罗淑亚提出了赔修教堂、埋葬丰领事，以及查办地方官和凶手等问题，他的态度比较温和，会谈的气氛也较为平和。当天，曾国藩在日记中写道："晤谈一时有余，辞气尚属平和。"回到寓所，曾国藩显得比较轻松，除了见客二次，还下"围棋二局"。

然而，第二天，罗淑亚的"声口"大变。就在崇厚前往其公馆做进一步会商时，他忽然提出了诸多无理条件，交涉进行得极为不顺利。次日晚二更，崇厚结束交涉后匆匆赶到曾公馆求见。他向曾国藩汇报说，罗氏态度忽然强硬，可能要大兴波澜，奈何奈何？说完，不停地搓手，连声叹息。

曾国藩听完报告，良久无语，稍后才说，洋人实在无理，这样的要求太过分了。之后，他立即召集幕僚们商讨对策。众人多认为对于法人的无理要求应予拒绝。会议一直进行到深夜方散。当晚，曾国藩再次失眠，"不甚成寐"。

第二天，罗淑亚气势汹汹地再次登门。这一次，他的态度变本加厉，"词气凶悍"，本性毕露。在当面递交的照会中，更是"语言躁很，挟制多端"。

其中特别提出要将府县官员张光藻、刘杰，包括陈国瑞等在内即行抵命。

曾国藩非常生气，但迫于压力，不得不作忍让。他奏请朝廷，请将知府张光藻、知县刘杰二员革职，交刑部治罪；陈国瑞现在京城，请交总理衙门就近查办。奏折拟好后，曾国藩心里颇不是滋味，因为他认为在这件事中，府县官员并无大错，加罪于他们，实在于心不忍。在当天的日记中，他这样写道：

> 是日，因洋人来文，欲将府、县抵命，因奏请将府、县交刑部治罪，忍心害理，愧恨之至。[5]

不难看出，曾国藩内心非常自责。奏折发出后，他愈加痛悔，病势加剧。可法国人仍然不依不饶，认为"交刑部治罪"乃搪塞之语，坚持非抵命不可，而朝中人士则指责曾国藩屈服压力，偏袒洋人。一时间，诘责之书，纷至沓来。曾国藩一筹莫展，而形势日渐恶化。法国人甚至公开表示决裂。法国海军司令公开威胁说："十数日内再无切实办法，定将天津化为焦土。"崇厚焦急万分，每日来行馆探望曾的病情，并向他报告情况。可曾国藩由于病重，已无力置答。有一次，崇厚前来，曾国藩强起接谈，身体无法支持，竟昏晕呕吐，被左右扶入内室。

7月23日，崇厚上奏，称曾国藩病势甚重，请别派重臣，来津办理此案。几天后，朝廷做出答复：一、令毛昶熙前赴天津会办；二、令丁日昌星速赴津，帮同办理。除此之外，朝廷还做出了一项重要调动，即令李鸿章"驰赴畿疆，候旨调派"。

于是，在天津教案最紧要的关头，李鸿章又一次出场了。

第十七章　因祸得福

丁鬼奴的抵命法

丁鬼奴是左宗棠给丁日昌的骂名。丁曾是李鸿章的重要助手，也是淮军的重要官员。在奉命赴津协助办理教案时，已官至江苏巡抚。

丁日昌，字禹生，广东丰顺县人。他经历比较丰富，早年在家乡办过团练、做过知县，还在广东办理过洋务，直到曾国藩调他到身边"随营差委"，才逐步崭露头角。也许是早年办理洋务的经历，丁日昌思想开化，醉心于西方科学技术。早在 1862 年，他就提出要办炮局，铸开花大炮。他的想法引起了李鸿章的极大兴趣。

李鸿章是最早主张学习西方的高官之一。他认为中国积弱主要是火器不如西方，所以必须学习外国利器。他主张，机器制造乃"为今日御侮之资、自强之本"。丁日昌的想法与他不谋而合。不久，李鸿章出任江苏巡抚，计划筹办上海机器局，急需人手，便把丁日昌从曾国藩手下要过去，出任督办。

丁日昌不负众望，很快就做出了成绩。在他主持下，收购了美商旗昌铁厂，合并了原先主持的两个炮局，还把容闳从国外购买的机器合于一处，成立了上海机器局。不久，他把该局迁到现在江南造船厂的位置——这就是后来声名远播的江南制造总局。到了 1867 年，该局发展迅速，旗下已拥有十多家各类工厂，不仅能生产枪炮弹药，还能修造兵轮舰船。

丁日昌的才华让李鸿章大为赞赏。南京克复后，丁日昌已官至苏松太道，兼管海关。苏松太道简称沪道，上海华洋杂处，加之兼管海关，丁日昌便经常与洋人打交道。于是，在对外交涉上，丁日昌的外交才能也显现出来。他与巴夏礼据理力争，多次妥善地解决了清军与外国军队纠纷。在解散常胜军时，李鸿章也是依靠他去与戈登谈判，使问题顺利解决。

丁日昌是个能力很强、也能让领导放心的官员。1865年10月，他被任命为两淮盐运使。当时，两淮盐政腐败混乱，积弊丛生。丁日昌到任后，大刀阔斧，严惩贪官，打击私贩，短短数月，就令面貌一新，税收大增。第二年，扬州清龙潭以下堤坝决口，丁日昌受命主持修复，不辞劳苦，很快使堤坝合龙。

李鸿章对丁日昌的评价甚高，称赞他"学识深醇，留心西方秘巧"，"洋务、吏治精能罕匹，足以干济时艰"。此后，在李的关照下，丁日昌一路升迁。一年之内，先后出任江苏布政使和江苏巡抚。在他出掌苏抚时，曾国藩觉得升迁太快，认为丁氏"资望太浅，物望未孚"。所谓物望未孚，主要是指对他的批评和议论太多。可李鸿章却劝说曾国藩，眼下用人之际，"欲办事不得不择人，欲择人不得不任谤"。在李的劝说之下，丁日昌的任命顺利下达。结果，他在苏抚任上励精图治，革除旧弊，兴修水利，培养民气。此外，他还注重研究外国军事，提议建立水师，加强海防，以为抵御外侮、徐图自强之法。

1870年，就在天津教案发生时，丁日昌正与容闳酝酿一件前所未有的计划，即选派年轻幼童赴美留学，为国家培养人才。这是一个破天荒的动议，曾国藩碍于保守势力的压力，不敢明确表态，但李鸿章却大加赞赏。这项计划后来在李鸿章的支持下终于得以实施，成为中国教育史、留学史上的一个伟大创举。

在李鸿章和洋务派的眼中，丁日昌的确是个好官员，而且是个复合型的人才，但他革除旧弊，严惩贪官也得罪了不少地方势力，加之崇尚西方，标新立异，更为相当一部分保守人士所反对。在这些人看来，通商以来，最屈心于外洋者，唯丁而已；而丁不以为耻，反以新潮自居。平时说话离经叛道，常作惊人自语。据说，他说过秦桧是宋朝第一忠臣，若无秦桧主和议，哪有南渡一百五十年的和平？① 丁还说过，开天辟地以来，能发现天地奥秘的，只耶稣一人，学问实在孔子之上，但愿世人不要学孔子，而去学耶稣。种种言论离经叛道，简直大逆不道。左宗棠最恨丁日昌崇洋媚外，每次提到他则呼之为"鬼奴"，意为洋鬼子的奴才。曾国藩也说过，丁日昌得罪人太多，"官场无不怨恨"，这官怕做不长久。

尽管很多人不喜欢丁日昌，但丁日昌的能力却出类拔萃，就连反对他的人也不得不承认。天津教案出现僵局后，曾国藩病势加重，朝廷必须选派得力干将前往救火，于是想到了毛昶熙和丁日昌，谕旨令他们前往天津帮助曾国藩办理交涉。

毛昶熙，字旭初，河南武陟人，进士出身，时任工部尚书，颇负清望。他的态度比较强硬，主张与洋人据理力争。

毛昶熙从北京赴津，比丁日昌先期到达。他带去的随从中有吴元炳、刘锡鸿、陈钦和恽祖贻，四人皆能言善辩。在交涉中，他们摆事实，讲道理，竟使"洋人不能诘"。中方指出，教案发生与丰大业首先开枪有极大关系，法方应负责任。法使罗淑亚强词夺理，坚称事端是中方挑起，而且是由天津府县主使，必须抵命。中方则反驳说，府县主使，证据何在？如有证据，可由中外大员会同提审，当堂对质。倘若府县确有主使情节，决不曲为宽贷。双方僵持不下，罗淑亚拂袖而去，径直回京。谈判再次陷入决裂。

8月9日，丁日昌奉旨启行北上。按清制，督抚大员出廓三十里须向朝廷报告。丁日昌临行前照例上了奏折，陈述了自己对解决天津教案的见解。大意为：自古以来，局外之议论不知局中之艰难，然一唱百和，反得清议之名，结果国家受无穷之累。"臣每读书至此，不禁痛哭流涕"。现在事机紧急，或战或和，应由圣躬独断，不可为众论所摇。

---

① 据称另一个洋务派干将郭嵩焘也说过同样的话。

丁日昌话中有话，矛头指向了保守派。在他看来，那些"局外之议论"，除了空喊主战、爱国口号，对于具体办事人的艰难毫不了解。他们昧于大势，指手画脚，往往把事情搞得一团糟，自己却不负一点责任。因此，丁日昌提议，事机紧迫，或战或和，应由太后、皇上独立决断，切不可为那些不负责任的议论所动摇。丁日昌的想法与曾国藩不谋而合，那就是要争取和局，不能轻易开战，中国现在需要的是努力发展经济和军事，徐图自强，亟图振兴，而后才有立足之地。

8 月 21 日，丁日昌到达天津。曾国藩对丁的到来，十分高兴。上午，便与他"畅谈良久"。下午五时后，丁日昌再次前来，两人又是交谈"甚久"。当时，急需解决又最为棘手的有两件事：一是如何处理府县官员；二是如何缉拿滋事人犯。这两点都是洋人照会中坚持不肯让步的。

曾国藩与丁日昌看法基本一致。对于第一件事，他们认为知府张光藻、知县刘杰虽有失职行为，但错误只是"临时失于弹压，事后不能缉凶"，仅此而已。交部治罪已属过当，若要正法，万难接受。曾国藩在上奏将府县交部治罪后，已深感后悔，此后他便令直隶按察使钱鼎铭采取拖延之法，以应付洋人。

钱鼎铭就是当年那个赴安庆游说湘军东援上海的人。那时他的职务只是户部主事，淮军进入上海后，他入李鸿章幕，从事后勤工作，成为淮军的重要官员。此后一路升迁。1868 年，经曾、李保奏，升任直隶按察使[1]。教案发生后，钱鼎铭跑前跑后，辛劳有加。接到曾的指令后，他便以张光藻、刘杰有病为由，分别让他们去顺德和密云养病。而反洋情绪最严重的陈国瑞由于有六王爷庇护，这时也早跑到北京避风去了。

但洋人也不是好糊弄的，他们通过外交使团频频向朝廷施压，要求朝廷严加查办涉事官员。本来朝廷也想睁一眼闭一眼，但在压力之下不得不改变了态度。之后，五百里加急，谕旨严斥，称张光藻、刘杰乃奉旨治罪

---

[1]　正三品，主管一省司法。

人员，即使患病属实，亦应在天津听候查办。现在，该革员等一赴顺德，一赴密云，捏病远避，直视谕旨如弁毛，"尚复成何事体"，而曾国藩率行给假，"实属不知缓急"！

曾国藩万般无奈，只得让钱鼎铭把陈国瑞、张光藻、刘杰等重新召回，到案听候处置。就在丁日昌抵达天津的当日，刘杰已从密云返回。曾国藩深感无奈，问计于丁日昌，丁答，洋人日日在京向总署施加压力，朝廷让府县归案，也是要给洋人看看，不使滋生口实。眼下要做的是一松一紧。松者，究办府县官员；紧者，缉捕肇事凶犯。丁日昌认为，洋人提出以府县官员抵命是"非理之求"，而缉拿烧教堂、杀洋人的凶犯，并按律惩办，则是"近情之请"，可予尽快照办。大局似可粗定。曾国藩认为有理，让丁日昌着手去做。

离开公馆，天已近傍晚，丁日昌马不停蹄，立即召集有关官员开会，统一布置，分工负责，同时张贴布告，悬赏限期缉拿闹事凶犯。丁日昌到来，使一盘死棋活了过来，但他的办法是以保护官员、牺牲百姓为代价的，而且他还提出了一个"按律议抵"的解决方案，更是遭到指责，广受诟病。

所谓"按律议抵"，说白了就是以命抵命。即洋人被杀了二十人，大清国也杀为首凶犯二十人，一命偿一命，两相抵消。"丁鬼奴"的鬼点子确实不少，而且他行事干练，作风雷厉风行，这是他的长处，可他的"抵命法"，其立足点是建立在以下层人民为牺牲品的基础上，这显然很成问题。然而在他看来，从国家利益出发，这些都无足轻重。现在的问题是必须找到二十个替罪羊。

于是，在他的主持下，一场大规模的缉捕迅速开展起来。但官府的行动引起了人们极大愤慨，有人当晚就撕了悬赏布告。为了防止事态失控，先期到达的淮军两千多人奉命开上街头，维持秩序，并做好了随时弹压的准备。五天之后，已有三十七名嫌疑犯被抓获。与此同时抓捕工作仍在继续进行。丁日昌严饬地方文武官员认真缉拿，查找线索，将在逃的首犯、要犯"严拿务获"。不久，被抓捕的人就达到八十多人。

被抓的人中有供称砍过洋人的，也有本身就是不良分子，犯有罪行，被百姓拿获扭送衙门的①，可谓各色人等，应有尽有。有关人员分头设局，夜以继日，隔离研讯，希望尽快审出结果，好向上头交差。可是，事情远没有他们想象的那么简单。审讯之中，他们才发现这个案子难度相当之大：

首先，伤害罪当堂对质需有苦主，可此时无苦主可对质。其次，动乱平息后，死者均已就地掩埋，无法查验伤痕，更无法与杀人凶器相互印证；加上在逃犯难以抓捕，已抓获的不肯供认。第三，此案事起仓促，事先并无纠集之人，而是出于义愤，一哄而起，无法找到首犯。第四，天津混星子不怕打，虽酷刑而不畏惧。第五，无人指证凶犯，原因是人们害怕报复，更恐为舆论讥抨。

如此种种，要想定罪万难迅速。其实，棘手的事还不止这些。比如，群殴毙命，一般以最后下手致命者为重罪，可此案众愤齐发，乱拳齐下，打完之后一哄而散，要想量刑定罪更是难上加难。可是，朝廷催促尽快定案，曾国藩十分犯难，他对丁日昌说，如无确证就定罪，拿无辜者充数，难免问心有愧，有所不忍，同时也难服洋人之心。丁日昌说，非常时期须变通办理。曾说，何以变通？丁答，照常例断狱决囚，应有案犯画供，有尸亲指认，有众证确凿，但此案难以做到。窃以为，本犯无供，亦无尸亲指认，但只要有旁证二三人指实，即可具结，并据此定案。

曾国藩默然良久，而后深叹一口气。他知道，这是没有办法的办法，只能如此。其实，这也符合他"浑含出之"的想法。

然而，就在天津教案的查办工作举步维艰之时，8月22日，南京又发生了一件大事：马新贻遇刺了。

---

① 另据资料，被捕的人中还有一些无赖和帮会成员，如混星子之流。

李代桃僵

马新贻就是不久前刚接任曾国藩的两江总督。他的遇刺轰动一时，震惊朝野，成为清末四大奇案之一。

刺马案发生的过程说起来很简单，马新贻当日在校场阅操，完毕后返回途中，被一个名叫张汶祥的人所杀。据一位目击者陈述，那天，马新贻校场阅兵完毕，经过箭道回衙，前有戈什哈开道，左右有戈什哈护拥，另有为数众多的亲兵、随员跟在后面。夹道两旁，观看的人挤得人山人海。江绍鑫当时从人丛中挤到前边，想目睹一下大帅威仪。没想到就在这时，忽有一个身穿短衣亲兵模样的人，快步走至马新贻面前，右手随即从靴筒取出了一柄闪闪发光的短刀向马新贻猛刺。马新贻被刺中要害，伤甚重，站立不住。护卫侍从在慌乱中捕拿凶手，将马扶进耳门。当时的情景是，刀光剑影，声如鼎沸，但行刺的人并不逃跑，反而大声宣告自己就是刺客。第二天传来消息，马新贻伤重身亡。

张汶祥何许人也？有一种说法在民间广为流传，说张汶祥是马新贻从前的结拜兄弟，因马私占其妻，引发仇杀。但官方的说法完全不同。《清史稿》中载，张汶祥原为海盗，马新贻担任浙江巡抚时，其党多被捕杀，其妻也被人掳走。马新贻至宁波阅兵时，张向他呈诉不准，于是衔恨杀人。此案后来亦"作海寇定案"[1]。尽管这一说法载入正史，但一直不为民间所接受，人们更相信这是朝廷刻意遮丑。

除了上述两种较为流行的说法外，还有一些说法。如：江苏守旧派官员王家璧等人曾先后两次上奏，举劾丁日昌，认为马新贻被刺是由丁氏父子主使。原因是督抚不和，两者争权夺利，积不相能。还有人提出，刺马可能与撤裁湘军有关，因为江督一职向为湘淮军所重，马新贻出任江督显然是动了别人的奶酪，势必为湘淮军所不容。

---

[1] 王闿运语，一个"作"字意味深长。

不管刺马案的作案动机是什么，这一事件的发生，都让清廷不得不对督抚大员的任命再次做出重大调整。8月29日，朝廷做出决定，曾国藩调任两江，而李鸿章继任直隶。谕旨云：

> 内阁奉上谕，曾国藩著调补两江总督。未到任以前，著魁玉暂行兼署。直隶总督著李鸿章调补。[1]

曾、李再次对调，这意味着，李鸿章将在天津教案中正式出场；而且，这也是李鸿章继剿捻之后再次取曾国藩而代之。

朝廷的安排意图何在？表面看，是要曾国藩前往南京查办刺马案。的确，马新贻被刺，案情重大，需要重臣出马查办；但实则是天津教案迟迟未结，朝廷对此不满，故有此举。另据梁启超说，曾国藩去职与崇厚密奏有关。天津一案，曾国藩对外应付西人，已是焦头烂额，而内之又为京师顽固党所掊击，"白简纷纭，举国欲杀"。崇厚害怕事情决裂，便有免国藩而以鸿章代之的奏请，为朝廷所采纳。

一般认为，梁启超的说法基本符合实情。的确，曾国藩的调动与他查办教案不力有极大关系。恰在这时，刺马案发生，北京高层决定借机走马换将。当然，这也是为了给曾国藩一个面子，可曾国藩心里深感不快。接旨后，他又故技重演，以衰病为由上奏请辞江督，并称"目下津案未结，仍当暂留会办。一俟奏结后，即请开缺，安心调理"。可是朝廷的批复却不同意。不过，面子倒是给足了，先是给他戴了一些高帽子，称他"老成宿望""措置咸宜"，但对他的请求却是"著无庸议"。

其实，自曾国藩来到天津后，尽管此案困难重重，他还是在努力打开局面。即便在朝廷决定调他去两江赴任、尚未办理交接前，他仍然恪尽职守，毫不懈怠。在采取"变通办理"之后，定案的速度明显加快。9月9日，他在给朝廷的奏折中称，已查明确有证供、应正法的有七八人；略有证供、应治罪的二十余人。七天之后，这个数字进一步加大。证据确凿可以正法的定罪人数已上升至十五人，其中有亲供的十一人，无亲供而有旁证的四人。此外，还有二十一人作为从罪，拟从轻发落，处以军流。

按这个数字，离完成二十人的抵命任务还有差距。不过，这只是第一批，还有十六名案犯，"情节较重，讯有端倪"；另有十一名在逃者，情节也较重，正在抓捕中。以上案犯拟作第二批奏结，丁日昌正在抓紧办理。因此，抓到足够的罪犯不成问题，问题是要尽快与洋人"订立抵偿实数"。

曾国藩希望及早了结此案，可他的做法再次招致一片指责，丁日昌同样受到猛烈抨击。朝中奏章不断，痛诋曾、丁卖国媚外，请求下旨惩处。士绅百姓更是群情激愤，斥曾是汉奸，呼丁为鬼奴。一时间，千夫所指，举国唾骂，曾国藩的声望急剧下降。

9月20日，李鸿章到达天津。曾国藩亲自到西沽迎接，等了好一会儿，李鸿章才到。两人略作寒暄，而后同回公馆，中午共进午餐。丁日昌亦在座。席间，谈及朝廷安排，李鸿章劝说曾国藩接受任命，前往两江，不必请求开缺。他说："谷山①之事的确奇绝，过去从未有过，此事重大，断非师门莫办。"接着又说，"两江重地，伏莽甚多。"意思是没有足够的资望岂能镇得住？话语中不免流露出一丝幸灾乐祸。

从史料记载看，曾国藩离开天津是10月17日。也就是说，他是在李鸿章到津近一个月后才离开的。在这期间，曾李二人频繁交谈，并就查办教案一事进行了深入磋商。他们之间有过一段著名的谈话，后来广为流传。

曾问，阁下督直，难题首在外交。你同洋人办交涉，打算怎么办？李答，学生来是向老师请教的。曾让他先谈谈看法。李说，学生别无良策，不过与洋人办交涉，不管什么，我只同他们打痞子腔②。曾国藩听了之后，乃以五指捋须，良久不语，而后徐徐开口道，痞子腔，我不懂得如何打法，

---

① 马新贻字谷山。
② 皖中土语，意为油腔滑调。

你试打与我听听？李鸿章一看情形不对，自知失言，连忙承认自己是胡说，还请老师指教。于是，曾便开始教李鸿章说，依我看，办理交涉，还是要用一个"诚"字，不管洋人讲不讲理，他们也有人性。圣人说，忠信可通行于野蛮人之中。我们只有讲信用，推诚相见，方能立足。这比你的痞子腔靠得住吧？李鸿章诺诺连声，称门生谨遵师言。

这段对话意味深长。有意思之处就在于，它道出了曾国藩和李鸿章外交思想上的差异。曾国藩的外交思想，概括起来为"忠信笃敬"，这是典型的儒家处世之道。早在李鸿章率部进入上海时，他就告诫他说，"与洋人交际，其要有四语：曰言忠信，曰行笃敬……忠者无欺诈之心，信者无欺诈之言，笃者质厚，敬者谦谨"。在他看来，不论洋人是否讲理，都要坚持这四点，"守此而勿失"。而李鸿章依据在上海的经验，认为洋人论势不论理，既然他不讲理，你同他讲理何益？不如油腔滑调，大耍太极。然而，从长远看，诚信之理乃持久之道，而痞子腔尽管有效，也有用，但终不可能长久。

这次谈话对李鸿章产生了不小的影响。他在晚年说，我办理交涉，无论英、俄、德、法，只捧着老师的这个锦囊，用一个"诚"字同他相对，果然没有差错，而且有收大效的时候。

李鸿章说的是心里话，不过若论"收大效"，则另当别论。梁启超说过，"要之李鸿章之生涯，半属外交之生涯也"。然而，他最大的失败也在外交。其实，这不怪他捧了老师的"锦囊"，也不怪他"痞子腔"没打好。国与国之间的交往最终要以实力说话。弱国无外交，何况身处弱肉强食的殖民时代？

不过，李鸿章在办理天津教案上要比曾国藩幸运得多。尽管这是他初涉外交，况此案棘手处甚多，但他的运气显然要比他的老师好得多。在他接任直督不久，久拖不决的教案便顺利结案。他不仅没有陷入泥潭，落下骂名，反倒声望大增，赢得了外交家的美誉。

那么，李鸿章的高明之处在哪里呢？他又是如何办理天津教案的呢？

运气来了挡不住

其实，李鸿章走马上任后并无新的作为。他办理教案的思路完全是按照曾国藩的"既定方针"，如同剿捻时承袭曾国藩的"河防""运防"一样。所谓萧规曹随，未做改变，但结果却出人意料，就连他自己事前恐怕都未曾料到。

接任直督，李鸿章心里喜忧参半。喜的是荣登疆臣之首，这是求之不得的荣耀；忧的是教案之难办，他同样视为畏途。外交无小事。在天津教案之前，全国已有多起教案发生，而每次办理的结果不外乎抵命、赔款，无一不遭人诟病。1856 年的西林教案还引发了第二次鸦片战争。眼下这桩案子，就连曾国藩如此威望和老辣，也心力交瘁，落了个举国唾骂的下场。因此，李鸿章明白，此去天津充满艰险。

实际上，对于如何办理天津教案，李鸿章的看法与曾国藩、丁日昌并无二致，即主张和局，哪怕委曲求全，也不能"轻开衅端"。在给朝廷的奏折中，他坚决支持"和议"，并称赞曾国藩"老成谋国"，认为拿凶、赔款是不得已而为之。当然，他也知道，这个想法首先就为民气澎湃的舆论所不容。

为了避免招惹骂名，李鸿章一开始便耍了个滑头，提出要等其师将教案"凶犯"议罪正法后再赴津接任，以免"初政即犯众恶"。

8 月 29 日，让他接任直督的谕旨下达，9 月 7 日他行抵保定，接着又磨磨蹭蹭，拖了十多天才到达天津。他的理由是身体不好：自夏以来，"督队冒暑驰驱,感受湿热,加之忧念国事,寝食顿废,肝疾增剧,正在服药调理"。

李鸿章的态度明显是在拖延，这和同治六年（1867 年）取代老师出任剿捻统帅迫不及待地前往徐州接篆截然不同。曾国藩心知肚明，但也拿他没办法，只好一边继续办案，一边等他到来。

当时对于教案的处置，争议最大的当数"以命相抵"的做法。李鸿章的看法是抵命可以，但人数不能太多。他曾劝过曾国藩，并向朝廷禀呈意见，认为洋人伤毙较多，如要凑够"议抵之数"有相当难度。因为"津民万众齐心狡赖"，案犯有的逃逸，有的坚不吐供；丁日昌穷搜力索，事关动众，而刑逼株连，罗织附会，一来易生冤狱，二来易犯众怒。他主张人要杀，但不宜杀得太多。如出于警示，"正法八人"足矣。若杀戮太重，实在是利少弊大，亦有失厚待百姓之心。

可是，李鸿章的想法根本行不通。到了天津，他才发现即便一命抵一命，法国人也不肯接受。他们提出了更加苛刻的条件。直到这时，李鸿章才体会到了"局中人"的苦衷。"以命相抵"固不可取，但李鸿章也没有更好的办法，只好继续执行，很快就凑足了二十个死罪名额，并押赴刑场执行。

当然，被正法的人中并非都是"真凶"，其中有一些是被拉来充数的流民和其他罪犯。这样做无非是为了应付洋人，希望尽早结案，平息事态，但结果无疑是屈辱的。与此前和此后所有教案一样，清政府一再妥协，丧失尊严。在本案中，除了二十个所谓的凶犯被杀外，还有二十五人充军；知府张光藻、知县刘杰发配黑龙江[①]；赔款四十九万余两，重修两座教堂。此外，清政府还特派崇厚为专使赴法国赔罪。

天津教案的处理结果一经披露，举国哗然。死刑执行时，无数天津居民涌上街头，簇拥着他们心目中的"英雄"毫无惧色地走向刑场。有人还印制了几万把印有英勇杀敌国画的扇子，一售而空……

应该说，国人的愤怒达到顶点，但幸运的是，李鸿章并未受到波及，因为人们把耻辱化作利剑，统统指向了"倒霉的"曾国藩。

事实上，早在 9 月 30 日，李鸿章便与曾国藩正式办理了交接。在当天的奏折中，曾国藩还特别提到今后凡事"均详细熟商新任督臣李鸿章"。从这里不难看出，尽管主导意见是曾国藩拿的，但后边的事都是李鸿章具体办的，包括对案犯执行死刑。

10 月 17 日，曾国藩在京受到西太后和皇帝的召见。君臣之间有如下问

---

① 陈国瑞在朝中权贵的庇护下，逃脱了惩处。

答，其中就涉及天津案犯的处置。

问："你何日自天津启程？"

对："二十三日（旧历）自天津起程。"

问："天津正凶曾已正法否？"

对："未行刑。旋闻领事之言，俄国公使即将来津，法国公使将派人来津验看，是以未能遽杀。"

问："李鸿章拟于何日将伊等行刑？"

对："臣于二十三日夜接李鸿章来信，拟于二十五日将该犯等行刑。"

从问答中可见，死刑的执行是在曾国藩离开之后。此时有关天津教案的谈判事宜也均由李鸿章主持。然而，外界似乎并不了解这些，以致所有的罪过全都落到了曾国藩一人头上。曾国藩有口难辩，一时间，饱受责难，声名狼藉。就连在京的湖南同乡也以他为耻，他们在湖南会馆集会，打碎了曾国藩的功劳匾额，要求将其开除湘籍。

1870年11月3日是曾国藩六十寿诞，朝廷降旨赐寿。可寿诞当天，这位老寿星门庭冷落，风光不再。曾国藩在当天的日记中记道：

> 黎明起，寓中拜寿者数起。是日为余六十生日。饭后少停，即出门。细雨泥泞。至长沙会馆一坐，全无一人在馆寓居。途次，拜客三家。自长沙会馆出，又至辰沅馆、宝庆馆、上湖南馆各一坐，三处皆有人陪谈……未正始至湖广会馆，南北同乡，唱戏公请。一则督抚进京，同乡向有公饯之局，一则借此为余祝寿也。听戏至酉正，灯上时始归……[2]

作为一个地位显赫的封疆大吏，又有朝廷降旨赐寿，这样的寿诞实在是太过于凄冷了。长沙会馆"全无一人在馆寓居"，其他各馆也仅是"三处皆有人陪谈"，要不是湖广会馆出于督抚进京的惯例，"唱戏公请"，那曾国藩简直太没面子了。

天津教案毁了曾国藩，却让李鸿章因祸得福，这一方面有曾国藩替他顶缸的原因，另一方面，是李鸿章的运气也确实不错。曾国藩走后，天津教案并未了结。尽管清政府做了极大的让步，受尽了屈辱，但法方依然不依不饶，拒不接受。曾国藩离任前，在给朝廷的奏折中一再敦促要与洋人尽快订立"抵偿实数"，可法方就是不接受。双方讨价还价，分歧很大。法方提出的条件中包括以府县抵命等，中方认为实属无理，但法方态度强硬，尤其在府县抵命一条上，坚决不肯让步。谈判因此陷入僵局，这令李鸿章头痛不已。他心里明白，一旦谈判破裂，所有的努力都将前功尽弃，甚至引发战端，那些抵命的人也白杀了。

就在李鸿章一筹莫展之时，发生了一件意想不到的事，普法战争爆发了。这场战争是法国挑起的，结果却以法国惨败而告终。色当战役，法国军队一败涂地，不可一世的拿破仑三世也成了普军的阶下囚。大获全胜的普军迅速攻占法国，并向巴黎挺进。此时法国当局顾此失彼，手忙脚乱，已无心顾及东方。

在这种情况下，原先一直态度强硬、胡搅蛮缠的法国人突然改变了态度。他们停止了纠缠，无心继续追究。不久，罗淑亚表示，愿意接受中方的结案条件。这一转变来得十分突然，就连总署官员也摸不着头脑，包括李鸿章在内。当时，没有人知道究竟发生了什么。

更可笑的是，由于不了解国际局势，清政府派出的赔罪团仍按计划向法国进发，直到进入法国，负责打前站的官员才发现那里已是一片混乱。由于战败，法国国内矛盾进一步加剧。据赔罪团成员张德彝陈述，他们到达巴黎的第二天，巴黎公社起义就爆发了。起义军与政府军发生激战，巴黎城内炮火连天，彻夜不息。张德彝等躲在旅馆中不敢出来，直到次日方知起义军已经占领市政府等地，梯也尔政府逃往凡尔赛。此时，巴黎城内满目疮痍，交通、通信等完全陷入瘫痪。张德彝一边向团长崇厚报告，让他推迟前来法国的行程，一边辗转逃出巴黎。之后，赔罪团成员赶往凡尔赛，试图递交赔罪书，可梯也尔政府根本无心搭理。直到巴黎公社被镇压后，崇厚等人才在巴黎受到接见，并在王宫正式递交道歉国书。此时，距教案发生已过去十一个多月了。

据张德彝回忆称，崇厚递交的国书原本是致拿破仑三世的，可拿破仑三世此时已经倒台，赔罪团只好临时改变称呼，把抬头换成新政府。可笑的是，国书以正式的形式向法国表示道歉，但言辞中仍然不忘保持清朝君主的尊严。国书中多次以"本国大皇帝"自称，并向法国承诺保持中法亲善云云。梯也尔代表法国政府接受道歉书。他在致辞中谴责大清杀害领事官和传教士的行为，并夸赞了传教士"行善有功"。仪式结束后，崇厚鞠躬而退。

以上过程，在张德彝的著作和日记中有详细的描述，可一般中国人并不了解，以为此案最后解决靠的是李鸿章的能耐。曾国藩办不了的事，李鸿章能办；曾国藩办不好的事，李鸿章能办好。这一来，李鸿章因祸得福，名气大增，时论认为其外交之能"过于国藩万万也"，朝廷亦从此倚重有加，外事必托付鸿章，而这一切都始于天津教案。正如梁启超所云，"是为李鸿章当外交要冲之滥觞，实同治九年八月也"。

天津教案，曾李二人一前一后，同在一个锅里搅勺子，可结果截然不同。这就应了一句老话，来得早不如来得巧。

三年后，曾国藩去世。李鸿章地位日隆，其声誉和影响之大已无人能比。

第十八章　会跑的妖物

坐镇北洋

天津教案把李鸿章推上了直隶总督的宝座，他在这把交椅上一坐就是二十五年。这在清朝历史上是很少见的。直隶，因直接隶属京师而得名；直隶总督向为疆臣之首，地位显赫。有清一代，先后担此要职的达七十四人，九十九任次。在这些重臣名相中，任职时间最长的当数李鸿章，他曾先后三度受命，无人能比。

李鸿章就任直督后，朝廷改制，令直督兼任北洋大臣，这使李鸿章有幸成为由直隶总督兼任北洋大臣的第一人。

晚清由于国门洞开，洋人纷纷涌入，对外通商与交涉成为重要事务。为了适应这一形势，一些新衙门应运而生。南洋大臣和北洋大臣在这个背景下先后设立。南洋大臣最早出现在道光年间，负责五口通商和对外交涉，委派钦差大臣管理，这在当时只是临时性的[①]，后来该职改由两江总督兼管，始成常设职务，称作"通商大臣"，或"五口通商大臣"，这就是南洋大臣的由来。

咸丰十一年（1861年），北方开放三口，并设"三口通商大臣"。为了区别于南方五口大臣，习称北洋三口大臣。由于直隶总督驻地在保定，不

----

① 清制，钦差大臣并非常设职务，而是专事专办，事毕则销差。

便于经常往来天津处理有关通商事务，所以此职务一开始并非由直督兼任，而是由专设的三口通商大臣管理。最早担任该职的是崇厚，直到天津教案发生，崇厚赴法谢罪，离开本任，工部尚书毛昶熙便奏请撤裁，提议改由直督兼理。

同治九年（1870年），在李鸿章就任直督两个多月后，11月20日朝廷正式下文，任命李鸿章以直隶总督兼任北洋大臣，并命所有洋务、海防各事宜，均归直隶总督经理。这一任命使李鸿章的权限进一步扩展。直隶总督虽管辖一省，但北洋大臣的权力，却不限于直隶一省。它被授权分管北方各通商口岸，在总理衙门之下，所有洋务、海防各事宜，无不涉及。

"洋务"这是一个涵盖广泛的范畴，它包括对外通商、交涉，以及处理与洋商和传教士有关的一切事务，后来扩展至凡涉及与西方有关的新兴事业，如电报、铁路、开矿、外语学堂、新式军队训练以及各种军事、民用工业等，均在其列。在军事上，该大臣本无兵权，但以直督坐镇畿辅，地踞河北、热河、察哈尔三区，东北兼顾吉林、奉天边防，自然是手握重兵。海禁大开后，京师倚为屏藩，亦为北省进出门户，海防建设和新式海军的建立无不在其掌控之下。

同治十一年（1872年），李鸿章以协办大学士升任武英殿大学士。清代无宰相，大学士为最高荣衔，俗称阁老、阁臣。李鸿章荣升大学士，便算是跻身相位了。两年后，他又被进封为文华殿大学士。

清代大学士分三殿三阁。三殿为保和殿、文华殿和武英殿；三阁为东阁、文渊阁和体仁阁。保和殿自乾隆以后未再用，所以文华殿居首，习称首揆、首辅。这一显位向为满人专有，李鸿章以汉人补授，实为破例之举。

晚清最高决策机构，一为军机处，一为总理衙门。军机处设于雍正时代，位于六部之上，习称中枢；咸丰末年，增设总理各国通商事务衙门，简称总理衙门，或总署，地位与军机处并列，同等重要。尽管李鸿章从未在这两个衙门里任过职，但同光以来，朝有大政，必先垂询重要疆臣，所以李鸿章坐镇北洋，却遥执朝政。其地位之隆，权威之重，甚至在军机大臣或总署要员之上。

北洋时代是李鸿章最辉煌的时代，也是淮军发展最鼎盛的时代。这一时期，淮军的基干队伍不断加强，性质也发生了较大改变，由原来自收自支的团练部队逐步转化为国防军，承担起了保卫国防、抵御外侮的重任。其防地的扩展不仅遍布全国大部分省区，而且延伸至朝鲜、越南等地。淮军将领也开始大批得到提拔。据不完全统计，被提拔为省部级文职高官（如总督、巡抚、尚书、侍郎）的计有三十八人之多；至于提督和总兵数量更是惊人，约有一千三百人之多，其中有七百多人为土生土长的安徽人。

此时的淮军已经成为一个超越地域、辐射全国的强大的政治集团。

自强新政

李鸿章执掌北洋时代，是他权势最隆，也是他的自强新政最活跃、最红火的时代。"自强"一词，最早出现在咸丰十年（1860年）。这一年，英法联军攻占北京，给清王朝上下极大的刺激。一些人开始认识到落后就要挨打的道理。此后，"自强"一词在官方文件和士大夫的文章中经常出现。

京中一些大人物，如恭亲王奕䜣、军机大臣文祥等人都倡导此说，而地方督抚中，如曾国藩、李鸿章和左宗棠等人，更是态度积极，大力鼓吹，力主学习西方技术的重要，尤其是军事技术。

向西方学习，这是一个痛苦的过程。晚清国门洞开，列强侵入，瓜分之势，迫在眉睫。一些有识之士开始认识到西方的强大和自身的落后，提出了向西方学习。然而，众多的官绅阶层依然抱残守缺，沉浸在天朝上国的迷梦之中。在他们看来，中国是世界的中心，而中国之外的不过是"夷狄"而已。所谓"内中国而外夷狄"，这种思想流传千年，根深蒂固。

的确，中国灿烂的农业文明曾使国人有一种与生俱来的优越感，这种优越感在早期也得到了外国的承认，包括泰西各国在内。他们把中国尊称为"上国"，而自称"远人"，以合中国经义；至于被称作"夷狄"，他们也只能听之任之，并未引起争执。可到了近代，情况发生了变化。洋人不再甘心接受这样的称呼，他们对"夷人""夷商"和"夷馆"的称呼提出疑问，认为受到了侮辱。

早在嘉庆十五年（1810年），广东的一些外国人就曾向当地官府提出申诉，要求取消这些歧视性的称呼。广东布政使曾燠的回答是，"蛮夷"二字系对外国统称。在南曰蛮，在西曰夷，只系称呼，并无轻侮之意。

道光十二年（1832年），英国东印度公司也有人愤然向中国官员递交信函，强烈反对把英人称之为"夷"。他在信中说："倘以大英国民人为夷人，正是凌辱本国的体面，触犯民人，激怒结仇。"可中国官员仍然坚持己见，在答复中搪塞说，这种称呼来自中国古代的圣人。所谓南蛮、北狄、东夷、西戎，自古而然，不存在侮辱。这位官员还举例说，孟子说过，"舜，东夷之人也，文王，西夷之人也"，这难道是坏话吗？你们多疑了。这样的争辩持续到1858年，终于以英国人胜利而暂告终止。这一年的6月26日，中英《天津条约》签订。在条约的第51条中郑重写明："嗣后各式公文，无论京外，内叙大英国官民，自不得提书夷字。"虽然称呼之争属于细枝末节，但这样的结果，实际上反映了国家力量的此消彼长。

1858年，清政府在第二次鸦片战争中战败，尽管如此，许多国人依然昏睡不醒。虽然西方的枪炮已经打破了国门，但在他们的心里，"内中国外夷狄"的优越感并没有多少改变。他们认为向西方学习，不仅荒唐、耻辱，而且不可理喻。然而，就在这一片麻木之中，先行者们早已行动起来。他们头脑清醒，看到了危机，一场向西方学习的自强运动悄然展开。自强运动又称"洋务运动"。在这场运动中，李鸿章和他的淮军显然是走在了前边。有道是"中堂勋业洋枪始"，此言不谬。李鸿章的洋务新政起步于上海。他创建的淮军不仅是国内最早"西化"的军队，而由淮系兴办的军事工业也时间最早，规模最大。

李鸿章是坚定的"师夷派"，他多次强调"师夷之长技"的重要和紧迫。他说，眼下的局势，"厝火积薪，可危实甚"。他还说，中国积弱，已非一日，唯有发愤自强，求洋法，习洋器，方可靖内患、御外侮，转危为安。有一次，在与容闳交谈时，谈到如何学习外国利器。容闳说，光买西洋的枪炮是不够的，必须引进"制器之器"，仿造外洋船炮，创立本国的军事工业，这才是根本之图。李鸿章极表赞成。

容闳是晚清最早的留学生之一。他毕业于美国耶鲁大学，受到过正宗的西方教育，但这样的人在当时并不受到重视。容闳第一次见到曾国藩时，曾国藩问他，能否指挥一支军队？谁知容闳回答说不能。曾国藩很奇怪。据容闳回忆，当时曾国藩对他说如果问一百个人，有九十九个都会说能，为什么你说不能，难道你不想得到任用吗？容闳则回答，我不能那么做。如果接受了一份不能胜任的工作，我会问心有愧。这番话让曾国藩对面前的年轻人产生了好感，起码他是一个诚实的人。接下去，他们的交谈变得投机起来。容闳提出了一个重要的观点。他说，中国发展技术不仅需要造枪造船的机器，还需要能够制造这种机器的机器。这就是所谓的"制器之器"。

曾国藩问，这样的机器能买到吗？容闳说能。曾国藩大喜，又问如果创办一个兵工厂，让你去国外购买机器，能办到吗？又得到了容闳肯定的答复。这一次，容闳没有迟疑，受曾国藩委派前往美国选购机器。当容闳从国外买了这些机器回来时，正赶上李鸿章在创办江南制造局，于是也为李鸿章的兵工厂发挥了重要作用。

江南制造局，又称江南制造总局，这是李鸿章在近代军事工业方面的重要尝试，也是晚清洋务运动的发端。淮军开入上海，李鸿章切身所感，对新式火器的渴求无比迫切。但他发现外洋军火价格高昂，一颗普通的十二磅炮弹需要三十两银子，而一万粒最坏的铜帽也要十九两银子，这是淮军经费无法承担的。除此之外，一些先进武器，如开花大炮等，列强还对中国实施封锁，"禁不出售"。显然，武器方面要想依赖外国的供给是不现实的，最好的办法当然是自己制造。江南制造局就是在这样的背景下创立。李鸿章对它寄予了厚望。他对负责操办这件事的丁日昌说，机器制造乃自强之本，御侮之策，尽寄于此。

然而，李鸿章的做法却遭到保守派的猛烈攻击。他们四处声讨，指责李鸿章等洋务派"师敌忘仇"，"用夷变夏"，"舍己从人，变乱成法"；声称"立国之道，尚礼义不尚权谋；根本之图，在人心不在技艺"。他们还搬出了"礼义廉耻""天道人心"等道德武器，把改革的种种举措说成是"祸国殃民""洪水猛兽"。

面对一片反对声浪，李鸿章颇感愤慨与焦躁。当时，淮军正在苏南与太平军作战，李鸿章在忙于军务之余，不得不腾出手来对付这些无聊的聒噪。千万别小看了这些言论，这里同样是战场，虽然没有刀光剑影，但却险象环生，暗藏杀机。稍有不慎，便会落入陷阱，葬送前程，甚至被置于死地，身败名裂。

李鸿章开始为自己辩解了。他在给总理衙门的信中说，中国士大夫沉浸于章句小楷，武夫悍卒又多粗蠢，以致所用非所学，所学非所用。无事则嗤外国之利器为奇技淫巧，以为不必学。有事则惊外国之利器为变怪神奇，以为不能学。不知洋人的工艺技术发展已有百年，早已出神入化。他还列举日本学习西方获得成功的例子，进一步说明不能再墨守成规，而"皇然变计"，向西方学习，则是形势所迫，势在必行。

值得庆幸的是，他的想法得到了奕䜣的支持。这位大名鼎鼎的恭亲王，绰号"鬼子六"。他是咸丰皇帝的异母弟。咸丰死后，他联合两宫，一举扳倒了肃顺、载恒等人，"扶危定倾"，深得两宫倚重。两宫垂帘后，他被授予议政王，掌管着帝国最要害的两大部门——军机处和总理衙门。他的支持意味着事情有了转机。

不久，奕䜣向太后奏陈，查治国之道，在乎自强。而自强以练兵为要，而练兵又以制器为先。如今剿贼（指镇压太平军），正好借此为名，搜罗外洋各种利器，仔细研究，掌握其中奥秘，将来有事时可以御敌，无事时可以威慑。太后表示赞同，于是批准从火器营抽调兵弁四十余名发往江苏学习洋枪洋炮及军火机器，并要求该兵弁等"尽心讲求"，"务得西人之秘"。

太后的话无疑为李鸿章撑了腰。在总署的支持下，自强新政得以继续推行下去。此后，李鸿章又创办了金陵机器局。出任直隶总督后，他又接管了天津机器局，并利用手中的权力插手福建船政局。如此一来，中国近代四大军工企业皆为淮系所有。

十九世纪七十年代中期，由于西方经济侵略的加深，加上国家财政空虚，饷需困难，洋务派们开始认识到，求强必先求富。李鸿章就指出："欲自强，必先裕饷；欲浚饷源，莫如振兴商务。"于是，洋务运动开始由求强的军用工业向求富的民用工业转变。

在这一转变中，淮军又一次走在了前边。众所周知，在李鸿章出任直隶总督之前，他的新政开展得相当缓慢。由于内战正在进行，资金短缺，政府税收入不敷出，财政经费捉襟见肘。就连湘、淮军的饷需都要自己筹措。虽然李鸿章利用手中的权力，四处找钱，甚至不惜搜刮，仍然不能满足需要。

但随着李鸿章出任直隶总督兼北洋大臣，情况开始发生变化。由于北洋大臣的特殊地位和李鸿章自身的影响力，在他的强力推动下，自强新政突飞猛进，显出了勃勃生机。同治十一年（1872年），李鸿章在上海开办了轮船招商局，此后便一发而不可收。短短的十数年，河北磁州煤铁矿、开平矿务局、上海机器织布局、天津电报总局、唐胥铁路、漠河金矿等新兴企业拔地而起，四面开花。

据不完全统计，至光绪二十年（1894年）甲午战争前，由淮系创办的民用工业计有十六家之多，占当时国内民用工业的四分之三，在洋务派各大派系中独占鳌头。

为了适应自强新政的发展，李鸿章还兴办新学。早在同治二年（1863年），他在江苏巡抚任上就开办了上海广方言馆，并于同治九年（1870年），在直隶总督任上启动了第一批留美幼童计划，实现了中国教育史上一大创举。

毫无疑义，自强新政的发展进一步扩大了李鸿章和淮系的势力，但这些具有开拓性的新兴事业并非一帆风顺，几乎每一步都充满了艰辛和曲折，李鸿章为此殚精竭虑，付出了大量心血。其中最具代表性的要数铁路的创办。如果从1875年李鸿章正式提出修建铁路算起，至1888年第一条铁路建成，前后历时十三年之久，其间的酸甜苦辣只有李鸿章心里最清楚。

举步维艰

世界上最早的铁路诞生于英国，那是 1825 年。十几年后，关于铁路的记述开始陆续出现在中国的有关书籍中。1840 年出版的《四洲志》和 1842 年问世的《海国图志》，都对铁路进行了不同程度的描述，但真正提出修建铁路设想的却是太平天国的领导人洪仁玕。他在 1859 年春所著的《资政新篇》中，首倡"外邦火轮车"，并计划"先于二十一省通二十一条大路，以为全国之脉络"。但他的设想限于时局，只能停留于纸面上。

1863 年淮军大举进攻苏州时，英国怡和洋行联络英、法、美三国二十七家洋行找上门来了。他们通过上海关道向时任江苏巡抚的李鸿章提出了修筑铁路的要求，请求把修筑上海至苏州之间的铁路权交给他们，但遭到了拒绝。事后，李鸿章在给总署的报告中说："查铁路费繁事巨，变易山川"，吾国"断不能允"。他还认为，铁路为"利器"，但"有大利于彼（指洋人），有大害于我"。三国商人异口同声，觊觎铁路，恐怕别有用心，背后"必有为之谋者"。

李鸿章的担心也许并非多余。同治初年，西方开始积极谋求在中国修筑铁路，是因为铁路蕴含着巨大利益，特别是对外国贸易以及在华自由发展，意义重大。受聘于总署担任总税务司的英国人赫德和英国公使馆参赞威妥玛都向总理衙门递交了建议书，建议清政府实行内政改革，采用新技术。这些新技术包括铁路、电报和机器采矿等。他们声称，修筑铁路乃清政府"应学应办"之事。铁路之利对中外都有好处，且"各省开设铁道飞线"，"各国闻之无不欣悦"。但是，清政府却认为列强"包藏祸心"，对此十分警惕。李鸿章亦不例外。

清政府对铁路采取的排斥态度并没有打消洋人在中国修筑铁路的强烈愿望。1865 年，一条全长仅一华里的小铁路出现在北京宣武门外。这是英国商人杜兰德的"杰作"。事前他未做任何请示，而是秘而不宣，几乎是在中方没有觉察的情况下完成了他的创举。

北京人一觉醒来，突然发现一个庞然大物出现在眼前，不禁大为惊骇。虽然此火车并非机动牵引，而是由人力推动，还是引起一片大哗。据时人记载："英人杜兰德于同治乙丑七月，以长可里许之小铁路一条，敷于京师永宁门外之平地，以小汽车驶其上，迅疾如飞，京人诧为妖物。"

既然是"妖物"，当然不能允许存在。步军统领衙门随即以"观者骇怪"为由，强行拆除，这才平息了一场风波。

杜兰德的尝试没有成功，但这并没有使外国人死心。1868年，"修约"期届，洋人开始频繁活动，试图将争取铁路修建权的想法塞进"修约"的条款之内。面对这种情况，总理衙门开始征求部分督抚大臣的意见，结果众口一词，都说"碍难实行"，坚决反对将修路载入条约。

洋人的企图再次落空。然而，铁路巨大的利益使他们志在必得。光阴荏苒，转眼过去了八年。在一连串的努力失败之后，光绪二年（1876年），按捺不住的英国商人又在上海玩起了瞒天过海的把戏。这一次，唱主角的是淞沪铁路公司。

淞沪铁路公司是由英商在上海组建的。它差不多是洋商在中国组建的最早的外国铁路公司。就在杜兰德在北京铺设宣武铁路前后，该公司就已经成立，并向上海方面提出了"请筑上海至吴淞约三十里铁路"的要求。这一要求很快便被驳回。时任上海道的应宝时①以"七不可"严词拒绝。英商并不甘心，后来又向新任关道沈秉成提出请求，只是这一次他们耍了个手腕，没有明说要修铁路，而是以所谓"修路"名义含糊其词，骗取了批准。

这一年的1月，吴淞铁路悄悄开工了。所有的工作都是在保密状态下进行的，对外严密封锁消息。直到半年后，铁路落成，这才引起了上海官方的注意。上海道台冯焌光大为恼怒，随即照会英国领事，强烈要求禁止。

---

① 应宝时原为吴煦部下，此时已投靠李鸿章，成为淮系官员。

冯焌光是广东南海人，举人出身，于洋务有所研究。同治元年（1862年），他投入李鸿章帐下，成为淮系官员，参与了江南制造局的草创工作，由于造船有功，升任道员。他还在上海书院教授经学、史学、算学、舆地之学等，并翻译外国书籍数十种。冯焌光对洋务活动充满热情，他曾声称要乘所造之船绕地球一周，考察列国。他还对曾国藩信誓旦旦地表示，愿终老机器局，不精透决不甘休。

冯焌光的表现一度获得了曾国藩、李鸿章的好评，但当时主持江南制造局局务的丁日昌却对他十分反感，指责他不办报销，工作不得力，并有贪污行为。

同治十三年（1874年），冯焌光奉旨补授上海道台。两年后，就发生了铁路事件。虽然冯焌光参与洋务，对新学亦有涉猎，但对修铁路却一直持反对的态度。尤其是英商瞒天过海的做法，更令他无法容忍。

然而，有恃无恐的英商并没有把冯焌光放在眼里，他们认为生米已经煮成熟饭，你还能拆了不成？尽管上海道台提出了照会，要求停止，他们依然故我，阳奉阴违，一边敷衍，一边强行于7月1日举行通车典礼。

冯焌光气坏了，他通知英商立即停止试行，否则产生的一切后果将由他们全部负责。据新发现的李鸿章手札记载，为了阻挠火车试行，冯焌光甚至扬言不惜卧轨，以死抗争，被英方"目为疯人"。就在双方僵持不下之时，一件意外的事情发生了——火车轧死人了。

这件事就发生在火车试营业期间。据有关史料记载，当时，火车正在正常行驶，前方突然出现了一个中国人，他迎面朝着铁路走来。火车司机发现后立即拉响汽笛，向他发出了警告。那人似乎听到了汽笛声，也似乎意识到应该避让，因为他走下了铁路。但接下去发生的事让人匪夷所思，就在火车驶到跟前时，那人不知为何又突然折回身子，重新走上铁轨，结果当场被轧死。

惨案发生后，立时引起了轩然大波。老百姓们更是群情汹汹，他们认为洋人横行霸道，"视人命如草芥"。如不加制止，今天能轧死一人，明天就能轧死两人，后天或许会轧死更多的人，中国人的生命安全根本无法保障。况且，火车乃"不祥之物"，岂能置之不理？冯焌光抓住这件事，当然要大做文章。他不管铁路公司如何解释，坚持"以命偿命"，要求判处火车司机死刑，以此向英方施加压力。

其实，火车伤人这在各国铁路史上都曾有发生。英国首列火车通车时，下院前议长赫斯基森就因不慎而被撞身亡。虽然这是个不幸的事故，但并没有引起过多的责难。有意思的是，许多年后，一位意大利作家写到了这件事。他说，事故发生后，在所有的报纸上，关于那个历史性庆典的报道中，有一篇短文记述了议员奇特的死亡，但标题不是《被火车轧死的议员》，而是《一列火车飞奔，为了拯救受伤的议员》。文章赞美了火车，正是由于它的高速行驶，才争取了时间，仅用了两小时二十分钟就把奄奄一息的议员送到了医院，从而使他"高贵"地"陨落"在医院的病床上，避免了惨死在田野里。

同样是轧死人，英国被轧死的还是一位地位尊贵的前议长，但导致的结果却截然不同。这实际上反映了不同的文化背景和思想观念上的差异。当然，吴淞铁路的情况比较复杂，它涉及一个严肃的问题，即主权问题。除了冯焌光之外，许多大臣也都认为，外国人擅开铁路，这是绝对不能允许的。事后，有外国报纸推测，怀疑这件事背后有人指使。他们把冯焌光卧轨的言论联系到一起加以推测，确信这事不那么简单，或许正是官方收买了那个人让他故意去送死，也未可知。但这种说法并无根据，只能是推测而已。

面对强大的压力，英国人不得不做出让步，同意火车暂停行驶。该国领事在回复冯焌光的照会中称，英方将在烟台与李鸿章会商解决办法。此时，李鸿章已在直隶总督任上。他似乎不想插手这件事。因为上海本属南洋大臣管辖范畴，何必自找麻烦。可是，由于去年正月，云南发生马嘉理案[①]，

---

① 马嘉理为英使馆翻译官，他在由缅回滇途中被杀。

中英交涉颇费周折，好不容易双方议结本案，所谓"中英和局大定"，朝廷自然不希望再生波折。于是，谕令北洋大臣李鸿章与南洋大臣沈葆桢"妥商归宿之法"，足见重视程度。

即便如此，英国外交官梅辉立第一次来到天津时，李鸿章还是一脚把球踢开了。他说，此事应找南洋大臣和上海道台会商。可梅辉立到了上海一无所获，谈判进行不下去了，只得回过头来，再找李鸿章。这一次，英国公使威妥玛亲自出马了。他对李鸿章说，既然奉旨会商一切事务，若不过问，以后必生衅端。他还说，修筑铁路系各国通行善举。英商在租界修筑，并不违法。中国和英国都不应该阻止。他们希望李鸿章能够派员介入此事，并从中调停。

英国人原以为李鸿章是新派人物，比较开明，且对西方事务和科技有所了解，与他谈判或许会有利一些。然而，英国人想错了。无论沈葆桢还是李鸿章都反对英商修筑铁路的做法，尤其是英商欺瞒在先，事先未获批准就擅自修路，损害了中国主权。因此，铁路必须收回。在这一点上，李鸿章与沈葆桢并无二致。不过，同样是反对，李鸿章与沈葆桢的想法却并不相同。后者从根本上反对修建铁路，而前者的想法是我们虽然不同意洋人修，但我们可以自己修。

铁路谈判从 6 月开始，直至 8 月。双方激烈交锋，讨价还价。中方恪守的底线是，铁路必须收回，其余都好协商，英国谈判代表梅辉立无计可施，只得让步。最后，双方达成以下协议，即铁路停驶，由中方以二十八万五千两白银的价格收回。

8 月，正是上海的炎热季节。梅辉立在谈判结束后，心情也像异常沉闷。他不明白中国人为什么会如此激烈地反对铁路，不过对于清政府强调的主权问题，他也表示理解。回到天津后，他向李鸿章建议，铁路收回后可否交由怡和洋行承办数年，这样既解决了主权问题，又使铁路之利可以施惠于中国。可是李鸿章另有打算——想把收回的铁路交由华商集股，接手经营。

然而，李鸿章的提议应者寥寥，铁路收回后，沈葆桢下令拆毁，运送台湾，弃之于海滩，任其锈毁。对于这样的结果，李鸿章颇感不满，但却无法阻止，只能在背后发发牢骚。在给郭嵩焘的信中他写道，"幼丹^①识见不广，又甚偏愎。吴淞铁路拆送台湾，已成废物"。他还抱怨说，沈葆桢固执己见，不听劝说，完全是邀誉媚俗。

此时的李鸿章虽然贵为直隶总督，并兼署北洋，地位崇高，但他心里明白，尽管直隶屏藩京师，向为各省领袖，但由于并无辖属关系，各省督抚并不听命于他，相反由于地位招摇，反倒容易成为众矢之的。

同光以来，朝政日趋复杂，新旧势力冲突加剧，而在洋务派中亦派系林立。曾国藩去世后，湘、淮系之间已无人维系，矛盾完全公开化。左宗棠实际上成了湘系领袖，他连曾国藩都不放在眼里，而况李鸿章？除了左宗棠，沈葆桢也是一个劲敌。他是李鸿章同年进士，翰林出身，做过福建船政大臣，如今以两江总督兼署南洋，论地位与李鸿章不相上下。对于铁路的处置，李鸿章虽然不满意也拿他毫无办法。

沈葆桢是林则徐的女婿。他学识丰厚，为人耿介，这一点与乃岳十分相似。在晚清官场中，沈葆桢并不保守。同治六年（1867年），左宗棠创议在福建马尾设船厂，未及兴工，便调任陕甘。行前奏称接手船厂者"非葆桢莫能"，力主由沈主持。朝廷准奏，几年后，在沈葆桢的主持下，马尾船厂建成，并聘任洋员，附设船政学堂，规模初具，颇有建树。就在福建船政红红火火之时，内阁学士宋晋提出暂停船工，诏下酌议。沈葆桢奋起抗争，在给朝廷的折子中称，自强之道与好大喜功不同，不可以浮言动摇，且洋员合同未到期，不能轻易废除。此折推论利害，令人信服，朝廷同意了他的看法，从而使福建船厂得以继续下去。同治十一年（1872年），马尾船厂先后造出二十艘舰船，可谓成绩斐然。

然而，就是这样一位在洋务上颇有建树的沈葆桢对于铁路却持相当排斥的态度，这让李鸿章不能不感到遗憾。

---

① 沈葆桢字幼丹。

向前一小步

其实，不仅沈葆桢对铁路心存疑虑，当时许多洋务大员都持这种态度，包括李鸿章在内。不过，在1867年前后，李鸿章的思想开始发生转变。

南京克复后，李鸿章调任湖广总督。当时列强各国提出"修约"的要求，其中包括在中国修建铁路。朝廷为此征求各地督抚意见，要求以"专折密奏"的方式把各自的意见呈报上来。

同光以来，诸如此类的讨论经常展开。朝有大政，便会征询各地督抚的意见，征询的范围可大可小，或因人因事而异，逐步形成了朝政的一大特色。出现这种情况并非由于朝政更加民主，而是中央领导能力降低、督抚势力有所增强的表现。清初和清中期，皇权十分强大，兵权不轻假于汉人。每有战乱，皇帝甚至可以披挂亲征，督抚也以满人居多。到了晚期，皇帝一代不如一代，咸丰之后，清廷的领导能力越来越差，而八旗、绿营也逐步为湘、淮军所代替。地方督抚的权力越来越大，一些湘、淮军将领在出任督抚后，手握重兵，大权独揽。这种情况愈演愈烈，到了清朝末年，许多事情就连朝廷也得不能不仰求于他们。

当然，慈禧在世时，情况尚未如此严重。不过，许多重大事情在她拿不定主意时仍会交由各地督抚进行讨论。关于铁路的讨论，在这之前已经进行过两次，包括同治二年（1863年）的那一次在内。但是，同治六年（1867年）的讨论无论规模还是人数都是最大的一次。因为事关"修约"，朝廷格外慎重。参加讨论的为十八人，除总理衙门外，有陕甘总督左宗棠、盛京将军都兴阿、山东巡抚丁宝桢、总理船政沈葆桢、两江总督曾国藩、江西巡抚刘坤一、三口通商大臣崇厚、两广总督瑞麟、江苏巡抚李瀚章、粤抚蒋益澧、福州将军英桂、闽浙总督吴棠、浙江巡抚马新贻、福建巡抚李福泰、湖北巡抚郭柏荫、直隶总督官文等。李鸿章当然也在内。

讨论从9月开始至12月结束，前后历时近三个月。讨论结果仍是一片反对之声。不过，这期间，李鸿章的态度已与以往大不相同。虽然他依旧认为铁路"有大利于彼，有大害于我"，并对洋商掠夺铁路保持相当的戒备，这一点与各地督抚基本一致，但他在反对洋商修筑铁路的同时，也提出了自己修路的设想。他说，洋人三番五次地提出要在内地开设铁路电线，与其任由他们开设，不若中国"自行仿办，权自我操"，即"用洋法雇洋人，自我兴办，彼所得之利，我先得之"。

李鸿章的这一变化实际上已经向前迈了一小步。尽管这一步不算大，但对于铁路，从惧怕排斥到承认它是一种"利器"，应该为我所用，这已是一个进步。更难能可贵的是，他提出了铁路应由中国人自己来修，并将权和利掌控在自己手中。这一主张在当时不仅新颖而且大胆。

从同治中期开始，李鸿章的洋务思想的确发生了很大的变化，包括对于铁路的认识。这种变化并非凭空产生，而是洋务运动发展到一定阶段的必然产物。有史学家指出，洋务运动是由"求强"（发展军事和军工企业）开始，但随着"求强"的深入，"求富"（发展民用企业）不可避免地提上了议事日程。因为你要发展军事工业，就必然要有一个与之配套民用企业来支持。这样煤、电、运输和原料才有保证。事实证明，"求富"是"求强"的基础。孤立地发展军工企业显然是不行的。正如恩格斯所说，武器的生产，是以整个生产为基础的。军工企业只是资本主义国家整个经济体系中的一个环节。因此，从"求强"到"求富"，这是一个必然的发展过程。

随着时间推移，热衷于改革军事和发展军工企业的李鸿章逐步看到了铁路、电报这些新技术在军事和民用上的巨大价值。但在1868年以前，作为剿捻主帅的李鸿章，还无法抽出更多的精力来考虑这些事。

直到两年后，国内战事平息了。不久，李鸿章又升任直隶总督兼北洋大臣。此时，国内国际形势已经发生了很大的改变。由于列强环伺，危机日深，所谓"中外友好"的局面已一去不返。面对这种局面，"坐镇北洋,遥执朝政"的李鸿章提出了他著名的"千古变局"思想。他把当时的中外形势概括为"数千年未有之变局"和"数千年未有之强敌"，主张"外须和戎，内须变法"。

　　李鸿章千古变局的思想包括很多内容，如开煤矿、办电报、修铁路等等。李鸿章曾经说过，"必先富而后能强"，"中国积弱由于患贫，西洋方千里、数百里之国，岁入财赋动以数万万计，无非取之于煤铁五金之矿、铁路、电报、信局、丁口等税，酌度形势，若不早图变计，择其至要者逐渐仿行，以贫交富，以弱敌强，未有不终受其弊者。"至于外须和戎，内须变法，就是说，一方面要争取外部和平环境；另一方面，就是要不遗余力地学习西方先进科技，发展经济，使国家富强起来。

第十九章　铁路之争

寻找突破口

同治十一年（1872年），这是李鸿章就任北洋大臣的第三年，也是洋务活动开展比较红火的一年。这一年，至少有几件大事值得一提：首先，李鸿章升任武英殿大学士，继续留任直隶总督；第二件，洋务派反驳宋晋停造轮船折，取得胜利；第三件，首批赴美留学生出国；第四件，李鸿章奏请试办轮船招商局得到批准。

这四件事表面看好像并无关联，可实际上却反映了洋务活动日趋活跃、蒸蒸日上的现实。留美幼童出国和轮船招商局的开办，这是具有开拓意义的两件事，而反驳宋晋则是洋务派对保守派的一次重要回击。

宋晋官职为内阁学士。清代内阁名为总理全国政务的最高官署，实际有名无实，因为处理大政之权操之于军机处，所以内阁只管些例行公事。内阁最高官为大学士，以下设内阁学士、侍读学士、侍读、典籍、中书等，多属闲差之列。

宋晋官职并不算太高，但名气很大。他是著名的保守派，文章写得好，而且敢于说话。不过，此人排外思想严重，对洋务深恶痛绝。同光以来，洋务派与保守派的重大论战，他几乎都参与其间，并挥舞大棒，冲在前边。当年天津教案发生时，声称发现装满眼珠的坛子就是他向朝廷奏报的，就连慈禧也信以为真。

宋晋提出停造轮船是针对国内两家造船厂的。他在奏折中称"制造轮船，糜费太重，请暂行停止"。此折一上，首先引起了福建船政大臣沈葆桢的反对，在他上疏抗争之时，坐镇北方的李鸿章立即给予了声援。

1872 年 6 月 20 日，李鸿章上了一道著名的奏章，名为《筹议制造轮船未可裁撤折》。正是在这道奏章中，李鸿章提出了"三千余年一大变局"的思想。他在奏章中说：

> 臣窃惟欧洲诸国百十年来，由印度而南洋，由南洋而中国，闯入边界腹地，凡前史所未载，亘古所未通，无不款关而求互市。我皇上如天之度，概与立约通商，以牢笼之。合地球东西南朔九万里之遥，胥聚于中国，此三千余年一大变局也。[1]

以上论断是李鸿章对当时国际国内形势的一个重要判断。面对外敌入侵，列强环伺的局面，该怎么办？李鸿章的答案是：唯有发奋自强，而"自强之道，在乎师其所能夺其所恃耳"。"师其所能"，即学习西方的长处；"夺其所能"，即把西方的船坚炮利学到手而与之相抗衡。他举日本的例子说，"日本小国耳，近与西洋通商，添设铁厂，多造轮船，变用西洋军器"，我们难道不为自己着想吗？如果我们忘了先前的"创巨痛深"，今后何以安内而制外？他强调"国家诸费皆可省，惟养兵设防，练习枪炮，制造兵轮船之费，万不可省"，否则，"平日必为外人所轻，临事只拱手听命，岂强国固本之道哉？"

李鸿章与沈葆桢等洋务派大员联手出击，终于在这场论战中抵挡住了保守派的进攻。

两年后，国内战事平息，但周边局势却动荡不安。日本"逼于东南"，俄国"环于西北"，"外警之迭起环生者，几于无岁无之"。特别是新疆危机发生后，李鸿章迫切认识到铁路的重要，尤其是在军事上的价值。他对丁日昌说，新疆路途遥远，"我军万难远役，非开铁路，则新疆、甘陇无转运之法，即无战守之方"。他还提出要"改驿递为电信，土车为铁路"，但这些大胆的想法在当时却被视为离经叛道，闻者"鲜不咋舌"，认为无异于痴人说梦。

但李鸿章并不气馁。当年的 12 月 10 日，李鸿章又上了一道著名的《筹议海防折》。在折中继续为修建铁路和电报大声呼吁。他说，军情瞬息万变，如采用西国技术，有电线径达各处海防，"可以一刻千里"；有火车铁路屯兵于旁，闻警驰援，"可以一日千数百里"，不致误事。以上两个"可以"的表述不难看出李鸿章对铁路、电报已有相当的认识。

然而，就在李鸿章上《筹议海防折》的一个月后，朝政发生重大变故。1875 年 1 月 12 日夜，同治皇帝载淳驾崩，醇亲王奕譞之子载湉承继，年号光绪，太后再度垂帘听政。

改朝换代这在历朝历代都是头等大事，官场格外敏感。不过，同光两朝的更替却是平稳的，波澜不惊。因为无论是同治还是光绪，真正掌权都是垂帘听政的西太后那拉氏。尽管同治成年后，母后一度撤帘，让他亲政，但那完全是个假象，实际权力仍然掌握在慈禧手中。

生活在母后的阴影下，或许是同治最大的不幸。在清代皇帝中，同治是最无所作为的一个。在当政十三年里，他个人几乎没有做成过一件事。有史料记载，同治精力充沛，十分聪明且爱好广泛，喜欢蹴鞠、弄舟、演剧、掼跤等。他的老师说，皇帝天性聪慧，读书也很不错，可遇到慈禧偶来询问他的功课，皇帝就会不知所措，原本能够流畅背诵的诗文也会结结巴巴地背不成句子。同治害怕慈禧，从小到大没有一点改变。与其说他不做事，倒不如说他害怕母后而不敢做事。在母亲干预朝政的情况下，他也乐得逍遥自在，或者说干脆自暴自弃。据说，他与贝勒载澂最为要好，两人常常身着黑衣，放荡于娼寮酒馆。他的死其实很可疑，头发脱落，身上发烧，有人据此认为是"实染毒疮"而致命。

在同治皇帝驾崩的当晚，慈禧密召恭王奕䜣进宫，当时宫内戒备森严。恭王每入一道门，侍卫、内监随即将门关闭。恭王见此大为紧张，如此走过十数道门，进入陈尸寝宫，方知皇帝已经驾崩。慈禧问，大事至此，奈何？奕䜣答，听太后旨意。

慈禧此时早已想好，遂令醇王之子载湉进宫，承继大统。载湉时年尚幼，被人抱进宫时，尚在熟睡之中。

不久，人们就明白过来，同治皇帝的死其实对大政毫无影响，一切如同前朝，所不同的只是皇帝和年号更换了而已。朝臣们大大地松了一口气。对于洋务派来说，同治皇帝的死甚至是一个好消息。因为这位皇帝十分排外，他常令内侍扎起草人，穿上洋装，用弓箭射之以取乐。他力主攘外，对洋务派也心生厌恶。与慈禧相比，他更为顽固保守。因此，从这个角度说，他的死对于洋务派并非坏事。

同治帝大丧期间，李鸿章奉命进京治丧。其时，积雪尚未消融，天气相当寒冷，吊丧的朝臣们个个神情肃穆，面容哀戚，但真正从心里为先帝悲伤的并没有几个，包括李鸿章在内。同治朝的最后两年，可以说是多事之秋。法国军队攻占越南河内；日本借口琉球船民被杀，出兵台湾。中国周边风云乍起，大有山雨欲来之势。

面对这种局势，李鸿章再次提出修建铁路的想法。他在《筹议海防折》中提出："火车铁路，屯兵于旁，闻警驰援，可以一日千数百里，则统帅当不致误事。"但奏折上去后却石沉大海。就连洋务重臣文祥也只能"目笑存之"。

在京治丧期间，李鸿章拜会了恭亲王奕䜣，与他探讨了形势，并就修筑铁路的事向他做了汇报。在会见中，李鸿章极陈铁路之利，请求先修造一条从清江至北京的铁路，以便南北转输。恭王执掌军机处和总理衙门，总揽内政外交大权。他在王族亲贵中最为开明，一直倡导"自强"，力图"中兴"，李鸿章原想寻求他的支持，可恭王一听说修铁路便迟疑起来。虽然赞同李鸿章的主张，但却不敢做主。李鸿章请求他说服太后。奕䜣回答，两宫亦不能定此大计。李鸿章深感失望，如果连最高层都不敢做主，此事还有指望吗？回去后他便声称，对修路之事，从此绝口不谈。

究竟是什么让恭王对铁路退避三舍？甚至连太后也无能为力呢？最大

的障碍当然是观念问题。当时，反对铁路的保守势力声势浩大。每遇铁路之事，总要朝野震动，聚讼不休。一种普遍的看法认为，铁路变易山川，损害风水坟茔，这将触犯祖宗神灵，产生严重后果，同时铁路有害田庐，占我商民之生计，断我车驴脚夫之生路，行之必犯众怒，势必引发严重的社会问题。有人还把铁路比作一条吸血管吸吮着小民的鲜血，一旦"膏血既尽，则躯命随之"。除了偏见之外，还有不少保守派认为铁路不合国情民情，因此当权者对此顾虑重重。

李鸿章回到天津后，一度心灰意冷，可铁路的种子播下后并没有就此枯萎，而是在他心里顽强地生长。转眼一年快过去了，到了光绪元年（1875年）冬，李鸿章又有些按捺不住了，想再次试探一下朝廷的意图。不过，这一次他并没有亲自出面。替他出面的是他的心腹亲信丁日昌。就在此前不久，丁日昌刚刚调任福建巡抚并督办福建船政。这一安排显然是出于李鸿章的保荐。福建船政向为湘系势力范围。在洋务活动中，淮系和湘系、北洋与南洋一直明争暗斗，互争雄长。李鸿章举荐丁日昌赴闽，其意不言自明，就是要插手福建，进一步扩展淮系的势力。然而，就在丁日昌到任前后，日本侵略朝鲜，江华岛事件发生，而中日琉球争端也进一步加剧，沿海局势骤然紧张。

朝廷谕下，令李鸿章督办北洋海防，沈葆桢督办南洋海防，并批准李鸿章、沈葆桢开采煤炭之请，命先在磁州、台湾试办。于是，在这样的背景下台湾基隆煤矿开办起来。台湾当时尚未建省，隶属于福建管辖。丁日昌就任巡抚后前往视察，发现基隆矿区为了运煤需要，修了一条轻便铁道。尽管运煤车没有机头，只是利用海岸坡度由矿井滑行至海岸边，十分简陋，但这却给了丁日昌很大的启发。回去后，他便起草了一份奏折。在奏折中，丁日昌拟订了一个发展台湾铁路的计划，并提出了"十害""十利"和"七不必虑"。中心意思一言以蔽之，那就是从战略上考虑，台湾应该立即修建铁路，而且势在必行，迫在眉睫。

丁日昌的立论是有根据的。琉球事件和江华岛事件先后发生，暴露了日本的侵略野心，这给中国的海防敲响了警钟。作为海上战略要地，加强台湾防务此时已成为朝臣们的共识。在这种情况下，无论提出怎样的设想，哪怕是出格的，只要是出于对台湾防务的考虑，也会被忽略不计。正因为如此，丁日昌才敢于触动铁路这根敏感的神经，大胆地放出了一个试探性的气球。

从现有的资料看，并没有直接的证据证明丁日昌在上这道奏折时与李鸿章进行过沟通，但他们之间的默契却显而易见。研究者们推断，丁日昌的奏折可能得到了李鸿章的授意。由于内地打不开局面，李鸿章便试图在边远地区寻找突破口。这种论点或许不无道理。因为丁日昌的奏折呈上后，立即得到了李鸿章的呼应。李鸿章上奏说：台湾"该处路远口多，非办铁路、电线不能通血脉而制要害"。

随着李鸿章的呼应，一些洋务派大员也纷纷上奏支持。其中也包括沈葆桢。因为在处置琉球事件中，他切肤所感，认识到加强台湾防务的重要性，所以在奏折中说："铁路一端，实为台地所宜行。"

就在李鸿章和洋务派大臣推波助澜之时，一直在暗中支持李鸿章的恭亲王也站出来说话了。他说："举办轮路为经理全台一大关键，尤属目前当务之急。"为了减少阻力，总署还特别强调"台湾海岛孤悬，迥非内地可比"。意思是说，修铁路只限于台湾岛内，并不涉及内地。

这一提法果然使顽固派们放松了戒备。几乎没有太大的反对，丁日昌的奏折便获得了批准。光绪三年（1877 年），修铁路的"禁区"首先在台湾被打破。但是，由于经费问题，台湾修路计划后来中途搁置，并没有进行下去。不过，这已是一个很大的突破。

此后几年，洋务活动蓬勃发展。光绪三年，上海有线电报开设，6 月 15 日第一次发报。光绪四年（1878 年），开平矿务局开局；接着，上海机器织布局也获得批准。光绪五年（1879 年），直隶通兴煤矿开采。光绪六年（1880 年），兰州机器织呢局开工；不久，朝廷又批准开设南北洋电报，架设天津至上海电线……尽管如此，铁路在内地仍被视为禁区。

光绪六年（1880 年）11 月，北京飘起了大雪。在这样寒冷的日子里，平静的局面突然被一个人打破了。

刘麻子放炮

大名鼎鼎的淮军名将刘铭传，在同治八年（1869 年）之后，仿佛销声匿迹，外人再也听不到动静了。原来剿捻结束后，刘铭传就因功大赏轻而告病还乡。这一走便是十多年，直到光绪六年伊犁事变发生，西北边陲告急，朝廷用人之际，李鸿章又乘机举荐了自己的这位爱将。是年冬天，刘铭传应诏进京陛见，没承想一进京便捅了马蜂窝，原因就在于他触碰了铁路这根敏感的神经。

清代重臣任用，照例要进京接受召见，并对军国大计发表见解。刘铭传到了北京，便向上递了一道《筹造铁路以图自强折》。在奏折中，他详细谈了修建铁路的重要性和必要性，认为修建铁路，急不可缓。理由是，中国北邻沙俄"自欧洲起造铁路，渐近浩罕，又将由海参崴开铁路以达珲春，不出十年，祸将不测"；东邻日本"恃有铁路，藐视中华，亦遇事与我为难"。他还提出了修建南北各两条铁路的具体设想：南路一由清江经山东，一由汉口经河南，直达北京；北路一由北京东进奉天，一由北京西通甘肃。

刘铭传的奏折一上，立时引起大哗。内阁学士张家骧首先跳出来反对，认为修建铁路有"三弊"，请求"置之不议，以防流弊而杜莠言"。朝廷接到奏折后，没有马上表态，而是把双方的折子一起批给北洋大臣李鸿章、南洋大臣刘坤一，让他们研究后，一并拿出意见，覆议具奏。

李鸿章当然是支持刘铭传的。十天后，他便上了一道《妥筹铁路事宜折》，态度鲜明，剀切陈词，并针对张家骧所谓的"三弊"，提出了铁路之兴，大利有九。他在奏章中说："我朝处数千年未有之奇局，自应建数千年未有之奇业，若事事必拘守成法，恐日即于危弱而终无以自强。"他还提议筹建铁路公司，并由刘铭传来督办。李鸿章的态度引起了顽固派的愤怒。他们怀疑李鸿章与刘铭传一唱一和，绝非巧合，而是有所预谋。

事实也正是如此。1880年，由于国内外形势的变化，李鸿章对于修建铁路的渴盼与日俱增，更加迫切。但以他的身份贸然进言似有不妥，刘铭传此次进京陛见正好是一个机会，而刘铭传本人的想法也与之不谋而合。据有关史料记载，刘铭传的奏折是由李鸿章的机要幕僚吴汝纶、李家的西席范当世帮助起草的。此外，还有两个重要人物也参与了修订，一个张佩纶，一个陈宝琛。这两人都是清流派健将，与淮系渊源颇深。最后，再由刘铭传按照自己的口气润色，这个著名的奏折就这样产生了。

由此可见，刘铭传的行动并不是孤立的，而是在李鸿章授意下进行的又一次突围行动。不过，与几年前丁日昌的奏折相比，刘铭传的奏折更加大胆，他提出铁路修建不再局限于台岛一隅，而是要推向全国。

顽固派无法容忍了，这简直就是得寸进尺！他们蜂拥而起，群起而攻。通政使参议刘锡鸿、顺天府府丞王家璧、翰林院侍读周德润等纷纷跳出来，上疏指斥李鸿章。一场关于要不要修建铁路的论战，再次闹得沸沸扬扬。面对一片反对之声，这一次李鸿章并不打算妥协。他一边致函总署和刘坤一，希望得到支持，一边继续对保守派的论调进行驳斥。

这场论战前后持续了两个多月。反对派上纲上线，扣了许多大帽子，如周德润指责修铁路是"用夷变夏"；王家璧攻击李鸿章是为外国打算，而不是为朝廷打算；刘锡鸿更是列举了"不可行者八、无利者九、有害者九"，甚至危言耸听，说什么修铁路会触犯山川之神，引发自然灾害。其实，这些论调并没有什么新东西，不过是十多年前反对洋人在中国修路时的老调重弹。

在一片反对声浪中，李鸿章很快陷入了孤立。总署三缄其口，这时候南洋大臣刘坤一的态度就显得格外重要了。刘坤一是在沈葆桢病逝后接任南洋的。此人久经宦海、老于世故，他两边都不想得罪，于是玩起了太极功夫。他上奏说，铁路好是好，也有令人担心之处，比如会造成脚夫失业，利税减少，等等，最好"参酌异同，权衡轻重"。这话模棱两可，十分圆滑，说了等于没说。李鸿章这时真有些怀念沈葆桢了，如果这位同年还在的话，他也不至于像眼下这样陷入重围，势单力孤。然而，斯人已去，只能徒自兴叹。

第二年的 2 月 14 日，这场论战终于尘埃落定。当日有谕云：

> 铁路火车为外洋所盛行，中国若拟创办，无论利少害多，且需费至数千万，安得有此巨款？若借用洋债，流弊尤多。兹据廷臣陈奏，佥以铁路断不宜开，不为无见。刘铭传所奏，著无庸议。将此各谕令知之。[2]

刘铭传的奏折被否定了。朝旨到达天津后，李鸿章当天晚上，在行馆的院子里一遍遍地转着辘轳。幕僚们说，中堂的生活极有规律，这种情况并不多见。事后他愤愤不平地说："今各国一变再变而蒸蒸日上，独中土以守法为兢兢，即败亡灭绝而不悔。天耶人耶，恶得而知其故耶。"

打破坚冰

李鸿章陷入了茫然之中。这次受挫使他的信心再次遭受了打击。然而，此时更让他操心的是另外一件事。这件事就是开平煤矿正在悄悄进行的一项工程。

开平煤矿创建于光绪四年（1878 年），这是淮系集团创办的成绩最显著的一个大矿，也是晚清洋务运动的一面旗帜。主持开平煤矿的唐廷枢是晚清著名的洋务派专家。为了运煤需要，他向李鸿章提出修建一条由胥各庄至唐山之间的铁路，得到了默许。

工程在 1880 年 6 月开始动工。为了减少阻力，李鸿章并未向朝廷奏报，这显然是违规行为，况铁路向被视为禁区。就在这当口，刘铭传修建铁路奏折被驳回，唐胥铁路是否还要继续下去，李鸿章的压力陡增。如果继续修路便有顶风作案之嫌，而中途停工则前功尽弃。左思右想，李鸿章最后还是抱着老师的"挺经",决意咬牙顶住。刘铭传的折子是2月被否定的,而铁路的修建却一直没有停止。

李鸿章难道吃了豹子胆,竟敢置朝廷谕令于不顾?其实不然。李鸿章之所以敢这么做可能是出于两点:其一,是恭亲王的支持。尽管在论战中,恭亲王奕訢没有明确表态,但他曾对李鸿章说过,铁路可先在煤矿、铁矿、军垦及一些口岸试行,让大家适应了,见怪不怪,然后再"渐推渐广"。这无疑是在暗示李鸿章,而在开平煤矿开设铁路完全符合恭王的指示精神。其二,在对2月14日的朝旨进行仔细推敲之后,李鸿章发现朝廷虽然否定了铁路,但否定的理由并不是认为铁路不好,而是由于修路耗资巨大,同时不愿意借用洋债,这说明保守派攻击铁路的理由朝廷并不完全认可。这对李鸿章来说,无疑是令人欣慰的。如果仅仅因为钱而不让修路,那么唐胥铁路的修建没有伸手向上要一分钱,为什么不能允许呢?

李鸿章决定把铁路进行到底。1881年6月9日,就在刘铭传的折子被否定后的四个月,历时一年的唐胥铁路修建完工。这条全长十公里的铁路是中国人自己在内地修筑的第一条铁路,使用的蒸汽机车是用矿上的废锅炉改制而成。通车的当日,李鸿章亲临视察。他登上了火车,并与众人合影留念。

应该说,这是他梦寐以求的一天。为了这一天,他已苦苦奋斗了许多年。但照片上的他似乎并不欣慰。庄重的神态,严肃的表情,仿佛正在预示一场风暴即将来临。果然,唐胥铁路通车后,隐瞒了一年多的秘密再也包不住了。顽固派们对于李鸿章无视朝令和舆情而公然修路愤怒至极。一波更猛烈的围剿迅速掀起。他们一边声称"机车直驶,震动东陵,喷出黑烟,有伤禾稼",一边谴责开平煤矿使用"障眼法"欺瞒朝廷,罪不容赦,而李鸿章失于督察,亦应受到追究。在一片反对声中,唐胥铁路只好废弃机车,一度改由马拉,以缓解外界压力。

尽管保守派们占得了上风,尽管唐胥铁路被讥称为"马车铁路",但它在内地突破了铁路的禁区,却是一个事实,在中国铁路发展史上功不可没。

在此后四年里，修路和反修路的斗争时断时续一直没有停止过。1885年，中法战争爆发，清廷开始认识到建设铁路有利于调兵遣将，巩固国防，对于铁路的控制，态度有所松动。李鸿章抓住这个机会，不顾保守派的阻力，乘机提出将唐胥铁路扩展至芦台、天津，以为运煤之便。这一提议得到了新上台的醇亲王奕谭的批准。

1888年，津沽铁路告成，这标志着中国铁路新纪元的开始。许多中国人第一次有了与火车亲密接触的机会，不禁大开眼界。一位当时乘坐过火车的小官吏事后用兴奋的笔调这样描述道：火车"电掣星驰，快利无比。然极快之中，仍不失为极稳。有时由窗中昂头一望，殊不觉车之颠簸，但见前途之山水村落如飞而来，不转瞬间，而瞻之在前者，忽焉在后矣。嘻！技亦神哉！"。

津沽铁路通车后，不久在中法战争中升任台湾首任巡抚的刘铭传也在岛内修起了铁路。一南一北，淮系集团遥相呼应。你说你的，我干我的。这令顽固派气急败坏。于是，一场更大的风暴席卷而来。顽固派大臣纷纷联名上疏要求禁止铁路。一些重量级的人物也加入了谴责的行列。这些人中包括大学士恩承、吏部尚书徐桐、户部尚书翁同龢、礼部尚书奎润等等。不难看出，这是有史以来关于铁路的最大的一次论战。无论规模之大，还是参与人数之多，都前所未有。据史料记载，反对者联名上疏最多的一次是由奎润领衔的，言官九卿列名于后者达二十一人，来势极为凶猛。

反对的理由除了"资敌、扰民、失业"这些陈词滥调外，还有人指责李鸿章误国害民，铁路是"开辟所未有，祖宗所未创"。在这期间，太和门发生火灾，反对派们立即危言耸听，声称太和门失火是"天象示儆"、不祥之兆，坚决要求罢建李鸿章提议修的津通铁路。

尽管反对派来势汹汹，可是铁路并没有被禁止。相反，朝廷的态度令人奇怪，既不支持也不反对。为什么会出现这种情况？实际上，朝廷的态度受到三个人的影响，这三个人一是李鸿章，二是左宗棠，三是醇亲王奕谭。1885年，左宗棠病危，他在临终前的遗折中恳切呼请，力主修筑清江至通州铁路，"以通南北之枢"。他极力强调铁路有利无害，是自强之举，并认为"天下俗论纷纷"，完全不必理睬。

醇亲王奕谭则是铁路的积极支持者和推动者。中法战争结束后，朝廷成立总理海军事务衙门①，由醇亲王兼任海军大臣，李鸿章、曾纪泽②为帮办大臣，铁路事务划归海军衙门掌管，而上述三人态度一致，这就使修路派完全掌握了主动权。

至于李鸿章则更不必说了。他不仅是铁路的鼓吹者、支持者，而且身体力行，不遗余力。尽管身处旋涡之中，但他头脑清醒，进退有方。不论论战多么激烈，形势多么险恶，他都一个"挺"字到底，一边灵活地应对，一边采取各种办法扭转局势。

光绪十三年（1887年），皇帝大婚在即，各地纷送贡礼。在所有的礼物中，李鸿章送的最为别出心裁，即一条小铁路。按照李鸿章的计划，这条小铁路将修在皇宫西苑内。李鸿章这么做是别有深意，但在奏折中却说修建小铁路的目的是供太后"赏玩"。这一请求得到了批准，于是西苑小铁路迅速动工。工程指定专人进行，费用由一家法商承担。是年3月13日，铁路主体工程告竣，当月开始安装铁道，并运来机车。西苑小铁路全长约一华里，南起中南海紫光阁，穿过福华门，入阳泽门，沿北海西岸北行，至极乐世界向东，又从龙泽亭以北经阐福寺、浴兰轩、大西天，至镜清斋前的码头抵达终点。

李鸿章居然把铁路修进了皇宫，这大出人们的意料。等到保守派发现时，铁路已经修建完成，慈禧老佛爷带着王公大臣们兴致勃勃地前来观看。耳闻不如一见，原来这个呜呜叫的东西并非想象中的怪物，而其能耐也"实优于骡马"。

太后显然十分喜欢。此后无事时便时常乘坐解闷。唯一让她不满意的

---

① 简称海署，权力高于总理衙门。

② 曾国藩之子。

是火车头发出的噪声，太吵人，于是她下令撤除机头，改由太监拉行。当时有一首《清宫词》这样描写道：

> 宫奴左右引黄幡，
> 轨道平铺瀛秀园。
> 日午御餐传北海，
> 飙轮直过福华门。

放着机车不用，而由一群太监手执黄幡，沿着轨道拖动，这一奇观实在充满了黑色幽默。然而，见怪不怪，对于这个统治了中国将近半个世纪的女人来说，诸如此类的荒唐事屡见不鲜。袁世凯当政时，曾送给慈禧一部小汽车，慈禧同样很喜欢，只是感到司机坐在自己前面有失尊卑，于是下令司机跪下开车。所以，她下令让太监拉火车，也就不足为怪了。

中国的近代化，每一步都充满了苦涩和沉重。但是，不管怎么说，西苑小铁路的目的还是达到了。应该说，这是一次充满大胆奇想的成功的广告策划。它使最高当权者与铁路有了一次亲密接触，并彻底改变了她的看法。尽管反对派认为此举太过荒唐，攻击李鸿章以西洋淫巧诱惑太后和皇上，但并未成功。

次年8月，慈禧以光绪名义正式发表上谕，委派李鸿章、张之洞会同海军衙门商讨修路，"妥筹开办"。坚冰终于打破。李鸿章"蓄志十年"，踏破坎坷，最后终于一偿夙愿。从1880年唐胥铁路修建到甲午战争发生前，全国陆续修筑了铁路六百多里。1896年，李鸿章出访英国，曾留下一首关于铁路的诗：

> 飘然海外一浮鸥，
> 南北东西遍地球。
> 万绿丛中两条路，

飙轮电掣不稍留。

这是现存的李鸿章关于铁路的唯一一首诗。这一年，李鸿章已是七十三岁老翁，诗中流露出对英国铁路高度发达的向往和赞美，联想到他为修建铁路而经历的种种坎坷，内心一定百感交集。

第二十章　谈谈打打

宝海的烟幕弹

1882 年 5 月，李鸿章的母亲病逝，朝廷准其回乡奔丧。

李母是个大脚女人，出身寒苦，但她泼辣能干，善于持家，虽然早年吃过不少苦，但晚年却享尽富贵，备极荣宠。李母为李家生了六男二女。李父文安迫于生计，倍感压力，曾写诗抱怨道："难得多累怨丁添，烦碎高堂问米盐。"但与李父不同，李母却持乐观的态度，说儿女虽多，但我教他们发奋读书，长大后都能成为栋梁之材。果然天遂人愿，其子李瀚章、李鸿章、李鹤章、李蕴章、李凤章、李昭庆，个个出人头地，其中李瀚章、李鸿章更是位列封疆；两女分别嫁给记名提督张绍棠和江苏候补知府费日启，同样十分风光。李母去世时享年八十三岁，死后被追封为一品夫人，所谓皇恩浩荡，圣眷优隆。

5 月 11 日，李鸿章启程还乡。朝旨准开大学士署直隶总督之缺，仍俟百日后驻扎天津，督率所部，并署办理通商事务大臣。古制丁忧，需时三年，但在李母去世时，朝廷只准李鸿章百日之假，因为大清国的周边局势正在恶化。就在李鸿章还乡不久，5 月 30 日，传来法军入侵越南东京（今河内）的消息。7 月 23 日，日本在朝鲜挑起"壬午兵变"。随着局势恶化，越南当局向清政府发出紧急求救。越南是中国的西南邻邦，且"久列藩封"，已二百余年。法国的行动不仅是对宗主国的挑衅，而且对中国西南边陲的稳定直接造成了威胁。

法国对越南的觊觎由来已久。早在 1787 年，法国传教士百多禄主教就给法国国王路易十六上了一份奏议。在奏议中，他说，为了在东方与英国抗衡，"按照我的意见，在交趾支那（越南）建立一个法国的殖民地是达到这个目的最稳妥、最有效的方法"，"如果我们把这个国家占领，则无论平时战时，都可以获得最大的利益"。他在奏议中详细列举了五种利益，此外还包括一些长远的、"在今天也许不甚急切，但是在将来将更为重要"的利益。这些长远的利益就是从越南"建设一条达到中国中部去的商道"，"将使我们获得那个人们不认识的国家（中国）的富源"。

百多禄的奏议很快引起了年轻君主的重视，不久法国便与越南缔结了一个同盟条约，越南允许法军长驻南部，并把土伦（岘港）割让给法国；法国则承诺派遣一支军队，帮助流亡在外的广南国王阮福映复位。阮氏死后，越南与法国交恶，法国乘机发动战争。在这次战争中，法国强迫越南割让了以西贡为中心的南方大片土地。可是，法国的野心远远没有满足。它的"法兰西东方帝国计划"，包括占领越南全境以及中国的南部。

法国的图谋，清朝当局早有觉察。1881 年 9 月，云贵总督刘长佑就上奏朝廷，声称法人志图越南，以窥滇粤。福建巡抚丁日昌也向总理衙门奏报，法国在越蠢蠢欲动，图谋不轨。驻英、法公使曾纪泽则建议朝廷尽快筹商，明定方针大计。

12 月里，最高当局表明了态度，认为法人谋占越南北境，通商云南，危及我滇、粤藩篱，"计殊叵测"，"后患不可胜言"，表达了"保藩固边"的意旨，同时谕令北洋大臣李鸿章等筹商办法，李鸿章提出了战备、和议双管齐下的主张，用他的话说，就是"以理喻之，以势遏之"，"二者交相为用"。

李鸿章丁忧后，直隶总督一职由淮军大将张树声署理，而外交则由曾纪泽负责。曾纪泽向以态度强硬著称，与法国的谈判很快陷入僵局。6 月初，张树声秉承朝廷的旨意，下令陆军开赴越南，同时调动广东兵轮，克期出洋，遥为声势。中法对抗，一触即发。

鉴于局势危迫，朝廷不顾李鸿章丁忧，"夺情"让其回任。李鸿章上疏恳辞，朝廷不依。1870 年，天津教案平息后，李鸿章以通晓外事为朝廷所倚重，"外事必付鸿章"，此次法国构衅，事端重大，朝廷用人之际，岂容李鸿章推辞？谕命其秉金革毋避之古训，速返天津，署理北洋大臣。李鸿章只得从命。回任后，他继续坚持战备、和议双管齐下的方针，而战备为虚，和议为实。他在给朝廷的奏折中说："各省海防，兵单饷匮，水师又未练成，未可轻与欧洲强国轻言战事。"

李鸿章历来主张"外须和戎，内须变法"。这是他内政外交的两个基本点。在他看来，要想变法自强，首先要有一个和平的环境，否则一切都是空话。眼下中国积弱，打不过洋人，与其打败了割地赔款，不如委曲求全，以保和局，从长计议。这一想法不能说毫无道理。明知实力不逮，硬要逞强，那结果可想而知；相反，先退让一步，蕴积力量再图进取，如同卧薪尝胆，十年生聚，十年教训，倒也不失为一种务实的想法。可这种想法在现实中却行不通。面对列强的入侵，一味示弱，只能是人为刀俎，我为鱼肉，而牺牲主权和民族利益，更为国人和时论所不容。弱国无外交，李鸿章难就难在这里。

当时对于国内外大势，知之者甚少。尽管经历过两次鸦片战争，众多国人仍躺在天朝上国的迷梦之中酣睡不醒。特别是太平军兴之后，大清国表面上歌舞升平，欣欣向荣——这期间，国内没有发生大的战争，而洋务新政轰轰烈烈，一片盛世景象——许多人被这表象所迷惑，全然不知在这所谓的同光中兴的背后却暗流涌动，来自外部的危机更是此起彼伏，从未消停。

1871 年，俄国乘阿古柏侵扰新疆之机，以保护边界通商为由出兵占领新疆伊犁……1874 年，日本出兵台湾……1875 年，发生马嘉理案，中国被迫与英国签订不平等的《烟台条约》……1879 年，日本再次挑起事端，强占琉球国，改其为冲绳县……好不容易将这些风波一个个平息下去，如今法国又在越南挑起冲突。尽管在普法战争中，法国吃了败仗，国力明显削弱，反观大清国经过洋务运动二十年的自强努力，国防实力和综合国力都有了明显增强，特别是淮军的装备训练大大提高，而北洋水师也在筹建之中，与前两次鸦片战争相比不可同日而语，但就中法双方的实力而言，中国并无取胜的把握，尤其是法国的海军舰队十分强大，远胜于中国。这一点李鸿章心知肚明。因此，他重返北洋后，仍然力主和谈为上。

不久，李鸿章与法国驻华公使宝海的谈判便拉开了帷幕。李、宝第一次会谈是在 1882 年 11 月 20 日下午，李鸿章亲自接见了宝海。谈话内容摘要如下：

宝："吾国在越南之事，与贵国无涉。"

李："越南乃吾属藩，怎说无涉？"

宝："法越新约第二条，越王有自主之权，无论何国皆无统属。"

李："越系吾藩国已数百余年之久，不容置疑。"

宝："法国与越南签订条约，意在行船通商，并非侵吞越南土地，用兵则是靖匪党，而中国出兵深入越境是破坏和局，制造衅端。"

李："保护属国乃上邦应有之义。"

宝："中法可划定界限，各自保护，但前提是贵国先退兵。"[1]

这次谈判虽然双方分歧很大，但宝海提出的划定界限，李鸿章认为能够接受。虽然这么做等于承认了法国在越占领之地合法，可法国也等于承认了中越之间的藩属关系属实，有利于中国。用李的话说："则越南为中国属邦之义，不言而喻矣。"

第二天，李鸿章派亲信幕僚马建忠前往宝海处继续会谈。马建忠，字眉叔，江苏丹徒人。他早年在教会学校学习法文，后在上海加入淮军，司职粮台，受到李鸿章的赏识，后被李派往法国学习国际法，取得法学学位。马建忠学贯中西，"善古文辞，尤精欧文，英、法现行文字以至希腊、拉丁古文，无不兼通"。回国后在李鸿章麾下办理洋务，并多次参与重大对外交涉。他是淮军的重要官员，也是当时中国少有的国际法专家。

马建忠与宝海的谈判进行了三小时之久，经过七八次易稿，终于达成一纸协议。协议用法文起草，后经马译出汉文，共三条：

一、中国将在越南北部的军队撤至境内或境边，法国声明毫无侵占土地，贬削越南国王治权之意。

二、保胜辟为商埠。

三、中法两国在滇、桂界外和红江中间之地划分界线，北边由中国巡查保护，南边由法国巡查保护。

李鸿章认为此协议大体可以接受。中国既不赔款，也不割地，虽然牺牲了在越南的部分利益，但也维护了大清作为宗主国的体面。如果按这个协定执行，中国付出的代价最小。他把这个协定上报总署后，总署也认为可行。事后，李鸿章谈及与宝海的会谈，认为会谈气氛平和，对方亦有诚意。一切似乎都在朝好的方面发展。李鸿章显然对谈判寄予厚望，并希望尽快了结争端。当时朝鲜发生"壬午兵变"，日本又在蠢蠢欲动，李鸿章两头应付，实感力不从心。可他并不知道宝海另有企图。

从当时的越南战场看，法国在河内的驻军较少，而清军和刘永福的黑旗军以及越南军队，加在一起数量远远超过法军。就实力而言，法国处于劣势。为了保证法军的安全，宝海在谈判中多次强调和谈要以中国退兵为先决条件。他对马建忠说，你们必须先退兵。而马建忠则做出承诺，只要法国履行协议，中国可确保退兵。尽管如此，宝海仍不放心，提出要中国拿出确切凭证。

宝云："外界有贵国之兵进取东京（今河内）之说。"

马云："谣传不足信耳。"

宝问："请酌量退兵，再给照会，可否？"[2]

马建忠回去后向李鸿章报告。李鸿章认为让清军出境"原不过虚张声势，牵制法人"，并不想真与法国人交战，现在宝海提出酌量退兵，我防军虽不能"遽行撤回"，但也不妨做一个姿态，由现驻地"约退若干里"，以示"和好之意"，于是他致函前线各军酌情后撤。

就在李鸿章和马建忠商办此事时，宝海却显得急不可待，不断派人来向马建忠打探回音，心情"甚为焦急"。为了表示诚意，马建忠正式通知宝海前来公署，并把撤兵情况告知大略。他还把通知各军酌量退扎的公文抄了一份给他看。可宝海仍不放心。

宝："仅有钧署函，似不足为凭。"

马："何为凭？"

宝："以照会为凭。"[3]

宝海走后，马建忠向李鸿章报告，说宝使（指宝海）索要照会，李鸿章知道宝海心有疑虑，便让马建忠转告，本大臣"可一力担保"。当晚便备好照会送达宝海。宝海看后与钧署函内容相符，无甚差池，表示不再疑虑。之后双方签订了一份备忘录，史称"李宝协定"。

12月4日，宝海把协定文本以及致本国外部密电交由天津电局寄发，并把电文抄件面交马建忠，请他照译呈阅。李鸿章看后，感到满意，他对马建忠说："看来他是实心要好，尚无欺伪。"接着，便令将有关内容密传两广疆吏，请他们转饬各军遵照妥办。

和平的曙光似乎已经出现。不过，对于退兵，中方也有人表示担忧：如果我军先退，而法军乘机向前推进，奈何？李鸿章认为这不可能，法国在河内之兵数量较少，谅无我退彼进之理。对此，他深信不疑，力主我方先退兵，以为和好之证。他还提醒总署和前方将帅，西人性情多疑，如我坚持不退兵，难免发生衅端，则越事终无了局。

12月8日，宝海来李鸿章处辞行，双方进行了礼节性的会晤。谈话中，宝海再次谈到退兵之事。他说："已接外部回电，令西贡官兵遵守协定，勿得生事。"李鸿章表示赞赏，他对宝海说："目下两军相遇，如有启衅只作地方闹事办理，不与两国国家相干。"宝海表示接受。

送走宝海，李鸿章松了一口气，但心里仍有一丝隐忧，尽管宝海求和是好事，但法国正值"扰攘之际"（政府面临重新组阁），情况难免有变。另据来自法国的情报，法国海军大臣等提出要力保在越利益，法国士绅也筹款九百万法郎作为越南兵费，而且对红江划界，法廷也有异议。由此可见，在协定没有正式签署之前仍然存在变数，不可掉以轻心。

次日，宝海登舟赴沪。不久，马建忠请假回籍（江苏丹徒）省亲，李鸿章让他就近与宝海联络，探知消息。12月21日，马建忠忽然发来了一份电报，说法国议院决定停止和议。李鸿章大惊，连忙询问原委。25日夜，马建忠回电称，法国不同意协定，"谓内多乖议办之意"，即协定内容多不符合法国利益。

李鸿章最担心的事终于发生了。他急电马建忠要他设法挽回。十二天后，马建忠回电来了，声称法国内阁发生变动①，决定中止"李宝协定"，召回驻华公使宝海，改派法国驻日公使脱利古来华暂代其职务。李鸿章提出要见宝海，但宝海却躲着不见，说是没有新任公使脱利古同意，"不敢私谒"。他还做出一副很无辜的样子，声称他被召回国，都是由于西贡巡抚拨弄是非造成的。

其实，宝海这么说完全是文过饰非，推卸责任。应该说，他与李鸿章谈判从一开始就怀有自己的目的。法军攻占河内后，清政府反应强硬，陆续派兵出境。当时双方军队数量对比悬殊，一旦发生交战，法军将陷入险境。在这种情况下，法国政府通过谈判，意在拖延时间，以便调兵遣将。正如宝海后来给法国外交部长的信中所说："当时东京（今河内）正受到两支中国军队的入侵，而这对于行使安南政府1874年赋予但一直未获批准的权利来说，确实比任何其他问题都更为严重……这个允诺（李宝协定）的第一个效果是使中国的部队撤离东京，退至边境，从而使在众多敌人包围而陷于灭顶之灾的河内驻军解脱出来。"显然，这是出于一种战略目的。就在几个月的谈判期间内，法国迅速完成了向越南的增兵，而随着雨季的到来，红河水位上涨也更利于法国舰船行动。

然而，对于法国的缓兵之计，李鸿章一直被蒙在鼓里。直到宝海被召

---

① 由茹费理出任总理，梅拉库出任外长，两人均属强硬派。

回国，他还认为责任不在宝海，而在于法国政府出尔反尔。他在给总署的报告中称："宝使前在津所议各节，在我尚嫌有不足，在彼实力顾和好。讵该国适有内讧之事，执政易人，幡然变计，并将宝使撤任回国，宝谓西贡前抚所播弄。"云云。

事实上，法国政府的变更固然与和谈破裂有关，而茹费理作为一个狂热的殖民主义者，其表现也比前任更为激进，这些都是事实，但事情的要害并不在这里。就其本质而言，无论茹费理，还是他的前任，法国对越南的政策都是一以贯之的，只是表现激缓有所不同，而撤回宝海亦不过是一枚掩盖其缓兵之策的烟幕弹而已。

正如李鸿章的亲信幕僚薛福成所说，政府易与不易不是根本，关键是宝海当初议和就是秉承政府之意，毫无诚意，现在政府变卦了，把他一撤了事，"洋人办事之狡狠，往往如此"。可谓一语道破实质。

李鸿章捏起了拳头

和议破裂之后，空气骤然紧张。法国不断向越南增派战船和军队，而前来接替宝海的法国公使脱利古到华后，更是盛气凌人，完全换了一副面孔。他秉承新内阁的旨意，向清政府提出了一系列难以接受的无理要求。

清政府意识到情况严重，立即命令滇、桂驻军向境外增派部队，加强防务，同时指示李鸿章筹划战备。面对朝野上下一片主战之声，李鸿章此时处境尴尬。"李宝协定"废弃后，他饱受指责，谤议喧腾，一时间成为众矢之的。

当时朝中主战派有两股势力：一是湘系实力派，如两江总督左宗棠、兵部尚书彭玉麟、驻法公使曾纪泽[①]等；一是清流派，以言官与台谏为主体，如军机大臣李鸿藻、山西巡抚张之洞、内阁学士陈宝琛、署左副都御史张佩纶等。湘系一向与淮系为敌，而清流派控制着舆论。他们猛烈攻击李鸿章，

---

① 曾国藩之子。

主张抗法援越，积极备战，并对李激烈弹劾，称他"岁费国家百万金，而每有震惊，一味议和"，"张夷声势，恫吓朝廷"，"坐拥重兵，挟淮军以揽权"，要求立予罢斥。

李鸿章非常恼怒。法国的背信弃义彻底打乱了他的计划，当宝海回国前去见他时，他说，法国如不承认中国的宗主国地位，事情似乎只有这么办了。言下之意，便是刀兵相见，一决雌雄。5月1日，朝廷有谕，令李鸿章迅赴广东督办越南事宜，广东、广西、云南三省防军均归节制。这道任命让李鸿章深感不妙，他很快联想到这可能是他的仇敌企图毁掉他的阴谋，不得不收起和谈的想法。在接下来与脱利古的谈判中，他也一改妥协的态度，变得强硬起来。

李鸿章的态度转变让脱利古很是意外。他在给法国总理茹费理的电报中写道："坏的谋议占优胜了。李鸿章受了我曾经说过的各方的影响，系统地抗拒我们，而且做出一种最傲慢的态度。"所谓"坏的谋议"和"各方的影响"指的就是国内的主战派对李鸿章的压力。

1883 年 8 月，法国借越南国王去世，派兵攻占顺化，强迫越南签订《法越新订和约》（即第一次《顺化条约》），规定越南归属法国。李鸿章得知消息后，拒不承认该条约，口气不容置疑，他对脱利古表示："越南数千年为中华属国，无论法国如何逼胁立约，中国断不能认。"

此后，在持续数月的交涉中，双方各自坚持立场，互不相让，常常不欢而散。这期间，李鸿章表现出了少有的强硬，丝毫不作妥协，更不为脱利古的威胁所惧。这在李鸿章对外交涉历史上并不多见。后世一般认为，李鸿章在与法国交涉中一味妥协，其实并不尽然。谈判不久陷入破裂。是年 12 月 11 日，法军水陆并进，向越南山西发起攻击。中法军队在相互对峙一年多之后，终于开战。

战争一开始，清军就连遭败绩。先折山西，再失太原、北宁。北宁一役，清军主力参战，前后五日，伤亡一千多人，大败而退。该役指挥是广西提督黄桂兰。他是淮军将领、刘铭传的老部下，与两广总督张树声是儿女亲家，由于指挥不力，加上多方掣肘，弹尽粮绝，眼看战局崩溃，无力挽回，便惧罪服毒自杀。

北宁失利，后果严重，紧接着谅山、郎甲等地先后失陷，清军（包括西线滇军）被迫退至中越边境一带。朝廷闻报，大为震怒。慈禧下令杀了扶朗炮台总兵陈得贵、副将党敏宣，又将广西巡抚徐延旭、云南巡抚唐炯革职拿问，同时任命湖南巡抚潘鼎新驰赴桂林，署理云南巡抚，不久实授，全面接统关外军务。

潘鼎新出山，这自然与李鸿章有关。潘鼎新是淮军宿将，从军以来，屡建功勋，尤其是在镇压西捻军中发挥主力作用。战后，朝廷论功行赏，授其云骑尉世职，并赏"巴图鲁"勇号。李鸿章对潘鼎新一向颇为赏识，很早就想提拔他，但潘鼎新的官运一直磕磕绊绊，不大顺畅。早在剿捻时，李鸿章就向曾国藩推荐潘鼎新出任河南巡抚，未能如愿。1873 年，潘鼎新入京陛见，李鸿章又向朝廷保举，称他堪任封疆，可当时无缺可补，此事又搁置下来。相比之下，他的同乡发小刘秉璋早在同治四年（1865 年）就当上了江苏按察使，次年又升山西布政使。刘的功名比潘高（刘是进士，潘是举人）这是事实，可若论战功，刘却远不及潘，这让潘很不服气。

不过，潘鼎新也不是没有过机会。剿捻结束后，朝廷令他赴山西，至左宗棠军营听候差遣，便是有意为他下一步出任方面大员做准备，可他因为湘、淮矛盾，不肯报到，错过了机会。直到同治十三年（1874 年），才始授云南布政使，两年后升任云南巡抚。可他到任不久，便与云贵总督刘长佑闹起不和。一山难容两虎，朝廷只好把他调离。光绪三年（1877 年），潘鼎新奉旨"来京另候简用"，等于免职赋闲。后来，中俄伊犁交涉紧张，李鸿章临时抽调他帮办防务，坐镇新城。法越事起，李鸿章又想到潘，令他协助统筹全局。待到越南局势吃紧，朝廷夺情让李回任北洋大臣后，李便奏请授潘鼎新署理湖南巡抚。可见李对潘一片苦心，器重有加。八个月后，北宁败讯传来，又是在李鸿章的力荐下，潘鼎新终于重新出山，全面接掌了广西前敌的指挥权。

光绪十年（1884 年）4 月初，潘鼎新接到任命，立即奔赴广西龙州，积极备战。山西战败后，朝内主战的气氛更浓。朝廷先是任命彭玉麟为钦差大臣，前往广东督师，又令左宗棠为两江总督，严备江防。在这之前，还任命曾国荃为两广总督。这些湘系大员一个个出马，都被视为朝廷主战的信号。

潘鼎新此时一心备战，并不知道这期间朝廷内部的政策正在发生微妙的变化。就在他奔赴广西前敌之时，朝廷发生了一件大事。慈禧借清军兵败之际，突颁懿旨，把以恭亲王奕䜣为首的军机处和总理衙门全班人马一锅端掉，任命光绪皇帝的生父、醇亲王奕𫍽取代奕䜣主持全面工作，号称"太上军机"。1884 年，旧历甲申，史称"甲申易枢"。

甲申易枢表面看是慈禧对战局不满——中法交涉以来，奕䜣一直主张通过外交途径避免战争。论者认为，正是他的一味主和，导致前方备战不力，对战败负有不可推卸的责任——实际上是借此巩固自己地位，排除异己。在搞掉奕䜣之后，慈禧对那些一向主战的清流派也没有放过。清流派首领李鸿藻被逐出军机，开去一切差使、降二级调用，而那些清流健将张之洞、陈宝琛、张佩纶、吴大澂等也先后外放，一一被踢开。由此可见，甲申易枢与主战主和并无直接关系。奕䜣下台后，主和派固然受到打击，但主战派同样受到压制。上意难测，李鸿章这时也深感惶惑。

甲申易枢发生在 4 月 8 日，九天后，即 4 月 17 日，一个英国人从香港来到了天津。这个英国人名叫德璀琳，曾司职天津税务司，是李鸿章的老朋友。他告诉李鸿章，这次途经香港遇见法国海军将领福禄诺，后者愿为中法争端"从中讲解"。

福禄诺是法国海军巡洋舰"伏尔达"号舰长。他来中国多年，曾带船在津驻防过，与李鸿章有一面之雅。脱利古离华后，中法谈判的大门已经关闭。现在福氏愿意出面调停，李鸿章当然不想拒绝。至于福氏的身份，虽然他不是法国政府正式委派的代表，但在李脱会谈时曾参与其间，并与李鸿章有过两次单独接触。

一次是脱利古派他来见李鸿章。那次会晤，福禄诺"备致殷勤"。他说：

"前次用人（指宝海）不妥，造成龃龉，这次专程北来，希望有裨于两国和局。"

李鸿章说："现在法国人愈闹愈坏，竟至不可收拾，我亦无法妥议。"

福氏说："法国正在增兵，这是事实，如果趁添兵未到，设法转圜方好。"[4]

这次见面之后，福氏又陪脱利古来李鸿章处会谈过一次，虽然李脱谈判最终破裂，但在李鸿章看来，福禄诺态度尚好，现在他主动提议愿意从中说和，不妨试着谈谈，或不失为一条与法国政府联络的渠道。

此时和议的想法又在李鸿章的脑子里占据上风。不过，奕䜣倒台后，李鸿章不敢贸然再提主和，更不敢私下里与福禄诺接触。为了稳妥起见，他致函总署，请示能否与福氏接触。信中说明了事情的前因后果，分析了局势，并谨慎地提出了"不如随机因应，早图和局"的想法——在信中他也作了声明，即"鸿章身任疆事，分应备兵御侮，不敢专主和议，伏乞鉴原"——意思是他只是据实禀报，并非要主和，谈与不谈由朝廷定夺。李鸿章这样做也是为了撇清自己，万一廷议反对议和，他也不至于受到指责。信中最后还说明福禄诺将在烟台候信，时间为八天。

他的信送上去后，朝廷很快有了回复，同意李鸿章与福禄诺谈判。人们也许感到奇怪，恭亲王奕䜣遭到罢黜，罪名之一就是因为主和，而新上台的醇亲王奕譞向来仇洋排外，主张与法一战，怎么竟然同意和谈了？这事说来话长，简单地说，奕譞虽是光绪皇帝的亲老子，又深得慈禧的宠信，但他性格懦弱，毫无主见，与老成练达的恭亲王奕䜣相比，差之甚远。在他主政后，先是空喊主战，但山西、北宁溃败后他又没了主意，不得不同意李鸿章与福氏谈判。

这一变化发生在短短的几个月内，加之是在秘密状态下进行的，外间并不知晓，但这一变化却导致了事态的走向再次发生了波折。

哑巴吃黄连

李鸿章捏紧的拳头松开了。

5月5日下午，福禄诺来到天津与李鸿章进行了会晤。福氏开出的条件是：清军撤出越南，放弃中国宗主国地位，撤销驻法钦差大臣曾纪泽，向法国赔款。交谈中，福氏大肆夸耀武力，声称大兵压境，尤其是法国舰队不可战胜。他向李鸿章威胁道，如果和议不能达成，法国将派兵船进攻中国本土，踞地为质，即夺取一个沿海口岸，作为抵押品，直到中国答应所有条件。他还透露说，法国海军巡察了中国沿海防务，从福建、广东到江苏、浙江，发现漏洞颇多，法国舰队如果北上，可轻易得手。

福氏的话尽管意在恫吓，用李鸿章的话说，"固是西人夸张恫喝习气"，但他也不无担心，如果法国兵船真要深入沿海，势必兵连祸结，日久不解，而踞地为质，更为李鸿章担忧。

大清的海防（包括水师）建设多为李鸿章一手操办，其防御能力如何，李鸿章最清楚。一旦法军北上，夺取一两处口岸，肯定会借机要挟，清政府也将失去谈判的筹码，陷入被动，而最高当局，包括慈禧老佛爷也不愿看到这种局面出现。同光以来，在处理历次边疆危机时，慈禧的一个基本思想就是不论怎么办，仗都不能打到自己家里来。至于藩属国的利益，能争则争，争不来则罢。宁可牺牲藩属国的利益，也不能危及本土。

福禄诺的这番话打到了李鸿章的软肋。在接下来的谈判中，围绕和议条款，双方讨价还价，辩论多时，尽管李鸿章"与之再四推敲，酌改数次，实已舌敝唇焦"，最后还是不得不做出妥协让步。不久，李福之间达成框架协议，即中国同意将军队撤回边界，不再过问越南之事，而且允许法国进入中国通商；法国则承认中越边界，不要求赔款[①]。这个条约后来定名为《中法简明条约》，俗称《李福协定》。在这份协定中，中国等于放弃在越南的全部利益，可协定草本报到北京后，慈禧太后却认为"与国体无伤，事可允行"，予以批准。随后，《李福协定》在天津画押。不过福氏毕竟不是法国正式代表，还须等法国新任公使巴德诺来华正式签署后方可生效。

---

① 不赔款是李鸿章争取来的，法国极不情愿。

5月23日，福禄诺回国。在这前一天，他来向李鸿章辞行，谈话中提到中国应按条约第二款立即退兵，并就此事与李鸿章进行了磋商。

福："贵军各防营调回边界，现已调回何处？"

李："我粤军驻谅山一带，滇军约在胜保一带，都距中国边界不远。十余年来，我军久驻剿匪，属邦赖其弹压，与法国毫无关碍。"

福："中法既已定约，请贵军限期退兵，调回边界为是。法军打算派队巡查越境，二十四（即公历6月23日）左右至谅山，四十多天后可至胜保。"

对于福禄诺提出的"巡边"要求，李鸿章予以婉拒。虽然《李福协定》中李鸿章答应退兵，但退兵的区域、时间和日程都需进一步协商，并报朝廷批准，现在法军不经协商便单方面打着"巡查越境"的旗号，向谅山一带进兵实为不妥。李鸿章也无法接受，

他告诉福禄诺说："现和议既定，退兵要等详细条款定后再议办法。今贵国商令限期退兵，语近胁制，我实不敢应允，亦不敢向上报告。"

但福禄诺态度强硬："我军巡边已定，请贵国照约将防营调回。"

李鸿章于是警告禄氏："越南相距较远，那里的情形难以遥度。我劝你们不要急于前进，更不必深入谅山、胜保等处，以免发生误会。如果非派队巡查，切勿与我军接战生衅。"

这次谈话，双方并未就退兵一事达成一致。而且，在李鸿章看来，这也不能算是正式会谈，双方既未"备文照会"，事后李鸿章也没向朝廷上奏。用他的话说，便是"彼此游谈，不足为据"。不过，法军的意图还是引起了李鸿章的警觉。在福氏告辞后，李鸿章便以密函的形式通知云南、广西两位巡抚，要求他们"随时侦探儆备，相机进止"。他还交代潘鼎新，希望他将军队"调扎近边，既免口舌，亦便整顿"。在李鸿章眼中，越边丛山荒瘠之地，"似得失无关轻重也"——言下之意，丢掉也没什么可惜。

6月中旬，越南屯梅、谷松一带突然出现法军，并有继续向前推进的迹象。广西前敌总指挥潘鼎新立即电告李鸿章，请示对策。李鸿章吃了一惊，显然法军并未接受他的警告，开始派队"巡查越境"了。如果清军不退兵，

势必发生冲突。面对这突如其来的局面，李鸿章一边敦促军机处请旨退兵，将谅山一带清军后撤至边境地带；一边致电两广总督张树声，让他转告潘鼎新"临事当自审进止"——意思是遇事见机行事，自行决定。

潘鼎新接到张树声转来的电报，一头雾水。自审进止，那究竟是进，还是退呢？此话十分含混。接电第二天，他便急忙致电总署，请示办法。电报中说，法兵已至屯梅、谷松一线，我军严阵以待。如果打起来，"败固不佳，胜亦从此多事"。况且我军驻扎之地离边界数百里，显与调回边境议约相反。"似此进退两难，乞与总署明示以定办法"。

令潘鼎新意外的是，很快军机处就回电了，内容十分强硬，命令驻越清军"仍扎原处，不准稍退示弱，亦不必先发接仗，倘法兵竟来扑犯，则衅自彼开，惟有与之决战"。接到这道命令，潘鼎新心里便有了底。他下令前敌将士固守阵地，严阵以待，私下里仍有些疑惑，因为军机处的态度与老上司李鸿章截然不同。此时，李福谈判的风声早已传到前线，难道现在上边改变态度，真的要打了？就在潘鼎新疑惑不已时，李鸿章又来电了，电云"左相进京，正议主战，内意游移"。

左相即指左宗棠，他是主战派的代表人物之一。6月18日，朝廷谕旨，令左宗棠复入军机，这被看作是压制主和派的一个征兆。李鸿章来电所说的"左相进京，正议主战"，指的就是这件事。

其实，朝廷高层在战和之间一直摇摆不定，先是授意李鸿章与福禄诺谈判，可《李福协定》签订第二天，朝中二十多名大臣便联名上奏激烈反对，集矢于李鸿章，指责他通夷，不以弃地为耻，直与秦桧、贾似道毫无二致。其中翰林院编修梁鼎芬的奏折中更是列举他有"六可杀"之罪。一时间，主战舆论重新高涨。左宗棠入值后，态度更加强硬，甚至要求李鸿章如遇法军挑衅，可不必照会该国即与之决战。此时，李鸿章已失去对局势的掌控。他只能提醒潘鼎新随机应变。

6月23日早晨，法军开进观音桥附近。观音桥，越南称之北黎，位于谅山以南一百多里外的沧江岸边。驻守此处的清军三千多人，守将为万重暄、黄玉贤和王洪顺。探马来报，说是法军已抵观音桥，并有渡河迹象。万重喧一边布置警戒，一边向潘鼎新报告。潘鼎新闻报当即指示按军机处命令执行："仍扎原处，不准稍退示弱，亦不必先发接仗"，如法军挑衅则予以回击。不久，法军渡过沧江，并继续向前推进。万重喧闻报，立即派出军使与法军交涉，并带去了他的亲笔信。信的大意是：已闻天津和议，但关于撤军之事，他们没有接到总署和军机处的命令，部队尚无法后撤。照会中提议由法军直接致电北京，只要上边发出撤军命令，我军将遵令而行。

这个要求可能有些奇怪，我军后撤怎么竟要法军电示总署和军机处请令呢？原来，由于广州到龙州的电报线还没完工，桂林不通电报，他们向上级报告只能通过驿递，即便八百里加急，也不可能少于六天。而法军携带电台，如果发报可以大大缩短时间。但是，这一提议遭到法军的拒绝。

法军指挥官名叫杜森尼。此人傲慢自负，性情暴躁，前不久刚刚晋升中校。此次他前往谅山接收，是受法国远征军总司令米乐将军的派遣，所率的谅山纵队下辖一个海军陆战营、非洲轻步兵队、东京土著步兵分队、四厘米山炮连、半个骑兵连，以及工兵、宪兵、电信兵、医生、辎重队，有九百余人，还有负责运送粮食给养的越南苦力近千人。但由于天气炎热，环境恶劣，一路上部队因中暑、血热病、痢疾，减员严重。在抵达沧江之前，兵员已减少二百余人。此外，不堪虐待的越南苦力沿途逃跑的也不在少数。山炮连由于缺少骡马跟不上步兵的行军速度，干脆被丢在后边。

兵力相比，法军明显处于劣势，但一向自大的杜森尼却完全不把清军放在眼里。在谈判中，他蛮横无理，竟然不顾国际法，残忍地枪杀了三名前来谈判的清军使者，这一来彻底激怒了守军。下午四时，法军开始向清军阵地发起攻击。清军奋起还击。观音桥之战打响了。此战从 23 日下午一直持续到天黑。清军依靠抢修的工事有效地阻击了法军的前进。法军伤亡严重，阵脚大乱，先是越南雇佣军溃败逃散，接着是海军陆战营被打乱，只有阿尔及利亚连保持队形，方才稳住阵脚。

次日一早，战斗继续进行。法军此时已经军心涣散，而清军越战越勇。

数小时之后，在清军的攻击下，法军丢盔弃甲，疯狂逃窜。据英国驻东京记者斯各特称，他们从浪张府来时走了六天，回去时只用了三十六个小时。其溃败速度之快，令法国军人颜面扫地。虽然从伤亡人数看，清军人数居高，达三百余人，而法军仅为五十余人，但战斗的结果却以清军胜利而告终。

观音桥事变发生后，法国极为恼怒。法国总理茹费理致电李鸿章，提出严重抗议，认为清政府破坏和平，"墨迹未干，约章已背"，并威胁将派舰队北上进行报复。面对法国的压力，清政府怕了。这时，最倒霉的要数潘鼎新了。虽然他在观音桥打了胜仗，但朝廷却迁怒于他，将其革职查办。潘鼎新不服，他致电李鸿章说，朝廷有旨不准稍退，只有"决战遏其凶锋"，其错何在？李鸿章只好据实相告，说是先前不让退兵是负气之举，并非真想与法国开战，现在虽然打赢了，但却给了法国人以借口，造成了被动。潘鼎新哑巴吃黄连，有苦说不出，自此郁郁寡欢。光绪十四年（1888年），即中法战后第三年，潘鼎新在家乡郁闷而死。

潘鼎新一生戎马生涯，官至封疆，从1862年参加淮军，到1885年被罢职，前后二十三年，虽然战功卓著，但真正值得国人纪念的却是他在中法之战中的表现。在越南短短的一年间，他先后率部在谅山、文渊、镇南关等地与敌交战。即便被革职查办，仍以戴罪之身在越指挥作战。在法军进攻镇南关时，他带兵进援，左肘中弹坠马，退守海村，亦苦战周旋。两个月后，终于与防军老将冯子材合兵一处，取得扬名中外的镇南关大捷，并一举收复谅山。应该说，潘鼎新在越南的表现，无愧于抗法将士的称号，这也是他人生中最值得肯定的一笔。

可惜的是，他很不走运。观音桥一战使他饱受指责，撤职查办后，清政府也一直在派员审查他的问题，直到他病逝前几天，朝廷才发表上谕肯定其战功，为其恢复名誉。在他死后四个月，清廷又从李鸿章之请，恢复其广西巡抚原职，入淮军昭忠祠；三年后又批准建专祠，国史馆有传。

第二十一章　闻鼙鼓而思良将

龙性难驯

观音桥之战后，中法军队全面开战。7月间，东南海疆战云密布，气氛骤然紧张。法军在越南战场向清军发起攻击的同时，决定开辟第二战场，利用其先进的舰队，向中国本土发起进攻。他们的意图很清楚，就是要占领中国某处口岸，以此作为筹码，然后在谈判中讨价还价，逼迫清政府接受他们的条件。用他们的话说，叫"踞地为质"。而他们"踞地"的首选目标就是台湾基隆。

法国的战略是公开的、明确的，从法国总理到新闻界都公开叫嚣，毫不掩饰。在法国人看来，凭借他们强大的海军优势达到这一目的的轻而易举。消息传出，大清朝野上下都十分不安。台湾孤悬海外，防备薄弱，法军一旦发起进攻，势难抵挡。为此，"两宫宵旰忧劳，其时内外臣工，无不以台湾无备为恨"。

危难之时，朝廷把目光投向了一位淮军大将——赋闲在家的刘铭传。

刘铭传是继程学启之后的淮军第一名将，也是李鸿章的爱将之一，但他官运并不亨通。在他之前，淮军中的张树声、刘秉璋已先后出任封疆，就连一直磕磕绊绊的潘鼎新也于光绪二年（1876年）得到了提拔[1]，可战功

---

[1]　升任云南巡抚。

卓著的刘铭传却始终未能位列封疆，这让他牢骚满腹，一肚子怨气。

清代重文轻武，由来已久，提拔封疆大吏，更是讲究功名。张树声是县廪生，刘秉璋是进士，潘鼎新为举人，好歹都有功名。可刘铭传不是科举正途出身，只读过几年私塾，尽管靠战功一路升迁，年未三十而提督畿疆，但在"右文左武"、文人治世的环境下，提督虽然也是一品大员，地位却远不如文官，而且武将当到提督也就当到头了，要由武转文，位列封疆，却难上加难。虽然李鸿章有心提携他，屡次举荐，均未能如愿。为此，刘铭传意见很大，曾作诗发泄心中不满："盛朝修文不用武""文章两字误苍生""官场贱武夫，公事多掣肘""武夫如犬马，驱使总由人"……如此种种，不一而足。不过，要说刘铭传迟迟得不到提拔，全怪客观因素那也不对，就其自身而言，毛病也不少。

刘铭传作战勇猛，且谋勇兼备，这是他的优点；可他桀骜不驯，粗犷率性，又是他的缺点。这种性格很不适宜官场。官场讲究的是忍字，凡事不能由着性子来，可刘铭传偏偏是火暴性子，受不得丝毫委屈。遇到不如意的事，说炸就炸，说崩就崩，还动不动就撂挑子。在他的为官的经历中，光撂挑子就撂过好几回，所谓"凡五进，而辞退乃十有八焉"。用李鸿章的话说叫"性不耐官"。李鸿章的幕僚吴汝纶也评价他是"淮军杰出人才"，但"龙性难驯"。

同治六年（1867年）年底，东捻军被镇压，刘铭传作为淮军主力，立了大功，可朝廷功大赏轻——只封他一个三等轻车都尉世职（三品），很多人都替他抱不平。为此，刘铭传极为不满，常在酒后发牢骚。这年冬天，淮军在山东济宁休整，刘铭传便带头撂起挑子，公开上书"乞退"。朝廷令他率部北上，镇压西捻军，他也拒不应命，屡屡以"伤疾并发"为由，请求回乡养病。李鸿章知道他是心气不顺，多次劝他，让他先忍忍，可他就是不听。李鸿章无奈只得答应他的请求，后报经朝廷同意，准其回乡养病。

刘铭传回乡不久，剿捻战局一度陷入被动。由于战事紧急，朝廷旋即下令取消刘铭传的假期，令其回任，可刘铭传软磨硬抗，不肯应召，就连曾国藩和李鸿章这些老上司出面劝说，也无济于事。后来，曾国藩想了个点子，提出由朝廷出面表彰，"奖其勋谋而慰其劳苦"，所谓"天语"一句胜万句，加上刘铭传吃软不吃硬，这一招倒也灵验，刘铭传果然销假回任了。此后，在对西捻军的作战中，刘麻子又立下赫赫战功。按理，这一回朝廷该好好奖赏他了吧，结果朝廷的封赏依然吝啬——给了个一等男爵，刘铭传气不打一处来，立马上书请求开缺，再次撂起挑子。李鸿章写信劝他，他不听；让他来谈谈，他也不来。李鸿章知道他的脾气，只好去说服曾国藩，并奏请朝廷让他解甲归里。然而，计划赶不上变化。这边朝廷刚准了刘铭传的假，不久天津教案便发生了，七国军舰云集大沽、烟台一带，扬言要武装报复。鉴于局势危殆，朝廷决定取消刘铭传的假期，让其带兵备战。

一年后，天津教案平息，朝廷任命刘铭传督办陕西军务，并授其"专折奏事"的特权。这一安排自然与李鸿章保荐分不开。李的用意是以此做铺垫，为他下一步出任陕西巡抚打下基础。可是，六麻子到了陕西之后，却不听李鸿章的劝告，与当时的陕甘总督左宗棠闹起了不和。

左宗棠是湘系领袖。湘淮之间，门户之见甚深，而刘与左又是老冤家。早在尹隆河之战时，两人就结了怨。加上两人均心高气傲，谁也看不起谁。刘到了陕西不久便与左宗棠互相攻讦，闹得不可开交。刘铭传利用"专折奏事"的特权，向朝廷奏本，指责左部官兵能战的少，"不计虚糜，进剿缓慢"；金积堡虽克，但"贼势未衰，兵气已散"，"叛勇降回犹恐变生意外"。意思是说，左宗棠领导不得力，手下官兵作战也很无能，照这样下去，叛匪不能及时消灭，恐怕再生意外。

左宗棠得知后气得不行，也上奏打起刘的小报告，说他飞扬跋扈，自成一统，淮军厌战，贻误战机。两人你来我往，互相告状。眼看矛盾越闹越大，清廷便耍起了惯用手法，各打五十大板，这让刘铭传咽不下这口气。不久，便以"脑痛欲裂，坐卧难安"为由，"自解兵柄，养疴田园"。

这一次，刘铭传回乡时间最长，前后近十年。这期间，他开始大兴土木，寄情山水。每日与人饮酒、赋诗、下棋，消遣时光。据地方文献记载，刘铭传的出生地原在离刘老圩西北约六华里的四方郢子，后迁至旱庄。这里是刘铭传创办团练扎寨之处。刘铭传辞官回乡后，由于家中妻妾多，人丁猛增，难以安置，便在旱庄西北角建起新居刘老圩，又在六安九公山建了一处别墅——刘新圩。刘老圩依山傍水，面对大潜山，金河水穿流而过，圩基包括水面占地近百亩。四周深壕高墙，设有碉堡、炮台和吊桥，内有庭院楼阁，花园假山，小桥长廊，池塘花木，以及仓库、米房和马库等，规模浩大，盛极一时。圩内还修有一座六角亭，该亭四面环水，石桥相通，专门用来放置西周著名青铜器——虢季子白盘。这是刘麻子打下常州后，从太平天国护王府中缴获的战利品。这件宝物后来成了刘家的传家宝。

刘铭传解甲后，曾撰过两副庙联。一联是：

> 十载河东，十载河西，眼前色相皆成幻；
> 一时向上，一时向下，身外功名总是空。[1]

一联是：

> 万户侯、何足道哉！听钟鼓数声，唤醒四方名利客；
> 三生约、信非虚也！借蒲团一块，寄将七尺水云身。[2]

从这些诗联中透露出来的信息以及他大兴土木、寄情田园的情况看，刘铭传好像已经看破红尘，不再把功名放在心上，实则不然。刘铭传向来是一个干大事的人，他心雄万夫，志存高远，虽出身布衣，起于行伍，与科举无缘，但书读得并不少。史料说他"少读书，喜奇略"，诸如"医药、壬奇、占候、堪舆、五行之书"，无不涉猎，"尤好兵家言"，可见其所学甚博。他还长于诗文，著有《大潜山房诗钞》，曾国藩为之作序，称其诗有小杜苏黄豪侠之风，如同其用兵"横厉捷出，不主故常"。因此，刘铭传虽不是一个传统的读书人，但同样深受儒家思想影响，报国之志，家国情怀，深入骨髓，渗于血脉。他曾叹曰："生不爵，死不谥，非丈夫也！"意思是说，生不封爵，死不加谥，不能算是大丈夫。因此，像他这样胸怀远大抱负之人又岂会看破红尘，把国事置之度外呢？

事实上，在赋闲期间，刘铭传一点也未闲着。他购置了许多西方报刊、译作，同时认真阅读中国史籍，"静研中外得失"，密切关注着国家安危。他的座上宾多是一些思想开明、心怀忧患的高蹈之士，如吴汝纶、马其昶、薛福成、陈宝琛、徐润等。这些人物个个在中国近代史上都是大名鼎鼎。那段时间，边疆危机纷至沓来，国家并不安宁。每每谈起敌国外患，刘铭传便感到匹夫有责，大志难伸，于酒酣耳热之际，更是按捺不住，情绪激奋昂扬。有一次宴会，他拍案而起说："公等识之，中国不变西法，罢科举，火六部例案，速开西校，译西书，以励人才，不出十年，事不可为矣！"

刘铭传回乡后，李鸿章并没有忘掉这个老部下。他们一直保持密切的来往，李鸿章还写信劝他，要他莫效信陵君以醇酒妇人自乐，而应"多读古人书，静思天下事，乃可敛浮气而增定力"。他还说，像你刘铭传这样的人，决不会终老山林，总有一天会报效国家，不如"及此闲暇，陶融根器，后十数年之世界，终赖扶持"。

光绪六年（1880 年），伊犁事变发生，西北边陲告急，正当朝廷用人之际，李鸿章觉得机会来了，便向朝廷保荐刘铭传出山。可刘铭传一到北京，便放了一炮——一道《筹造铁路以图自强折》立时捅了马蜂窝，引起轩然大波。最后，他的奏折被否定，刘铭传心里窝了一肚子火，既失望又气愤，于是一拍屁股，再次打道回府，过起了隐居生活。

铁路论战的失败使刘麻子复出再遭挫折。不过，这一次和以往不同。以往六麻子闹事、撂挑子多是率性而为，恃强逞性，而这一次上奏事先却经过深思熟虑，认真谋划。经过近十年的隐居读书、静观广思，刘铭传已变得成熟多了。

进京之前，他途经天津，首先拜谒了李鸿章，并在那里停留了六天。在这六天里，刘铭传与李鸿章交换对伊犁备战形势的看法，两人一致认识到，新疆路途遥远，要想巩固边陲，非修建铁路不可，但他们也都清楚铁路是个烫手的山芋，碰不得。但刘铭传不怕。

为了做好这件事，李鸿章招来心腹帮助刘铭传起草奏折。应该说，这份奏折并非刘铭传一人所为，而是由李鸿章和部分淮系官员共同谋划的集体产物。事后，李鸿章在给张佩纶的信中说，这件事自己想说而未敢说，省三"幸与吾党发其端"；若自己不趁时呼应，那便是"负国负友负平生"，这也表明他与刘铭传之间有着某种约定。

时势造英雄

光绪六年（1880 年），刘铭传返乡后，一待又是近四年。中法战争前后，形势危迫，朝廷"需材孔亟"，而宿将元勋凋零已稀。在这种情况下起用刘铭传的呼声又高了起来。

观音桥事变后，朝廷起用他的谕旨终于下达了。当时，刘铭传正在杭州小住。此次赴杭是受淮军老同事、时任浙江巡抚的刘秉璋之邀。据《刘公铭传年谱初稿》记载，在杭期间，两位老战友诗酒往来，谈及国事，均感海防薄弱，令人担忧。

刘秉璋认为，法舰大举集结，已严重威胁东南沿海安危，如果沿海北上，将直接威胁京师，甚至重演咸丰十年（1860 年）火烧圆明园之惨剧。刘铭传表示赞同，但他最担心的还是台湾。法人公开叫嚣,要夺取台湾,踞地为质,可由于当局历来重视不够，台湾的防卫设施陈旧、落后，武器、兵力也严重不足。如果法人进攻，将危殆万分。不过，尽管如此，他仍表示倘若朝廷委以重任，他愿意渡海赴台，不惜肝脑涂地，为国效力。刘秉璋对于刘铭传的胆识极表钦佩，他说，如果刘铭传前往台湾，他在浙江将与之呼应，共同御敌。

1884 年 4 月 11 日，就在刘铭传逗留杭州期间，谕旨传来：

前直隶提督刘铭传统兵有年，威望素著。前患目疾，谅已就痊。现值时事艰难，需才孔亟。著李鸿章传知该提督即行来京陛见，以资任使。[3]

这道任命来得看似突然，实则并不令人意外。其实，关于起用刘铭传，早在一年前朝廷就有过考虑，并征求过李鸿章的意见。1883年5月24日谕云：

刻下滇粤防营兵力甚单，自应添拨劲旅，以资备御。提督刘铭传系李鸿章旧部宿将，声望夙著，如令其调募数营统带前赴粤西，作为后路援军，于事能否有济，著李鸿章悉心酌度，据实复陈。[4]

朝廷的意思是，眼下云南、广东兵力不足，能否让刘铭传出来招募数营，作为后路援军。李鸿章接旨后，认为这是保荐刘铭传出山的大好时机，不过对于朝廷的安排，他认为无法达到刘铭传的期望，因此他建议朝廷让刘铭传独当一面，寄以边防重任。言下之意，是要给他个封疆大吏干干。李鸿章的回奏如下：

刘铭传智略勇干，度越诸将。从前剿办粤捻各逆，战功最著。平日究心史事时务，见机敏决，才识过人。若令独当一面，寄以边防重任，于操纵控驭机宜，必能措置裕如，其威望亦可使远人慑服。[5]

这一奏折虽然没有被朝廷马上采纳，却为一年后刘铭传督办台湾军务起了重要作用。不过，如果认为这项任命仅仅是淮系推动的结果，却不尽然。因为出面保荐刘铭传的，除了李鸿章外，还有军机大臣阎敬铭，以及一向与淮系不和的张之洞和曾国荃。

张之洞的奏折称："欲激励铭军，惟有用刘铭传。该提督战略素优，闻其羡慕文职，尽人皆知"，"假予以文职，使为帮办津防，必能感奋图报"。——

张明确提出要迎合刘铭传，让其"由武转文"，委以重任。

曾国荃是湘系大佬，曾国藩死后，他与左宗棠便成了湘系的代表人物。虽然台湾向来是湘系的势力范围，但他也放下派别之见，出面举荐刘铭传。由此可见，刘铭传这一次出山可谓众望所归，各方一致看好。

6月12日，刘铭传奉诏北上，日夜兼程赶赴天津。在天津他拜见了老上司李鸿章，两人一起讨论了局势以及对刘的安排。李鸿章对刘说，台湾孤悬海外，战备薄弱，此去风险难测，我意让你留在天津帮办北洋海军事务，不知意下如何？李鸿章是好意，没想到刘铭传却婉言相谢，他说大丈夫为国捐躯，马革裹尸，岂能为一己私欲避害趋利？言下之意，他不顾个人安危，宁愿冒险去台湾，也不愿留在天津贪图享乐。李鸿章见刘铭传决心已定，而台湾也确实需要一个得力的将领去独当一面，挑起防卫的重担，于是便同意了刘铭传的请求。

几天后，刘铭传进京，慈禧太后单独召见，刘面呈《遵筹整顿海防讲求武备折》，详细分析了局势，陈述了自己对战局的见解，并制订了台湾防卫的具体方案，太后阅后深以为然。看得出来，刘铭传早已做好了充分准备。值得一提的是，在京期间，刘铭传还与他的老冤家左宗棠举行了会见。左宗棠在中法战争打响后内调军机。大敌当前，两位昔日的对头这时都表示要捐弃前嫌，以国家民族利益为重，和衷共济，一致对外。左宗棠还表示要让驻台湘军官兵听从刘的指挥，以防事权不一，影响大局，这让刘铭传深受感动。

6月26日，即观音桥事变发生第二天，朝廷正式发表委任，命刘铭传以巡抚衔督办台湾军务——此为台湾最高军政长官。谕云：

> 前直隶提督刘铭传著赏巡抚衔，督办台湾事务。所有台湾镇、道以下各官归为节制。[6]

时势造英雄，历史终于选择了刘铭传。

假戏真做

刘铭传的任命一下达,7月10日,他便带着随身亲兵数百名从天津出发,赶往上海。朝廷令他十日内到任。这个任务对于刘铭传来说并不轻松。

早在刘铭传任命颁布两天后,上海《申报》便一字不差地将谕旨刊登出来。一时间,刘铭传主台的消息便传扬开来。当时上海的气氛十分紧张。就在刘铭传前往上海的前几天,法国新任公使巴德诺和法国远东联合舰队司令孤拔先后到达上海。巴德诺一到上海就以强硬的姿态发出最后通牒,要求清政府批准《李福协定》,撤退驻越南北圻的军队,并赔偿法国二亿五千万法郎,限期一周答复,否则法国将攻占中国沿海口岸,作为抵押品。

为了向清政府施压,巴德诺与孤拔还一起公开接见中外访员,大肆炫耀武力。当有访员问及法国下一步将采取何种措施应对局面时,巴德诺毫不掩饰地回答,法国踞地为质的目标将锁定台湾基隆,并称攻取基隆对于法国来说易如反掌,而基隆也将成为法国舰队北上必不可少的补给和中转地。孤拔在接受采访时同样不可一世,他对访员宣称自己的舰队战无不胜,火力强大,拥有世界上最先进的铁甲舰、巡洋舰和炮舰等等。

这种把自己的战略意图和实力公然抖搂出来的做法,在战争中并不多见。法国的举动只能说明一个问题,那就是他们蔑视对手,根本不把清军放在眼里。

的确,法国有骄傲的资本,作为世界第二海军强国,当时拥有各种重型舰船近百艘,总吨位达五十万吨。观音桥之战后,法国立即组建了中国海域舰队(后改为远东舰队),任命孤拔将军为总司令。该舰队拥有舰船二三十艘之多。与之相比,中国的海军力量十分寒酸。当时北洋水师尚未成军,南洋水师拥有的船只不仅数量少,吨位小,而且装备陈旧。这种力量对比使法国人有理由对中国不屑一顾。

面对法国的咄咄逼人,清政府一边加紧备战,一边委任曾国荃为钦差大臣、署理两江总督，前往上海与巴德诺重拾谈判。

　　就在曾国荃尚未到达上海之前，刘铭传已先期抵达。他的到来，立即引起了各方关注。舆论对此寄予厚望，认为刘铭传身经百战，堪当重寄。当时的上海媒体，包括英美和日本的记者都认为，能在台湾与法军一战的，只有刘铭传将军和他麾下的淮军。对于这类评述，孤拔不以为然。作为一个法国名将，他一向自视甚高，虽然表面上并不把刘铭传放在眼里，暗中却重视有加。刘铭传到达上海后，他便下令密切监视，一边千方百计地打探刘的行踪，一边制订了在海上截杀刘的秘密计划。

　　法国人的阴谋，清廷自然有所防备。就在刘铭传前往上海时，清廷又发布了一道委任，任命刘铭传为谈判副使，作为曾国荃的副手与法人进行交涉。

　　这道委任一下，刘铭传前往上海的目的便完全改变了。也就是说，刘铭传到上海是为了与法国人谈判，而不是去台湾。对此，法国人虽然将信将疑，但刘铭传到达上海的举动却让他们有所迷惑。作为即将渡台的军事统帅，刘铭传到达上海后既没有高调抗法，慷慨陈词，更没有秣马厉兵，做军事上的准备，相反，倒是整日在公馆里宴请宾朋，诗酒会友，显得十分逍遥自在，丝毫看不出一点即将渡台的迹象。有访员问他何时赴台，他说要等曾帅到达，视谈判进展而定。有人问他有关台湾防备问题，他也大打太极，说是现在讨论这个问题还为时过早。言下之意，对谈判很有信心。

　　当然，事后人们才发现，这一切不过是障眼法，目的是转移视线。

　　7月14日，刘铭传在抵达上海的第三天，事先毫无征兆，突然登上了早已准备好的一艘外国商船——"海晏"号，连夜驶往台湾。据说登船前，刘铭传还在参加曾国荃宴请巴德诺的酒宴，与出席宴会的中外宾客推杯换盏，谈笑风生。然而，宴会一结束，他便神不知鬼不觉地直奔码头。与他同行的还有从天津带来的一百三十四名旧部，以及三百名从家乡临时招募的铁匠营子弟兵，外加一些枪炮弹药。这些人员和物资都在临行前悄悄登（装）船，而外界毫无觉察。有史料载："是夜大风雨，公（指刘）乃微服乘小艇登他舰疾行"，等到法国人得知消息为时已晚，再想拦截已来不及了。

两天后，7月16日，刘铭传顺利抵达台湾，比朝廷限定的时间提前了四天。此时，距法国人发起进攻仅余二十一天了。对刘铭传而言，这无疑是极为宝贵的二十一天。

与时间赛跑

刘铭传渡台是由基隆登岸的。他一上岸便不顾疲劳，马不停蹄地查勘炮台和守备情况。尽管来前对于台湾的防务薄弱有些心理准备，及至实地一看还是让他大吃一惊。基隆乃台湾三大海口之一，如此要塞居然只有五门炮，而且"炮台仅当一面，且势不可支"，其炮台和工事修筑也粗制滥造，不合法度，根本无法作战。刘铭传当即下令整改，他把从上海带来的前门炮十门、后门炮二十门、水雷数十枚以及毛瑟枪等装备用来增补炮台的防御力量，对于不合要求的炮台和工事也下令重新修筑加固，并派人督办，不容丝毫马虎。四天后，待基隆之事稍有头绪，他便立即移驻台北府城，考察形势，了解情况，紧急布置全台防务。

当时，台北府城十分落后，城内到处都是水田，像样的房屋不多，道路也不通。刘铭传初到台北，只能临时借用淡水县署办公。居住的条件也很差，"所居县署，半系草房，将佐幕僚，仅堪容膝"。

条件差倒在其次，大战在即，台湾的守备状况更让刘铭传闹心。晚清高层对台湾的重要性历来认识不足。明清之际，郑成功收复台湾后，台湾归于清朝版图，此后开府设治，隶属于闽省管辖。不过，高层对于台湾的重视程度明显不够。康熙皇帝甚至一度认为"台湾仅弹丸之地，得之无所加，不得无所损"，加上台湾孤悬海外，远隔重洋，交通隔阻，管理不便，与大陆各省相比一直处于落后蛮荒状态。十九世纪七十年代，日本侵台事件发生，清政府才逐渐认识到台湾战略地位不可小视。

台湾虽系孤岛，但"北连吴会，南接粤峤"，"虽弹丸一府而控制口洋。

近则为江浙粤闽之保障，远则为燕齐辽口之应援，南北万里，资其扼要"。曾任两江总督兼南洋大臣的沈葆桢曾上奏说："台湾孤悬海外，七省以为门户，关系非轻。"日本侵台事件发生后，朝廷对台的兵力和防务投入虽然逐年有所增加，但与台湾的实际防务需求相比仍差之甚远。及至中法战争发生，清廷方感切肤之痛，深为台湾安危忧虑。

刘铭传到达台北后，经过一番巡查，发现问题远比他想象的要严重得多。"海防以船为命，无师船即无海防"。可台湾四边环海，澎湖隔海相望，除了四艘年久失修的运煤船外连条像样的轮船都没有。所谓有海无防，诚哉斯言。就连刘铭传这样堂堂的巡抚级大员渡台上任也要租用洋船，其窘迫之状，由此可见一斑。

除了海防薄弱，台湾守军的状况同样十分糟糕。沈葆桢督台时，全台兵力约有十八营，中法开战前增至四十营，有两万多人。虽然兵员大幅增加，但兵滑将贪，营务废弛，部队上下暮气日深。尤其是贪腐成风，吃空额的情况普遍存在，所谓"虚名空额，习为故常"。兵贵在练，可台湾守军的训练形同虚设，顶替之弊随处可见，"操者十不二三，不操者则十居八九"。再者，部队装备落后，武器杂乱。有的枪炮重价购之，却随意丢弃，缺乏保养，并不爱惜。于是，枪机磨损，雨雾侵蚀，锈迹斑斑。有的枪打不响，有的打响了却打不准，所谓"枪码不明，则远近高低，茫无准的"。更为严重的是，染烟勇丁几达半数以上，致使战斗力明显下降。

如此现状，令刘铭传难以容忍，对于时任台湾兵备道刘璈颇为不满。但后者却不以为然，语多搪塞。

刘璈出身湘系，是左宗棠的老部下，资历较深。在刘铭传赴台之前，他是台湾守军最高长官，而且已被保荐到军机处"存记"，即将提拔。尽管他一再为自己辩解，但在刘铭传看来，台湾军务薄弱，作为兵备道，"岁糜饷百数十万，不闻购一精利枪炮，以备军防"，纵有千条理由万条理由，也难辞其咎，但大敌当前，现在不是追究责任的时候，他只能按下心中不满，以团结为重。

为了尽快改变状况，他要求刘璈及全部守军限期整顿，严肃军纪，"挽积习、杜虚糜"，严格管理，讲求操练，积极备战，同时在布防上进行了调整。这一来，又引起了刘璈的不快。

刘璈出任台湾兵备道在1881年。当时全台驻军约三十五营，一万六千五百人。鉴于台湾地域广阔，不敷布置。刘璈便把防御重点放在台南，他本人也亲驻台南。于是，台湾"重南轻北"的格局便由此形成。至中法开战时，台湾全部四十营兵力，台南驻军达三十一营，而台北驻军仅九营。这种布局虽有历史原因，但在刘铭传看来极不合理。

刘铭传赴台后，经过实地考察，综合分析形势，认为全台防御重心在北而不在南，因为基隆等几个重要港口均在北边，尤其是基隆和沪尾两个港口是法军意图攫取的主要目标。因此，他说，"综计全台防务，台南以澎湖为锁匙，台北以基隆为咽喉"，全台防务应以北部几个港口为重点。台南固然重要，但台北失而台南不可守，眼下"南北缓急悬殊，轻重尤须妥置"。

可是，刘璈却不赞成刘铭传的看法，两人很快发生分歧。但刘铭传不顾刘璈的反对，决定全台守军重新布局，将台湾全境划为几个防区，把全部兵力的一半调往北部。他还要求在基隆、沪尾和台湾以北的战略要地大量修筑炮台和工事，同时广泛发动，招募民团，以基隆、沪尾这两个港口为重点形成一个主次分明、布局合理的防御体系。

刘铭传的决策显然是正确的。而且，他说干就干，意志坚定，看准的事便雷厉风行，大刀阔斧。二十一天，虽然有些短，但对于刘铭传来说已是相当宝贵。在这有限的时间里，他尽其所能，最大限度地做好了迎战的准备。

◆ 北京前门城楼 ◆

· 总理衙门 ·

Li Hung Chang

•李鸿章•

◆ 刘铭传画像 ◆

統領北洋水師直隸天津鎮總兵丁汝昌

◆ 丁汝昌 ◆

◆ 吴长庆 ◆

◆ 袁世凯 ◆

A Chinese Soldier

◆ 外国画师绘制的清军 ◆

◆ 致远舰 ◆

◆ 定远舰 ◆

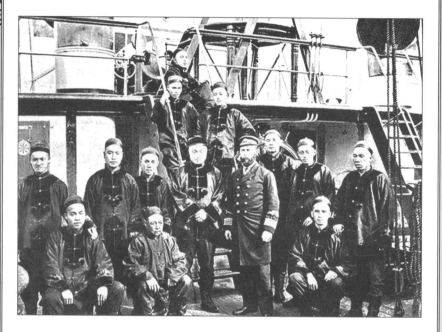

◆ 北洋水师部分官兵 ◆

◆ 身穿海军风格制服的男孩 ◆

◆ 威海卫港口（1901 年）◆

◆ 晚年李鸿章 ◆

◆ 北京马家铺（堡）火车站 ◆

◆ 部分官兵加入了极盛时期的义和团 ◆

◆ 北京城墙上的大炮 ◆

第二十二章　三军血涌饮楼兰

你有炮利，我有山险

1884年8月5日，上午八时左右，基隆海面传来了隆隆的炮声。第一次基隆之战爆发了。8月初，曾国荃在上海与巴德诺的谈判宣告破裂，法国决定采取军事行动，其远东舰队兵分两路，一路在孤拔的带领下，目标福州马尾；一路在副司令利士比的率领下，向台湾基隆发起了进攻。

8月3日，在刘铭传渡台半个多月后，利士比率领一支舰队进抵基隆海口。该舰队由装甲舰"拉加利桑尼亚"号、战列巡洋舰"维拉"号和巡逻炮舰"鲁汀"号三舰组成，另从"巴雅"号抽调二百余人的陆战队员随同前往，目的是对基隆城和煤矿进行占领。

利士比原任法国海军中国及日本海域分舰队司令。观音桥之战后，法国海军部决定将原来的东京分舰队与中国及日本海域分舰队合并，成立中国海域舰队，由孤拔任司令，利士比为副司令。

利氏出生于法国巴荣纳，毕业于法国海军学校，之后在海军服役，由尉官、校官，逐步升至少将，并在海军部担任过高级军职。他曾参加过克里米亚战争、侵越战争，并随英法联军参加过攻打大沽口。他不仅是个训练有素的职业军官，也是对华强硬派的支持者。

此时，他身着白色海军制服站在舰桥上，用望远镜眺望着远处的基隆海岸，脸上带着傲慢、轻松的神情。他们完全有理由感到乐观，因为从他们的角度看，中国的炮台根本不堪一击，面对强大的法国海军，抵抗无疑是以卵击石。

但是，他们显然低估了刘铭传的决心。当前一天下午，利士比派遣副官雅格米埃上尉给基隆守军指挥官送去了招降书，却遭了拒绝。利士比感到很恼火，第二天一早，便按计划发起了进攻。在他的指挥下，三艘战舰，以密集的炮火向清军阵地进行了长达数小时之久的狂轰滥炸。清军奋起还击，但因火力太弱，加上火炮射程短，很快居于下风。清军的炮台和弹药库相继被摧毁，士兵伤亡也很大。

刘铭传接到报告后，立即下令部队后撤。他早有准备，在这之前已派人将八斗煤厂机器拆迁至后山，并用水淹没煤井、焚毁厂房和所有物资，包括一万五千多吨储煤也付之一炬，以免资敌，同时命令各营连夜在后山修筑工事。

这一切似乎早在利士比的预料之中，他下令停止炮击，并令陆战队抢滩登陆。第一批法军五百余人分乘小船，陆续登上了基隆滩头。他们很快占领沙湾东侧山头，作为滩头阵地。在这期间，法军没有遇到任何抵抗。在攻占了全部炮台之后，法军又登上了沙湾东侧高地，在那里升起了两面法国国旗。此时已是下午二时左右。看着正在溃退的中国士兵，利士比脸上露出了快乐的胜利的微笑。

当天夜里，暴雨倾盆。天亮之后仍未停歇，时断时续，周围的山林在喧嚣的风雨中水汽迷濛。尽管大雨一直下个不停，让人心烦，但利士比的心情还是轻松愉快的。在给上级的电报中，他以诗意的语言渲染了法军的战绩，并为他们所取得的胜利沾沾自喜。尽管基隆城还没有被占领，但似乎此战已经大功告成。这份电报是8月6日下午二时发出的。就在这份电报发出没多久，派去占领基隆城的部队便遭到了阻击。

基隆之战打响后，刘铭传便从台北赶迅速赶至基隆。虽然法军攻毁了炮台，并派陆战队登陆，但刘铭传并不慌张。早在开战前，他就调集了湘军曹志忠部，淮军苏得胜部、章高元部等精锐驻扎于基隆，并谋划了有针对性的战法，即扬长避短，不与敌人死拼硬打。用刘铭传的话说，敌有炮船之利，而我有山势之险。如要制胜，"非诱敌之陆战，不足以折彼凶锋"。因此，他下令各部退守后山，与敌决战。

果然，法军向基隆城进攻时，遭到顽强阻击。由于缺乏炮火的支援，法军优势顿失，很快败下阵来。清军乘胜发起冲锋，这时占领了沙湾东侧高地的法军利用有利地形猛烈开火，使清军的攻势受到遏制。

刘铭传下令务必拿下高地，彻底击退法军。然而，固守高地的法军拼命顽抗，战斗从上午一直打到中午，由于法军占据有利地形，清军仰攻不利，迟迟无法得手。刘铭传又气又急，急召众将商讨对策。部将到达时，刘铭传正在吃午饭。他满脸怒色，环视众人道，想当年，吾以数千人破长毛、捻军十万之众，全仗着手下有唐殿魁、刘盛藻这样的虎将。要是他们二人中有一人在的话，何愁今日不胜？

唐殿魁、刘盛藻都是刘铭传手下的名将。两人作战勇猛，屡建勋业。他们的部队也是当年刘铭传组建铭军时的老班底，其中不少官兵都是从家乡招募来的子弟兵。唐殿魁在剿捻时，死于短刀肉搏之中，刘盛藻在中法开战前一年病逝。刘铭传的这番话，既是有感而发，也是话中有话。部将们坐不住了，先是满面羞愧，继之血脉偾张。淮军将领章高元、邓长安首先站了出来，愤声大呼，吾等跟随大帅十多年了，今大帅身困绝域，吾等义不生还，唯公命之！刘铭传一看自己的激将法起了作用，连忙放下筷子，正色道，好男儿当建功立业，唐殿魁、刘盛藻能做到的，你们也能做到。之后，刘铭传立即进行部署，令章士高率一路人马，从东边绕至敌军身后；邓长安带一队，由西边迂回；第三队则由湘军提镇曹志忠统带，从正面进攻。

战斗开始后，曹志忠率队先是佯攻，吸引敌军注意。随后，章高元偷袭成功，与邓长安形成两边夹击，敌军阵地一片混乱。这时，曹志忠率部乘机冲杀。法军抵敌不住，只能退向海边，乘船逃走。此战，法军死伤百余人，丢弃的战利品包括枪支弹药以及帐篷、军旗等，不计其数。

基隆初战告捷，举国欢腾。《申报》最先报道了战事，并连续发文报道，对刘铭传临危不乱，清军将士奋勇杀敌，大加颂扬。报道称，刘铭传"老成硕望、智勇兼全"，"丰功硕画，举世无双"，并称有其坐镇全台，"实不难与法人共决一战"。

法国人恼羞成怒，立即展开了报复。

大胆的决定

1884 年 8 月 23 日，在距基隆之战过去十七天，马江之役爆发。此役，福建水师遭血洗，十一艘兵轮、十九艘商船被击沉，七百余名将士殉国；福州造船厂也被夷为平地。消息传来，朝野一片大哗。

早在 8 月上旬法军进攻基隆时，慈禧就深感不安，对是战是和首鼠两端，一方面不愿再像咸丰帝那样被人赶出北京，另一方面也不想大清江山从此丢掉。她征询奕譞的意见，奕譞的回复是可以打。随后召御前大臣、军机、总署、六部九卿和翰詹科道开会征求意见。会上许久没人说话。最后左宗棠站起来，说中国不能永远屈服于洋人，与其赔款，不如拿赔款作战费。慈禧称是，但当时决心仍不坚定，及至马江之战发生，是可忍孰不可忍。在各方压力之下，她不得不正式下诏对法宣战。中法战争就此全面展开。

马江之役后，孤拔成了法国的英雄。内阁总理茹费理致电称："国家向您——山西战胜者致敬，您为国家立了新的战功。共和国政府满怀喜悦心情向您的令人可亲的船员及其光荣的领袖表示全国人民的感激之情。"海军部长裴龙也发来电报，对这次"如此出色的军事行动"表示欣喜，还指示把这次海战写入法国海军史册。

孤拔号称法国海军名将，出生于阿伯维尔，毕业于巴黎理工大学。毕业后由见习士官做起，直至海军少将、中将。他曾出任过各种舰队的指挥，并担任过法国北方装甲师参谋长，具有丰富的海战经验和陆战指挥能力。

第一次基隆之战失利后，孤拔十分恼怒，但他没有急于报复，而是率主力舰队突袭马尾，消灭了福建水师。此举意在抢夺制海权，并切断台湾的后路，从而使台湾失去大陆的依托而成为真正的孤岛。他的目的达到了。

8月27日，即马江之战结束后第三天，法国决定在原来中国海域舰队的基础上扩大舰队规模，组建一支新的远东舰队，任命孤拔为司令，利士比为副司令。新成立的远东舰队拥有大小舰船二十二艘，其中包括装甲舰四艘，战列巡洋舰六艘，侦察舰四艘，通信运输舰一艘，巡逻炮舰四艘，鱼雷艇二艘，运输艇一艘。

目标直指台湾，欲报基隆初战失利的一箭之仇。此时，台湾已成孤岛，万分危急。梁启超曾有诗描述当时的情形：

> 其时马江已失利，
> 黑云漠漠愁孤城。
> 忍饥犯瘴五千士，
> 尽与将军同死生。

好在刘铭传早有思想准备。马江之战后，他便做好了最坏的打算。一边整军备战，修筑炮台、工事，一边激励民众，凝聚人心，动员各方力量，有钱的出钱，有力的出力。考虑到台湾兵力不足，他还发动民众，在全岛组织乡勇团练，以配合守军作战。

为了凝聚人心，提高战斗力，他还设法消弭湘、淮军之间的矛盾。刘铭传渡台之初，湘军驻台人数已有三千余人，其中孙开华、曹志忠等都是霆军将领，而他带来的淮军不过六百人，将领也仅有章高元、刘朝祜二人。刘铭传深知大敌当前，必须众心合一，方可制胜。一到台湾他便召集湘军诸将开怀畅谈，倍加慰劳，处处以诚相待，以公心为上。

霆军乃鲍超所部。由于铭军曾在尹隆河之战中与霆军结下怨恨，霆军旧将对刘铭传不免心存芥蒂。为了打消他们的顾虑，刘铭传事事出于公心，对待湘、霆军与淮军一视同仁，甚至在有些事上还向湘、霆军倾斜。有一次，营务处向他报告，说是治疗瘴疫的药丸已所剩无几，请示如何分配，他指示说先送湘、霆军使用，这使湘、霆军官兵大为感动。在给朝廷的奏折中，他对孙开华、曹志忠二位霆军将领也毫无偏见，褒奖有加。称他们"器宇轩昂，精明强干"，"性情朴实，隐慎过人"，而且两人"皆久着霆军，饱经战阵"。刘铭传的诚意很快化解了湘、霆官兵的疑虑。基隆开战后，湘军将士无不竭尽肝胆，奋勇效死。

战后，在向上报功时，刘铭传也格外厚待湘军。头功给了霆军曹志忠，次之才是淮军章高元。对于其他将士，他也一碗水端平，论功行赏，叙奖有加。他还特别奏请为湘军老将孙开华加提督衔。相反，刘朝祜为其侄孙，他倒从严要求，"仅述其功而辞其赏"，足见其大公无私，让人钦佩。

马江惨败的消息传来，台岛震骇。面对孤拔的来犯，人心不免畏惧。尽管此时刘铭传本人也是"焦灼如焚，生还已绝"，但他依然从容镇定，反复给众人打气，鼓动大家振作精神，不要被法人的凶焰所吓倒。他还号召将士们养兵千日，用兵一时，全力迎战，恪尽职守，"以不负国家干城之选"。

9月29日，法国舰队陆续在基隆和沪尾集结。按照孤拔的部署，法军兵分两路：一路由他亲率十艘战舰进攻基隆；一路由副司令利士比率四艘战舰进攻淡水。全部参战的舰船达到十四艘，占了整个远东舰队舰船总数的百分之六十以上。其中包括装甲舰三艘、战列巡洋舰三艘，以及各类通信运输舰、巡逻炮舰、运输艇等等，可谓声势浩大，重兵压境。

面对汹汹来敌，刘铭传令孙开华在沪尾布阵，迎战利士比的舰队；自己则坐镇基隆，抵御孤拔所率的法军主力。

10月1日，第二次基隆之战打响。由孤拔统率的法军战舰向基隆海口发起猛烈炮击。刘铭传按照既定方针，让部队撤至后山，以避敌锋芒，诱敌陆战。一阵狂轰滥炸之后，法军陆战队六百余人在卑尔少校的率领下开始登陆，清军奋勇还击。双方展开激战，一时间打得难分难解。直到夜色降临，法军才被迫退兵。

当天晚上，刘铭传正在部署明日作战时，沪尾忽然传来告急文书，而且是数刻之间连至三道。告急函是由李彤恩发来的。李彤恩时任营务处总办，是刘铭传的得力助手。李在函中称，沪尾危迫，一旦有失，则台北空虚，料难抵御，务请率师相救，以固台北根本。

刘铭传接报顿感不安。沪尾，又称淡水，乃基隆后路，离府城台北仅三十里；如后路有失，则前军不战而溃，况台北势关全局，且为饷源所在之地；台北失，基隆亦难固守。怎么办？刘铭传左右为难了。眼下基隆激战正酣，救沪尾，兵力不够，难以兼顾两头。如要增援沪尾，势必放弃基隆。两者孰轻孰重，他反复掂量，最终不得不做出了一个艰难的决定，即放弃基隆，力保沪尾。

当天夜里，刘铭传召集众将做出如下部署：

一、坚壁清野，转移或销毁基隆所有可能资敌的物资，仅留下一座空城；

二、令曹志忠部抽出两营扼守狮球岭险隘，阻止法军向北进军；

三、由他亲率大队连夜拔营，驰援沪尾。

命令一下，众将大感意外。放弃基隆，这无疑是临阵脱逃。按大清律，失地者斩。众将纷纷进言，认为此事不妥，请大帅三思而行，收回成命。但刘铭传心意已决，且军情如火，容不得半点延误，遂打断诸将，传令执行。

章高元一看刘铭传不听劝阻，便扑通跪下，痛哭流涕，以死相谏。他连声喊道大帅不可。

刘铭传严声呵斥，章高元不从。刘铭传大怒，拔刀砍向案子，厉声道："吾计已决，有罪我一人当之，违者斩！"随即推开章高元，走出大帐，号令三军，拔队启程。当他登轿时，章高元再次拦轿叩泣，刘铭传怒视喝退，然后号令三军，拔队启程。

此时，刘铭传已做好最坏打算，义无反顾。应该说，这是一步险棋，也是迫不得已。消息传出，百姓怨声载道，哭骂声响成一片。行军途中，部队经过板桥，当地百姓获知消息，便拦住轿子，群起而攻。愤怒的人们冲上前去，抓住刘铭传的头发将其从轿中拖出，拳脚相加，骂声四起。亲兵们见状，急忙上前弹压，但被刘铭传大声喝止。接着，便重整衣冠，令部队马不停蹄，继续赶路。

基隆撤师的消息很快传至北京。刘璈和营务处记名道员朱守谟纷纷上奏称李彤恩谎报军情以致基隆失守。朝中一片哗然，谤言四起。一些御史言官和湘系大员纷纷指责刘铭传"失地辱国""将要口让于敌人"，甚至还有人罗织罪名欲将刘铭传置于死地。

左宗棠此时坐镇军机，为兼理督办福建军务之大学士，接到刘璈等人的报告后，也向上参了刘铭传一本。他向太后奏报说，法军不过四五千，而我军之驻基隆、沪尾两地者达数万之多，且基隆之战，刘铭传已击退法军，万不该弃守而退，坐失要口。

太后道："刘铭传系老于军旅之人，何至如此？"

左禀："臣也不解，后详加访询，方知原委，盖因李彤恩以孙开华诸军不足恃，三次告急，刘铭传乃拔队往援，致使一失基隆，而坐困台北。"

太后道："可恨！"

左又禀："台北知府陈星奎，屡请攻基隆，刘铭传不听。狮球岭守军曹志忠所部八九营，而法兵不过三百，因刘铭传不许孟浪进兵，无法反击。现诸将多愿夺回基隆，可刘铭传坐守台北，不图进取。"

太后不悦，问："卿意如何？"

左奏："臣思刘铭传懦怯株守，或一时任用非人，运筹未协所致。李彤恩虚词惑众，致基隆失陷，厥惟罪魁。请旨即行革职，递解回籍，不准逗留台湾，以肃军政。"

太后准奏，谕旨将李彤恩先行革职，交杨岳斌查办。

刘铭传接旨后大为不快。他知道这次弹劾明指李彤恩，暗则针对他。中法交恶以来，尽管左宗棠等湘系官员都表示要尽弃前嫌，和衷共济，可一有风吹草动，湘淮恩怨还是难免兴风作浪。他立即上疏抗辩，指出左宗棠未加详察，遽劾李彤恩，实为不妥。又说，左宗棠所言基隆、沪尾守军上万也不准确。"基隆疫作，将士病其六七，不能成军"。基隆之战，九营士兵仅选出一千二百人，其中还有抱病出战者。至于沪尾，"炮台尚未完工，无险可扼，危险自不待言"。他还极力为李彤恩申辩，说自己早与孙开华、李彤恩等有约，如敌犯沪尾，臣即前往救援，"无用李彤恩虚词摇惑"，把责任揽到自己身上。再者，李彤恩三次飞书告急，"实由未娴军旅，临事仓皇，与虚词摇惑者有别"，请求从轻发落。

刘铭传的抗辩义正词严，有理有据。此时，清廷一方面要倚重刘铭传，一方面又要维护左宗棠的面子，不便深究，唯有拿李彤恩是问，坚持将李革职查办。于是，李彤恩便成了湘淮争斗的牺牲品。

其实，刘铭传基隆撤师是基于对敌我双方兵力判断而做出的一个决策。有一种说法，早在沪尾救急函未到之前，刘铭传就有过撤离基隆，固守台北的打算。当时，法军集中精锐来犯，如基隆、沪尾两头兼顾，不如集中兵力固守一头更有取胜之把握，而基隆与台北相比，显然后者更为重要。与此同时，留下基隆空城也可有效地牵制法军，使之顾此失彼，有利于清军长期作战。沪尾的三次告急正好给了他实现这一计划的理由。他撤至台北后，一边加强沪尾的防务，一边令曹志忠所辖六营驻扎狮球岭一带，严防法军从基隆向台北发起进攻。

应该说，"撤基保沪"是刘铭传走出的一步险棋，争议极大。学界也仁者见仁，智者见智，但从实际效果看，此举不仅力保沪尾不失，而且有效地牵制了法军，并使孤拔陷入泥潭而不能自拔，值得肯定。

一战功成收沪尾

10月8日，法军在攻占基隆后，开始全力围攻沪尾。孤拔从进攻基隆的编队中抽调五艘兵船前往沪尾支援。此时，攻击沪尾的兵轮已达八艘。

指挥进攻沪尾的是法国远东舰队副司令利士比。第一次基隆之战失败后，他饱受指责，颜面尽失。为了挽回面子，此战不容有失。战斗一开始，他便集中火力，猛轰沪尾炮台和清军营垒。一时间，"烟尘涨天，炮弹如雨"，打得昏天暗地。

面对法军的猛烈攻势，清军并未慌乱。按照刘铭传的部署，部队边打边退，陆续退至山林之中，避敌凶锋。法军故技重演，炮击过后，开始分批登陆。由于吸取了第一次基隆之战的教训，法国海军部特地从西贡和东京调集了两千多名陆战队官兵，以加强登陆作战。基隆占领后，孤拔抽调了四百余名陆战队员前往沪尾，交由利士比指挥。登陆开始后，法军先头部队两个中队沿海滩向纵深推进，接着又有三个中队的法军后续跟进。一路上进展顺利，没有遇到任何抵抗。

此时，埋伏于山间和海边丛林中的清军正张网以待。当法军进入一片谷地，前方出现了一片稻田和沟渠，而在稻田的周边则是齐人高的灌木丛。法军指挥官波林奴中校预感到不好，令部队快速通过这个危险的地段。就在这时，忽然枪声大作，响成一片。埋伏在树林中的清军开始发起攻击。他们从四面八方向法军射击。法军一时被打得晕头转向，只闻枪声，却看不到敌人，只能胡乱地放枪，乱作一团。

清军有备而来，先是利用有利地形和交叉火力将法军先头部队切成两段，使之首尾不能相顾，接着又从三面实施包围，发起猛攻。孙开华和章高元等身先士卒，率部冲入敌阵，双方短兵相接。许多官兵赤膊上阵，抢起大刀与敌展开肉搏。激战正酣之时，民军张李成率领数百团勇杀到。清军士气高涨，越战越勇。

混战持续了一个多小时，法军一连长方丹、二连长德荷台、三连中尉德曼等军官先后负伤，法军方寸大乱，不复成阵。眼看大势已去，波林奴急忙下令撤退。一路上，法军丢盔弃甲。有些士兵扔下伤员向后逃窜。局面一片混乱。清军穷追不舍。一些被丢下的伤员被杀死。法军第一陆战连连长方丹，被两人抬着，好不容易跑到海滩，还是被追兵赶上砍掉了脑袋，连同两个抬他的人也未能逃脱。

沪尾一战，清军高奏凯歌，大获全胜。事后，据刘铭传奏报，此役法军被击毙三百余人，被俘十四人，落海溺亡者七八十人。时人有诗赞曰："黑海涛雄一剑寒，北风吹断鼓帆干"；"一战功成收沪尾，三军血涌饮楼兰。"

对于这场战斗的伤亡，法方统计的与中方出入较大。法方的数字是阵亡九人，失踪八人，伤四十九人。有学者经过考证，认为刘铭传的奏报有夸大法军伤亡之嫌，而实际上清军的损失更大，在法军的几倍以上。然而即便有所伤亡，沪尾的胜利也不容置疑。就连在场观战的英、美驻淡水领事也给予高度评价，认为"只有在台湾的中国军队才能够一比一地坚持与法国人交战，这大部分应归功于刘铭传精明的准备和几位淮军军官的指挥才干"。应该说，刘铭传在极端困难的条件下取得"沪尾大捷"，实属不易。此战不仅粉碎了法军的进攻，而且迫使法军彻底打消了进犯沪尾的图谋。

10 月 28 日，朝廷任命刘铭传为福建巡抚，仍驻台督办防务——在这之前，刘只是以巡抚衔督办台湾军务，这一回终于被正式授予巡抚，实现了他渴望已久的政治抱负，成为淮军中第四个出任封疆的大员。

消息传出后，《申报》立即发表评论表示祝贺，认为这是"国家之福，天下苍生之福"；甚至认为朝廷如能早一点下发任命，"通省标兵，巡抚得而调之；马江兵轮，巡抚亦得而用之"，或许闽江军备不致糜烂，马尾之战的惨败亦有可能避免。

此时，对刘铭传的评价之高、期许之深都达到了空前程度。

封锁与反封锁

孤拔陷入了困境。占领基隆后，他的目的不仅没有达到，反倒被捆住了手脚。刘铭传丢给他的是一座毫无意义的空城，所有的物资，包括煤炭，都在撤军前焚毁殆尽。那个试图把基隆当作法国舰队北上"必不可少的补给和中转地"的如意算盘也彻底化为泡影。

不仅如此，基隆的守军虽然撤走了，但清军利用狮球岭的险要地势，死死扼住了向北的通道，使法军无法越雷池半步。此后，在基隆附近，清军和民团还利用暖暖、鸟脚峰、石梯岭等险要山地布防据守，与法军展开了近半年之久的艰苦拉锯战，从而牵制了法军的主力，把他们牢牢地困在了基隆。

　　法国公使巴德诺对此颇感沮丧。他承认占领基隆是一个错误，并把基隆比作"悲惨的堡垒"。孤拔身陷其中，进退两难，非但没有得到法国所想得到的利益，反倒背上了沉重的包袱。有人把基隆形容为一块食之无味，弃之可惜的鸡肋。还有人把孤拔夺得基隆比喻成一只骄傲的大公鸡钻进了"鸡笼"——法国古称高卢，在拉丁语中高卢为雄鸡之意，而基隆旧称鸡笼，沈葆桢视察台湾时，认为不雅改为基隆——这真是绝妙的讽刺。

　　这种局面的出现是孤拔事先没有想到的。沪尾之战失利后，孤拔备受指责。来自法国国内的批评认为，法军主力被牵制在基隆，等于被刘铭传套上了枷锁；这项占领所获得的利益与法国付出的费用不成比例。还有人指出，孤拔将军未能将更多的兵力投向沪尾，导致军事失败，是一件令人遗憾的错误。

　　战场的不利局面和这些尖锐的批评令一向心高气傲的孤拔无法接受，但他无力再做军事冒险。尽管法国舰队可以在海上为所欲为，可陆战非其所长。就连法国驻华公使也不得不喟然长叹："我们的远征队，虽然已作显著牺牲，尚不能摧毁离我们阵地仅二公里的中国人所建筑的工事……"刘铭传的战术显然发挥了作用。他既不死守岸防，也不死打硬拼，而是以退为进，诱敌深入，然后再以己之长，击彼之短。孤拔对此一筹莫展，为了改变被动局面，从10月下旬开始，孤拔下令封锁台湾各海口，打算以此困死刘铭传。

　　漫长的围困开始了。这给台湾守军带来了极大的困难。台湾微薄的家底，以及刘铭传上任时带去的四十万两银子，早在持续两个多月的战斗中消耗殆尽。据史料记载，当时台湾财政窘迫，饷需奇缺。"营台均为炮毁，军士无立足之区，露宿抵防"；"我军苦战，伤病死亡，器械药丸无能为继"。刘铭传在奏报中称："坐困三月，援饷俱穷而瘴疠更作，将士十九病且死，军且断炊"，"呼吁无门，尤堪悚惧"。

　　为了打破法军的封锁，曾被搁置的援台计划再次提上了日程。11月1日，清廷同意左宗棠的意见，令南洋派兵轮五艘，北洋派兵轮四五艘，在上海会齐,相机援剿。李鸿章遂指示北洋水师提督丁汝昌派林泰曾、邓世昌率"超勇""扬威"两舰,由德国水师总兵式百龄偕同援台,但曾国荃仍然推三阻四,讨价还价,不想派船赴台。

朝廷对于这种抗命行为极为恼怒。5日谕下,认为"台湾信息不通,情形万紧",曾国荃意存漠视,不遵谕旨,可恨至极,"著交部严加议处",后又将其"革职留任"。在朝廷的严谕之下,曾国荃不得不同意抽调南洋五艘兵轮赴援。这五艘兵轮分别是"开济""南琛""南瑞""澄庆"和"驭远"。然而,计划赶不上变化。12月4日,朝鲜发生"甲申政变",李鸿章被迫改变计划,将北洋的"超勇""扬威"两舰调往朝鲜,而南洋的五艘兵船则以维修为名,滞留上海。救援计划不得不再次推迟。

由于援台计划一再受挫,外援无望,刘铭传只能依靠自己寻找出路。面对困难局面,他首先以身作则,与将士同甘共苦,平时短衣草履,露宿山野,粗茶淡饭,聊以充饥;战时则身先士卒,亲当军锋。为了解决饷需和兵员不足的问题,他根据朝廷"台湾孤悬海外,他处接济,缓不济急";"援军一时难到,总须就地取材"等指示精神,饬令台湾各道府厅县广泛动员富户绅商"捐资募勇"。他还礼贤下士,寻访一些富商大户,晓之以理,动之以情。对于捐饷者从优奖励,对于勒索等不法行为予以坚决打击。乡绅林维源先后两次捐饷一百二十万,在他的带动下,各地乡绅富户踊跃捐纳,"百万之金,不劳而集"。

为了调动商绅们的积极性,刘铭传还奏请朝廷广开捐输。所谓捐输,就是卖官,即根据捐钱的多少奖励官职官衔,包括实官、翎支、虚衔、封典等。这是清政府用以弥补财政不足的一种措施。所有的官职都是明码标价,称之为"定例"。考虑到"台饷万分紧急,台地民力拮据",刘铭传请求朝廷根据台湾的实际情况,对台优惠,在"定例"十成数内酌减四五成,即按规定价格少收百分之四十至百分之五十,"以广招徕"。这一举措十分有效。不仅吸引了台湾绅商踊跃捐输,很快筹集了相当数量的款项,而且各种官衔的授予也提高了台湾绅商的政治地位,加强了中央与地方绅商的政治联系。

有了钱还得有兵。台地乡绅巨族多养私丁,并拥有一定数量的枪支弹药。刘铭传利用这一点,在台湾推行团练之制,鼓励绅商捐款募勇,以补兵员不足。在他的动员下,各地纷纷建起团勇。仅台北一地人数就达一万三千余人,并建立陆团和渔团,分别守卫内地和巡防海上。此外,刘铭传还对当地乡绅充分信任,知人善任,大胆使用。他任命慷慨捐输报效的乡绅林维源出任团练大臣;鉴于彰化乡绅林朝栋不惜毁家纾难组织队伍,并立下战功,则保举他为道员,"不论双单月遇缺优先选用"。这些举措极大调动了当地绅商的积极性,而这些团练义勇也成了一支保卫台湾的重要力量,配合守军有效地打击和牵制了法军。

台湾少数民族居多,时称为"番族"。刘铭传到台后,下令改变对"番民"的歧视,发动"番民"一起办防,先后组建了一些"番团"加入战斗。这些"番民"生性好斗,英勇善战。沪尾一战,张李成率领的民团就有五百多名"番民"战士。他们散发赤身,口嚼槟榔,攀岩上树,轻如猿猴。不仅善于山地作战,而且打法也很怪异。遇敌便仰躺在地,抬起左腿,将枪架在脚趾中间,待敌靠近,便一齐发枪;冲锋时则怪声喊叫,模样狰狞可怖,让法人惊骇不已。

法国人卡诺用一种无奈的语调写道:"他们有着全部民众站在他们一边,这些民众都有武装,并为军队担任劳动和杂役";"如果我们远远看到有土著人民,我们可以说这即是在设法想要做坏事的游击队,这些人都被中国官吏教得狂热起来"。

事实也正是如此,在法军封锁期间,刘铭传广泛发动民众,并想方设法,利用一切可以利用的力量,与法军进行周旋。就在刘铭传自力更生,多方"挖潜"的同时,大陆各方也在千方百计突破封锁,援助台湾。有利用小船将士兵和装备偷运进岛内的,也有利用走私向岛内输送物资的。尽管这种援助规模不大,但从未停止。

从1884年冬至1885年春,先后有数千名淮军及湘军官兵成功突破法军的封锁,从大陆抵达台湾。其中最大规模的一次,人数达到八百五十人,由淮军后期名将聂士成所统领。

此外，李鸿章的亲信盛宣怀就曾通过英国怡和洋行，"托名买糖"，给刘铭传转汇去银子十万两。当时，怡和洋行在台南、台北均有分行。根据国际公法，封海之后，只要该国发给护照，仍可进口。如英国《泰晤士报》所说，法国的封锁"全无成效"。

第二十三章　走向胜利

招宝山之战

就在刘铭传在台湾死死拖住法军，苦苦鏖战之时，1885 年 3 月初，从浙江传来镇海大捷的消息。

此战是由南洋水师援台引起的。早在去年 11 月间，朝廷就责令南洋水师会同北洋水师援台，曾国荃在严谕之下派出"开济""南琛""南瑞""澄庆"和"驭远"五船，由总兵吴安康统带，前往上海与北洋的"超勇""扬威"兵轮会合。12 月，朝鲜发生政变，李鸿章为了平乱，在请示朝廷之后，将北洋派出的两船调往朝鲜。剩下的南洋五船便以维修为名，停在上海码头，直到朝廷一再催促，饬令援台，它们才磨磨蹭蹭地驶出码头。

此时已是 1885 年 1 月 18 日。

孤拔闻报立即率领法国舰队前往拦截。数十天之后，南洋五只舰船驶至浙江大陈洋面时与前来拦截的法军舰队相遇。他们自知不敌，连忙躲避。其中"澄庆""驭远"两船避入浙江石浦，在法舰攻击下放水自沉；"开济""南琛""南瑞"三船则躲入镇海口。孤拔紧追不舍，尾随而至。镇海口位于浙江宁波，甬江由此汇入东海。此处地势险峻，南北两岸有金鸡山、招宝山两山相峙，素有"海天雄镇""浙东门户"之称。中法战争期间，坐镇浙江的最高指挥官也是一位淮军大将。他就是浙江巡抚刘秉璋。

早在一年多前，刘秉璋就开始针对法军的进攻，认真谋划，积极准备。

当时围绕守御战略，主要有五大海口分兵把守、诱敌陆战和重点防守三种意见。刘秉璋经过战前实地巡察后认为，"军事贵扼其要，若枝枝节节，实有防不胜防之势"。他支持候补同知、安徽太平人、委办宁镇营务处杜冠英，宁绍道台、委办宁防营务处薛福成提出的重点防守的意见，把镇海作为防御重点，以阻止法舰的进攻。

之后，在刘秉璋的督饬下，前线官兵进行了认真布防，并积极备战。当时镇海的守军以淮军为主，其部署如下：前敌最高指挥、浙江提督欧阳利见亲率本标练兵和楚勇三千五百人驻金鸡山，防守甬江南岸；北岸招宝山由记名提督杨歧珍的淮军六营两千五百人驻守；另有记名总兵钱玉兴统领练兵及淮军三千五百人作为后路策应之师；招宝山的威远炮台、金鸡山的靖远炮台和小港口的镇远炮台，则归淮军将领、守备吴杰指挥。

此外，按照刘秉璋的要求，官方还在宁波与镇海之间架设了一条四十华里的电报线路，并把传教士集中看管起来，防止他们向敌通报消息，与此同时花费重金聘请熟悉甬江水道的外籍引水员，以防被法军利用。为了加强镇海防务，刘秉璋当时还有一个设想，就是把他的同乡、久经沙场的吴长庆调来浙江接替欧阳利见。他这样做的目的主要是考虑欧阳利见是湘军将领，素与淮系不和，恐不得手。但他的请求没有得到李鸿章的批准。

1885年2月28日，孤拔率四艘法舰追至镇海口外。3月1日，法国一支小艇驶至游山附近侦察，守军发现立即开火。法国小艇见势不妙，急忙退回。淮军守备吴杰命令南北两岸炮台一起发炮。双方对轰五小时之久，镇海之战由此拉开大幕。

从3月1日至4月10日，双方断断续续进行了多次交战。由于事先准备充分，加上镇海守军同仇敌忾，奋勇抵抗，法军的多次进攻均被粉碎，法舰"纽回利"号和"巴夏尔"号等舰均遭受不同程度的损毁。尤其是3月3日一战，孤拔万万没想到，他的旗舰冒险进入招宝山附近时，清军突然发炮，击中该舰，致使横木倒塌砸伤其本人。这对法军来说，显然是一个重大挫败。

指挥3月3日炮战的就是淮军守备吴杰。此人是安徽歙县人，外号吴大佬，生性倔强，敢作敢为。当法军进攻时，镇海口守军最高指挥官、提督欧阳利见不许他先行开炮，但他认为两军对垒，战机不可错过。当孤拔冒险进入清军炮火射程之后，他当机立断，下令发炮，并重创"巴夏尔"号，使孤拔身负重伤，命悬一线。事后，尽管吴杰立下大功，但却没有得到奖赏。不仅如此，欧阳利见还以他违反军令差点对他军法处置，后因刘秉璋、薛福成等人力保，以功过相抵为由，方使他逃过一劫。不过，吴大佬虽然遭遇了不公，但历史并没有忘记他，在镇海大捷的功劳簿上也永远地记下了他的名字。

孤拔为自己的傲慢和轻敌付出了代价。三个多月后，这个不可一世的法国名将一命呜呼，死于澎湖。关于孤拔的死，有多种版本。据刘铭传报告称，孤拔久陷基隆，"意甚怏怏"。和议画押后，"该酋即举酒痛饮而死，并有一兵酋同死。法人皆言其醉死，其实服毒等语"。除了醉死、服毒等外，流传最广的要数镇海之战遭炮击负伤，后因伤重不治而亡。但法方拒绝承认，对外公布说孤拔是在澎湖感染瘟疫而死。

孤拔的死因并不重要，重要的是他在镇海的失败导致了法国舰队无敌神话的破灭。此战过后，不仅他本人命丧黄泉，而且法国舰队元气大伤，再也无法为所欲为。

值得一提的是，早在刘铭传出山前，刘秉璋曾邀他前往杭州小住，当时两人纵论局势时，刘秉璋就说过，如果刘铭传前往台湾，他将在浙江与之呼应，共同御敌。没想到他的话居然成了现实。镇海之战有力地支援了台湾，而孤拔和他的舰队在两位淮军大将的联手抵御下也最终失败。尽管法军曾在马江耀武扬威，战绩骄人，但在台湾和镇海不仅没有讨到便宜，相反却付出了惨重的代价。

提督军门受诰封

1885年3月，对于清军来说，是一个值得纪念的月份。就在镇海取得大捷之时，越南战场也传来了捷报。

早在清廷对法宣战之后，为了应对法军对中国沿海和台湾的进攻，清廷制定了"进兵越南，规复北圻"的策略，命滇、粤、桂三省军队入越攻击法军，以达到"台湾乃可稍松"的目的。但粤军无力进扰，数万滇军又被法军牵制在越南宣光一带，寸步难进，这样由潘鼎新所率领的桂军便成了越南北圻战场的主力。

1884 年 9、10 月间，为了缓解台湾的压力，潘鼎新指挥部队在越南发动攻势，接连取得一些胜利。观音桥事变后，潘鼎新受到革职查办，仍留前敌戴罪立功。此后，法军先后向越南增兵。至次年初，集结数万人大举进犯，试图在旱季结束前击败清军。潘鼎新此时孤军奋战，伤亡惨重，而所属王德榜部和苏元春部又闹起不和。法军攻丰谷，苏部不援，王部大败；法军攻谷松，王部不救，致使谷松溃退。王德榜是湘军宿将，一向不把潘鼎新放在眼里，潘鼎新亦衔恨于他，偏袒苏元春。由于将相不和，局势更加不堪。2 月中旬，法国攻陷谅山。清军"退驻南关，龙州大震"。紧接着，法军进攻文渊，守将杨玉科力战身亡。潘鼎新为保南关根本，率部驰援，不幸中弹坠马，左肘负伤，法军乘胜攻占镇南关，兵临广西边境……

前线连续战败，加上潘鼎新师久无功，朝廷电令原广西提督冯子材帮办广西关外军务。冯子材是广西钦州人，早年跟随张国梁转战江南，屡建战功。后官至广西提督，治军四十余年，纪律严明，爱兵如子，声望卓著。中法之战时，他已辞官回乡。张之洞出任两广总督后，奏请朝廷重新起用冯子材。此时，冯已年近七旬，须眉皆白。

镇南关失守后，"逃难军民，蔽江而下"，广西境内一片惶恐。冯子材上任后，立誓要收复北圻，扭转败局。他一边稳定人心，一边整军备战。为了消除各部派系、门户之见，他还召集湘、淮、桂、滇、鄂等各部将领进行恳谈，呼吁团结一致，共同对敌。此时，清军的增援部队也陆续赶到，先后在边境附近集结了九十营四万余人的兵力，军力大增，而法军因为兵力不足，补给困难，不得不暂退文渊、谅山一带，伺机反扑。双方都在积聚力量，准备殊死一搏。大战在即，冯子材亲自跋山涉水，勘察了周边地形，决定在镇南关前的山岭间修筑一道长约两公里的坚固的土石长墙，这里是法军进攻镇南关的必经之路。

一个月后，长墙修筑完毕。从3月中旬开始，双方重燃战火。为了打乱法军部署，清军主动出击，夜袭敌垒。这一仗出乎法军的预料，他们没想到清军居然敢于主动出击，在毫无准备的情况下，惊慌失措，四散溃逃。法军尼格里上校闻报，恼羞成怒。作为东京军区副司令，他是法军在文渊一带驻军的最高指挥官。年初就是他击败清军，攻占了镇南关。连续的胜利早已使他忘乎所以，在法军受袭之后，他不等援军全部到达便向清军发起进攻。

23日，双方军队在镇南关前展开激战。战斗打了整整一天，并持续到次日中午。法军一千多人在开花大炮的掩护下向清军长墙轮番发动攻击。冯子材亲临前线，指挥作战。当形势危急之时，他大喝一声，跃上长墙，高呼道："法再入关，吾有何面目再见家乡父老？必死拒之！"

遂带头冲向敌阵。众将士在其激励下，奋勇杀敌，与敌展开肉搏。一时间，火光冲天，尸横遍野，战斗异常惨烈。傍晚时分，清军援军赶到，对法军形成包围，并切断法军后勤补给。法军大溃。清军乘胜追击，势如破竹，连战连捷，五日之内，连克文渊、谅山，并将法军驱逐至郎甲以南，取得了扬名中外的镇南关大捷。

镇南关大捷乃老将冯子材指挥有方，清军各部齐心合力所致，而淮军各部作为前敌主力之一，战功显赫，发挥了重要作用，亦被载入史册。其中记名提督、总兵王孝祺更是表现神勇。王孝祺是合肥南乡丰乐河人，本名得胜，早年家贫，以种菜为生。父母在他四五岁时便撒手西去，所谓"孩失其怙，幼丧所亲"，由嫂嫂抚养成人。王孝祺行三，绰号王老三。据《王孝祺家事与轶事》记，王孝祺"长方脸、宽额头，身高力大，性情刚强"。他每天去镇上挑粪，粪桶特别大，扁担也特粗特长。有一次，他挑着二百多斤重的粪桶来到河边，摆渡的船已离岸一丈多，只见他轻身一跃，便连人带粪桶稳稳地落在船上。其神力如此，令人惊讶不已。王孝祺的脱颖而出据说与李鸿章有关，传说他流落外乡时，有一天在李府门前卖水果，李府家人听他满口合肥土语，又见其身材魁梧，便向李鸿章禀告，遂为李鸿章收留，后加入张树声统领的树字营，由此崭露头角。加入淮军后，王孝祺从基层干起，后因战功突出，一路升迁，当上总兵，并授记名提督，与聂士成、章高元并称淮军后期三大名将，《清史稿》中称他"以敢战名"。

中法开战时，王孝祺率部驻守广西右江镇。1885 年初，清军在越南战败，王孝祺受命率部开赴龙州增援；3 月，进入镇南关一线。此时，冯子材已接替潘鼎新执掌前敌指挥权。潘鼎新向两广总督张之洞提议，把王孝祺部与冯子材部合为一军，得到批准。

镇南关之役开始前，清军获得密报，法军将攻龙州。冯子材与王孝祺商议，决定先发制人。3 月 21 日夜，清军夜袭文渊法军营垒，打头阵的就是王孝祺。他带领数百死士冲入敌营，击毁敌炮台两座、打死打伤法军多人。此战的胜利，打乱了法军的作战计划，并惹恼了法军指挥官尼格里上校。他不等援军到齐便向镇南关清军阵地发起进攻。镇南关之战由此打响。

从 23 日至 24 日，整整两天，这是镇南关之役最为艰苦的阶段。根据部署，王孝祺部八营作为第二梯队。战斗开始后，双方在阵前展开激烈争夺。法军以主力突破西岭阵地，清军防线受到严重威胁。紧要关头，王孝祺率部杀到，向法军发起冲锋。法军凭险据守，淮军数攻均未得手。孝祺怒云："誓夺西岭，有功者赏，退后一步者斩！"遂率敢死队一马当先，官兵们受其感染，无不奋勇，终于拿下西岭。

此后法军多次发起反攻，意欲夺回西岭，但都被王孝祺打退。法军久攻不下，便集中兵力猛攻长墙及两侧山岭。此处为冯子材的萃军阵地。在敌军强大攻势面前，萃军阵地险象环生。法军多次攻到长墙前边，甚至踏上长墙，多亏冯子材几番身先士卒，率部血拼，方保阵地不失。关键时刻，又是王孝祺第一个率部增援。他抽调精壮勇士从西岭侧后迂回包抄法军，使法军腹背受敌。接着，又有湘军等部队先后赶到，在法军身后形成三路合围。法军首尾不能相顾，死伤三百余人，攻势顿减。与此同时，王孝祺派出的部将张景春深入敌后，打掉了法军的运输队，使镇南关法军失去了粮草弹药接济。法军陷入恐慌，被迫撤退。

此后几天，清军乘胜发起追击，连克文渊、谅山。谅山一役是击败法军、扭转战局的决定性一仗。此役又是王孝祺立下奇功。攻城之前，他大布迷阵，命令部下每人带三面旗帜，满山施放烟雾。接着令部将潘瀛率领敢死队沿陡峭山路潜至城下。当敢死队攻城开始后，他便自领大军掩杀而至。烟雾之中，只见满山旗帜飘扬，法军以为清军人数众多，先自发生恐慌，加上烟雾弥漫，枪炮无法精确射击，顿失威力。王孝祺的部队则利用烟雾逼近法军，敢死队首先杀上城来，与敌短兵相接。法军力不能支，大败而逃。战后，清军的奏报称，此役法军伤毙一千多人[①]，法军指挥官尼格里也身负重伤。

王孝祺在镇南关和谅山先后立下大功，尤其是谅山大捷，位居首功。但战后受到赏赐却不多，只得到云骑尉世职赏赐，次年授北海镇总兵，官职也未提升，直到九年后才赏双眼花翎。

对此，外界有多种推测，有说王孝祺有功不报；也有说冯子材贪功，向上奏报时将王的功劳窃为己有；还有的说冯子材与潘鼎新不和，王孝祺与潘同为淮系，受此牵连，他的功劳也被张之洞和冯子材所压下。

然而，对于这位抗法英雄，家乡人民并未忘记。如今，在王的家乡丰乐河一带还流传着不少有关王孝祺的传说和歌谣。其中一首歌谣这样唱道：

> 王老三，大运通，
> 打烂粪桶下广东；
> 打谅山，立了功，

---

① 法方统计 74 人阵亡，200 人负伤。

提督军门受诰封；

转回乡，拜嫂嫂，

一品夫人皇上报。[1]

其实，王孝祺在越南的表现只是数万淮军将士的一个缩影。中法战争期间，淮军在越南、台湾和镇海三大战场都有杰出表现，而三大战场的最高主帅潘鼎新、刘铭传和刘秉璋也都是淮军将领。镇南关之役，潘鼎新虽已被革职，但仍留在前敌指挥作战。他不仅帮助张之洞、冯子材规划战守，协调各部，还亲自到王孝祺的阵地上勘察。直到取得谅山大捷的当天，朝廷让他离开广西的电谕才到达。因此镇南关之役，潘鼎新亦有运筹帷幄之功，不该抹杀。朝廷的调令下达时，他满怀委屈和不平。在给西线指挥官唐景崧的信中他这样写道："天恩高厚，图报无由，毁誉听之于人，是非断之于己，悠悠之口，何与身心？"

潘鼎新的遭遇值得同情，但与那些战死越南的清军将士相比，他已是幸运得多了。当时转战越南的数万兵勇除了少数有名有姓的，大多连姓名都未留下。

如今一百多年过去了，在友谊关①右侧的右辅山麓上，仍然可见一座座坟茔依山而立。这就是一百多年前修建的"大清国万人坟"。据广西凭祥市博物馆馆长马赤农介绍，这座坟地是在镇南关大捷后修建的，埋的都是战死的清军将士。光绪二十四年（1898年）清明，凭祥知府甘汝来发动群众，把散落在各个山头的尸骸收集起来，集中葬于此地。

如今，站在墓园中，看着一座座鳞次栉比、难以计数的无名墓碑，我想，其中就有许多为国捐躯的淮军将士。他们虽然没有青史留名，但其英魂永存，令人缅怀。

---

① 即过去的镇南关。

新的使命

越南战场的胜利使战局发生了重大改观。清军开始占据主动，而法军战败的消息传至国内引起一片哗然，茹费理内阁在压力之下宣布垮台。尽管4月1日，法舰攻占澎湖，对台湾形成更大的压力，但从整个战场看，形势显然已对中国有利。1885年4月4日——在镇南关大捷之后不到半个月，中法双方却在巴黎达成了停战协议。

代表清政府谈判的是英国人金登干。金登干出身苏格兰军人家庭，早年在英国邮政局和财政部供职，1863年5月来到中国，任中国海关总税务司李泰国的秘书，后又受到继任总税务司赫德的信任和重用，并长期担任中国海关驻伦敦办事处主任。金登干与中国高层关系密切，经常出入总理衙门大臣奕䜣的府邸。他还协助赫德插手中国的外交事务。他所领导的中国海关驻伦敦办事处拥有超出职权范围的广泛权力，甚至一度成为清政府办理某些欧洲事务的外交代理机构。

中法宣战以后，两国在军事交战的同时，和谈的大门并没有关闭，暗中的秘密接触仍在悄悄进行。一些外国势力也在牵线搭桥，从中斡旋。其中赫德的表现最为热心。为了包揽对法交涉，他甚至把李鸿章撇在一边，直接通过总理衙门来与法方谈判，而他的得力助手就是金登干。但是，初期的谈判并不顺利，法国的强硬态度使他提出的方案遭到拒绝。然而，当清军连续在越南战场取得胜利之后，法国改变了态度，急于坐到谈判桌前，金登干就在这时前往巴黎与法国达成了《中法停战条件》。

根据停战协议，双方遵守《中法简明条约》（即《李福协定》）；中国从越南撤军，法国则解除台湾的封锁。这个协议完全是由赫德一手操办，事前连李鸿章也蒙在鼓里，直到正式签约才由李鸿章作为全权大臣，与法国驻华公使巴德诺共同签署。对于这份协议，清廷高层显然是满意的。事后为了奖励赫德和金登干的功劳，还分别授予两人花翎宝星和宝星。正如李鸿章所说，"（停战）款议始终由内主持，专倚二赤（指赫德），虽予全权，不过奉文画诺"。时论多责李鸿章，认为停战达成乃其所为，实非其然。

不过，李鸿章是赞成这个协议的。他一直认为，清军实力不逮，难以打赢；既然打不赢，当然和平解决为上。在中法战争期间，他多次努力并寻求各种途径与法和谈，均未如愿。现在，停战达成了，尽管是赫德瞒着他进行的，但他还是满心赞同，并主张立即从越南撤兵。在他看来，以越南换台湾划得来。毕竟越南系藩属，而台湾乃我国土。在敌强我弱的情况下，以牺牲藩属换取保境安民，是值得的。李鸿章的想法与最高层完全一致。在朝廷的一份电谕中就有类似的话："越地终非我有。而全台隶我版图，援断饷绝，一失难复。"

其实，主张立即撤兵的不仅是李鸿章，还有像张之洞、彭玉麟这样的大员。尽管主战派一片反对之声，但最高当局主意已定，决定乘胜即收。

4月7日，在停战协议达成仅三日，撤兵的命令便下达了。此时，法军大挫，清军士气高昂。就在停战协议达成期间，由于信息不通，前线清军还在继续扩大战果，并再获临洮大捷。眼看形势一片大好，朝廷却要退兵，这让前线将士实在想不通。他们纷纷要求乘胜进军，一举收复河内。但朝廷谕旨，严加制止。理由是，我复谅山，法据澎湖，"若不乘胜即收，不惟全局败坏，且孤军深入，战事亦无把握"。清廷还电令李鸿章分谕各督抚统将，要求各部立即遵旨退兵。如有电信不到之处，即发急递飞达，不得有误，致生他变。

1885年6月9日，中法《天津条约》正式签订。条约共十款，其主要内容为：中国从越南撤兵，放弃对越南的宗主权；指定广西和云南各一处，允许法国通商；法军承诺退出基隆、澎湖，并解除海面封锁；等等。

对于以上条约，传统史书多持否定态度，并大加挞伐。认为这是一个不平等的屈辱条约，中国在战场有利的条件下却做出了极大妥协，令人无法接受。有人把这称之为"中国不败而败，法国不胜而胜"。出于民族义愤和多年的思维定式，很容易接受这样的结论。不过，随着近代学者的深入研究，我们也可以看到另一种冷静的分析。

应该说，中法战争是晚清对外战争中唯一没有战败并割地赔款的战争，而中法《天津条约》也是晚清以来中国对外订立的一系列不平等条约中损害最小的条约。纵然清军取得了有利战绩，但不利因素仍然很多。首先，越南战场的胜利只是局部胜利，就清军实力而言，能否彻底击溃法军，将其赶出越南，并不一定。其次，刘铭传苦战周旋，力保台湾不失，但却无力夺回已被法军占据的基隆、澎湖。此外，更加严峻的现实是，沙俄图谋新疆，日本又在朝鲜蠢蠢欲动。边疆危机纷至沓来。此时的清政府面临来自南北两边的双重挤压。在此情况下乘胜即收，不失为一种明智、理性的选择。

当然，这只是一家之见。事实上，历史的分析永远无法取代历史的进程。历史就是历史，有些事情可能永远无法得出一种结论。不过，对于刘铭传来说，现在可以松一口气了。中法停战后，按照条约中国从越南撤兵，而法军也如约退出基隆和澎湖。刘铭传领导的抗法战争终于迎来了最后的胜利。

几个月后，一项有关台湾的重要动议开始浮出了水面：清廷决定把台湾从福建辖区中分离出来单独列省。这项决定被视为高层重视海疆防卫的重大举措之一。中法战争中，由于没有水师和海防，清军吃尽了苦头。因此战争一结束，清廷便迫不及待地决定加强水师建设，并专门成立了一个新的机构——海军衙门。该机构的规格很高，由奕譞为总办，奕劻、李鸿章为会办，其地位甚至高于总理衙门。可见清廷对水师和海防建设的重视已经到了一个前所未有的高度，而台湾建省也是朝廷重视海疆防卫的重要内容之一。

关于台湾建省的主张，早在乾隆二年（1737 年），就有内阁学士兼礼部尚书吴金向朝廷提出，但朝廷的批复是台湾"弹丸之地，所属不过一府四县，而竟改为省制，于体不可，于事无益"。

1874 年，日本以琉球船民被台人所杀为由出兵台湾。事件平息后，时任钦差大臣、办理台湾事务的沈葆桢便向朝廷建议，仿效江苏巡抚分驻苏州的例子，将福建巡抚移驻台湾。他还详细列举了"移驻"的十二条好处。但朝廷认为，巡抚负阖省地方之责，自难常驻台湾，同时提出一个折中方案，即福建巡抚可于"冬春驻台，夏秋驻省"，"庶两地均可兼顾"。

此后，1876 年间，新任福建巡抚丁日昌和侍郎袁保恒也先后提出类似的主张，但都未获通过。直到中法战争爆发，台湾的重要性日益凸显。战后，朝中大员一致认为台湾建省，势在必行。1885 年 10 月 12 日，醇亲王奕譞、礼亲王世铎、庆亲王奕劻和北洋大臣李鸿章等十六人联名上奏，提出以福建巡抚改为台湾巡抚，"以责专成，似属相宜"。这一奏请当天便得到批准。太后懿旨云：

> 台湾为南洋门户，关系紧要，自应因时变通，以资控制。著将福建巡抚改为台湾巡抚，常川驻扎。福建巡抚事，即著闽浙总督兼管。所有一切改设事宜，该督抚详细筹议，奏明办理。[2]

根据这道懿旨，台湾将单独设省，刘铭传也由原来的福建巡抚改任为台湾巡抚。毫无疑问，台湾建省具有重要意义，但此时刘铭传却遇到了一些困难。首先，台湾一旦建省，将失去福建接济，"依托一空，猝有难端"；其次，台湾"番民"尚未归化，开发程度较低，这也是建省的一大难题。因此刘铭传认为，改省这事急不得，最好推迟数年，"从容筹办"。接到谕旨后，他便上了一道《台湾暂难改省折》，陈述了自己的理由，并建议台湾缓改省，由福建巡抚以台湾为行台，"全省兵政吏治，由巡抚主持，内地由总督监管。如此分而不分，不合而合，一俟全番归化，再行改省"。刘铭传的用意很清楚，就是想依托福建的支持，把台湾做大做强。这一建议也有一定道理，可最高当局已经发了话，谁也无法改变。不久，朝廷的批复便下达了，称奉太后懿旨，刘铭传所请"著毋庸议"。

于是，台湾正式从福建划出，成为中国的第二十个行省，而刘铭传也成了台湾第一任巡抚。此后，台湾建省事宜便按朝廷指示开展起来了。尽管刘铭传不主张立即建省，但台湾一旦建省之后，他便全身心地投入。台湾建省之初，清廷高度重视，全力支持，这也给了刘铭传很大的信心。不久，他便与闽浙总督杨昌濬反复协商，拿出一个建省方案，共十六条，并报经朝廷批准。

刘铭传的建省方案十分全面，包括军事、社会、经济、交通和教育等各个方面。这是一个庞大的计划。刘铭传雄心勃勃，计划用十年时间大干一场，彻底改变台湾的面貌。

第二十四章　台湾新政

四大急务

　　中法战争结束后，台湾善后千头万绪，加上骤然创省，更是政务繁剧，刘铭传一时压力陡增。面对新的形势，他首先从设防、练兵、清赋、"抚番"入手，把这四项列入"四大急务"，并强调"急不可缓"。

　　整顿军务，势在必行。台湾解严后，刘铭传接管了全部驻台部队，包括台南的湘军，立即对不合格的官兵进行精简、淘汰。在此基础上，编练精兵三十五营，练军三营。全部改换新式洋枪，聘请外国教官进行训练。为了补充兵员，他还不断从家乡合肥招募兵勇，加上他原先带来台湾的淮勇，淮军人数一度增至十几营。在他的编练之下，三年后全台总兵力达到四十三营，两万两千人。在军事布防上，刘铭传一直认为日本对我威胁最大，因此将台湾近半数兵力放在台北一带。他还在重要海口，如基隆、沪尾、澎湖、安平、旗后修筑十座炮台，购置西式的钢炮三十一门进行装备，并配备下沉水雷、碰雷等，与炮台相互呼应。他还设立机器局、军械所、火药局、水雷局，以及机器厂、汽炉房、打铁房等，自制枪支弹药。

　　在治理军务的同时，刘铭传还大力整顿吏治，打击贪官污吏和豪强劣绅。第一个被他拉下马的就是台湾兵备道刘璈。

　　台湾军政官员主要来自内地，非湘即淮。刘铭传主台前，台湾是刘璈一统天下；刘铭传上任后，淮系后来居上。从势力范围看，淮系控制着台北、台中一带，而台南则为湘系所把持。刘璈是湘系在台湾的头面人物，此人并非等闲之辈，颇具能力和见识，但由于门户之见，二刘一直不和。刘璈依仗左宗棠等湘系大员的支持，对刘铭传处处掣肘，并多次使刀子、下绊子。由于他不断向左宗棠告刘铭传的状，导致刘铭传与左宗棠之间剑拔弩张，关系再次紧张。刘铭传对此痛恨不已。战事一结束，便拿刘璈开刀了。

早在赴台之初，刘铭传就听到不少关于刘璈的反映，如任用私人、吃空饷、虚支巨款、扣存公银、任意冒销，可谓"贪污狡诈，劣迹多端"。但当时大敌当前，刘铭传以团结为重，并未追究。现在，局势稳定下来，他便腾出手来，将这些问题一一查清，并将其罪行开列清单，向上奏报。不久，朝廷派员核查，基本属实。1885年11月间，清廷连续下旨，认定"该革道以监司大员总理营务，辄敢虚支巨款，任意冒销。律以监守自盗，罪无可辞"，决定处以刘璈斩监候，后改为流放黑龙江，并对其所有家产（包括任所和原籍）一并查抄。

在办理此案中，对于刘璈的同伙和党羽，刘铭传也予以了打击。原提督高登玉被从重"发往军台效力赎罪"；原同知胡培滋被革职，驱除回籍，"永不叙用"；原副将张福胜、原知府刘济南（刘璈之子）等也"一并革职"。

在吏治整顿中，对于那些为非作歹、拒不听命的官员，刘铭传也该革的革，能办的办，毫不手软。宜兰县令王家驹公然勒索富绅周家芳。为逼周家就范，还把周家芳的兄弟周家祥抓了起来。周家向刘铭传告状，刘令王家驹放人，可王拒不听命。刘铭传派人查清情况后，得知王家驹在办理捐款中收受贿赂，随意增减甚至免除数额，存在"诸多不公"。于是立即弹劾王家驹，将其革职查办。

据史料记载，被刘铭传查办的官员不在少数。镇海前军记名提督方春发克扣饷银，勾结知县陈海春贩运烟土，听任部下吸食，以致营务废弛；镇海前军右营总兵桂占彪"减发银两，扣发存饷"，紊乱营规，实属大干法纪；游击郑有勤、守备张安珍、候补知县徐石麒、县丞凌云等"侵冒饷银"，"怂愚为奸"，等等。对于这些违法违纪官员，不论何人，所任何职，刘铭传一律严惩不贷，绝不姑息。

刘铭传在台湾掀起的反腐风暴来势凶猛，一时间官场震慑，风气大变。但也有人指责刘铭传，说他借整顿吏治清除异己。特别是刘璈一案，众说纷纭。台湾诗人、史学家连横在《台湾通史》中就说，刘璈有"经国之才"，如果刘铭传不将其治罪，而用他来辅佐自己，则刘铭传治北，刘璈驻南，以此经理台疆，南北俱举，必有可观。可惜的是，刘铭传不能容他。连横为此感叹道："非才之难，而所以用之者实难，有以哉！"从刘铭传角度而言，查办刘璈也是不得已而为之。作为主政一方的大员，倘若不能事权统一、号令一致，便很难有所作为，况且还是在非常时期。

刘铭传的雷霆手段引起了一些人的不安，认为湘系今后的日子不好过了。但很快，人们就发现，事实并非如此。刘璈革职后，接任他的陈鸣志，亦湘人。有人在刘铭传耳边递小话，说："湘人门户重，台南将吏皆湘人，陈亦湘人，恐对公不利。"还有人说他是"老亮"（指左宗棠）派来的，与公不可能一条心。刘铭传一笑了之。沈应奎也是湘人，曾任贵州藩司，与左宗棠、刘璈等人关系匪浅，但他到台后，却被刘铭传委以总粮台，受到充分的信任。

宜兰知县王家驹被革后，有人便私底下议论，认为王倒台因他是湘人，刘铭传不过是借机打压湖南人。哪知话音未落，刘铭传新任命的宜兰知县发布了，此人名叫章国钧，系湖南长沙沅陵县监生，也是湘人。这一来，谣言不攻自破。刘铭传的举动使人渐渐心安。人们总算看明白了，刘铭传清除刘璈党羽是实，被查处的官吏中有不少刘璈的僚属亲朋也是实，但他并非以"派系"划线，以"门户"取人，相反却是秉公执法，任人唯贤，事事以公心为上。

如果说整顿军务和吏治还算顺利的话，那么，清赋和"抚番"就没有这么容易了。这是两大难题。为此，刘铭传付出了极大的精力，并饱受争议。

知难而上

台湾的土地赋税存在严重问题。许多年来，大量的土地开垦后被隐瞒不报，由此造成的税收流失相当惊人。淡水县全县的土地税收入仅为可怜的七百八十两。令刘铭传感到惊奇的是，如此严重的问题居然多年来无人问津。土地赋税是地方财政收入的大宗来源之一。如此多的赋税白白流失，刘铭传岂能坐视不管？何况台湾创省最需要的就是钱。于是，他决定在全省进行一次清丈行动。

在他的指令下，这项工作很快开展起来。全省设立了两个清赋局，一个在台北，一个在台南。他们的任务是派人挨家挨户进行土地清理，并重新登记造册，确定赋税。这对于那些隐瞒土地的既得利益者，当然不是一件好事。好在北部的乡绅们还算通情达理，给予了一定程度的配合，但到了中部和南部却遇到了强大的阻力。尤其是南部，这里原先是刘璈的势力范围。尽管刘璈已被清除，但他代表的地方势力依然存在。这些人早对刘铭传心怀不满，况且土地改革明摆着触犯了他们的利益，因此抵触情绪很大，甚至公开抗拒。他们不合作的态度使清赋事务的开展举步维艰。

然而，刘铭传也不是好惹的。你硬他比你还硬。他要求各地强力推行，对于不配合的，不惜采用各种手段，甚至包括动用军队。可是，让他始料不及的是，他的强硬手段却带来了一系列弊端。刘铭传的用意虽是好的，但他的官员队伍却执行不力。清赋事务共分四个步骤进行：一是编制保甲，二是清丈土地，三是核定赋率，四是发给丈单。以上每个步骤，几乎都可能被不良官员所利用，成为他们以权谋私、中饱私囊的途径。比如，他们在编制保甲时，可以鱼目混珠；清丈土地时，尺度可以不统一；核定课税时可高可低；发放丈单也可以随意篡改。有的地方官员甚至和土豪劣绅相勾结，巧取豪夺，骗取土地……一时间，贿赂横行，弊端丛生。

凡此种种，引起了强烈不满，各地反抗不断。1888 年，彰化终于爆发了一次大规模的民变。这次民变的发起者名叫施九缎，是彰化县浸水庄人。

关于他的身份，一说是耕农，一说是地主。事发时他已六十来岁。此人家境富裕，在当地颇有名望。施九缎身材魁梧，豪侠仗义，平时喜欢结交朋友，爱打抱不平，人称"公道伯"。当地人遇到纠纷找他说解，他一言即平。外地客商初到乍来都要向施拜码头，以示尊重。施九缎还有一个身份便是乩童。这是一个相当于巫师的职业。该职业可以通神，也就是说，他可以与鬼神对话，并传达鬼神的意旨，而施九缎也很会利用这一点，每当起乩时，便声称神灵附体，又蹦又跳，又叫又唱。他还常把自己的话当作神灵的意旨向众人宣示。

彰化县的清丈事务本来进行得还算平稳，因为前知县蔡麟祥做事尚算公道，人们的意见并不大。后来，蔡麟祥因病离任，接任者名叫李嘉棠。此人贪婪成性，好大喜功。他的手下也是一群狐假虎威、仗势欺人之徒。他们敲诈勒索，为所欲为，搞得民怨沸腾。尽管在他的强压之下，各乡的土地陆续丈量完毕，课赋也核定出来，但人们却拒绝领取"丈单"。

所谓丈单，就是根据丈量的土地田亩数而制作的土地凭证，相当于地契，也是纳税的依据。不领取丈单就意味着人们不承认核查结果，这让李嘉棠非常恼火。这时，邻近的嘉义县由于进展较快，受到上峰表彰。李嘉棠又气又急，于是采取高压手段，贴出告示要求士绅乡民限期前往领取丈单，否则将按律重处。但是，这一威胁也没有收到效果。眼看各乡毫无动静，李嘉棠又使出了一个撒手锏。他指令手下把三名死囚犯带去乡里游街示众，以恫吓乡民。其中一名死囚还被钉死在鹿港大桥上。此人名叫简灿，但不知怎么七传八传竟被误传为囚犯许猫振了。许猫振的弟弟许得龙是个江湖义士，得知消息后便召集门徒前来劫尸，结果发现死者并非许猫振。既然事已闹出来了，他们索性一不做二不休，便砸抢了鹿港盐馆。砸抢过程中有不少乡民参与进来，人数多达一二百人。

李嘉棠闻报，急忙带人前往查勘，没承想路上遇见一些乡绅，把他围了起来。众人七嘴八舌向他申诉清赋中的种种劣迹。李嘉棠无法脱身，气急败坏，一边驱散众人，一边向上告急，说是发生骚乱，请求派兵弹压。

这一来,情形骤然紧张。许得龙和一些参加抢劫盐店的人纷纷逃到了浸水乡,请求施九缎庇护,而当地的士绅地主也来找施九缎,请他出面主持公道。

施九缎早对清丈不满,也听到不少反映,于是,在众人的央求下,答应出头。随后,他开坛扶乩,以神灵的名义为号召,很快聚集了上千人。10月5日,在施九缎的带领下,众人拿起武器,包括棍棒、农具赶往县城,要求讨回公道。李嘉棠一看事情不妙,赶紧关闭城门。此时城内的兵勇不多,守备力量薄弱,极易攻克。起事者在城外的山头上架起大炮,要向城内发射,但被施九缎制止了。他说:"百姓无辜,不能殃及。"众人听他这样一说,都觉施九缎仁义,对他更加拥戴。

当天,起事者对彰化城发起多次攻击,均未得手。次日,从嘉义开来的援兵赶到了。领兵的是武毅右营提督朱焕明。此人有勇无谋,生性残暴,他率部一路烧杀抢劫,进一步引起了众怒。乡民们奋起抗暴,频频发起攻击。朱焕明由于救援事急,带的部队并不多,有人劝他这一带地形复杂,不可深入,还是等大兵赶到再作计议。可朱焕明听不进去,率部穷追猛打。在他眼里,这些起事的乌合之众根本不值一提。结果,他的轻敌冒进付出了代价,最后被施九缎带人围困,朱焕明本人也被杀身亡。

朱焕明死后,李嘉棠十分恐慌。他一度想到自杀,但被左右拦下。为了拖延时间,等待援兵,他派人出城与施九缎谈判。施九缎提出的条件是:烧毁丈单,赦免起事人员。李嘉棠答应向上请示。然而,就在他与施九缎谈判期间,驻台北的援军开到了。

这一回,领兵的将领是林朝栋。此人是彰化阿罩雾林氏家族的后裔,他在抗法战争中募勇参战,脱颖而出,受到刘铭传的重用和提拔。战后,他的部队受到整编,成为一支劲旅。他的到来使局势立即发生了改变。林是台湾人,对于地形较为熟悉,加上兵力充足,围城的乡民很快被击溃。战斗只持续两天便结束了。起事人员四散逃命。施九缎逃回浸水庄在亲友们的掩护下才逃脱了官府的追捕。

彰化事变很快平息了下去,但这件事在台湾引起的震动却相当大。事后,刘铭传一边派人查清了李嘉棠的种种劣迹，将其撤职查办，一边要求各地官吏在清丈事务中杜绝弊端，公正办理，违者一律严加究办。为了减少阻力，他还对某些政策灵活掌握，并对部分土地拥有者做出了适当的让步，从而逐步平定了不满情绪，使清丈事务得以圆满完成。

刘铭传领导的清丈事务前后共进行了三年。取得的成绩相当可观。据不完全统计，清丈后台湾的土地由七万多甲增至四十三万甲之多；田赋总额由原先的十八万多两增至六十七万多两，总数增加了近五十万两。加上关税和各种商税，五年之后，当福建协饷停解后，台湾的财政收入仍保持在二百二十万两之多。这笔钱来之不易，它保证了刘铭传的新政得以不断推进。

劝君切莫去抬郎

远古时代，台湾为原住民栖息之地，由于地处东南海外，开发较晚。康熙年间，台湾纳入清朝版图，设三县疆域，渡海垦荒者不断增加，到刘铭传主台时人数已达二百五十万之多，民"番"矛盾日益尖锐。

1874 年，日本借口琉球渔民漂流到台湾被"番民"所杀，借机入侵犯台湾，引起朝廷重视，开始重视"抚番"之事。然而，刘铭传的前任沈葆桢和丁日昌都在此事上花费了很大精力，投入了巨大的军力、物力和财力，但收效甚微。正如沈葆桢所说："自嘉义迤北，绵延数百里，番社多未及降，岁杀垦民数百人，为政教所不及。"

刘铭传主台时，台湾的"生番"依然占地广阔，他们散居于各地深山之中。用刘铭传的话说，即"横亘南北七百余里，尽占腹心之地"。这些地方与垦民杂居交错，而"生番"性喜杀，且有杀人攘灾之积习，每年戕杀生命千余人之多，至于偷盗和抢劫更是不计其数。

一些匪盗还以"番地"为巢，聚众作恶，地方官员则"相率苟安，生番杀人，熟视无睹"。更可恨的是，当地土豪劣绅利用这一点，以"保护"为名，强敛钱财，养勇抗官。如此一来，问题愈演愈烈，由此带来的一系列社会问题不仅严重干扰了地方治安和正常秩序，更有甚者，对海防和国家安全也产生了重大威胁。

刘铭传认为"番民"问题不解决，台湾便不可能发展。他说："全台如人之一身，生番横亘南北四路，声气不通，譬如人身血脉不通，呼吸不灵，百病丛生。且内患不除，何以御外？"因此，战后他便奏请设立抚垦总局，自己兼任总办，由在籍太常寺少卿林维源为帮办，在全台大力推行"开山抚番"。总局之下设八个分局，办理抚垦事务。具体任务是组织"番民归化"，鼓励他们开垦荒地，改变生产方式，"教之耕耘，使饶衣食"，从而改土归流，化"番"为民，真正纳入体制之内。他曾说，"番"即我民，地即我地。台湾创省，倘若大片土地为政教所不及，为体制所不纳，创省之意义何在？

台湾"番民"有"生番""熟番"。前者尚处蛮荒，未服教化；而后者接受招抚，业已归化。刘铭传根据"番民"的不同情况区别对待，施以不同的对策和手段。对于那些性情温和的采取感化和劝谕；对于那些嗜杀成性、顽固不化的则派兵剿杀。至于那些过去有不少劣迹，只要愿意就抚或投降的，一律既往不咎，宽大处理。他还要求各地官吏改变对"番民"的歧视，凡遇汉民与"番民"之间的纠纷，都要秉公处理，不得有所偏袒。

1886年10月，抚垦在宜兰、新竹等地开展。林朝栋在招抚老屋峨等社时，发现他们居于深山，生活处于原始状态，异常艰苦，便禀请发给各社男女衣裤，以示国恩。后来，沈应奎与陈鸣志商量，东挪西凑，或劝说官绅捐助，又凑了一点钱，把一些旧存旗帜、号衣加以改做，备办衣裤七万多套，分发给各社男女，没想到"番民"大受感动。消息传出，各社相率归化剃头。

老屋峨社首领白眉峰妻子患痢疾，生命垂危，刘铭传得知后，还派军医为她治疗，使其转危为安。白眉峰感激涕零。当刘铭传来到该地时，他率领"番"众伏地相迎，载歌载舞，并献兽皮、干果。刘铭传大喜，令赐以酒食，与他把酒言欢。事后，白眉峰不仅主动劝说各"番社"归化，还向刘铭传献上周边地图，上边标明各"番社"分布。刘铭传十分高兴，授其六品功牌，以示嘉奖。

通过这件事，刘铭传进一步认识到"抚心为上"，强压之下，人心不服，终难长久。于是，他开始在"化"字上下功夫。按他的要求，各抚垦局均设教耕和教读。教耕者，乃教授耕种之法。因为"番民"渔猎为生，不谙耕读。归化后，他鼓励抚民开垦荒地，改变生产方式，这就需要提高耕种技能，所谓"教之耕耘，使饶衣食"。教读者，则教授文化、礼仪和法度，开启民智，教化人心。他还在台北及各县设立"番学堂"，下令各社社长送子入学，"化以礼义，风以诗书"。为了宣传教化，开启民智，他还专门写了一首《劝番歌》。内容如下：

> 劝君切莫去抬郎，抬郎不能当衣粮。
> 抬得郎来无好处，是祸是福要思量。
> 百姓抬你兄和弟，问你心伤不心伤？
> 一旦大兵来剿洗，合社男女皆惊慌。
> 东逃西走无处躲，户屋烧了一片光。
> 官兵大炮与洋枪，番仔如何能抵挡？
> 不拿凶手来抵命，看你跑到何处藏？
> 若如你们不肯信，问问苏鲁马那帮。
> 莫如归化心不变，学习种茶与耕田。
> 剃发穿衣做百姓，有衣有食有银钱。
> 凡有抬郎凶番仔，那个到老得保全？
> 你来听我七字唱，从此民番无仇怨。

诗中的"抬郎"，为台湾土语，意为杀人。诗的第一句"劝君切莫去抬郎"，便是劝君切莫去杀人。"番民"有杀人祭鬼的风俗，名曰作猺，或作享，以此禳灾避祸。对于这种嗜杀恶习，刘铭传认为非严禁不可。在《劝番歌》中，他劝说改变这种恶习，并引导"番民"归化，宣传"番"与"民"之间和解、共存。

关于《劝番歌》的由来，有两种说法。一说是刘铭传组织人编写的；一说是当地人以为刘铭传文化不高，想考考他，没想到刘铭传出口成章，吟出了这首《劝番歌》。据台湾省光绪《恒春县志》载，这首诗写于 1887 年 5 月，是刘铭传以当地土音写的，并以官方文件形式，札发各知县，抄给各"番社"头人通事等，要求男女老少，大人小孩都要朝夕歌唱，并认真教导，为之讲解，使之家喻户晓，"期革嗜杀之风，渐知人伦之道"。

《劝番歌》从形式上讲并非刘铭传独创，而是套用道光末期客家民谣《渡台悲歌》。歌词摘要如下：

> 劝君切莫过台湾，台湾恰似鬼门关。
>
> 千个人去无人转，知生知死都是难。
>
> 就是窑场也敢去，台湾所在灭人山。
>
> 台湾本系福建省，一半漳州一半泉。
>
> ……

这首民谣在台流传十分广泛，后被改成"三脚戏"①，唱腔为潮州调，每逢年节，村社之间经常演唱，妇孺皆知。而刘铭传正是套用了这种形式，来宣传推行他的理"番"大计。在他的恩威兼施之下，抚垦不断向前推进。许多"番社""番民"或经开导，或慑于兵威，陆续就抚。不到一年时间，就有四万多"番社"接受招抚，剃头归化的逾七万人之多。朝廷也很满意，多次进行表扬。认为刘铭传"调度有方，深堪嘉尚"，并希望他继续努力，"以期日久相安"。

不过，"抚番"虽然取得了一定的成效，但并非一帆风顺。尤其是"番民"的生活状态乃长期形成的，要想一朝改变，并非易事。

---

① 该剧只有生、旦、丑三个角色，故而得名。

1889 年 11 月，从宜兰传来噩耗，淮军副将刘朝带遇袭身亡，刘铭传大感震惊。刘朝带系刘铭传族侄孙，作战勇敢，多次立功，深得刘铭传的赏识。苏澳一带的"番社"抚平后，刘朝带提议，苏澳至花莲港经海边绕道，实为不便，现山内各社已经就抚，可从山内开路，以免迂绕。刘铭传十分赞成。然而，令人没想到的是，就在刘朝带率队进山修路时，行至光立岭狮子山附近时，突遇"番民"围袭。他们啸聚了数千人，将刘朝带和修路人员团团围住。这一次，刘朝带疏忽了，原以为苏澳"番社"业已就抚，因此这次进山带的人并不多。他急忙上前喊话，试图劝退"番民"，但他的努力没有成功。"番民"们呐喊着发起进攻。他们利用火枪火炮和弓箭向官军射击，并用大刀长矛乱砍乱杀。刘朝带身中数枪而亡，官军迅速溃败。事后统计，战死的官弁多达二百七十三人，其中包括参将、都司、守备、千总、把总、外委等二十多名将官。

宜兰"番社"向以顽固和凶狠著称，他们虽已就抚，但由于政府明令禁止作享，引起他们不满。当时正值做享季节，一些"番社"由于违反禁令，遭到官府追查，于是他们便聚众反叛。

此事发生后，刘铭传极为震怒。刘朝带死后，他的妻子也自尽殉节，令刘铭传十分悲伤。在他们夫妻两人合葬时，刘铭传曾亲撰长联一副。中有"麟阁诸公谁比美？""狮山一带总含悲"。

当时"番社"屡降屡叛的情况时有发生。有人攻击刘铭传虚报功绩，朝廷也对此不满。苏澳遇袭事件发生后，朝廷便责问刘铭传，你不是说各社已抚平了吗？怎么又发生这样的事？并要求对反叛各社予以严惩。刘铭传又气又恨，于是调兵遣将，开始强力征剿。他亲往南澳一带坐镇指挥。他还把驻澎湖的爱将吴宏洛部调往宜兰、内山一带。官军们大开杀戒，疯狂报复。残酷的剿杀引起"番民"更加激烈的反抗。他们虽然势单力薄，武器落后，但他们的血性和顽强却令官军不寒而栗，心生畏惧。一些"番社"的妇女和孩子也参加了战斗，甚至战至最后一个人也不肯屈服。

据史料记载，1889 年前后，刘铭传对"番社"的武力围剿显著增多。

大小战事达四十余次。刘铭传不得不投入很大的精力来对付那些不听话的"番社"。1888 年 8 月，为了平定后山的"番社"叛乱，刘铭传还搬来北洋水师"致远""靖远"两艘威力强大的舰船，配合作战。强力的剿杀确实起到了震慑作用，但却无法从根本上解决问题。许多"番社"在大兵压境之下，暂时表示臣服，可官军一撤，他们又故态复萌。坤南的一个"番社"前后复叛达四次之多。

如此结果令刘铭传料不及。在"抚番"后期，他开始冷静下来，检讨自己的政策。从"抚番"的过程看，前一阶段重在抚，效果较好；而后一阶段重在剿，结果适得其反。问题就出在剿抚失衡上。经过总结，他认为，"抚番"重在收拾人心，宽以抚之，怀德远来，方为上策。于是，他开始修正自己的策略，一方面继续加大武力威逼的高压态势，一方面又出台了一系列优惠政策，对受抚"番首"进行宽大，对受抚的"番社""番民"实施奖励。这些奖励包括粮食、农具和家畜等，以此改善他们的生存状况，使之安居乐业。

宜兰北路白阿歪社向以凶悍著称。由于杀人作享，遭到官府追缉，但该社拒不交出凶手，公开对抗。由于该社聚居地位于加九岸山顶，此处极为险要，四周崇山峻岭，深溪悬崖，只有一条羊肠小道攀藤可上。白阿歪社首领马来诗眛召集周边十六社人马，在山口堆石防卫，据险而守。清剿部队无计可施。后来林维源派人探得后山有路，刘铭传便请当地"熟番"领路，绕至山后。

这一行动出乎马来诗眛的意料，他们全部兵力都集中于山前，没想到刘铭传忽然神兵天降，不禁大乱，只能束手就擒。

刘铭传清点各社首领，唯独未见马来诗眛。经过询问，方知马来诗眛自知罪大，托病不出。刘铭传令人将其带来。马自知生还无望，便求速死，但刘铭传却劝他认罪。在刘铭传的说服下，马来诗眛表示认罪。刘铭传随即提出三个条件：其一，交出杀人凶手，由官府按律处置；其二，严禁作享，从此不准再杀人；其三，老老实实做个百姓。马来诗眛全部接受。刘铭传刚要放人，就有人上前劝阻，认为放虎归山，后患无穷。但刘铭传一笑了之。事后有人说他心慈手软，日后必定后悔。然而，结果完全相反。马来诗昧获释后，深为刘铭传所折服，他感念刘铭传不杀之恩，从此甘心受抚。对此，刘铭传也颇有心得。他对部下说，杀他容易，但宽大为怀，可以教育更多的"番民"，让他们自愿前来就抚。

事实也正是如此。在刘铭传德威并重之下，经过三年的努力，至1889年3月，全台"生番一律就抚"。据刘铭传奏称，共招抚归化生番八百零六社，男妇大小丁口十四万人之多；开垦田园也大幅增加，总数达到几十万亩，基本实现了"抚垦以广幅员"的预期目标。此外，随着"抚番"不断取得进展，全省的治安也大为改善，政令畅通，民"番"相安，各族乐业。

应该说，取得这样的成绩实属不易。刘铭传的前任沈葆桢抚垦十余年，招抚的范围只达到了卑南、恒春一厅一县，而刘铭传仅用三年时间，便抚定了全台。不过，从今天的理念和民族政策看，刘铭传的一些做法和手段或许并不完全可取，况且实现民族之间的和谐共存是一个需要长期努力的任务，不可能在短期内做到尽善尽美。但从现实和历史角度看，刘铭传的抚垦，推动了台湾的开发，维护了社会的稳定，具有重大而积极的意义。

艰难开拓

刘铭传主政台湾，前后近七年。在这七年里，办防、练兵、清赋、"抚番"次第举行，而各项新政也全面开花。他办铁路、办电报、办邮政、办电力、办学校、办轮船。他还提出招商兴市，创办商务，多次强调欲自强，必先致富；欲致富，必先经商。他还重视农业发展，大力推动茶业、樟脑、甘蔗等经济作物的种植和贸易。

刘铭传新政的指导思想，便是开辟财源，解决财政困难，达到"以台地自有之财，供台地之用"。在他看来，只有这样，才能"自成一省，永保岩疆"。于是，在他的推动下，台湾第一条铁路、第一部电话、第一枚邮票、第一盏电灯、第一所新式学堂等等，相继在岛上出现。

台湾的第一条铁路1887年7月动工。该铁路原计划从基隆修至台北，由刘铭传亲自督修，于1891年完工。这是台湾最早的铁路，也是中国人自己修建的最早的铁路。虽然规模不大，由于资金匮乏，工程进展也十分缓慢，但铁路在当时仍是禁区，刘铭传能把它修起来已属不易。

早在1880年，刘铭传第四次复出时，就因上了一道《筹造铁路以图自强折》，结果引起轩然大波，他的复出也因此夭折。一般人有了这个教训，应该学乖一点了吧？可刘六麻子偏不接受教训。出任台抚不久，基隆煤矿恢复生产，他便以运煤需要为由，提出要修一条从煤矿至码头的小铁路。他的请求得到了醇亲王奕譞和李鸿章的支持。

这一来，刘铭传胆子大了起来，接着便给朝廷上奏，声称台疆千里，四边滨海，"铁路一成，则骨节灵通，首尾相应"，尤其是"调兵灵便，何处有警，瞬息即至"。奏折得到批准后，他便成立铁路局，向民间发行股票。由于资金不足，他还把修建台湾省城的款项拿来填补。于是，中国第一条自己修建的铁路就这样出现在台湾岛上。

在修建铁路的同时，电线、电报、邮政、轮船、学堂等新兴事业也陆续开办。他还修了两条海底电缆，一条由沪尾海口至福州石川，全长二百一十七公里；一条由安平海口至澎湖妈宫港，全长九十八公里。水陆电报线也由此开通。

刘铭传的新政充满了创新精神，"于举国未为之日，独先为之"。在他的努力下，短短的几年，台湾就从一个半开化的府一跃成为"全清国最进步的一省"。曾任中国海关税务司的马士称刘是一个"伟大的巡抚"，并说他无论在行政上的革新，还是在工业上的改革或改革尝试都走在了全国前列。

然而，这一切白手起家，每一步都充满了艰难。建省之初，由于筹办防务，确定省会，增设郡县，修筑衙署等，需费浩繁，以台湾现有财力，实难自筹自办。因此，他上奏朝廷，请求福建各库每年"协银"（支持的经费）不得少于二十四万两，以五年为期，共协银二百二十万两。当时，台湾每年的财政收入，包括基隆、沪尾等海关税以及田租、商税等在内，约在一百万，加上福建协银，总计不超过一百三十万，而全台仅军费一项就需一百五十万，根本不敷使用。

他多次上奏请求户部支持。在一份奏折中他大声疾呼："台湾现在整顿海防，抚番招垦，百废待兴，经费支绌万分。从前闽省岁资台饷六十万，积欠至三百余万之多，自上年（1885年）五月至今，毫无接济。台用亏竭，中外昭然。"

可户部尚书阎敬铭是个大抠门，他的回复是各地都在向户部伸手要钱，要得都很急，而且都说很重要，比如河工、赈灾等等，哪一个也耽误不得，可部库经常告罄，寅吃卯粮。他还说，台湾不比新疆，物产较丰，部里的意见是"以本地之财，供本地之用"。刘铭传提出能否从粤海、江海、浙江、九江、江汉五关每年提取三十六万两，以五年为期支持台湾的想法也未获通过。

1885年底，阎敬铭上调军机后，他的继任者是翁同龢。刘铭传继续上奏争取经费支持，同样空言往返，未见分文。刘铭传与翁同龢有过一些交往。在军兴时期，翁同龢的兄长翁同书曾任安徽巡抚。有一次，翁同书在寿州城被太平军所围，是刘铭传率团救了他，因此他对刘铭传印象不错，把他介绍给了其弟翁同龢。后来，刘铭传几次进京时都去拜访过翁同龢，翁同龢也对他有过回访。光绪六年（1880年），中俄伊犁交涉，关系紧张，刘铭传奉诏进京，曾送翁同龢虢季子盘打本和诗文一册，翁同龢很高兴，对刘的评价是"此武人中名士也"。

尽管翁同龢与刘铭传私交尚可，但他接掌户部后，同样十分抠门，并不比他的前任阎敬铭好多少。一方面，国家财政拮据，一方面要钱的地方又很多，翁同龢根本顾不上台湾。更要命的是，户部不给钱就算了，反而通过对台湾全年的财政审计，查出台湾有三大项收入没有上报。这三项收入是人丁税、额定征粮和海防捐银，计有六十多万两。他们对刘铭传说，你不是说没钱吗？这钱哪去了？如办防需要，这笔钱可以急用啊！

这一来，刘铭传被狠狠将了一军。其实，这笔钱早被刘铭传花光了。台湾围困期间，他向当地士绅借了一笔钱，讲好了战后归还，包括补偿和奖励，共三十多万两；此外，战后台湾裁军四十营。这些官兵退伍后需要补发饷银，支放军米等，这笔钱也要三十多万两。可刘铭传当时手中没钱，只好把那六十多万挪用了。这也是没办法的办法。没想到居然被户部查出来了。他一看瞒不过去了，只得据实禀报。可户部回复是，你说的这些支出凭据不足，且不合程序，不能作为抵销，默许你移作办防急用已是通融了。言外之意，不查你已算是给面子了。

刘铭传哭笑不得，面对这些户部的官僚毫无办法。按说，他们按章办事倒也没错，可这一来却把刘铭传害苦了。台湾建省之初，刘铭传就计划在澎湖购炮筑台，预算为八十万。这项计划事先征得了闽浙总督杨昌濬同意，后来炮也买来了，眼看付款的时间到了，钱却迟迟没有着落。洋人催讨炮款，违约将引起外交纠纷。刘铭传真是急眼了。他连忙上奏朝廷，请求拨款，朝廷批示："著户部速议。"可户部的司员们卡着不办，说是台湾那三项隐瞒未报的收入还没说清楚哩。

这事最后闹到翁同龢那里。还算好，翁同龢帮着说了一句话，驳归驳，拨归拨，如今朝廷视台湾为重寄，如果部里老卡着不办也不好。在他的干预下，户部最后七拼八凑，总算解决了这笔款子。

应该说，翁同龢这么做已经算是很给面子了。后来，在刘铭传的反复敦请下，翁同龢还批准从沪、打[①]二关税收中拨出四成作为台防经费。这笔钱每年大约有二十万两。但是，这些钱对于刘铭传来说只是杯水车薪，远远不够。既然向上要钱的路子走不通，刘铭传只好自己想办法了。他设立全台招商总局，以各种优惠政策，向海内外招商引资。他曾说过，当此改弦易辙、发奋为雄之际，亟宜讲求商政。我国地大物博，物产丰饶，地球中吾华称最，如果大兴商务，行之数十年，物阜民康，将无敌于天下。

---

① 沪尾关、打狗关。

在他的主持下,他派遣商务委员李彤恩[1]和张鸿禄赴新加坡设立招商局,向南洋等地招商。他还广开财源,开征了各种厘金税和商税。刘铭传认为,台湾物产丰富,如煤、盐、石油、茶、樟脑等,均为饷源所系,如果整顿厘税,裁汰陋规,可兴地方之利,以养全台之兵。总之,刘铭传想尽办法,艰苦创业,总算迈过种种难关,使台湾快速发展,步入了中国先进省份行列。随着时间的推移,人们对他的评价也越来越高。有人把他称作"台湾的现代化之父"。连横先生称其功业"足于台湾不朽矣"。然而,在他抚台六年多里,伴随着他的一直是毁誉参半。尤其是他的新政更是饱受质疑和攻讦。

施九缎起事发生后,有人纠参他在清赋中"任用非人,漫视民瘼","以致奸民、土匪乘机作乱";彰化等地由于摊派严重,导致"一乡尽逃,台南尤甚"。还有人指责他在"抚番"上操之过急,措置失当,以致民心未协,不断激起"番变"。刘铭传开设招商局,买了两艘轮船,也被批评为赔累甚大。总之,对他的攻击无处不在。

1888 年 12 月 13 日,朝廷将言官的谤书抄转给刘铭传阅看。这实际上就是一个警告。尽管朝廷的语气尚属平和,认为"刘铭传自简任台湾巡抚以来,办事尚为得力",但同时又说:"参折所陈,均不为无因",要求刘铭传接受朝廷的训诫,对照问题,"平心省察,据实覆奏"。

这是清廷惯用的手法。其目的就是敲打手下的大臣,其潜台词也显而易见,那就是:你的问题朝廷已经掌握了,你可得小心点了。这对刘铭传来说不是一个好兆头。台湾建省之初,清廷曾给刘铭传大力支持,并对他充分信任。加上奕𧫮和李鸿章的鼎力相助,刘铭传的很多想法和建议都能够得以通过,包括办防、铁路、电报、邮政、学堂等诸多方面的改革在内。他还几度获得封赏:1889 年 2 月,赏加太子少保衔;1890 年 2 月,赏加兵部尚书衔;同年 4 月,以台湾巡抚帮办海军事务。当时海军衙门刚成立不久,

---

[1] 沪尾一战,李彤恩遭到弹劾,差点被赶出台湾,后由刘铭传力保留下,先后担任商务委员和承办台湾铁路委员,尽心尽力,后病死于岗位上。

该机构的规格很高，由奕谖为总办，奕劻、李鸿章等为会办，其地位甚至高于总理衙门。

尽管表面上风光无限，实际情况却并非如此。中法战争后，李鸿章坐镇北洋，淮系势力进一步扩张，这引起了湘系和朝中其他势力的不安，于是派系之间的斗争日趋复杂。刘铭传作为淮系大员、李鸿章的亲信，自然身陷旋涡，难以撇清。刘璈被清除后，湘系势力受到打击，虽然左宗棠已去世，可曾国荃等湘系大员岂能坐视不管？加上刘铭传的新政不仅触犯了当地的利益集团和旧势力，也引起了朝中保守派的不满。各种因素形成合力，一起针对刘铭传，对他的攻击也越来越多。现在，朝廷把这些谤书转抄给他就是一个信号，表明朝廷对他的信任正在逐步减退。

1889年2月，光绪皇帝亲政。这对淮系和刘铭传来说显然不是一件好事。围绕慈禧归政，帝党和后党的矛盾日渐凸显。在年轻的皇帝看来，淮系和刘铭传都是后党一派，这样的人不足以信任。刘铭传明显感到，自皇帝亲政以来，朝廷对他的戒心越来越大，而他的想法和所提出的建议也几乎得不到通过了。

皇帝态度的变化自然也影响了户部。翁同龢是皇帝的老师，原先他对刘铭传还算照顾，但随着皇帝态度的变化，他对台湾的经费管理也越来越紧。刘铭传不仅要不到一分钱了，而且在一些项目审批上，这位翁师傅也处处刁难。

刘铭传的日子越来越不好过了。由于得不到最高层的支持，他的各项新政变得举步维艰。1890年9月，因为基隆煤矿经营权的事，朝廷终于对他进行了严厉的惩处。

最后一次辞官

基隆煤矿最早开办于光绪三年（1877年），由于经营不善，亏损严重。中法开战后，为了避免资敌，刘铭传下令放水将煤矿淹没，使之成了一座废矿。中法战争结束后的第二年，台湾各业开始复苏。这时，天津商人张学熙找上门来了。

张学熙是天津大商人。多年前由于开办开平煤矿发了财，尝到了甜头。听说基隆煤矿要恢复生产便兴冲冲地跑来了。他对刘铭传说，他愿意承办基隆煤矿的开采，并承诺不需要刘铭传出钱，出煤后首先供台湾使用，并且刘铭传还可以从利润中抽取煤厘。

刘铭传当时正在大办新政，他的兵轮、铁路、电报、电线和机器局等等哪一样不要煤呢？如果基隆煤矿恢复生产，又可以从中盈利，那真是求之不得。很快，双方签订了协议，张学熙便摩拳擦掌地干起来。可是，没有几个月便搞不下去了。原因是矿井积水太深，靠人力排水相当困难，而要购置新式抽水机又缺乏资金。这样一来，钱花了不少，却收效甚微。几个月下来，张学熙亏掉了好几千两银子，只得灰头土脸地又来找刘铭传，说他撑不下去了，请求退办。

张学熙走了，煤矿的复工事宜便陷入了停顿。可刘铭传的新政急需煤啊。放着煤矿没煤烧，刘铭传岂能甘心？其实，不只是刘铭传的新政要煤，当时洋务运动正搞得轰轰烈烈，福州、江苏等地也都要煤。于是，刘铭传就找曾国荃和裴荫森商量能否三家合办。曾国荃时任两江总督，裴荫森时任福州船政大臣。三人一商量，决定一家掏两万，凑成六万两。在此基础上又招商股六万两，加在一起总计十二万两。1887年2月，煤矿开始挂牌运营。刘铭传指定候补知府张士瑜为总办。张士瑜身为基隆煤矿矿务委员，对煤矿生产比较熟悉。他受到委派后，便决定聘用外国人进行管理，还雇用了洋技师。在设备上也投入重金，购置了新式机器用来抽水。刘铭传还专门派人修通了煤矿至码头的小铁路。

不久，煤矿开始出煤了，而且产量还不错，一度达到百吨左右。张士瑜忙不迭地向刘铭传报喜，曾国荃和裴荫森闻报也皆感欣喜。大家都对煤矿的前景一致看好。可是，他们高兴得太早了。时间不长，新的问题又出现了。不错，煤是产出来了，但运输却成了难题。首先在台湾岛内，辗转运输千余里，没有铁路，全靠脚力，成本太高。其次要往大陆运，海上风浪大，没有大船不行。但煤矿资金有限，要想修建铁路、购买大船，实在是有其心而无其力。干了不到一年，亏空越来越大，每月亏银达到三四千两之多。这一来，商股首先不干了，要求退出。

商股一退，全部股份便为官股所有。张士瑜本来还满怀信心，打算重整旗鼓。但这时老矿井的煤又快告罄，必须重开新井，方可获利；可重开新井，便要追加投资，而且耗资相当巨大。据外国技师勘察，需百万之数。刘铭传去找曾国荃商量，能否增加投资，曾国荃一听就不高兴了。他早对煤矿的亏损状况感到不满，现在要他增资门都没有。曾国荃不干，裴荫森的态度也不积极。此时，刘铭传正忙于台湾的新政和"抚番"，到处都在伸手要钱，他都快揭不开锅了，哪还有钱投入煤矿呢？

张士瑜急得团团转，隔三岔五地便来找刘铭传诉苦。煤矿一旦停产，不仅钱要打水漂，台湾新政也要受影响，而且还会有人大做文章，说不定又要闹出什么风波来。刘铭传一时间也无计可施。

就在焦头烂额之时，英国人找上门来了。这个英国人名叫班德瑞，是英国驻台北领事。和他一起来的还有一位英国商人，名叫范嘉士，现供职于英国旗昌洋行。范嘉士听说基隆煤矿出现亏损，表示愿意接手。他对刘铭传说，我们英国商人可以集资承办新井，全部费用预计将达百万以上。承办期为二十年。其间无论亏盈，将由英国商人全部承担。此外，范嘉士还拿出了一些诱人的条件。比如，每年拿出一千吨煤，以市价八折供给政府使用；每出口一吨煤，都按合同纳税。他还答应以十四万两银子买下基隆煤矿原有的设备。

这些条件对于当时陷入困境的基隆煤矿无疑很有好处，刘铭传颇为心动。英国人走后，他便找张士瑜商量。张士瑜却有些担心，他说："洋人承办，恐引非议。"这点刘铭传何尝不知？把煤矿承包给洋人，在当时闻所未闻，但面对无路可走的绝境，他还是决定试一试。不久，张士瑜按照刘铭传的要求，与范嘉士进行谈判，很快就具体承办事宜达成了意向。

1889年7月9日，刘铭传向朝廷上奏，并详细说明为什么要把煤矿承包给英商的理由：其一，官办限于资本，不能扩充，且积习太深，骤难改革。现在亏损严重，每年亏银四五万两，入不敷出，如不采取措施加以补救，则受累无穷。其二，英商承办，不仅官本可收回，关税和车路运费每年可得数十万两，利源既辟，商务更兴，于地方民生所裨甚巨。他还把与英商达成的意向书附在奏折后边，恭呈御览。按理，这是一件使基隆煤矿摆脱困境的好事，可这一奏折却立即引起了一场风波。总理衙门和户部首先跳出来反对，认为洋商承办流弊甚多，实不可取。他们向光绪皇帝汇报后，光绪皇帝当即表示赞同，认为该衙门"立论极为切当"，并斥责刘铭传"办事殊属粗率"。处理结果是："著传旨申饬。"同时，要求刘铭传"认真核办，妥为经理"，"另筹办法。毋再草率从事，致滋后患"。

这样的结果令刘铭传大失所望，但并不意外。当时主持总理衙门的是庆亲王奕劻，此人向以贪婪保守著称，而户部尚书翁同龢也认为刘铭传的做法太出格，无法接受。此时，刘铭传多么希望有人能站出来帮他说话。可是，过去一向支持他的醇亲王奕譞由于病重昏迷，无法视事，而他的老上司李鸿章也因事情敏感而不敢为他讲话。刘铭传茫然四顾，毫无援手，并预感到今后办事会越来越难。

洋人承办的方案被否决后，如何解决基隆煤矿的出路又成了一道难题。刘铭传与张士瑜商量来商量去，光靠官股无法为继，只有再招商股，重走"官商合办"的老路。虽然这个办法曾经失败过，但此一时彼一时。由于近年煤的行情看涨，民营煤矿开始逐渐增多，经营势头也不错，这对商股又有了很大的吸引力。

刘铭传找来一些商人进行洽谈。果然，商人们很感兴趣，但他们也提出了自己的担心。洋务运动以来，"官商合办"常常搞不好，主要原因就是以官为主，商人没有发言权，而官不懂商，积弊甚多，终至亏累而难以为继。他们向刘铭传提出，让他们入股可以，官商共同经营也可以，甚至在投资上让他们拿大头也没有问题，但是有一条，那就是矿务要由商人主持，官不过问。

这样的条件其实并不过分。人家拿了钱，你却不让人家主事，这本身就说不通。不过，这样做却要打破以官为主的格局。有人感到担心，提醒但刘铭传还是谨慎从事，但刘铭传却认为只要能把基隆煤矿盘活，这些均可尝试。商人们一见刘铭传放了话，便跃跃欲试。最后双方商定，基隆以原来的官本十二万投入，而商股再集资三十万，由商人接办。

应该说，这个方案对双方都有利。刘铭传也满怀希望，心想这个方案总该没问题了。洋人承办不行，官商合办难道还不成吗？因此，他一边上报，一边批准先干起来。可是，出乎意料的是，报告一上去又捅了娄子。

户部和总署坚决反对，认为官督商办，历来如此，岂能擅改？他们还把刘铭传呈送的基隆煤矿合办章程逐条细抠，从中找出诸多毛病。其中有"可疑者三，必不可行者五"。如：矿务主持，既然官商合办，就应官为主持，"何以一切事宜悉授权于商，官竟不能过问"？又如，章程中有"拟雇用洋人总管矿务工程一位"，刘铭传所称各股皆系华人，为什么总管却是洋人？其中"显有冒充影射情事"。再如，该巡抚不奏明请旨，便即议立章程，擅行开办，"尤非寻常轻率可比"。

在向皇帝汇报时，奕劻和翁同龢都声称："刘铭传前与英商订拟合同，办理粗率，已降旨申饬。谕令他慎选贤员，另筹办法，可他这次招商同官合办，依然是种种纰缪，大不可行。"皇帝怒曰："非严惩不可！"

1890年8月5日，皇帝朱批："刘铭传交部议处。"并勒令其"即将现办之局赶紧停办，不准迁延回护"。吏部接旨，认为要给予"革职处分"的重惩。不过，意见呈报上去之后，光绪帝还算手下留情，加恩改成"革职留任"。

处理决定下达后，刘铭传很不服气。他抱怨皇帝高高在上，不解下情，而户部和总理衙门则不明事理，落井下石。他上奏申辩道：

> 今商人退办，官若另开新矿，不独巨款难筹，以后逐年亏折之费亦难为继。惟有暂仍其旧，督令妥员格外撙节，认真经理，以济船政

官轮之需。[1]

可奏折上去后，如同石沉大海。刘铭传彻底灰心了。此时，醇亲王已经病逝，而李鸿章在自身难保的情况下也选择了沉默。刘铭传孤立无援，有志难伸，唯有选择"乞退"。正如《论语》所云"道不行，乘桴浮于海"。

其实，早在当年5月，刘铭传就请过一次病假。那是在他被朝廷传旨申饬之后。朝廷给假一月，到期后他又上折子请求因病开缺。朝廷仍不准，给假三月。就在这期间，他的官商合办计划再次受挫，并受到革职留任的处分。于是，假期一满，他便又一次上奏，声称病情加剧，请开缺调理；如不得请，恳请赏假，内渡就医。

朝廷看了他的奏折，疑他是在斗气，心中大为不快，再次对他"传旨申饬"，仍是赏假三月，在任内调理，毋庸开缺。可刘铭传并不退缩，尽管再次受到申饬，还是不屈不挠。假期一满，他又第四次上奏请求开缺，而且语气更加坚定。终于，朝廷准奏了。1891年5月5日，谕云：

> 刘铭传奏病仍未痊恳请开缺一折，福建台湾巡抚刘铭传著准其开缺，并开去帮办海军事务差使。[2]

刘铭传从1884年抵台督办军务始，至1891年被革职离任，前后六年多时间，这是他一生中最重要也是最辉煌的六年。这六年里，他在台湾全面推行自强新政，开启了台湾的近代化进程。他原计划用十年时间来实现他的宏伟蓝图。可是不到六年，他便不得不用这样的方式离开这块他曾寄予希望、付出极大心血的土地。

刘铭传一生多次撂挑子。在他来台之前，就曾十八次"乞退"。其中大多是托病泄愤，以此表达心中的不满。其实，刘铭传有病也是实情。作为一个久经沙场的老将，他的身体早已大不如前。在对太平军作战时，他的头部受过严重的枪伤，并患有眼病，几近目盲。赴台之后，日理万机，劳心费神，加上身染湿瘴、痢疾等多种疾病，经常手足麻木，咯血不止，寒热并增，吐泻俱作。他的眼疾进一步加重，左眼已瞎，右眼昏花，"咫尺不辨人形"；耳病也很严重，左耳已废，右耳"尚赖保全"，但听力低下。用他自己的话说，便是"内亏外感，气血难通，补泻两穷，群医束手"。

然而，这些可能都不是刘铭传乞退的最主要原因。六年的劳苦和纷扰早已使他心力交瘁，身心俱疲，虽然身任一省大员，但谤书盈箧，窒碍甚多，朝廷对他的支持也越来越少。基隆煤矿一事使他受到严重处分，他也确实感到寒心，但这还不是最让他痛苦的。刘铭传来台之后，尽管诸事纷繁，但他知道海防是重中之重。在他的新政中，办防是摆在第一位的。因为中法战争给了他太多的教训。过去就是因为"无炮无船"，结果，"一有兵争，仓皇束手"。他多次上书，渴盼朝廷加大海防投入，他还希望能够为台湾建立一支海军。可是，他的这些希望均一一落空。

更有甚者，1887 年 9 月，户部尚书翁同龢上书朝廷，提出由于国库空虚，救灾需要，请求停购外洋枪炮、船只、器械，同时炮台建设也一律暂行停止。翁同龢的请求得到了批准。刘铭传得知这个消息后，大感失望，喟然叹息道："人方綦（音季，憎恨）我，我乃自决其藩，亡无日矣。"

这件事给刘铭传的打击相当大。他的海防梦想彻底化为乌有。加上醇亲王死后，朝局变化，他的诸多新政均遭驳回，有的甚至受到严厉斥责，直至基隆煤矿事情发生，他真正绝望了，再也无法容忍，只能选择辞官。其中固然有身体因素，但更多的还是出于失望和不满。

1891 年 6 月 4 日，在朝廷批准他辞官二十多天后，刘铭传乘船离开台湾返回家乡。当他乘坐的轮船缓缓离开基隆海岸时，他是否意识到这就是他最后一次乞退呢？自 1862 年加入淮军以来，刘铭传从军三十余年，现在也许到了最后画上句号的时候了。

茫茫大海，波涛汹涌。刘铭传走了，带着累累伤痕，带着他未实现的梦想。这是他个人的不幸，也是台湾的不幸。

刘铭传离任后，台湾新政便陷入了全面停顿。因为接任他的邵友濂不仅才学平庸，而且思想保守。他一上任便对刘铭传全盘否定，诸多革新均被一笔勾销。一时间，"新政尽废"，满目凋零。这种倒退令人痛心。它导致了台湾近代化几乎全部中断，发展也陷入停滞。特别是海防建设的中止，无疑是自毁长城。梁启超先生有诗云："轩车一去留不得，藤蔓啼莺空复情"，"长城已坏他岂惜，雨抛锁甲苔卧枪"，其悲切、惋惜之情溢于言表。

三年后，中日甲午战争爆发。由于局势紧张，清廷又一次想到了刘铭传。慈禧太后懿旨，撤销对刘铭传的处分，恢复其职务。不久，又令其迅速北上，进京陛见。可此时刘铭传已重病缠身，数疾并发，连行动都相当困难。李鸿章不得不据实上禀，说他因病无法应召，是否另调大臣统兵。但朝廷似乎并不相信，又连电催其复出。1894 年 10 月 5 日电谕云：

> 现在军事日棘，统帅乏人。该前抚受国厚恩，当此边防危急之时，岂得置身事外？著李鸿章再行传谕，刘铭传于接奉此旨后，即行起程来京陛见。该前抚忠勇素著，谅不至藉词诿卸，视国事如秦越也。仍将遵旨起程日期，先行电闻。[3]

今天重读这份电谕，不禁令人感慨良多。不难看出，此时清廷对刘铭传出山是何等祈盼和依赖，尽管对他是否有病抱有疑惑，但语气依然相当温和。这与多年前对刘铭传的申饬相比简直是天壤之别。尽管有人说刘铭传是负气不愿出山，其实不然。这一次刘铭传真是有心无力了。正如他自己所说，哪怕只要能起身，也会抱病应命。可是，如今他已做不到了。一年多后，刘铭传病逝于家乡刘新圩，享年五十九岁。在他去世前，传来甲午战败的消息，而台湾也沦于敌手，尽管台湾军民奋勇抵抗达五个月之久。看着这块他曾经呕心沥血、宵衣旰食为之奋斗六年的热土为敌寇所占，病榻上的刘铭传失声痛哭，吐血昏厥，数月之后便在忧愤中离世。

刘铭传一生留下太多的遗憾，而台湾可能是他留下遗憾最多的地方。身为一介布衣，起于行伍而位列封疆，尽管他具有雄才大略，但却"呕心六载功不就"，所谓生不逢时，壮志未酬。在他死后，有人写了一首诗概括了他的悲哀和无奈。诗云：

忆昔刘郎志已灰，大潜山下草成堆。

凿山冶铁作驰道，俯海沿江筑炮台。

六载空筹安世策，一生枉抱济时才。

将军去后风云变，景福门前画角哀。[4]

这是刘铭传的悲哀，更是时代的悲哀。

第二十五章 危险的敌人

日本的野心

十九世纪八十年代，对于大清国来说是一个动荡的年代。就在中法战争前后，中国的北方同样很不平静。沙俄在新疆不断挑衅，而日本也在朝鲜蠢蠢欲动。

朝鲜早在明代就成为中国的属国。清军入关后，朝鲜一度反叛，后被征服，与清朝续立宗藩关系。日本觊觎朝鲜已久。1592 年，日本就出兵二十万入侵朝鲜。发动这场战争的丰臣秀吉野心很大，吞并朝鲜只是他全部计划的第一步，他的目的是要以朝鲜为跳板，进而占领中国以及印度，并在此基础上建立一个庞大的亚洲帝国。日本入侵发生后，明朝政府在朝鲜国王的请求下派军援朝作战。六年后，丰臣秀吉病死，日本不得不从朝鲜撤军。

这场战争日本付出了惨重的损失。到了近代，欧美各国经过工业革命，实力迅速提升，开始向东方扩张。此时位于亚洲的中国和日本先后遭到西方列强的入侵，并经历一段极为相似的屈辱的历史：1842 年，第一次鸦片战争后，中国的大门被英国的洋枪洋炮所洞开；十一年后，日本在美国东印度舰队的逼迫下也被迫开国。此后不久，中国先后爆发了太平天国和捻军起义，而日本在这期间也发生了"尊王攘夷"的倒幕战争。再之后，中国的洋务派掀起了一场轰轰烈烈的洋务运动，而日本也开始了一场声势浩大的明治维新运动。

相似的命运，结果却完全不同。在经历了西方侵略之后，中国和日本都认识到了自强的重要，先后发起了改革运动，但是洋务运动和明治维新虽然都提出了向西方学习，但大清国却被"中学为体，西学为用"捆住了手脚，尽管学习和引进了西方的先进技术，但在制度上却依然恪守陈腐的封建体制，最终"体"与"用"格格不入，所谓的改革也只能是"徒袭皮毛"，流于表面，最终名存实亡，无功而返。而日本的明治维新，不仅在经济上、军事上，而且在政治上全面改革，使日本很快走上了发展资本主义的道路。

可悲的是，这种差距在当时的中国却鲜有人觉察。晚清的政治家们，包括洋务派大员们在内，大多浑然不觉。不仅如此，反而自以为是，沾沾自喜，对邻国日本的变革则抱有相当的轻视，甚至认为明治维新推翻德川幕府，是犯上作乱，不得人心，必将失败。在他们眼中，日本仍是"东夷小国"，不值一提。直到同治十三年（1874年），日本侵台事件发生后，清政府才感到了威胁，但对发生在日本的明治维新依然不以为然，特别是对他们某些改革不能接受。

光绪元年（1875年）冬，日本驻华公使森有礼来华与李鸿章会谈朝鲜局势。两人就服饰问题有过一段对话：

李鸿章说，对于贵国近来的改革（指明治维新），我很为赞赏，唯独对贵国改变旧有服装，模仿欧风一事感到不解。

森有礼回答，我国旧有服制，宽阔爽快，适合无事安逸之人，但对于多事勤劳之人则甚感不便。如今改旧制为新制，对我国裨益不小。

李说，衣服旧制是祖先留下来的，做子孙的应该珍惜，万世保存才是。

森答，不然，如果我国祖先尚在的话，无疑也会改变。就像一千多年前，我们的祖先看到贵国的服装优点就加以采用。不论何事，善于学习别国的长处是我国的好传统。

李不以为然，反驳他说，话虽如此，阁下对贵国舍旧服仿欧俗，抛弃独立精神而受欧洲支配，难道就一点不感到羞耻吗？

森答，毫无可耻之处，我们还以这些变革感到骄傲。这些变革绝不是受外力强迫的，而是我国自己决定。正如我国自古以来，对亚洲、美国和其他任何国家，只要发现其长处就要取之用于我国。

李说，我国绝不会这样变革，除了军器、铁路、电信及其他器械这些必要之物，才不得不采之外国。

森说，将来之事，谁也不能确定其好坏，正如贵国四百前也没有人喜欢现在的服制。

李辩解，这是我国国内变革，绝不是用欧俗。

森说，然而变革总是变革。

他还举例说，当年清军入关，强迫汉服改清服，不是曾引起过贵国百姓反抗吗？

说到这里，森有礼的话中已带有讥讽，虽然这段谈话只是李森会晤中的一个小插曲，但却值得玩味。它使人想起战国时赵武灵王"胡服骑射"的典故，两者在观念上的反差，亦形成鲜明的对比。在洋务派看来，大清的文武制度远在西人之上，独火器万不可及，而与之相比，日本的政治家们却认识到改革必须是全方位的，包括经济，文化、科学，也包括政治制度。尽管以洋务宗师自居的李鸿章堪称清政府中最具改革思想的人物，但在比他小二十二岁的明治维新以后出现的日本年轻一代外交官的面前，其思想和见识的落伍已显而易见。

思想决定行动，观念导致结果。应该说，中日两国的改革从一开始就分出了高下，而结果也不难预料：一边是洋务运动以失败而告终，一边是明治维新使日本这个原本实行落后的封建幕藩体制的岛国，一下子"脱亚入欧"，迅速崛起，成为亚洲第一强国。

日本是一个有着强烈扩张领土欲望的国家。由于本国国土面积狭小，资源有限，这使日本人具有强烈的危机感，加上其信奉的神教道文化，以及明治维新以后形成的天皇制国家制度，使这种扩张野心愈加膨胀，每遇合适的机会便会兴风作浪。明治维新后，日本国力迅速增强，向外扩张的欲望开始重新抬头。明治天皇上台后，制定了"开疆拓土"的外交方针，使日本很快走向了对外侵略扩张的军国主义道路。他在《御笔书》中公然宣称要"开拓万里之波涛，宣布国威于四方"。尽管日本遭受了西方的侵略，但他们却要以侵略别国来弥补损失。日本国内就有人公开提出："失之欧洲，取之亚洲。"

1864 年，日本外务大臣柳原前光前来天津拜谒李鸿章，要求仿照西方各国先例与清政府立约通商，遭到拒绝。1871 年，日本大藏卿伊达宗城再次来华议约，中日双方签订《中日修好条约》，建立了基本平等的外交关系。但日本并不甘心，次年又派柳原前光来华，要求改约，遭到回绝。

就在同一年，日本擅自册封琉球王尚泰为藩主，并强迫原属于中国藩国的琉球与日本建立宗藩关系。两年后，琉球船民由于风浪原因漂向台湾，为台湾当地"番族"所杀。日本借机发难，出兵攻台。1874 年 5 月 7 日，日本陆军中将西乡从道率师三千，兵泊台湾南部琅峤，开始了近代史上第一次针对中国的军事冒险。

日本的入侵遭到台湾人民的奋勇抗击。清政府得知消息，一边向日本政府提出质问，一边派福建船政大臣沈葆桢率军赴台。李鸿章也紧急调动驻扎在徐州的淮军唐定奎部十三营六千五百人分批渡海驰援。此时，清军不论海陆兵力，还是后勤支援，都占据明显优势，加上日军发生瘟疫，无力再战。眼看取胜无望，日本转而采取外交讹诈手段，狮子大开口，要求清政府赔偿兵费三百万，沈葆桢拒不接受，李鸿章也气得大骂日本"口说和好之话，不做和好之事"。

同治十三年（1874 年），大清国诸事纷扰，西北回民起义和新疆阿古柏之乱尚未平息，中法又因越南问题而关系日趋紧张。更为重要的是，这一年恰值慈禧太后四十岁万寿庆典，加上同治皇帝病入膏肓，朝廷无意大动干戈，生怕搅了老佛爷的雅兴。最后，在西方的调停之下，急于了结此事的清政府不得不向日本妥协，与之签订了《中日台湾事件专约》，竟然荒谬地承认日本侵台是"保民义举"，并同意付给"日本国从前被害难民之家"

抚恤银十万两和日军在台"修道建房等"费用四十万两，共计五十五万两。对于这样的处置，李鸿章很不满意。在给其兄李瀚章的信中，他说，近来热闹，太后万寿，每日筵宴，恬嬉歌舞，都庆幸倭事速了，竟不以为耻辱。可见，当时的朝臣都把庆寿看作大事，而日本侵台不过是小事一桩而已。但是，李鸿章的不满只能私下里表露，对外他则辩解说，这叫"忍小忿而图远谋"。

然而，清廷的妥协只能助长日本的野心。这一事件之后，日本的气焰更加嚣张。1876 年，日本用武力逼迫朝鲜签订了《江华岛条约》，为下一步侵占朝鲜埋下伏笔。三年后，日本又公然吞并琉球国，将其改为冲绳县。

琉球国原为中国藩属国，位于太平洋和东海之间，是西太平洋岛链中连接日本九州与中国台湾的重要一环。早在 1872 年，侵台事件发生前，日本就胁迫琉球国王接受"藩王"封号；八年后又得寸进尺，将琉球完全占为己有。事件发生后，琉球国太子奔赴天津在李鸿章的府衙门前长跪三天，请求清政府派兵援助，可此时沙俄占我新疆伊犁，中法在越南摩擦日甚，清政府两面受敌，无暇东顾，对于琉球国的请援置之不理，除在外交上对日本谴责了几句外，没有采取任何实质行动。

琉球事件助长了日本的野心，并发出了一个危险的信号。正如英国公使威妥玛所言："琉球事件决定了中国命运。它向全世界宣布，富饶的清朝帝国愿意任人宰割，而不愿意用武力抵抗。"果然，此后几年日本得寸进尺，很快将侵略的魔爪伸向了地处中国东北部的朝鲜半岛。

吴长庆跨海戡乱

1882 年，旧历壬午。这年 7 月 23 日，朝鲜发生了一场政变。事情的起因是由发放军粮引起的。

朝鲜国王名叫李熙，十二岁那年以旁支入继大统。由于年在幼冲，便由其生父李昰应监国执政，封为大院君。自此，李昰应执掌朝政达八年之久，直到李熙成年后开始亲政。李熙生性软弱，但其宠妃闵氏却漂亮能干，而且权力欲极强。李熙亲政后，闵妃便独揽大权，一方面排挤打击大院君和朝中老臣，一方面培植自己的势力。她的兄长闵泳骏被提拔为首相，侄子闵泳翊主管军事，而一大批闵氏家族的成员也鸡犬升天，遍布要津。闵氏集团掌权后，对外实行开放和亲日政策，对内则贪污腐化，横征暴敛，国内民怨沸腾，反日情绪不断高涨。

7月23日，城中禁军发放军粮。由于朝鲜经济低迷，国库空虚，京城驻军已连续十三个月没有领到饷米，大家本来就一肚子怨气。好不容易等到漕米运到，可发下来的米粮却质量低劣，不仅掺杂了石子、糠秕，而且量米的斗也比正常的要小。这一下，士兵们不干了。他们上前与发粮委员会的官员进行理论，双方言语不合，很快发生了冲突。在冲突中，士兵们掀翻粮车，砸碎粮斗，发粮委员会的官员们一看情形不妙，吓得四散奔逃。

这事很快上报到宣惠厅上官闵谦镐那里。闵谦镐也是闵氏家族成员，在朝中主管财政、赋税。其实，事情至此并不算太大。如果闵谦镐冷静处理，或许可以平息下去，可他偏偏没有这样做，相反不分青红皂白，下令以闹事为名进行弹压。于是，汉城捕盗厅将为首的士兵金春永、柳卜万、郑义吉、姜命俊四人逮捕斩首。如此一来，矛盾迅速激化。愤怒的士兵和市民一起发动了暴动。他们打开弹药库，捣毁闵谦镐等人的宅邸，攻打捕盗厅，然后跑到大院君的府邸，恳求他老人家出面主持公道。自从国王亲政以来，大院君和以他为首的势力一直饱受闵氏集团的冷落和打击，早就蓄谋颠覆，东山再起，只是苦于没有机会。现在机会来了，当然不会放过。他们立即打起"清君侧"的旗号，号召士兵和百姓们起来反抗。

7月24日，暴动士兵和市民冲进王城，软禁国王，杀死闵谦镐等多名大臣。在骚乱中，闵妃也负了伤，后装扮成宫女逃脱。这时，有人煽动说闵妃逃进了日本使馆。自打光绪元年日军侵入朝鲜江华岛后，焚毁炮台，烧杀抢掠，逼迫朝鲜开埠通商，朝鲜军民的仇日情绪日益高涨。现在听说闵妃逃进了日本使馆，义愤填膺的军民们便把怒火转向了日本人。他们冲进使馆，杀死日本教官崛本等数人，并放火将使馆焚毁。日本公使花房义质幸亏跑得快，才脱离险境，后在外国商船的救助下逃往长崎。

这场疾风骤雨似的政变来得十分突然。短短的数小时之内，闵氏家族的权力便被推翻，而长期受到压制和冷落的大院君则重新回到了权力中心，被拥立为"国太公"。1882 年，这一年是中国旧历壬午，因此这一事件在中国史书上被称作"壬午之变"。

壬午之变虽然事发偶然，但却是朝鲜宫廷以闵妃和大院君为首的两派势力相互博弈的结果。在这场博弈的背后，早已暗潮涌动的中日两国的较量终于从幕后走向了前台。

事变发生后，日本最先得知消息。在接到驻朝公使花房义质的报告后，内阁便立即决定出兵济物浦（今仁川）。日本的动向引起了清政府的注意。7 月 29 日，在朝鲜政变发生六天后，清廷便接到驻日本长崎领事黎庶昌的报告，说是日本将出兵朝鲜。朝廷接到报告后，便谕令李鸿章、张树声，要求他们派兵观察，相机办理。

此时，李鸿章因母亲病故，回老家奔丧，北洋大臣兼直隶总督一职由淮军二号人物张树声署理。张树声接到电谕后不敢怠慢，马上派周馥查清情况。周馥是安徽建德人，时任津海关道，早年加入淮军，是李鸿章的重要幕僚之一。当时，朝鲜吏部参判金允植、宏文馆侍讲鱼允中正在天津。周馥便向他们打听消息，可他们对国内情况也不甚了解。直到第二天，接到闵妃指令，他们才以国王名义，请求宗主国出兵讨逆，扶危定倾。

了解情况后，张树声当即与周馥、薛福成等人商量，并迅速做出决定，令丁汝昌率北洋三舰由烟台出发，赴朝观变，候补道员马建忠随船同行。当时，北洋水师尚未成军，丁汝昌被李鸿章委以督操北洋水师炮船，实际上是负责北洋水师的工作；马建忠则是李鸿章的重要幕僚，善于处理外交事务。与此同时，张树声还计划调派步队随后增援。在做出这些决定之后，他一边向总理衙门报告，一边致电李鸿章征求他的意见。

李鸿章认为，水陆并进，实有兴师问罪之意，尤其是调派步队更需慎重。此事处理得法，可避免战事。可总理衙门的态度却十分强硬。电谕云：

朝鲜久隶藩封，本应派兵前往保护。况日本出兵，用心险恶。吾出师有名，兼可伐其阴谋。著张树声酌派水陆两军迅赴事机。

有了总理衙门的指示，张树声不再犹豫，马上着手调兵遣将。水师由丁汝昌统领，那么陆军由谁统带呢？张树声第一个想到的便是吴长庆。吴长庆是淮军草创时的元老之一，字筱轩，安徽庐江人，道光十四年（1834年）生人，时年四十八岁。

清代庐江与合肥、舒城、巢县同属庐州府。因此，吴长庆与李鸿章、张树声、刘铭传等均为庐州府人氏。他的部队也被视为李鸿章的庐州子弟兵。同治元年（1862年），李鸿章创建淮军，最早从庐州府拉出的"树""铭""鼎""庆"四支队伍，吴长庆的庆字营便是其中之一。

吴长庆出身书香门第。其父吴廷香曾被保送优贡生，咸丰元年（1851年）举方正孝廉。后在家乡开门授徒，在当地颇有声望。吴长庆幼年时，读书用功，深得父亲喜爱，但不走运的是，他数应童子试均告失利，可他并不气馁，继续用心苦读。如果一切顺利，或许有一天他会金榜题名，光宗耀祖。然而，轰轰烈烈的太平军起义却打碎了他的梦想，改变了他的命运。

咸丰三年（1853年），战火烧到了安徽。吴廷香在家乡拉起队伍，办起了团练。次年10月，吴廷香率乡勇民团三百余人，从太平军手中夺回庐江城。这一战果令人瞩目。《清史稿》称："大江东西，以乡兵败贼克城，盖自廷香始。"可是，好景不长。几天之后，太平军调集大军开始反扑，三万余人合围庐江。吴廷香内无粮草，外无救兵，苦战二十余日，最后城破身亡。此时，吴长庆刚满二十岁。他发誓要为父亲报仇，遂集合父亲旧部数百人，在庐江一带与太平军厮杀苦战。清政府令其袭父云骑尉世职，并准其先后在庐江、舒城和合肥东乡招募兵勇。吴长庆就这样开始了他的戎马生涯。

咸丰十一年（1861年）冬，湘军攻占安庆后，曾国藩挥师北上，庐州团练协同作战，从太平军手中夺下三河重镇。在此次作战中，吴长庆受到曾国藩的赏识，曾大帅亲赠"忠孝坚定，不可挠折"八字，以示褒奖；与此同时，还将吴长庆所部团练按湘军营制收编为一营，命名为"庆字营"，这便是以后"庆军"的由来。

庐州团练派别林立，山头众多，彼此之间互争雄长，谁也不服谁。合肥西乡三山一带有张树声、刘铭传、周盛传、周盛波等，合肥东南三河一带则有潘鼎新、吴长庆等。吴长庆与张树声、刘铭传等向来不和，除了派别因素外，更有官团、民团之分。吴长庆属官团，而张、刘等属民团。官团、民团之间一直相互对立。一次，不知为了何事，张树声、刘铭传与吴长庆闹翻了脸，双方动起手来，由于吴长庆的人少，吃了亏。吴长庆也被张、刘抓住捆了起来，合肥知县英翰闻讯急忙致函张、刘，要他们放人，可张、刘不肯，英翰不得已只好亲自登门保释，张、刘这才放了吴长庆。

李鸿章创建淮军时，派人回乡招募庐州团练，合肥西乡的张树声、刘铭传等立即响应，但三河一带的潘鼎新、吴长庆却拿不定主意。尤其是吴长庆的团练系官团，因与民团不和，心存疑虑。后来，李鸿章派自己的学生刘秉璋前往说服。刘秉璋与潘、吴同为庐江人，关系非同一般。潘鼎新不用说了，与刘是发小，而吴长庆的父亲与刘秉璋为故交，两家还是姻亲。在刘秉璋的说服下，潘、吴才率部前往上海，成为庐州团练投奔李鸿章的最早的四营基干部队中的两营。

吴长庆加入淮军后表现不俗，转战南北，屡建战功，但在淮军中却始终处于边缘。淮军将领多与李鸿章关系密切。吴长庆的家族也与李鸿章家族有联姻关系：吴长庆次女吴保善嫁给李鸿章四弟李蕴章四子李经钰；吴长庆之孙吴炎世则娶李蕴章次子李经邦六女李敬仪。尽管如此，吴长庆却与李鸿章声气不合，李鸿章也不喜欢他。

据《异辞录》记载，吴长庆与刘秉璋关系密切。吴长庆加入淮军后，起先编在刘秉璋的良军系统，跟随刘秉璋多年。刘比吴年长七岁，两人相交莫逆，亲如父子，刘对吴也倚为心腹。后来，刘秉璋称病离营，把部队全部交给吴长庆统带。同治二年（1863年），吴长庆率部参加攻占枫泾、西塘战斗，立下战功，刘秉璋保举吴长庆为副将，李鸿章奚落道："没想到你的部下，平庸者也戴上红顶啦？"这话传至吴长庆耳里，吴终身引以为恨。

这可能也是他后来疏远李鸿章的一个原因。

李鸿章不喜欢吴长庆的另一个原因或许与刘秉璋有关。刘秉璋在淮军中也是一个异类。他是进士出身，以翰林从戎，在淮军中有如此功名者除李鸿章外独他一人。淮军将领大多出身行伍，在一帮大老粗中间，刘秉璋显得有些孤立。此外，刘秉璋虽是李鸿章的学生，但他特立独行，在许多问题上与李鸿章意见相左。久而久之，两人的关系便疏远起来，这也影响到了吴长庆。

吴长庆个性要强，既然李鸿章不喜欢他，他也远离李鸿章，相反却与淮系以外的高官，如马新贻、李宗羲、沈葆桢、刘坤一等都保持密切往来，并受到他们的器重。这更让李鸿章感到不快。因此，尽管吴长庆是淮军元老，又与李氏家族有姻亲，但始终得不到重用。庐州团练最早率部加入淮军的四个将领中，张树声、潘鼎新和刘铭传都先后位列封疆，唯独吴长庆一人以武职终。有人作诗云："天下共知吴武壮，一生遗憾未封疆。"

壬午之变发生时，吴长庆已由浙江提督调任广东水师提督，但并未赴任，其所属庆军中有六营淮勇驻扎在山东登州（今蓬莱）。考虑到那里离朝鲜较近，调度便捷，因此张树声首先想到的便是吴长庆。

8月7日，在朝鲜发生政变两周后，吴长庆接到了张树声的亲笔信函。信函是由丁汝昌转交的。丁汝昌与吴长庆也是庐江同乡。丁奉命率水师赴朝，由烟台出发，路过登州时，便登岸前往吴长庆的军营，亲手将张树声的手书密函交给他。吴长庆接到密函的第二天，便乘船去天津面见张树声，密商东征之事。五天后，吴长庆返回登州，并于8月17日率部紧急开拔，奔赴朝鲜。

李鸿章此时丁忧在籍。对于朝鲜发生的事，他的主张依然是息事宁人，并不赞成派部队前往，尤其是派陆军。但总理衙门决定派兵，他也不能违抗。至于派谁去，李鸿章认为，如"小举"，只须派两营，虚张声势即可；若"大举"，则应调集铭军前往，其中刘盛休、吴殿元均可信赖。从李鸿章的有关函电看，起初他并未考虑吴长庆，及至接到张树声的电报，说是朝廷已批准吴长庆率部东渡，他才表示赞成，认为此举便捷，且吴长庆"智略稳慎，足可胜任"。

8月20日，在朝鲜政变发生二十八天后，吴长庆率两千多人先头部队分乘招商局三艘轮船开抵朝鲜。吴长庆则与丁汝昌、薛福成同乘"威远"号军舰抵达。此时，日军兵船七艘及陆军一营已先期抵达济物浦口岸。为避免发生冲突，吴长庆令船队在离济物浦七十里远的南阳马山浦停泊。

在开赴朝鲜途中，朝鲜官员金允植、鱼允中随同前往。一路上，吴长庆为了摸清情况，曾与金允植进行了长时间的笔谈，对朝鲜的情况有了进一步了解。金允植是闵妃的亲信，他告诉吴长庆，这次变乱的罪魁是大院君，一切均由他策划，必须将其制服而后内乱可平。这与丁汝昌和马建忠先前了解到的情况基本吻合。

朝鲜宫廷的情况较为复杂。一般认为，李昰应是保守派，而闵妃是开放派；但在对外政策上，前者主张亲华，仇视日本，而后者却在中、日之间摇摆不定。《江华岛条约》签订后，随着日本对朝鲜的入侵逐步加深，朝鲜内部矛盾也进一步激化。人们对现状日益不满，并开始怀念大院君执政时代。这就是导致这场政变发生的民众基础。然而，对于清政府来说，当前首要的问题是尽快平息内乱，不给日本以可乘之机。当闵妃主动找上门来后，清廷主政的官员开始倾向了闵妃。

笔谈中，吴长庆拿出一篇檄文交金允植过目。这是发兵前就事先拟好的。吴在纸上向金询问：大兵越境，问罪必先正名，前日已拟好檄文一篇，预备将来之用。先生熟悉贵国情事，请先生审定。

金看后，用笔在纸上回复道：先不必声讨，须好言诱之，以安其心，然后图之似好。

吴说，本如此办，但恐昰应未肯即至耳。

金分析说，以今日之势，日人滋事，彼（指李昰应）不得不款附中国也。

金允植的判断不无道理。从当时的情况看，李昰应虽然被拥立上台，但却陷入了困境。尽管他接掌了朝政，控制了军队。闵妃的势力被清除，他的长子李载冕被任命为大将军，一批老臣也重新得到了任用。他还打算恢复闭关锁国政策，并借机驱逐日本使者。可是，日本出兵的消息传来后，他又感到了害怕。不久，日本公使花房义质重返汉城，气势汹汹提出七项要求，限三日予以答复。面对日本的要挟，李昰应束手无策，一边把动乱归罪于乱民闹事，以此搪塞日本，一边希望依靠中国，并借助中国军队压制日本。

清军开抵朝鲜后，闵妃派来的密使很快与金允植等取得了联系，并通过金允植向吴长庆报告了以上动向。吴长庆当即指示马建忠设法稳住大院君。8月23日，就在庆军抵达的第三天，朝日谈判发生破裂。日本公使花房义质一怒之下，离开汉城，前往济物浦。外界盛传日本军队不日将进攻汉城，一时间谣言四起，人心惶惶。

马建忠闻讯，一边继续稳住大院君，一边将此情况函告吴长庆、丁汝昌。此时，吴长庆正率部向汉城开拔。接到马建忠的信函，吴长庆认为事态严重，如果日本人抢得先机，提前进入王城，则对中国不利。于是，命令部队全速前进。

两日后，吴长庆率部开抵汉城，并制订了拘捕大院君的计划。8月26日，吴长庆入城礼节性地拜会了李昰应，下午李昰应则按礼仪要求，至城外吴长庆的军营回访。据马建忠记载，那天下着小雨，李昰应在数十骑禁军拱卫下来到军营。进入大帐后，马建忠与之笔谈，从申时（下午三时至五时）至酉时（下午五时至七时），前后两个多小时，书写的纸张共二十四幅。开始，马建忠的口气还算舒缓。过了一会儿，他环顾四周，发现帐内已无李昰应的随从，知道计划已经得手，语气随即严厉起来，在纸上疾书道："君知朝鲜国王为皇帝册封乎？"

李书："知之。"

马书："王为皇帝册封，则一切政令当自王出，君六月九日之变擅窃大柄，诛杀异己，引用私人，使皇帝册封之王，退而守府，欺王实轻皇帝也，罪当勿赦。"

李昰应阅后，脸上色变。随即马建忠宣布处理决定，将李昰应带回中国，听候朝廷处置。李昰应面露惊慌,茫然四顾。他把目光投向吴长庆和丁汝昌,可两位军门视而不见,双双起身出帐。李昰应绝望了,知道一切都无可挽回。马建忠这时上前将他搀起,扶他走出军帐。此时,军帐外甲士分立,剑戟森列。李昰应走到轿前,迟疑着不肯上轿,马建忠和袁世凯便上前将其强行推进,随后由丁汝昌亲自押解,送往停泊在马山浦的登"瀛州"号兵轮,当天夜里便开赴天津。此后,李昰应在中国保定被软禁起来,直到三年后才被释放回国。

李昰应被带走后,吴长庆又应朝鲜国王的请求,对大院君的余党进行清剿。8月28日夜,庆军诱捕了李昰应的长子李载冕,接着包围了枉寻里、利泰院一带,对聚集在这里的大院君数千余党进行搜捕。乱党群龙无首,四散逃奔。整个围捕的过程十分顺利。叛乱者死伤数十人,被俘一百五十多人,余众尽数驱散。

9月10日,在外躲藏了五十多天的闵妃开始还宫。事变发生后,闵妃负伤逃至离汉城二百余里的忠州长湖院村藏匿。为了保证她回京的安全,吴长庆特派精锐枪队协同国王所派文武官吏沿途加以保护。一路上,"远近士庶,喧阗塞途,动以万计"。至此,"祸乱悉平,人心大定"。

清军的迅速出击,彻底打乱了日本的计划。日本人获知消息后,悔之不及。他们比清军早十天到达济物浦,可起了个大早,却赶了个晚集。花房义质原计划要等后援预备队集结完毕再前往汉城,但他没想到清军来得如此迅速,并抢先进入朝鲜王城。此时,日本已完全处于不利地位,只得取消原定计划。

日本的目的虽然没有达到,但他们并不甘心。8月30日,他们逼迫朝鲜政府签订《济物浦条约》,条约要求索偿人命,赔款五十万,并允许日本以保护使馆为名驻兵朝鲜、修筑兵营。对于这个毫无道理的条约,清廷高层,包括政界、军界都觉不妥,可由于越南局势紧张,中法战争一触即发,清廷只想尽快平息事态,避免与日本发生争端。李鸿章当时就说过一句话,他说,赔款五十万是多了点,但此条约当属无甚流弊,并要马建忠劝说朝鲜接受。其实，问题的要害不在于赔款多少，而在于这个条约的签订，使日本的阴谋进一步得逞，而朝鲜的局势也变得更加复杂。尤其是允许日本在朝驻军，更为日后的中日冲突埋下了隐患。

尽管壬午之变的善后不尽如人意，但吴长庆平乱有功却得到了普遍的认可。不仅国内各界给予高度评价，朝鲜朝野上下也对他歌功颂德。但吴长庆功劳虽然很大，得到的奖赏并不高，仅获一个"三等轻车都尉"的赏赐。有人认为，这与李鸿章有关。查李鸿章有关奏折，关于吴长庆在朝平乱，他倒也给予了肯定，认为他"谋勇兼裕，赴机神速"，但为其请赏时又说："惟系一品实缺大员（指吴长庆），应如何加恩奖励之处，非臣等所敢擅拟。"这话的意思是，吴长庆已经官至一品，且为实缺，对他的奖励得由朝廷来定，他不能随便置喙。这话听上去不错，可是对于潘鼎新、刘铭传这些部将呢？同样也是一品，也是实缺，他却不遗余力，一而再、再而三地反复举荐。相比之下，厚薄之分，不难看出。

其实，外界早有传闻，对于吴长庆在朝鲜的某些做法李鸿章并不赞同，更让李鸿章不悦的是，壬午之变平息后，吴长庆还搞了一个《朝鲜善后六策》，这也与李鸿章的指导思想相左，被斥为"多事"。这些都使李鸿章感到不快。1884年6月，李鸿章下令将吴长庆从朝鲜调回，并把他的六营庆军一分为二——其中三营随他回国，另外三营继续留驻朝鲜——这被认为是打压和削弱吴长庆的一种手段。吴长庆对此也感到不满，回国前曾作过一首诗。诗云：

> 霸业雄图迹已磨，征人犹唱大风歌。
>
> 可怜鸟尽弓藏处，猛士当时问几何？[1]

诗中流露出的失落、惆怅、苦恼和不平，几乎毫不掩饰。有一种说法，他的幕僚们曾提出让他主动辞职以抗议，可吴长庆并没有这样做。1884年6月4日，吴长庆奉命率三营庆军回国，7月13日在金州驻地病死，前后只有一个多月。

关于吴长庆的死有种种传闻，有说他是被李鸿章气死的，也有说他是吞金而亡。在庐江吴长庆的家乡还有一个说法，说是吴长庆回国后不是先拜谒李鸿章，而是先觐见太后，犯了大忌。事后，李鸿章气得踢了他几脚，不予升迁，吴长庆郁闷而死。这些说法捕风捉影，并无根据，有的近乎离谱。李鸿章或许并不喜欢吴长庆，但也不至于加害于他。有史料表明，吴长庆被调回，主要是国内布防需要。当时，中法战争处于爆发前夜，一些军队陆续南调，北方空虚，需要加强。此时，朝鲜内乱已经平息，调回部分庆军完全是在情理之中。

此外，还有一个原因，就是吴长庆赴朝之后，身体每况愈下。这主要是朝鲜条件艰苦，风寒侵蚀，加上往来洋面，涉历风涛，旧病复发所致。1884 年 4 月，吴长庆回天津向李鸿章汇报工作时，他的咳喘之症已相当严重。李鸿章出于关心才决定让他回国。吴长庆回国不到一个月便撒手西去，这也说明他的病情早已十分沉重。作为一名久历沙场、宦海浮沉二十余载的老将，吴长庆不可能因为受到一点委屈就气死或自杀。至于害死的说法更是十分荒唐，纯属妄加臆测。

其实，吴长庆患病期间，李鸿章对他十分关心，不仅为他请假休养，还专门派医生前往视诊。在其死后，李鸿章也为他上奏请恤，对其评价甚高，称其"澹泊寡营，雅歌不辍，拟之儒将，庶几无愧"。

吴长庆一生与淮军紧密相连。从 1862 年参加淮军到 1884 年辞世，前后共二十二年，历经大小战事数以百计，但真正让他青史留名的还是他在朝鲜的经历。从 1882 年 8 月赴朝至 1884 年 6 月回国，吴长庆在朝鲜前后快两年时间。在这两年里，他粉碎了日本的阴谋，维护了国家的安全。此外，他还帮助朝鲜平定了内乱，稳定了局势，并协助朝鲜训练军队、修桥铺路、救灾恤荒，做了不少好事，受到朝鲜朝野的拥戴。在他回国时，朝鲜国王一再挽留，朝鲜百姓也夹道欢送，踏歌颂之。

吴长庆死后，鉴于他的功劳，清廷从优议恤，赐谥号"武壮"，其战功着国史馆立传，准予修建专祠。在他的葬礼上，光绪皇帝和慈禧太后都亲赐祭文。朝鲜也在汉城为其立庙纪念。直到今天，人们仍然没有忘记他的功绩。

袁世凯崭露头角

袁世凯在淮军中本属晚辈后生。他光绪七年（1881年）才加入淮军，虽然起步较晚，但后来居上，迅速崛起，其风头一度甚至盖过了淮军鼻祖李鸿章。

袁世凯首先要感谢吴长庆。因为正是在他最不得志的时候，吴长庆收留了他，使他日后有了施展抱负的机会。袁世凯是河南项城人，字慰亭。其家世显赫，叔祖袁甲三是道光十五年（1835年）进士，出任过礼部主事、军机章京和漕运总督等要职，属省部级高官。袁甲三在镇压太平军和捻军中立过大功，死后受到朝廷优恤，谥文诚，并享受在河南省城建专祠等一系列荣誉。袁世凯父亲叫袁保中，是项城有名的大地主，其养父袁保庆曾做过江苏粮道，相当于地市级官员。

袁世凯十四岁那年，袁保庆病死。此后，他跟随叔父、刑部侍郎袁保恒在北京读书，可袁世凯不是读书的料，在京读书期间，两次参加乡试均未如愿。那段时间，袁世凯由于找不到出路，内心苦闷，经常"出入欢场，挟妓冶游"，混迹于花街柳巷、声色犬马之间。不过，袁世凯并非胸无大志之人。据说他年轻时曾作《言志》诗自勉。诗云：

> 眼前龙虎斗不了，
> 杀气直上干云霄。
> 我欲向天张巨口，
> 一口吞尽胡天骄。[2]

诗中透着一股英雄豪气，字句铿锵有力。面对列强瓜分，弱肉强食，袁世凯和当时许多有志青年一样，抱着一种扫除外敌、为国建功的壮志，并不甘心平庸的生活。既然科举无望，只有另谋出路。放浪了一段时间后，他决定从军，前往山东投靠了吴长庆。

吴长庆与袁世凯的养父袁保庆是结拜兄弟。1854 年，太平军围困庐江城。吴长庆的父亲吴廷香派长庆向袁甲三求援。袁甲三时任安徽团练大臣，驻兵宿州，对于吴长庆的请援犹豫不决，便向身边人征求意见。袁甲三的长子袁保恒认为皖北一带匪众猖獗，不能分兵，而袁甲三的侄子袁保庆却认为吴廷香坐守孤城，不能见死不救。两人各执一词，让袁甲三更没了主意。不久，庐江城被太平军攻破，吴廷香战死。这件事对吴长庆刺激很大，从此对袁保恒衔恨至深，终生与其绝交，而对袁保庆则心存感激，后来与他结为兄弟。

同治七年（1868 年），袁保庆前往南京任职，吴长庆驻扎浦口。这段时间，两家往来频繁，过从甚密。那时候，袁世凯才九岁，长得活泼可爱，吴长庆很喜欢他，时常叫他"干儿子"。袁保庆去世时，吴长庆还渡江视殓，"扶棺痛哭"，帮助料理丧事。

转眼十二年过去了，袁世凯已是二十一岁。他前往投军时，吴长庆时为广东水师提督，受命办理山东军务，所部驻扎烟台。虽然袁保庆早已离世，但对故人之子前来投奔，吴长庆还是很高兴，他不仅收留了袁世凯，而且对其格外关照。当然，吴长庆这时候还不可能想到，他收留的这个年轻人未来会成为一个在晚清举足轻重的大人物。

袁世凯第二个要感谢的是张謇。袁世凯投奔吴长庆时，张謇正在吴长庆幕中。吴长庆号称儒将，生性豪爽，礼贤下士。他的门下罗致了不少文人学士，所谓"门左千客，门右千客"，为一时之盛。在他的门客幕僚中，最著名的一个便是张謇。

张謇，字季直，江苏海门人，光绪二十年（1894 年）恩科状元，授翰林院修撰；清末曾出任江苏谘议局议长，为著名的立宪派人士；民国时，先后出任南京实业总长、北洋政府农商总长兼全国水利总长等；辞官后兴办实业，成为著名的实业家。但是，张謇早年境况并不好，只是一个穷秀才，后经通州知县孙云锦介绍，被吴长庆收入幕中，充任文案。孙云锦是安徽桐城名士，当年劝说程学启反水投奔淮军的就是他。孙云锦与不少湘淮将领交好，与吴长庆更有一层大同乡的关系。在他的推荐下，张謇加入庆军，并得到吴长庆的信赖，倚为左右手。

袁世凯初入庆军，吴长庆让他与自己的次子吴保初一起在营中读书，当时教他们的老师就是张謇。张謇年长袁世凯八岁，课其八股，每出题作文，袁世凯"则下笔芜秽，不能成篇"，令张謇无从修改。有一次，张謇训了他几句，袁世凯不仅不服，反倒振振有词，说："大丈夫当提三尺剑，立功万里外，岂甘愿死守圣教周礼之下？"

这番话听上去颇有些大言不惭，要搁别人，或许会不快，可张謇不以为忤，反倒觉得这个年轻人有志向，不一般。据张謇记述，某晚，他与袁世凯深谈，问他有何志愿，袁便直抒心曲，说我家中有田可耕，此来投军不是为了糊口。如今列强群起瓜分中国，正是大丈夫报国之时。我原以为吴公（指吴长庆）膺守海防重镇，必有作为。可没想到，吴公温雅如书生，并无请缨赴敌之意。果如此，我也不打算久住。

张謇听他这样一说，知他胸有大志，且有爱国之情，不免对他刮目相看。他劝袁世凯耐心等待时机，并对他说，我与吴公相处多年，了解他的为人。你既是有心之人，不愁没有出头之日。从此，张謇开始对袁世凯欣赏起来，经常在吴长庆面前夸赞他。不久，吴长庆便让袁世凯帮办营务处。袁世凯对于张謇的提携十分感激，一直尊称张謇为夫子大人，或季直师，直到袁世凯当上民国大总统后才对张改了称呼，先是降师为兄，后又以友相称，如此一改再改，其虚荣之态，为人不齿。

光绪八年（1882年），就在袁世凯投奔吴长庆的第二年，朝鲜发生了壬午之变，吴长庆奉命入朝平乱，袁世凯的机会终于来了。

8月20日，庆军分乘三艘轮船抵达朝鲜济物浦。吴长庆令人上岸侦察地形，袁世凯自告奋勇，跟随丁汝昌前往。他们乘坐小舢板靠近岸边，然后赤脚登岸。海边砂石尖利，割破了他的脚，他也不叫一声苦。丁汝昌见了大为赞赏。

等摸清了地形，回到船上时，天色已晚。闵妃派来的密使向吴长庆报告，说是日舰早已开抵济物浦，陆军也驻扎于此。据有关情报，日本公使花房义质正在调兵遣将，决定率师进入汉城，只是由于天色已晚，尚未行动。

吴长庆感到事机紧迫，必须抢在日本人之前赶到汉城。在与丁汝昌商量之后，他当即升帐点将，令先头部队五百人、后续部队一千人，于当夜二鼓和黎明时分陆续登陆，然后全速开往汉城。可命令下达后，手下的一个帮带却领头叫起苦来，他说大帅，我等均系陆军，不习风涛，现在轮船刚靠岸，晕船官兵尚未恢复，是否请大帅推迟登陆时间，准予天亮后再行动？

这个帮带一挑头，其他将领也跟着附和起来，中军帐内响起一片喧喳低语。吴长庆火冒三丈，战机稍纵即逝，岂能耽误迁延？况临阵退缩，动摇军心，乃兵家大忌。他怒斥那个帮带道，身为军人，不思报效，且阵前煽惑军心，该当何罪？接着不容分说，令革去顶戴，军法治罪。

在场的军官一看吴长庆动真格的了，一个个受到震慑，噤声不语。过了一会儿，吴长庆问道："谁愿充当先锋？"

一时无人应答。张謇开口道："袁世凯可用。"

吴长庆一愣，表情似有疑虑。张謇这时又说："袁世凯年少有大志，可代行帮带之职，担任先锋。"

张謇的口气十分坚定，仿佛早已深思熟虑。吴长庆沉吟了一下，随即点点头，传袁世凯进帐。之后，吴长庆问他："愿为先锋否？"

"愿！"

吴长庆大喜，当即委以先锋官，令他带兵出发。[3]

当天夜里，袁世凯率队一营，沿小路直奔汉城。这是袁世凯第一次执行重大军事任务，尽管他毫无带兵经验，但其"首秀"却完成得不错。虽然在行动过程中，为了震慑部队，树立威望，他曾杀了七个违纪士兵，事后有人批评他做得太过火，还有人作诗讽刺他说："本是中州歪秀才，中书借得不须猜；今朝大展经纶手，杀得人头七个来。"但他毕竟不负众望，抢在日本人之前赶到汉城城下，并完成部署，干得相当漂亮。

次日，吴长庆统率大军陆续开到汉城城外。这时，清军已完全控制局势，使日本的计划遭到挫败。接着，李昰应被秘密押往天津。再之后，吴长庆下令围歼李昰应余党，派副将张光前、总兵吴兆有率兵包围乱党藏身的柱寻里、利泰院。袁世凯跟随前往，表现不凡。他率洋枪队与"贼寇"展开巷战，打死打伤乱党数十人，立下战功。

壬午之役结束后，朝廷论功行赏，袁世凯除了受到朝廷的奖励[1]，更重要的是，他的名字第一次进入了李鸿章的视野。光绪十年（1884 年），吴长庆被调回国，驻防金州，留下三营仍驻朝鲜，由吴兆有[2]统带，袁世凯也进一步得到重用，以同知分发总理营务处，会办朝鲜防务。这当然都是李鸿章提携的缘故。袁世凯是个典型的机会主义者，眼看吴长庆失势后，便抱上了李鸿章的大腿。张謇对他这种做法极其反感，认为他这样做有负吴长庆，两人后来也因此绝交多年。

其实，张謇并不真正了解袁世凯，袁世凯是一个奸雄式的人物，宁我负人，毋人负我。他不仅对吴长庆如此，对李鸿章也如此。甲午战争后，李鸿章倒台，他照样一脚踢开。纵观袁世凯一生，他曾见风使舵，投靠多人，先是吴长庆，后是李鸿章，再后是荣禄，荣禄死后是奕劻。如此种种，不一而足。只要对他有利，他便在所不惜。与此同时，在他一生中，还有三次大的背叛：第一次是戊戌变法背叛了光绪，第二次是辛亥革命背叛宣统，第三次是洪宪称帝背叛了民国。除了最后一次背叛使他走上末路，而此前的每一次背叛都使他获得了更大的政治和军事利益。袁世凯也正是这样一步步走向权力的巅峰。因此，冷落吴长庆对他来说根本就不算什么事。他也不会感到丝毫歉疚。

---

[1]　以同知分发补用，并赏戴花翎。
[2]　此时吴已升任记名提督。

吴长庆回国是 1884 年 6 月。由于他回国带走了三营庆军，相当于全部赴朝军队的一半，军力明显减弱。日本见有机可乘，半年后便策动朝鲜开化党发动了一场哗变。

朝鲜开化党成立于 1881 年，成员以朝鲜年轻的士族为主，领头的人物有金玉均、洪英植和朴泳孝等人。他们受日本明治维新影响，打算借助日本力量实施开化改革，推翻朝鲜守旧势力，摆脱与清朝的宗藩关系，被称作开化党。金玉均和朴泳孝等人都是有名的"亲日派"。他们先后去过日本，与日本有着密切的联系。而日本为了控制朝鲜，也一直在暗中支持开化党。

1884 年 11 月间，以金玉均为首的开化党人制订了一项秘密计划，打算推翻朝鲜守旧派的统治。他们与日本驻朝公使竹添进一郎进行密谈，获得了支持。12 月 4 日，时任朝鲜邮政大臣的洪英植借邮政局举办开业典礼之机，邀请王公大臣和各国使节出席宴会。当天晚上，受邀贵宾纷纷莅临，唯独日本公使竹添没有到场。这一情况让人感到意外，事后方知不是偶然。

宴会开始后，本来一切正常，可不久便发生了意外。邮署房内突然起火，正在出席宴会的禁卫军大将军闵泳翊闻报出外察看，早已埋伏在院内的伏兵便发起突袭。接着，枪声大作。伏兵与卫队发生交战。闵泳翊被砍伤，慌乱中向宴会厅逃去。看到闵泳翊满身是血地跑进来，宴会厅内一片大乱。守旧派大臣一哄而散，四处奔逃。这时，另外一路开化党冲向王宫。他们从日本使馆获得枪支弹药，而事先安排好的内应也在宫内四处放火，制造混乱。之后，金玉均等带人乘乱冲入宫禁，挟持国王李熙，谎称清军作乱，请求日军保护。早已做好准备的日本军队立即出兵占领景佑宫。动乱中，十数名守旧派大臣被杀，其中包括闵氏家族成员闵泳穆、闵台镐等人。

政变发生后，朝鲜国内立时大乱。拥戴国王和闵妃的势力纷纷起兵勤王，并向清军求援。一些大臣来到庆军军营，"匍匐辕门，抚告哀衷"。清政府的态度相当明确，因为这场政变的矛头是指向中国的，绝对不能允许。朝廷指令留驻朝鲜的庆军统领吴兆有和会办朝鲜防务的袁世凯迅速带兵平乱。6 日黄昏，在接到国内指令后，吴兆有与袁世凯率领两千多庆军开赴王宫。

在出发前，他们还特地向日本公使发出照会，说明清军将入宫保护国王。

清军出动的消息使朝鲜军民大受鼓舞。许多军民也都随同前往。一时间，声势浩大。此时，占领王宫的日本兵并不多。从兵力上讲，清军绝对占优。但为避免与日军发生冲突，吴兆有还是先派人与日方交涉，要求他们撤军，可日方拒不接受，相反不许清军靠近。对峙间，日军突然开枪射击。面对挑衅，吴兆有患得患失，不知所措。一来，他担心还击会伤及国王；二来，他也怕事情闹大了，引发外交事端，无法收拾。眼看事态进一步恶化，袁世凯着急了。他向吴兆有分析形势，晓以利害，认为不能再犹豫了，必须马上还击。他说，朝鲜开化党暗通日本，蓄谋已久，他们借助日兵攻占王宫，目的就是要逐王别立，实现亲日远华之阴谋。眼下日军兵力单薄，此时不动，更待何时？

然而，吴兆有还是举棋不定。袁世凯按捺不住了，他说战机不可失，有罪在我。于是下令还击。日军退守宫门，袁世凯率数十人发起进攻。据袁世凯之子袁炳文的记载，当时日军向袁世凯开枪，多亏一卫兵手疾眼快，将其推开，结果袁世凯幸免于难，而他身后的卫兵却中弹倒地，一命呜呼。

可袁世凯并不畏惧，依然"前立不却"，继续指挥部队冲向宫门。眼看战火已燃，吴兆有已无退路，便下令全军投入战斗。由于清军兵力占优，日军渐渐不支。战斗中，金玉均等开化党首领也纷纷从宫内跑出参战，试图挽回劣势。混乱中，国王趁机逃入北阙庙，被清军保护起来。此后，清军大举进攻，枪炮齐发。日军抵挡不住，被迫退出王宫，撤向仁川。之后，清军突破王宫，"敌之死伤，市巷枕藉，搜戮叛党，国乱乃定"。在战斗中，开化党首领洪英植等人被斩杀，金玉均、朴泳孝等逃往日本。1884 年，旧历甲申，史称"甲申之役"。

甲申之役使日本图谋朝鲜的阴谋又一次泡汤了。日本人为此极为恼火。事变发生后，日本一边向朝鲜施压，逼迫朝鲜签署《汉城条约》，一边派员与清政府交涉，要求中日双方同时从朝鲜撤军。面对日本的软磨硬缠，李鸿章一度十分恼怒。他对日方代表伊藤博文说，朝鲜事错在竹添，中国没有错；若要决裂，那就打吧！

但是，李鸿章的强硬并没坚持多久。1885 年 4 月 18 日，双方经过反复讨价还价，最后签订了《中日天津会议专条》。条约规定中日双方同时从朝鲜撤军，同时也规定将来朝鲜发生动乱，一国派兵须先照会对方。对于这个条约背后暗藏的问题，李鸿章当时似乎并未察觉。他认为，一国出兵应先照会对方，同样也约束日本，并不妨碍中国的利益，而且有利于朝鲜大局。但他并没认识到，这项规定实质上是承认了在作为中国属国的朝鲜，日本和中国具有了同等权利，这就埋下了隐患。

不过，袁世凯在甲申之役中获益良多。如果说，壬午之变他还笼罩在吴长庆的光环下；那么，这一次他临危不乱，扶危定倾则在国内受到普遍的赞誉。这也为他日后向上晋升积累了重要的资本。当然，袁世凯在壬午、甲申两次事变中的表现也使日本人对他衔恨至深。甲午战争爆发前，日本公使大岛圭介曾下令务必捉拿袁世凯，以报甲申之仇，后因袁世凯装病潜逃，这才躲过一劫。甲午战后，负责与中方交涉的日本代表伊藤博文有一次与李鸿章谈到袁世凯，称他是"中国有数人物"。他还提醒李鸿章"爱他则重用之，不爱他则杀之"。这段谈话事后见诸报端，袁世凯名声大振。就连袁世凯本人也沾沾自喜，掩饰不住地得意："惟有仇人夸奖，身价顿增十倍。"

应该说，朝鲜十二年对袁世凯有着重要意义。这是他崭露头角之地，也是他宦海浮沉的开始。他应该感谢淮军给了这个平台。数年之后，他通过小站练兵，平步青云，一路高升，直至登上权力的顶峰，并取代李鸿章成为晚清最有权势的人物。

第二十六章　北洋海军

亚洲第一

光绪十一年（1885年），对于大清国来说，这是值得庆祝的一年。4月间，中日在朝鲜争端平息；6月里，中法战争结束。此后在长达十年的时间里，国内外基本无战事，迎来了一个难得的和平时期。在这期间，洋务运动蓬勃开展，各类工商企业如雨后春笋，电报、铁路也相继上马，国内经济复苏，一片盛世景象。

最让李鸿章高兴的是，在这十年间，海军建设进入了一个大发展时期。中法战争结束后仅四个月，清廷便成立了总理海军事务衙门，简称海军衙门。该衙门相当于海军部，它的设立，使晚清海军从过去的附属兵种上升为一个独立的兵种。根据慈禧懿旨，海军衙门由醇亲王奕譞担任总理，但具体事务则由会办李鸿章主持。这对北洋海军来说，自然十分有利。

北洋海军起步较晚。同治十三年（1874年），日本侵台事件发生时，北洋还空无一船，赴台的兵船主要依靠南洋水师。但在李鸿章的苦心经营下，北洋海军后来居上，并压倒南洋，形成一家独大的局面。

创建海军是李鸿章长久以来的梦想。早在他率领淮军东援上海时就对西洋的兵船钦羡不已。到达上海不久，他还曾化装成侍从前往一艘外国兵轮察看，回来后赞不绝口。其实，不光是李鸿章，当时的湘淮将领们都对外国的坚船利炮爱恨交加，并充满渴望。由于镇压太平军的需要，湘淮军先后建立起了水师，李鸿章控制的常胜军甚至拥有了一定数量的先进的蒸汽船，并在作战中发挥了快速机动的作用。但是，这些旧式水师还不是真正意义上的海军。

光绪十四年（1888 年），北洋海军宣告成立，对于李鸿章来说，真正意义的海军时代才算来临。

封建时期，中国从不是一个海洋型国家。明代以前，历朝历代的安全威胁主要来自北方的游牧民族，根本没必要耗费巨资来发展水师。明代之后，海上倭寇的侵扰和荷兰殖民者的入侵，促使当权者开始建立水师，但发展缓慢。在相当长的时间里，由于长期实行闭关锁国的政策，水师的重要性和必要性并未引起足够的重视。直到第一次鸦片战争，西方的坚船利炮轰开了清王朝的大门。国人才猛然惊醒，一个没有海防的国家只能任人宰割，而旧式水师的不堪一击也说明建立新式海军迫在眉睫。

然而，尽管如此，晚清海军发展依然十分缓慢。1874 年，日本侵台事件发生，这给了当权者极大的刺激。日本乃东洋一小国，新习西洋兵法，仅购铁甲船二只，竟敢借端发难，而我们因为没有铁甲船，只能忍气吞声。日本一蕞尔小国尚且如此，何况西洋各国？这样下去，如何了得？于是，在《中日北京专条》签订后不久，恭亲王就上了一道著名的奏折，提出练兵、简器、造船、筹饷、用人、持久六条紧急要务。清廷把恭亲王的意见转给各地大员，请他们发表意见。于是，一场关于海防建设的大讨论便轰轰烈烈地开展起来了。

让洋务派感到振奋的是，在这场大讨论中，尽管保守派极力反对，却以失败而告终。朝廷下旨支持总理衙门提出的六条，并同意加强海防建设，包括准许先购铁甲船一至两只，果有实效，再行续办，至于保守派的种种诘难则"无庸置议"，不予采纳。这一次，清廷高层似乎表现出了难得的决心。就连慈禧太后也把屁股坐到了改革派的一边。在接见积极主张办理海防、被保守派骂得最凶的丁日昌时，她甚至推心置腹地和他说了不少体己话。

据《丁日昌生平活动大事记》载，那次觐见是在 1875 年 6 月 24 日，即海防大讨论结束后不到一个月。接见时间持续两个多小时。太后先是问了丁日昌的病情，之后说，尔此行到天津，与李鸿章办理北洋防务，务要和衷共济，不可各有意见。现在时势如此艰难，君臣总要卧薪尝胆，做一份事尽一份心。

丁日昌连声称是。太后又说，尔的病是为国家事急出来的，尔有此番忠心，菩萨亦当庇佑尔。尔在江苏做官，虽然官场书差不喜欢尔，然百姓至今思念尔，里面亦是知道的。虽有旁人闲话，不可因此灰心。尔是国家老臣，总当为国家办事才是。

丁日昌说，皇太后不提出闲话一层，臣亦不敢剖白。臣自问与某某某无冤无仇，某某某竟敢公然造言诬蔑，形诸奏章，使臣何以为人？请皇太后明鉴！

太后说，不特某某某，尚有某某某，狠槽蹋尔与李鸿章二人。此等人能说空话不能办事，到了有事时不知逃往何处！

说到这里，太后显然有些生气了。随后，她又补充说，李鸿章是有大功于国的人，尔告诉他，不可因人闲话便灰心。

这次会见，慈禧的态度十分鲜明，不仅力挺李鸿章、丁日昌，而且对那些只说空话不办实事的人表现出了不加掩饰的厌恶。

由于高层的支持，海防建设前所未有地得到了重视。从 1874 年开始，南北洋先后从国外购买的各式舰船二十多艘。到 1885 年，海军衙门成立时，仅北洋海军便拥有铁甲舰、巡洋舰、旧式巡洋舰和炮舰十六艘，另有鱼雷艇十三艘[①]，规模已相当可观。李鸿章的海军梦正在逐渐成为现实。

中国近代海军发端于南洋。北洋海军起步时，南洋海军已初具规模。虽然在发展海军上，湘淮将领和洋务派大员们意见一致，引为同志，相互支持，但在具体办理时又为了各自的利益和势力范围而明争暗斗。当初，朝廷决定发展海军时，李鸿章就以拱卫京畿为由，力主北洋优先发展。他

---

① 其中六艘为舰载鱼雷艇。

的想法得到了恭亲王的支持，但朝廷却没有批准。谕旨说，"南北洋地面过宽，界连数省，必须分段督办，以专责成。著派李鸿章督办北洋海防事宜，派沈葆桢督办南洋海防事宜"。也就是说，南北洋各负其责，同步发展。朝廷需要的是制衡，这与李鸿章扩大自己势力的想法格格不入。

李鸿章对此很不满意。海防建设，尤其是买船需要大把地花钱，可根据南北洋同步发展的计划，朝廷每年下拨的有限的海防经费却要由南北洋平分。这无法满足李鸿章的要求。好在负责南洋海军建设的沈葆桢十分大度，主动把每年二百万两南洋经费尽解北洋使用。沈葆桢与李鸿章为同年，两人皆出于房师孙锵鸣门下，但沈这样做不是出于私谊，而是出于公心。第二次鸦片战争之后，大清沿海防卫的重心逐渐北移，而北洋拱卫京畿，责任重大，加上北洋海军起步晚，基础差，考虑到这些因素，沈葆桢遂有此大度之举。对此，就连李鸿章也不得不感叹，说沈"究不失为光明俊伟之君子"。

相比之下，倒显得李鸿章小肚鸡肠了。为了扩大北洋的势力，李鸿章煞费苦心，和沈葆桢玩了不少心机。他巧立名目，采用挪用之法，千方百计多吃多占。他还寻找借口，把一些老旧的船只交给南洋，而把南洋进口的兵船拨归北洋所有。在购买铁甲舰上，他更是耍了不少手腕。铁甲舰是当时海军中威力最大的舰种。它以甲厚炮大成为各国海军的主力战舰。但这种战舰价格昂贵，朝廷早在批准建立海军时，就指示说如果铁甲船需费过巨，可先买一两只，用得好以后再继续买。朝廷放了话，沈葆桢主张马上购买，包括丁日昌也是这个意见。但出人意料的是，一向对铁甲舰情有独钟的李鸿章却以种种理由加以阻止，认为购买铁甲船的时机尚不成熟。

李鸿章的态度着实令人费解。其实，他是另有打算，而他所说的那些理由，诸如缺钱、无人驾驶、无港停泊等等，不过是摆在桌面上的搪塞之词。李鸿章不是不想买铁甲舰，而是担心铁甲舰买来了落入别人之手。当时北洋海军刚刚起步，尚无船只，而相比之下，南洋水师已初具规模，拥有江南制造局和福建船政局建造的十几艘兵轮，此时购得铁甲舰很可能会被并入南洋水师，这是李鸿章十分顾忌的。所谓时机不成熟，真正的理由也在这里。不过这些都无法摆到桌面上，只有他心里清楚。

此后，他又多次找借口，一拖再拖，拒绝购买铁甲舰。直到1879年沈葆桢去世，铁甲舰也未购成。这让沈葆桢难以瞑目。临终前他留下遗言："臣所每饭不忘者，在购买铁甲船一事，至今无及矣。而恳恳之愚，总以为铁甲船不可不办，倭人万不可轻视。"直到这时，他还没明白，这一切都是李鸿章耍的花招。

沈葆桢死后，他的继任者刘坤一声望较浅，显然无力与李鸿章相抗衡，加上北洋海军此时已逐步发展起来，李鸿章认为时机成熟了，便决定向德国伏耳铿船厂订购了两艘铁甲舰。这两艘战舰无论吨位、装甲，还是航速、火炮都是当时极为先进的，虽不能说世界顶尖，但在亚洲却首屈一指。李鸿章为了打造这两艘铁甲船，花费了三百四十万两白银。后来，这两艘铁甲舰一艘命名为"定远"，一艘命名为"镇远"，成为北洋海军当之无愧的主力战舰。沈葆桢或许不会想到，在他死后不几年，他所念念不忘的铁甲舰终于买回来了，但却尽数落入北洋囊中。

1884年，中法之战爆发。8月，法国舰队偷袭马江，福建水师十一艘兵轮、十九艘运输船尽数被击沉。这支由沈葆桢苦心经营十数年的大清吨位最大的舰队几乎全军覆没。

中法战争结束后，清廷高层再次认识到建设海军的重要，并发起了又一轮海防建设大讨论。这次讨论的结果是，决定成立海军衙门，同时总理衙门在讨论中还提出一个新的思路，那就是把过去南北洋同步发展的计划改为"不如先练一军，以为之倡"。由于北洋舰队负责拱卫京师，故清廷特准予优先发展。这对北洋海军来说，又是一个难得的机遇。

1885年9月，就在海军衙门成立前不久，湘系大员左宗棠在福州辞世。一年前，朝廷任命左宗棠为钦差大臣、督办福建军务，意在重振南洋海防，但不幸的是他到任不久便撒手西去。左宗棠死后，举国已无人能与李鸿章相抗衡。北洋海军也一家独大，迅速发展。

1886 年 5 月，醇亲王奕谭出京巡阅北洋水陆各军。当时，北洋海军已初具规模。巡阅中，李鸿章派出"定远""镇远"等八艘战舰和"镇东""镇西"等六艘炮舰前后护卫，气势浩荡，蔚为壮观。之后，各舰进行了实弹演练，鱼雷艇施放鱼雷，海岸炮台也竞相开炮。一时间，炮声隆隆，火光冲天。

奕谭十分欣喜，对于北洋海防的建设成果甚为满意。李鸿章同样颇为自得，在送别奕谭的午宴上，当场赋诗一首。诗中写道："照海旌旗摇电影，切云戈槊耀荣光"；"万千气象蜃楼高，忽地齐烟涌六鳌"。其愉快之情溢于言表，难以掩饰。

1888 年 12 月 17 日，《北洋水师章程》颁布，标志着北洋水师正式成军。此时，北洋海军已拥有军舰二十五艘，官兵四千余人，不仅成为晚清中国最大的海军舰队，而且号称"亚洲第一""世界第八"。李鸿章不无得意地宣称，"渤海门户已有深固不摇之势"。

不称职的统帅

北洋海军的统帅名叫丁汝昌。他原名丁先达，字禹廷，亦作雨亭，号次章，道光十六年（1836 年）生人，安徽庐江县人。

据庐江地方史料载，丁汝昌先祖早年因避兵乱，由凤阳迁至庐江定居。明洪武年间，丁家一度发达，但至清初家道中落。丁汝昌幼年时只读了三年私塾便被迫辍学，靠帮人放牛、放鸭换口饭吃，他还一度干过摆渡，并到豆腐店做过学徒。父母双亡之后，他只身一人度日，生活更加困苦。1854 年秋，太平军攻打庐江，丁汝昌被掠入伍，随军至安庆，隶属于程学启部，与程意气相投。1861 年，湘军围安庆，久攻不下，便用计策反程学启获得成功。之后，程学启率亲信八十二人投奔湘军。丁汝昌就是这八十二人中的一员。

投奔湘军后，丁汝昌改掉原名丁先达，以丁汝昌之名行世。同年夏，湘军以程学启、丁汝昌为先导，攻破安庆，立下头功。战后，程学启升游击，任开字营营官，丁汝昌升千总，充开字营哨官。次年，淮军建军。李鸿章以"商借"为名，把程学启开字营整体挖入淮军。丁汝昌也随之成为淮军一员。不久，淮军东渡援沪。丁汝昌也随程学启部乘船开往上海。在上海期间，丁汝昌作战勇猛，被刘铭传看中，不久调入铭军，担任骑兵队营官，并升任参将。此后六年里，丁汝昌跟随刘铭传南征北战，先后参加平定太平军和捻军的战斗，积功升迁，由副将而总兵，并加提督衔，赐"协勇巴图鲁"勇号。

同治十三年（1874年），丁汝昌的背运开始了。这一年，捻军平定，朝廷节饷裁军，他的马队三营也被列入撤裁名单。丁汝昌对此不满，上书抗议。刘铭传大怒，打算以违抗军令治其罪。丁汝昌闻讯，急忙逃回老家避难。

丁汝昌老家原在庐江石头镇丁家坎村。同治三年（1864年），迁入巢县高林乡郎中村。关于丁家迁巢有一个说法，即"大将当避地名"，而"丁（钉）在庐（炉）上"很不吉利，迁居乃避讳之举。这个说法是否属实，不得而知，但三十年后，甲午战败，丁汝昌之名被钉在耻辱柱上达数年之久，却是他始料不及的。

丁汝昌逃回老家后，心情郁闷。闲居数年后，不耐寂寞，便又进京活动。朝廷将其发往甘肃差遣。由于西北是苦寒之地，丁汝昌不愿前往，便去天津向老上司李鸿章求助。让他万万没有想到的是，天上掉馅饼，他的好运竟然来了。

原来，此时李鸿章正在物色北洋海军的统帅人选，看到丁汝昌便把他留了下来。他对丁汝昌说，你和省三有隙。我若用你，省三会有意见，不如把你们两人分开。我现在成立海军，乏人统率，你就到海军来干吧。

就这样，丁汝昌留在了北洋海军，从此开始了他的海军生涯。然而，海军是一个专业很强的近代化兵种，丁汝昌对于海军完全是外行。按照常理，他无论如何不是海军统帅的合适人选。可李鸿章偏偏选中了他。其实，对于北洋海军的统帅人选，李鸿章一直颇感困扰，找不到合适的人来担当。丁日昌曾向他提议，旧水师统领年龄过大，且不习新式轮船，不再适宜担任统领，建议大胆起用船政学堂毕业的学生。但李鸿章并不认可。在他看来，这些学生兵虽然懂技术，可初出校门，未经战阵，难膺重任，况且当时船政学堂毕业生皆为闽人，这也不称他的心。就在苦于找不到合适人选时，丁汝昌出现在了他面前。

这一切看似机缘巧合，但对李鸿章来说，自有他的考虑。丁汝昌虽然不懂海军，但无论资历还是军阶，都可以出任海军统领。更为重要的是，他是自己的老部下，忠诚可靠，绝无问题。在李鸿章看来，忠诚与能力相比，显然前者更为重要。至于不懂海军，可以慢慢学嘛。因此，在见到丁汝昌后，李鸿章便立即拍板做了决定。

李鸿章的决定改变了丁汝昌的命运，同时也决定了北洋海军的命运。甲午战争后，人们集矢于李鸿章，而对任用丁汝昌更是批评甚多。其实，早在起用丁汝昌之初，外界就不看好。包括亲近李鸿章的人士中也不乏质疑和反对之声。这一点李鸿章心知肚明。袁保龄曾说过，"丁浮而贪""恐不胜任"。李鸿章的女婿张佩纶也写信对他说，当年曾国藩办湘军水师，文用彭玉麟，武用杨岳斌，如今你把许钤身当作彭玉麟，丁汝昌当作杨岳斌，虽妇女小孩也不认可。许钤身曾做过外交官，后李鸿章指派他与丁汝昌共同督练水师，张佩纶对这两人都评价不高，故有此言。

尽管反对意见不少，但李鸿章却不改初衷。不是李鸿章听不进意见，而是要找到一个既可靠又懂海军的人，实在难上加难。也许这就是命中注定。丁汝昌做梦也没想到，在他人生的低谷，竟然天降大任。

丁汝昌重新投奔李鸿章是在1877年。初为督操北洋水师炮船，只是临时负责，直到1888年被正式任命为北洋水师提督，前后共十一年。这些年，是李鸿章对他的考验期。应该说，在这期间，丁汝昌的表现不错，可圈可点。1879年，李鸿章令他前往英国督带订购的两艘兵船"超勇""扬威"，他顺利完成任务，获"西林巴图鲁"勇号及正一品封典。三年后，朝鲜发生壬午之变，他奉命率北洋三舰前往平乱，同样不辱使命，并帮助吴长庆将大院君押回中国软禁。这次行动得到了李鸿章的高度评价，认为他久历戎行，才明识定，创练水师，讲求西法，此次扬威域外，足张国本。在李鸿章的保奏下，朝廷赏他穿黄马褂；次年，又实授天津镇总兵兼北洋水师统领。此后，丁汝昌又多次带领北洋海军前往朝鲜的釜山、元山、永兴湾，以及海参崴、长崎等地进行操练和巡游，都圆满地完成了任务，受到李鸿章肯定。1888年，北洋海军正式成军后，他便水到渠成，顺理成章地坐上了北洋海军的第一把交椅——北洋海军提督，并加尚书衔。

丁汝昌迎来了他人生的巅峰。从1888年到1894年甲午战争爆发，这六年是丁汝昌最辉煌、最荣耀的六年。但随着甲午战争的爆发，辉煌和荣耀转瞬之间便化为乌有，成了灾难和耻辱的记忆。

如今一百多年过去了，关于丁汝昌的功过是非，史学家们依然争讼不休。很多人都认为，他不是一个真正称职的海军统帅。从1877年算起，丁汝昌到海军工作前后达十七年之久。要说他对海军完全一无所知，那也不对。事实上，自打出任海军统帅后，他便立志以身许国。十几年的海军生涯磨炼，使他对海军业务逐步有所了解和熟悉。同样，对于北洋海军的建设，丁汝昌也倾注了心血，许多事情亲力亲为，在购舰、训练、管理、培训等方面做了大量工作，为北洋海军的建设做出了重要贡献。应该说，北洋海军能够发展到当时的规模和水平与他的努力分不开。这一点谁也无法否认。然而，就其综合素质而言，与一位称职的海军统帅的要求来说还是相距甚远，这同样不能否认。

作为一个称职的海军统帅，必须严格治军，作风过硬，可丁汝昌并未做到。北洋海军虽然外表光鲜，威风凛凛，但内部问题成堆。作为一支近代化的专门兵种，它拥有先进的装备，但却缺少与之相匹配的先进的管理和高素质的官兵队伍。相反，勇营旧习随处可见，管理松懈，腐败丛生。比如，有人利用手中权力，在购买军械弹药或日常用品中以次充好，收取回扣；有人利用军舰的豁免权，走私物品，从中捞取好处；还有的管带私下贪污维修费用，致使机械损坏、大炮锈蚀也全然不顾。每年海军南下避冻，停靠香港、上海等地，官兵则肆意淫赌，花天酒地。有一年，北洋海军出访日本，停靠长崎时，有士兵因嫖妓与日本警察发生冲突，双方大打出手，造成极坏影响。如此严重的事件,处理结果却是轻描淡写,不了了之。此外,海军中派系林立,人事关系复杂。军官中有闽派、粤派,士兵中则以北方人为主。各派系之间明争暗斗,互相排挤。李鸿章当初任用丁汝昌,就是希望用他来控制舰队,但实际上丁汝昌不习海军,威令不行,其控制能力也相当有限。

众所周知,兵贵在练。可是,北洋海军的训练,无论单舰训练,还是编队训练,其质量都十分低下。尽管《北洋海军章程》以及《水师操练》等教程都对训练提出明确的规定和要求,但在执行时往往偷工减料,敷衍了事。有的干脆弄虚作假,走过场、摆花架子。每次打靶,事先量好码数,设好浮标,船按设好的浮标行驶,再按量好的码数射击,成绩自然可观。编队训练也是事前设定好路线和动作,各舰按部就班,仿佛演戏一般,徒有其表。然而,海战千变万化,战场形势错综复杂,不从实战出发,光做表面文章,其结果可想而知。

其实,北洋海军的训练一度情况还不错,这主要是外国军事顾问和专家发挥了作用。可是,尽管这些外籍聘用人员对海军建设发挥了重要作用,但却不能真正融入舰队之中。其中原因相当复杂。

北洋海军中级别最高的外籍专家要数琅威理了。此人毕业于英国皇家海军学校,在英国海军服役多年,并官至海军中将。琅威理早在 1877 年就来到中国,后两度受聘于北洋水师,担任北洋海军总查①,负责北洋海军的技战术训练和相关业务。虽然总查不是海军官制中正式职务,但地位相当尊崇。李鸿章的电报中常用"丁琅二都督"的称呼,把他与丁汝昌相提并论。

琅威理是一个典型的英国军人,他做事严谨,治军严格,对于舰队的工作投入相当大的精力,从不丝毫懈怠。他对训练抓得甚严。一切按照英国海军条例,严格执行,一丝不苟。对于犯错的官兵也毫不留情,严厉责罚,以至于北洋海军中流传着这样的顺口溜:"不怕丁军门,就怕琅副将。"

---

① 先是副提督衔,后升至提督衔。

在他严格管理下，北洋海军的训练一度达到了较高的水平。就连丁汝昌也评价说，洋员中最称职的，琅总查为第一，葛雷森次之[①]，人品也数琅最好。1886 年，为了表彰琅威理训练有功，朝廷还特授他二等第三宝星。

然而，尽管琅威理工作认真负责，但他性格要强，脾气急躁，遇事总爱计较。其行事风格也十分强硬，特别是他的严格管理更是引起了北洋官兵的不满。1890 年 2 月间，北洋舰队巡泊香港。其间，丁汝昌奉命离开，定远舰管带刘步蟾便按《海军章程》，降下提督旗，改升总兵旗。这表明他是船上最高长官。琅威理见了立即质问刘步蟾为何降下提督旗，提督不在不是还有我副提督吗？但刘步蟾不以为然，回称"海军惯例如此"，根本并不承认他这个副提督。在北洋海军中，刘是三号人物，地位仅次于提督丁汝昌和左翼总兵林泰曾。作为北洋海军中最优秀的军官之一，刘步蟾毕业于福建船政学堂，后又赴英国学习海军五年，获得优等文凭。回国后先是担任镇北炮船管带，后又任北洋海军主力战舰"定远"号管带。军衔由参将而副将，并赏"强勇巴图鲁"勇号。北洋海军正式成军后，他又晋升为北洋舰队右翼总兵，加头品顶戴。由于精通海军业务，在北洋海军中素孚众望，就连丁汝昌也敬他三分。琅威理虽是总查，但并无指挥权。他改变不了刘步蟾的决定，事后便向李鸿章告状，没想到李鸿章并不支持他。在李鸿章看来，舰队的指挥权岂能假手于洋人？撤旗事小，但关乎主权，绝不能让步。他还说，北洋海军称琅为提督，也不过是客气用语。意思是他并无指挥之权。琅威理见此，当即提出辞职，没想到立即得到了批准。事后，李鸿章对人说，他最讨厌洋人要挟他。当年指挥常胜军时，那些洋人胡搅蛮缠让他受够了气，直到今天仍让他余恨未消，耿耿于怀。琅威理走后，李鸿章曾试图另聘其他英国人代替代琅的工作，但遭到英国的拒绝。与此同时，英国还撤走了其他英国顾问，并关闭了培训中国海军留学生的大门，以此进行报复。

---

① 葛曾任北洋海军总教习。

撤旗事件引发的风波，带来了严重后果。它直接导致了北洋海军的管理和训练日渐松弛，每况愈下。《海军章程》明确规定，海军总兵以下各官必须常年住船，不得在驻地建办公地点及公馆、寓所，可琅威理离开后，这种事便无人再管。许多官兵相继在驻地建公馆、寓所，有的还把家眷搬来，晚上便上岸住宿。这种状况相当普遍，人数之多，达"一船有半"。"济远"号管带方伯谦就先后在福州、威海、烟台、刘公岛建造公馆，他还在这些地方娶了两房姨太太，花天酒地，恣意享乐。其实，早在琅威理在时，这种状况就已经存在，只是在琅走后变得更为严重。用赫德的话说："琅威理走后，中国人自己把海军搞得一团糟。"李鸿章在琅威理第二次任职时，曾要求他通过五年时间将北洋海军的训练提升到国际水准的设想也随之成为泡影。这对北洋海军来说，不能不说是一个重大的损失，而丁汝昌作为海军最高指挥官，当然负有不可推卸的责任。

问题的严重性还不仅仅在这里。作为一个海军统帅必须以身作则，处处做出表率，可丁汝昌同样没有做到。他不仅对海军的混乱管束不力，自身要求也不严。他在刘公岛盖铺房出租赚钱；家里供养戏班，经常逛妓院，吃花酒，生活十分奢华。有一次，他和方伯谦同时看中一个妓女。可妓女嫌他年纪大、相貌丑，不如方年轻秀美，因此钟情于方，这使他十分生气。为此，丁汝昌开始怨恨方伯谦，以致丰岛海战后，方因临阵脱逃被杀头，有人推测这是丁汝昌挟私报复，也非空穴来风。

暗中较量

晚清的海防和海军建设一直是针对日本的，这是公开的秘密，而日本发展海军同样如此。两国互为假想敌，由来已久。早在同治年间，清政府的官员们就已经认识到日本是对大清最大的威胁。

1867 年 2 月的一天，时任汉口道台的王文韶会见法国领事时，该领事谈道："东洋日本国近年与法国和好甚挚，学造轮船，学制兵船，学习战阵，无一不取法于法国，数年之后，必为大国，为其力求自强也。"王文韶听了之后便十分担忧。他在当天的日记中这样写道："惟东洋与中华最近，其力求自强如此，于我不无可虑耳，识之以告有志之士。"

七年后，日本侵台事件发生后，这种危机感很快成了普遍共识。军机处和总理衙门的二号人物文祥就指出，目前最需要防范的是日本。以时局论之，日本与我福建、浙江一海相隔。倭人最不讲信用，此番从台湾退兵（指牡丹社事件），即便不中途变卦，也不能保证其必无后患。尤可虑者，该国近年改变旧制（指明治维新），大失人心，叛藩乱民一旦崩溃，则我沿海各口岌岌可危。明代发生的倭患，前车可鉴。虽然文祥对明治维新的评判极不准确，但他提出日本是当前最主要的威胁却切中肯綮。

李鸿章的看法同样如此，"泰西虽强，尚在七万里以外，日本则近在户闼，伺我虚实，诚为中国永远大患"。他认为日本举倾国之力发展海军，"而二三年内不南犯台湾，必将北图高丽"，明确指出今日大清不遗余力地创办水师，"大半为制驭日本起见"。

除了文祥、李鸿章，朝中重臣如沈葆桢、张之洞和丁日昌等也都表达过类似的意见。可以说，在防范日本的威胁上，清政府的政治家们倒也表现得相当清醒，遗憾的是，他们对日本明治维新之后的变化以及日本发动战争的危险性却估计不足，甚至有些认识完全是错误的。

事实上，明治维新之后，日本发生了脱胎换骨的改变，这一点，清政府的高官中很多人并未看到，或认识不够。早在1882年，清廷驻日参赞黄遵宪就写过一本洋洋五十万字的巨著《日本国志》。在这本著作中，他对日本的发展道路做了详细阐释，着重分析了明治维新后日本发生的巨大变化，认为日本锐意西法，革故鼎新，"旧日政令，百不存一"。他还指出，日本中古学隋唐，近世拜欧美，不背包袱，不守成规，不断汲取他国之长而充实自己。一个"蕞尔岛国"迅速变强不是没有道理的。可是，这样一部充满睿智和深刻见解的著作在国内出版后，只在少数知识分子中流传，并未引起重视。直到甲午战败后，人们才想到这本书，才明白日本在明治维新后究竟发生了什么。可是，已经太晚了。这不能不说是清廷的重大失误。

对日本来说，随着明治维新的推进，国力快速增强，其向外侵略扩张的野心也逐渐膨胀。他们大力发展海军就是针对中国。从 1871 年至 1890 年，短短十九年里，日本先后提出了八次海军扩张案。前几次扩张案由于经费等原因并未实现，1882 年日本加大了对海军的投入，决定每年从酿酒、烟草业等新增的七百五十万日元的税收中拨出三百万专款用于军舰的建造，同时还决定从每年的海军省定额经费中拨出三十三万日元充作军舰建造费，使日本海军每年的造舰费用增加到三百三十三万日元，这样八年的造舰费用计为两千六百六十四万日元。

1885 年，当大清订购"定远""镇远"两主力铁甲舰的消息传出后，日本海军局大感不安。他们多方打听两舰的火力和性能等参数，并计划采取针对性的措施。次年 7 月，北洋海军"定远""镇远"等军舰赴日本长崎维修。这是中国海军战舰第一次停靠日本。当日本人看到威风凛凛的中国铁甲巨舰时，更是受到强烈刺激。当时日本最大的战舰"扶桑"号排水量仅为三千七百一十八吨，而"定远"舰的排水量达到七千三百三十五吨，是前者的将近一倍，而日舰配备的二百四十毫米的火炮根本无法射穿"定远"厚达三百五十六毫米的装甲。这一巨大的差距令日本人芒刺在背，坐立不安。

很快，他们便提出了一个野心勃勃的全面赶超中国的方案，史称"第六次海军扩充计划"。在这一扩张案中，日本海军计划建造铁甲舰、巡洋舰、炮舰和水雷艇共一百零八艘①。为了确保这一计划的实行，国库空虚的日本政府开始发行海军公债，总金额高达一千七百万日元。为了能与"定远""镇远"相抗衡，他们还专门向外国订购了"松岛""严岛""桥立"三艘大型战舰，号称"三景舰"，不仅在航速上，而且在火炮口径上都超过"定远""镇远"。为了灌输战胜中国海军的决心，他们还借助"武士道"精神，提出了"一定要打胜定远"的口号，并广泛宣传，就连小学生做游戏，也把消灭"定远""镇

---

① 后压缩为五十四艘。

远"作为游戏的内容。

连续大规模的扩张使日本海军快速发展，但他们并未就此罢休。此后，在 1888 年和 1890 年，日本又先后提出了第七次和第八次海军扩张案。至甲午战争前夕，日本海军舰船总排水量已达七万两千吨，不仅超过北洋海军的六万四千吨，而且在性能上也明显超越后者。至此，日本海军仅用七年时间便赶超了中国。与此同时，日本陆军也在不断扩张，常备军和预备队人数迅速扩编到将近三十万。可以说，日本已从军事上做好了全面战争的准备。

然而，令人痛心的是，就在日本疯狂扩军备战之时，大清的海防建设，尤其是北洋海军的发展却莫名其妙地停顿下来。此事外界不甚明了，但高层却心知肚明。1885 年，随着慈禧归政的日期临近，重修"三海"的计划开始悄悄启动。之所以说悄悄启动，是因为担心有人反对，一直在暗中进行。早在同治末年，刚刚亲政的同治皇帝就打算重修圆明园，作为慈禧太后四十万寿的贺礼，可此举却遭到以恭亲王奕䜣为首的十重臣联名上书反对。慈禧为此震怒，下旨革去奕䜣亲王世袭罔替，降为郡王，并打算对其他参与联名的重臣予以严处。消息传出，朝野震惊。李鸿章在给丁日昌的密信中感叹："圆明园修葺之举，众论哗然，亲近涕泣谏阻，皆不得允，国事可知。"

恰在这时，日本使者前来北京谈判台湾战事。出于谈判需要，慈禧不得不恢复恭亲王的爵位，让他重新出来主持工作。后来，为了缓和矛盾，有人提出变通的办法，即改修"三海"以替代重修圆明园。因为"三海"规模比圆明园要小，花钱自然也少。但不久同治皇帝驾崩，这事便搁置下来。

不过，圆明园虽没修成，但慈禧修园的念头并未打消。转眼十年过去了，慈禧五十万寿临近，她又想到修园子的事了，可当时中法战争正在进行，不便大兴土木，只好小打小闹，对储秀宫等处做了修缮，用来为慈禧庆寿。虽是小打小闹，也动用了六十三万两白银，可慈禧心里仍感憋屈，极不舒畅。

中法战争结束后，国内出现了一个长达十年的和平时期。国内战乱平息，外患也逐渐消弭，国力正在恢复，而近三十年的洋务新政更是带来勃勃生机，大清国好像又回到了鼎盛时代。随着光绪皇帝长大，慈禧开始考虑撤帘归政，修园的念头又再次涌上心头。考虑到重修圆明园工程浩大，国家财力难以支持，同时吸取同治年间的教训，她决定重修"三海"。工程开始时先是试探，发现并无反对之声，这才于1885年6月21日正式下达懿旨，放心大胆地干起来。

"三海"位于紫禁城以西，乃南海、中海和北海的合称，面积为两千五百余亩。整个工程耗银六百万两左右，其中从海军衙门挪借的费用约为四百三十七万两。好在这部分挪借资金只是周转而已，后来基本上都归还了。然而，慈禧并不满足。1887年2月7日，十六岁的光绪皇帝举行了亲政典礼，这标志着慈禧太后正式归政。归政后的慈禧希望找到一个比"三海"更适合她颐养天年的地方。她考虑过圆明园，可最后目光却落到了清漪园。清漪园是一处依山傍水、风景秀丽的园林，位于圆明园以西，是乾隆皇帝为母后六十寿诞修建的。这里风景不比圆明园差，而且有乾隆之例在先，可避免不必要的口实。于是，刚刚亲政的小皇帝便颁布上谕说，过去二十多年，皇太后为天下忧劳，为自己考虑太少，现在他要以乾隆为榜样，决定将清漪园"稍加修葺"，作为皇太后六十万寿的贺礼，同时取"颐养冲和"之意，将该园更名为颐和园，以备慈舆临幸。

上谕一下达，慈禧马上表态了，她指示说，现在寰宇初安，一切应该从简，只要国家能治理好，国强了，民富了，她也就安心了。光绪皇帝自然心领神会，马上表示说，母后说得好啊，但工程还是要修的，不过此项工程绝不动用国库经费，只是出自"节省羡余"。

官面上的话说得漂亮，而下边办事的人也个顶个的聪明，自然深谙其中奥妙。醇亲王奕𝜚为了掩人耳目，就想出了一个在昆明湖练习水操的点子，并美其名曰"恢复水操旧制"。昆明湖是颐和园内的一片面积较大的湖面。早年乾隆曾仿效汉武帝在长安昆明池练习水军的办法，在昆明湖建造了一些大型战船，定期进行操练。这种操练并无太大意义，不过摆摆架子而已。

如今过去好多年了，奕譞突然提出要重新恢复水操，自然是醉翁之意不在酒，想找个幌子为修园工程打掩护罢了。他在奏折中这样说，既然要在昆明湖内练水操，就难免会受到视察，可如今园内的殿宇亭台都已年久失修，一旦太后皇上"御操"那就面临着失敬的罪名，因此非修不可，"以供临幸"。这个理由听上去倒也冠冕堂皇，可是，明眼人还是很容易看穿其中的玄机。袁保龄在给友人的一封信中便说："昆明（湖）习水战，赋绝好题目，借款得所藉手，挥洒较易。"

不久，颐和园工程便引来议论纷纷。1889 年 1 月，紫禁城发生火灾，所谓天意示警，御史群起谏阻。面对一片批评之声，慈禧太后一边弹压，一边不得不缩小工程规模。虽然如此，整个工程仍耗费一千万两白银。其中从海军衙门挪用的款项就接近七百五十万两，这笔款可以再买四艘像"定远""镇远"这样的铁甲舰。更糟糕的是，先前修复"三海"时，也从海军衙门挪借过款项，后来陆续归还，到了修建颐和园时，挪借则变成挪用，所有的钱都肉包子打狗，有去无回。白花花的银子最后都变成了颐和园内的亭台楼阁、假山假石，海军和海防建设自然大受影响。

1891 年 6 月，慈禧视察颐和园后，工程进度进一步加快。为了确保资金周转，户部奏请停购外洋枪炮轮船两年，将所省下来的钱全都"解部充饷"。这一来，等于冻结了海防建设的资金。提出这一主张的是户部尚书翁同龢。他上奏称，由于国库空虚，救灾需要，请求停购外洋枪炮、船只、器械，同时炮台建设也一律暂行停止。他的奏折很快得到了批准。

翁同龢是光绪皇帝的老师，曾任军机大臣。光绪十年（1884 年）那次大换班①，慈禧一口气将所有的军机大臣全部撤掉，翁同龢也受到牵连，不过他平时一向唯太后之命是听，所以处分较轻，虽然革职留任，退出军机处，但仍在毓庆宫行走。两年后，他接替阎敬铭出掌户部。与他的前任相比，这位翁师傅显然要世故得多，也圆滑得多。翁的前任阎敬铭性格耿介，执

---

① 史称"甲申易枢"。

掌户部八年，"爬罗梳剔，遇事撙节，岁得羡余百余万"，渐渐积累了千万家底。颐和园工程启动后，内务府每每支款，他都加以拒绝，惹得慈禧不快。阎敬铭一看干不下去了，只好称病走人。翁同龢接任后，自然小心谨慎，处处看慈禧的脸色行事。早在颐和园工程刚刚开始，他就在日记中写道，庆王让醇王转告，让吾辈体谅他的苦衷，"盖以昆明湖易渤海，万寿山换滦阳也"。"昆明湖"与"万寿山"同为颐和园中景点；"渤海"为北洋海军，而"滦阳"则指承德避暑山庄。说白了，他们的"苦衷"就是要挪用海军经费来修建颐和园。翁同龢自然心领神会，为了体谅上边的"苦衷"，于是提出停购外洋枪炮轮船，这让李鸿章极为不满。

翁、李向来不和，原因要追溯到咸丰年间。当年平定太平军时，翁同龢的兄长翁同书在安徽任巡抚，因寿州事变处置不当导致曾国藩对其弹劾。据说捉刀者便是李鸿章。翁家地位显赫，翁同龢的父亲翁心存曾为两朝帝师。为了劾倒翁同书，奏折煞费苦心，中有"臣职分所在，例应纠参，不敢因翁同书之门第鼎盛，瞻顾迁就"，言辞犀利，堪称刀笔。结果翁同书发配新疆，翁心存也被气死。所谓父死兄徙，翁、李从此结下大仇。虽然以上公案，有学者质疑，认为根据不足，但翁、李之间存在嫌隙却是事实，而翁执掌户部后对李处处制约也是众所周知。这次停购令下达，也有压制北洋海军之意。李鸿章很恼火，他写信给王文韶说："宋人有言，'枢密方议增兵，三司已云节饷。'军国大事岂真如此各行其是而不相谋？"

据《国闻备乘》记载，甲午开战后，清军节节败退，慈禧大怒，召翁同龢切责，令他去天津找李鸿章问策。翁见李后便问，北洋兵舰能战否？李怒目而视，一语不发，半晌才慢慢回过头说，师傅总理度支，平时请款买船总是驳诘，事到临头再问兵舰，兵舰果可恃乎？翁辩解道，计臣以撙节为尽职，如果事情急的话，你为何不再上奏申请？李答：政府疑我跋扈，台谏参我贪婪，我再哓哓不已，今日尚有李鸿章乎？一句话顶得翁同龢哑口无言。

另据周馥《自订年谱》中记，甲午战败数年后，有一次太后、皇上召见周馥，问起战败原因。周便将户部刁难、言者掣肘各事和盘托出，太后、皇上听了以后都叹息道："不料某在户部竟如此！"显然，这个"某"指的就是翁同龢。

由于当局者贪图奢华，枢臣趋炎附势，加上派系之间明争暗斗，海防建设自然大受影响。停购令下达后，北洋海军的发展便完全陷入了停顿状态。自1888年后，北洋除了增添一艘国产巡洋舰"平远"号外，几乎没有再增添任何舰船。而日本却在1888年后连续提出了第七次和第八次海军扩张案，使日本海军的实力迅速增强并超越了中国。对于这一严峻的形势，北洋水师并非毫无觉察。"定远"舰管带刘步蟾就曾向上峰报告，称日本海军实力正在大幅提高，我们不能等闲视之，添船换炮，刻不容缓。可问题是，朝廷已经批准了户部的停购报告，谁也无法改变。就在甲午战争爆发之前，李鸿章原计划将"定远""镇远"等六艘军舰上的大炮更换成先进的大口径快炮，可由于经费不足也无法完全做到。

然而，战争是实力的较量。几个月后，当黄海传来隆隆炮声时，一场世纪大悲剧终于上演了。

第二十七章　不宣而战

朝鲜风云

1894年2月，朝鲜爆发了大规模的东学党起义。起义的原因是饥荒蔓延，民不聊生，加之贪官横征暴敛，激起了民众的反抗。3月，起义者占领全罗道古阜郡，之后又在白山取得大捷。眼看大势不妙，朝鲜政府不得不向清政府乞援。李鸿章奏请朝廷后，决定派遣淮军两千由直隶提督叶志超统领，聂士成为先锋，赴朝平叛。

聂士成接到电谕时，正在东北邻近俄国边境的一处营地里，整理勘察资料。从1893年10月以来，他奉李鸿章之命，率武备学堂学生勘察边境，历东三省、俄国东境及朝鲜八道，时间已半年有余。现在工作已接近尾声，忽然接到电报，要他立即结束勘察，迅速返回。

聂士成是淮军后期名将之一。他是合肥北乡（今长丰县岗集镇聂祠堂）人，字功亭，武童出身，幼年丧父，家境贫寒。咸丰九年（1859年），他投身军旅，加入庐州练军，后转入淮军，隶属于刘铭传的铭军，在苏南战场和后来的剿捻作战中，转战南北，屡立战功，官至太原镇总兵。

聂士成早期在淮军中并不引人注目，直到中法战争期间，他才真正崭露头角。当时，法军封锁台湾，军情孔急，刘铭传来电乞援。李鸿章坐镇北洋，心里万分焦急。可要突破法军的海上封锁救援台湾，九死一生，谈何容易？就在这时，聂士成找上门来了。他向李鸿章主动请缨，愿意带兵赴台。李鸿章听后大喜，并为其壮行。

当时，法国海军对台湾海峡封锁甚严，孤拔扬言不让一船一人、一枪一弹进入台湾。为了躲避法军封锁，聂士成反复研究，制订了几种方案，最后选定了其中一种。即利用夜色，绕道台南，从后山绝壁处登陆。这个方案难度很大，很多人表示异议，但聂士成却认为，这个方案虽然难度较大，但正因为难度大也最容易被法国人忽略。果然，几天之后的一天夜里，当他率领八百精壮乘坐英国轮船"威利"号，悄悄从台南的后山登陆时，法军竟然毫无觉察。

这是一次成功的偷渡。全军几乎没有丝毫伤亡。之后，他率部攀援绝壁，驰骋千里，奔赴台北。据史料记载，聂士成渡台，是中法战争期间大陆突破法军封锁最大规模的一次运兵，总人数达到八百五十人。当部队到达台北时，刘铭传见到自己的这位老部下，连声夸赞："吾铭军后继有人矣，前有唐殿魁、刘盛藻，今有章高元，聂士成！"

聂士成身材魁伟，相貌威武。黄遵宪所著《聂将军歌》中有"虬髯虎眉面色赭"之语，其威武之状，可见一斑。聂士成不吃烟，不嗜酒，更无别的嗜好。虽是武将出身，但他却喜欢读书，精通文墨，曾著有《东游纪程》《东征日记》等书，刊行于世。

聂士成援台时，正值法军进攻五堵、六堵和草尖山一带，湘军王诗正部抵挡不住，败退下来。聂士成不顾劳累，立即投入战斗，在基隆河北港溪、火炭坑、玛陵坑一带与敌鏖战，率部坚守阵地达数十天之久，多次击退法军的进攻，致使法军难越雷池半步。至中法战争结束，他所带领的八百五十多名官兵除战死之外，大多因瘴病瘟疫而病亡，他本人也因颈上生疽差点死去。返回大陆时，聂士成身边只剩下十几名弟兄。临别前，刘铭传拉着他的手，颇为动容，称功亭有大功于社稷。

中法战争让聂士成名气大增，在李鸿章、刘铭传的保荐下，他受到朝廷奖赏，以记名总兵简放。时人把他与王孝祺、章高元并称"淮军后期三大名将"。中法战争结束后，聂士成从台湾回到直隶芦台防地。接到电报后，他立即从东北赶回驻地。据聂士成陈述，当时军情十分紧急，他返回芦台，几乎没有休息，便点起九百余名精壮，立即开拔。6月6日，他拜别亲慈，乘火车前往天津接受李鸿章的召见。

自中法战争之后，李鸿章一直关注着聂士成。他很喜欢这个来自家乡的将官。他的话不多，举止沉稳，忠勇性成。这让他颇为欣赏。这次派兵前往朝鲜，任务重大，派谁前往，李鸿章显然做过考虑。直隶提督叶志超是他的老部下，由他统兵，不成问题。至于先锋将由谁担任，他首先想到的是聂士成，因此立即电召他从速返回。

聂士成6日上午赶至天津。李鸿章的召见前后约一小时，他仔细询问了聂士成的准备情况，包括兵员、武器装备等等，并交代他特别要注意日本人的动向，不要轻开衅端。聂士成点头称是。临别前，李鸿章一直把他送到门口，并目送他离去。

告别了李鸿章，聂士成马不停蹄地乘火车赶至塘沽。这时，营官魏家训等已率部队登上轮船。他飞马赶到码头，然后乘小艇出口，登上轮船。其时，大沽各炮台皆升旗鸣炮送行。当晚7时，部队开拔了。聂士成部所乘坐的轮船是招商局的"图南"号，两天后该船抵达朝鲜。部队乘早潮在白石浦登陆，随即进驻牙山县。

聂军入朝之初，局势尚未恶化。据聂士成《东征日记》载，牙山是一座小城，环诸皆山，居民数百家，城内均为茅房，居民峨冠博带，有上古遗风。听说中国兵至，皆扶老携幼往观。次日，叶志超率大队一千一百余人次第登陆。叶志超是聂士成的老上司，时任直隶提督，也是一名淮军宿将。此时，淮军抵达牙山的部队已达两千余人。

同光以来，朝鲜政局动荡，先后发生过壬午、甲申事变，这背后都有日本人插手。这一次朝鲜内乱发生，日本也蠢蠢欲动，借机出兵。为了尽快平息起义，防止日本生乱，抵达牙山第四日，聂士成便派人前往全州招抚义军，同时安抚灾民。由于战乱，当时全州一带灾民流离失所，露宿街头，衣不蔽体，食不果腹，其状甚惨。聂士成一边发布安民告示，一边通过地方官发放银元，按户赈济，并帮助修建庐舍。他还要求部队严明纪律，公买公卖，秋毫无犯。

聂士成治军一向严明。部队进入朝鲜后，他更是严格要求。6月9日，他的部队抵达朝鲜不久，正赶上连日阴雨。为了不骚扰地方，他下令部队分扎各山岗，由于帐篷漏雨，不能举炊，官兵们叫苦不迭，营官魏家训来向他请示，能不能到老百姓家弄点吃的。聂士成一口拒绝，说现在是非常时期，老百姓也很困难。

魏家训说："众有怨言。"

聂士成目光严厉，看着他说："汝有否？"

魏家训默然。聂士成沉下脸来，向他重申纪律，严禁滋扰地方，违者将受重处。他还广为布告，说明清军入朝，是为了"保护藩属，弁卫商民"，并重申军令，"购买物件，照给钱文，如有骚扰，或犯别情，军法从严，决不稍轻"。他还公开对朝鲜居民承诺，部队"如有骚扰，喊禀来营，从重究治"。聂士成说到做到，聂部驻安州时，有勇丁取民间一蔬，聂立令"割耳以徇，全军肃然"。据史料记载，聂部是入朝清军中军纪最好的部队。

就在聂部进入牙山后不久，朝鲜政府与义军达成和解，并签订了停战协议。12日，义军退出全州。不久，李鸿章来电，称东学党已退兵，令我入朝军队着即整理服装，订期内渡；同时李又致电袁世凯，催促日军一起撤兵。聂士成得到消息，松了一口气，原以为朝鲜危机已经解除，但殊不知，随后形势陡转。不久便传来中日撤兵谈判破裂、日本大举增兵的消息，朝鲜局势由此再度紧张起来。

当时，聂士成根据自己的观察和判断，认为日本以水陆大队压朝鲜，据险寻衅，蓄谋已久，而敌众我寡，地利人和，均于我不利，如战正好中其诡计。因此，他多次向叶志超建议，并致电李鸿章，称"匪乱"已平，我军应尽快班师，免启衅端。

聂士成致电李鸿章的时间是7月11日晚。第二天，李鸿章回电称，和议未定，著暂驻牙山。24日，李鸿章再次来电，声称"和议决裂，速备战守"。随即调派江自康仁字营两千余人，分乘"爱仁""飞鲸""高升"三艘英国商船增援牙山。随后，局势骤变。聂士成接到李鸿章的电令的第二天，便传来"高升"号在丰岛被日舰击沉的噩耗。

朝鲜局势迅速恶化。

日本的圈套

朝鲜东学党起义爆发后，日本一直在暗中关注，伺机行动。日本觊觎朝鲜已久。从1882年以来，多次挑起事端，但都没有占到便宜，心里一直不甘。

东学党起义爆发后，朝鲜当局起初并不打算向外借兵，但随着起义声势越来越大，有人便提出向中国借兵助剿，但是，朝鲜高层意见并不统一。朝鲜方面的顾虑是，一旦向清政府乞援，就势必负担军费，增加财政压力；同时，根据中日《天津条约》，朝鲜发生动乱，一国派兵须先照会对方，而另一国亦可派兵。也就是说，中国一出兵，日本也可能出兵。而这后一点则是他们最为担心的。因此，为了避免内乱国际化，朝鲜政府一开始只是借用清政府的兵船进行运兵，希望依靠本国军队将起义扑灭，哪承想，4月中旬，朝鲜政府军在白山遭到伏击，几乎全军覆没。而起义军这时越战越勇，在攻克全州后，开始威胁王京。面对日益严峻的局势，一直首鼠两端的朝鲜国王李熙不能再犹豫了，只好派大臣闵泳骏向中国乞援。

闵泳骏是闵氏家族的重要成员。自壬午之变以来，多次与清政府官员打交道，彼此相熟。他来到袁世凯的住处，与他商谈出兵之事。袁世凯自赴朝以来，一直负责朝鲜事务，乃清政府驻朝最高代表。据闵泳骏回忆，会谈进行得顺利，袁世凯几乎没有犹豫，便答应出兵。他对闵泳骏说，朝鲜有难，中国岂能不悉心保护？这令闵泳骏欣喜不已。

对于日本是否会出兵，袁世凯也有过顾虑。不过在他看来，日本即便出兵也是以保护使馆为名，规模不会很大。但是，这个判断显然过于轻率了。就在闵泳骏向袁世凯求助后不久，日本方面也找上门来。日本书记官郑永邦和代理公使杉村濬先后两次拜访袁世凯。他们都认为，朝鲜"匪乱"令人担忧，大损商务，光靠韩人无法平定，希望中国尽快出兵代韩戡乱。郑永邦向袁表示"我政府必无他意"；杉村濬也声称"盼华速代戡"，这就更让袁世凯放松了警惕。

其实，日本人这是在给袁世凯下套子。他们如此热情地怂恿中国出兵，背后隐藏着重大阴谋，那就是要把中国拖进战争的旋涡。1890 年以来，日本国内发生了严重的经济危机。到了 1894 年，情况更为严重，国内经济下滑，政治动荡。3 月间，众议院反对党对政府提出强烈批评，要求内阁总辞职。政府为了摆脱困境，决定利用朝鲜内乱发动战争，从而转嫁危机。

对于日本人的阴谋，李鸿章并非毫无警觉。他电告袁世凯，如果朝鲜确需吾国出兵，须出具正式公文，以免日本旁生枝节。6 月 4 日，在收到朝鲜正式递交的求援书后，李鸿章方才决定出兵，以为这样就可名正言顺，万无一失。但是，这个想法过于天真了。就在李鸿章决定出兵的第二天，日本便获知消息，其驻朝公使大鸟圭介立即以回任为名，由日本陆战队派出八百余人担任护卫，乘坐"八重山"号兵船开赴朝鲜。

大鸟是袁世凯的老对头了。早在甲申之役中，两人就结下梁子。现在他竟兴师动众地返回朝鲜，袁世凯闻讯不禁大吃一惊。他立即派人询问杉村濬："日本何故派兵？"杉村濬回答："保护使馆，无他意。"尽管如此，袁世凯仍有一丝不祥的预感。他急电李鸿章，称"大鸟来，虑生事"。但李鸿章不以为然，因为他得到的情报是大鸟随身只带警视厅巡捕二十余人，并无动兵之意。这一情报极不准确，跟随大鸟的实际是八百多名陆战队员。

6 月 6 日，清廷通过外交途径正式照会日本，告知中国政府应朝鲜政府请求，依照保护属邦旧例，决定出兵朝鲜，一俟任务完成即行撤回。出人意料的是，当天晚上，日本驻北京代理公使小村寿太郎即回复照会，表示日本也将向朝鲜派兵。总理衙门接到照会颇感惊诧。还没等他们回过神来，第二天，日本外务省又给中国驻日公使汪凤藻送来一份照会。在这份照会中，日本的言辞更加出格。它不仅通告中国，日本将出兵朝鲜，而且拒不承认清政府出兵是"保护属邦"，并称"帝国政府从未承认朝鲜为中国之属邦"。这一语调显然是在公开挑衅，意在抹杀中国出兵的合法性，并为自己出兵寻找依据。

6月9日，就在聂士成率部进驻牙山县的同一天，大鸟乘坐的"八重山"舰也抵达朝鲜仁川。两天后的下午，当淮军第二批部队一千余人由直隶提督叶志超所率，分乘"海晏""定海"二船驶抵牙山海口时，大鸟已抢先进入朝京汉城。

日本的行动令袁世凯深感不妙。他连忙致电李鸿章，请求增兵。但李鸿章认为，日本单独调兵，各国使节当有公论，我应保持镇静；派兵断不可多，更不可深入朝鲜内地，以免与倭相遇生衅。

6月11日，朝鲜局势出现转机。由于担心日本搅局，朝鲜政府决定与起义军达成和解，并签订了停战协议。12日，起义军退出全州。朝鲜政府于是照会中国和日本，声明内乱已平，请求两国军队同时撤出朝鲜。

对于朝鲜的照会，中国立即响应。这样一来，日本也失去了赖在朝鲜的理由。迫于外交压力，刚刚抵达汉城的日本公使大鸟圭介不得不假意来找袁世凯商谈撤兵事宜。他向袁世凯保证，日本入朝兵员仅限八百人，不会再增加，同时希望袁世凯也转告中国政府不再增兵。袁世凯信以为真，连忙电告李鸿章停止进兵。

可是，这一次，袁世凯又上当了。就在大鸟与袁世凯会谈时，日本大岛义昌的新编混成旅团数千人已陆续在仁川登陆，而此时，李鸿章却做出停止进兵的决定。他还电令叶志超、聂士成部撤回牙山待命。由于这一系列的失误，导致清政府布局失措。直到撤兵谈判破裂，李鸿章决定继续增兵时，日军在朝鲜兵力已压倒清军。

据史料记载，6月25日之前，清军赴朝总兵力为两千余人，而日军兵力却达四千余人；日本海军派出的军舰计有"松岛""吉野""千代田"等八艘，而北洋海军只有"超勇""扬威""济远"和"平远"四艘。双方军力存在明显差距。

此时，日本的腰杆硬了起来。6月22日，它公然撕下假仁假义的面纱，以共同改革朝鲜内政方案破裂为由，拒不撤兵，并向清政府发出"第一次绝交书"。此后，又逼迫朝鲜与中国断交，接受日方提出的所谓改革方案。

面对咄咄逼人的日本，李鸿章骑虎难下了。

皇帝的愤怒

光绪二十年（1894年），6月的紫禁城似乎一派祥和宁静，阳光照在黄色的琉璃瓦上闪烁着金光，红墙内的宫殿巍峨壮丽，气象森严，看上去一切都与以往没有什么不同，但这表面的庄重、平静之下，躁动的情绪早已令人不安。主战派与主和派一直争执不休，而随着朝鲜局势的恶化，年轻的光绪皇帝逐渐失去了耐心。

6月25日，他指示李鸿章妥善部署，准备开战，并认为"口舌之辩已属无济于事"，这就意味着要放弃外交手段。但李鸿章这时仍然抱着和平的幻想，并为之不懈地努力。

朝鲜危机发生后，李鸿章一直主张使用外交手段"折冲樽俎"，因而在出兵一事上始终显得谨慎，目的就是避免与日本发生冲突，这也是造成清政府出兵迟缓的重要原因之一。当日本的真面目逐渐暴露之后，李鸿章还是寄希望用谈判解决争端，一边试图继续与日谈判撤军，一边想通过俄、英等国出面调停，化解危机。

6月30日，李鸿章回复光绪皇帝说，北洋海军的数量远不及日本。近数年，我们停购船械，而日本却逐年增添铁甲舰、巡洋舰一两艘，故海上争锋恐非胜算。至于陆军，北洋沿海淮军分布直隶、山东、奉天三省海口扼守炮台，兵力本来不厚，若令出境抗倭，一经抽调则处处空虚，恐为敌所乘，有妨大局。

光绪帝接到李鸿章的奏章极为不满，又连发数道谕旨进行催促和责问。7月2日，他电谕李鸿章，练办海军多年，海军所练之兵有多少？北洋沿海防军及直隶各营能够打仗的有多少，实力究竟如何？

　　李鸿章上奏说："北洋沿海防军现有两万人，绿营兵疲弱已久，无法抽调出征，但北洋防务尚属完密。海军现有铁甲舰、巡洋舰八艘，加上炮船、鱼雷艇，与海岸炮台相依辅，渤海门户还比较坚固，即便不增一兵一饷，自信断不致稍有疏虞。"他的用意很清楚，那就是北洋陆军兵力有限，不宜主动出击，而海军亦无取胜把握，但如果固守炮台，辅之以海军舰艇支持，则渤海门户可保安全。

　　一般认为，这是李鸿章消极避战的借口。不过也有人认为，李鸿章可能比别人更了解北洋的家底，以及中日双方的实力。在他看来，一旦与日开战，并无取胜把握。6月30日，他便向朝廷上奏："海上交锋怕没有胜算的把握"，"陆军也不雄厚"。因此，他一直幻想通过外交途径避免战争。可这一看法被认为是示弱的表现。无论是年轻的皇帝，还是主战派大员们都坚决反对。

　　7月12日，日本向清政府发出"第二次绝交书"，其侵略嘴脸已暴露无遗，李鸿章仍寄希望于俄、英列强的调停，希望通过纵横捭阖、折冲樽俎来达到以夷制夷，消弭中日军事冲突的目的。然而，随着俄、英调停受阻，宝贵的战备时机白白地贻误了。在此期间，日本连续向朝鲜增兵。至7月中旬，日本入朝兵力已增至上万人。汉城、仁川等地已完全处于日本的控制之下，大鸟还扬言要捉拿袁世凯，以血壬午、甲申之仇。眼看局势越发严峻，袁世凯多次急电李鸿章，请求尽快向牙山增兵，同时提出关闭使馆，降旗回国，但李鸿章拒绝了袁的请求，仍坚持以条约为依据，与日谈判。

　　然而，日本态度蛮横，在谈判中无理取闹，公然索要赔款三百万。这一做法令人无法容忍。国内朝士大哗，力主对日一战，同时对李鸿章的软弱立场也大加挞伐，痛斥他临战求和，丧失战机，还说其子经方久居日本，曾纳日妇，为日本驸马，有心卖国，"贰心于日本"，实为汉奸。更有甚者，要请出太庙的青龙刀，将李鸿章正法以振国威。一时间，国内主战呼声高涨。一个外国人这样说过，当时全中国百分之九十九的人都主张用强硬手段教训狂妄的日本人，主和派已经完全没有市场。

7月21日，大鸟圭介率兵冲入王宫，清除亲华的闵妃势力，拥立以大院君为首的傀儡政权，并逼迫朝鲜与中国断交。随着局势恶化，袁世凯的安全也受到严重威胁，再不走就来不及了。此时，日军已封锁汉城四门要道，在情况紧急之下，袁世凯不等国内批准，便装病逃出汉城。其他驻朝华员也纷纷离去。

光绪皇帝愤怒了，他对朝鲜的局势大为不满，三番五次地敦促李鸿章做出军事应对。7月16日，他电谕李鸿章，明确指出"如势不可挽，朝廷一意主战"。他要求李鸿章"断不可意存畏葸"，若顾虑不前，徒事延宕，贻误战机，"定惟该大臣是问！"

在光绪皇帝的严令之下，李鸿章不得不做出军事部署，决定从天津、奉天和旅顺等地抽调卫汝贵盛军马步六千人、马玉崑毅军两千人、左宝贵马步八营开赴朝鲜平壤、义州一线布防；同时电令叶志超部迅速从牙山撤回，与各军在平壤会合。尽管李鸿章一边调兵遣将，一边仍然没有放弃最后的和平努力。他对总理衙门说，日兵在朝尚无动静，开战之说不实。同时又指示叶志超先不要与日本开仗，并称按照万国公例，谁先开战谁无理，"切记勿忘"！

从当时的军事形势看，朝鲜南部汉城、仁川等战略要地已为日军所占，李鸿章计划把入朝清军集结于北方平壤一线，有一定道理。这里靠近中国本土，调动方便，也相对安全。可麻烦的是，叶志超部已先期孤军深入牙山，如何把他们撤回平壤成了一个难题。李鸿章原打算派船从海上将叶部接往平壤，可叶志超担心在海上遭到日舰拦截，坚持从陆路转移。考虑到叶的兵力单薄，李鸿章临时改变部署，派出一支部队增援牙山，以帮助叶志超部从陆路撤往平壤。然而，他万没想到的是，一场悲剧由此埋下伏笔。

丰岛悲歌

派往牙山的部队由记名提督江自康统领，计有两千余人。江自康原为湘军鲍超部下，光绪六年（1880 年）被李鸿章并入淮军仁字营，率部驻扎北塘。为了迅速赶赴牙山，水路最为便捷，三日即可到达，不过水路虽然便捷，如遇日舰拦截，危险性却很大。从安全角度考虑，李鸿章想到了一个办法，即用重金雇用英国商船来担负运兵任务。在李鸿章看来，日本人胆子再大，也绝不敢贸然生事。想当年，他率淮军东援上海时，就使用过这招。尽管千里长江航线，到处是太平军的营垒和战船，但在英国商船的庇护下却安然无恙。为了保险起见，他还指示北洋海军调派数舰前往牙山海口外警戒，以备策应。可是，李鸿章这一次失算了，因为朝鲜不是上海，而日本也不是太平军。

李鸿章重金雇用的英国商船共三艘，即"爱仁""飞鲸"和"高升"。7月 21 日傍晚，江部第一批援军千余人乘坐"爱仁"号商轮从天津大沽出发，向牙山进发。次日，北洋海军也遵照李鸿章的指令派出"济远""广乙"和"威远"三舰前往牙山海面警戒。就在"爱仁"号开出差不多同时，上海方面传来一个情报，说是停泊在日本佐世保港的十一艘日本战舰昨日出港去向不明。

这一情报立即引起李鸿章的警觉。他旋即电令丁汝昌带海军大队前往牙山一带巡护，以保护运兵船的安全。丁汝昌接到命令，马上调派北洋海军主力战舰九艘及两艘鱼雷艇前往牙山防卫，其中包括"定远""镇远"两大铁甲舰。巧合的是，就在同一天，俄国使馆派参赞巴甫洛夫来见李鸿章，表示俄国驻朝使馆对日占据汉城，惊扰商民，深感不安，已电请俄政府派兵驱逐日军。这一消息让李鸿章颇感振奋。他当即表示，如果贵国派出军舰，我海军亦可随同前往。随后，李鸿章便电令丁汝昌取消原定计划，暂不前往牙山，等到俄国派出兵船，再随同赴朝。

李鸿章不知道，自己这时又犯了一个错误。他得到的第一个情报并不准确。据事后的资料显示，早在 20 日，清军援兵尚未出发，日本军方已通过潜伏在天津的间谍得知了消息。经过两天的部署和准备，日本联合舰队才陆续出动。23 日上午十一时，第一游击队"吉野""秋津洲"和"浪速"

三舰首先开拔，驶离佐世保港，次日抵达丰岛海面，而此时后续大队尚没赶到。如果这时李鸿章没有撤销北洋海军大队前往牙山的巡护任务，那么在以少对多的情况下，日本第一游击队也许不会发动偷袭，丰岛悲剧也许就会避免。遗憾的是，阴差阳错，这一切都因为计划的改变而改变了。

22日、23日，担任运兵任务的英国商船"飞鲸""高升"相继从天津大沽出发，开往牙山。就在"高升"出发的当天，日军冲入朝鲜王宫，挟持朝鲜国王，成立以大院君为首的亲日傀儡政府。朝鲜形势进一步恶化，而与此同时，日本海军第一游击队也逐步逼近。"济远"号管带方伯谦得知消息后，自知难敌日舰，便做出了撤离的准备。当时正在牙山海面执行警戒任务的有北洋海军"济远""广乙"和"威远"三舰。三舰中除"济远"是由德国进口的装甲巡洋舰外，"广乙""威远"均由福州船政局生产，不仅老旧落后，而且"威远"还是最早一批生产的木壳兵船，战斗力十分有限。

24日下午，第一艘运兵船"爱仁"号卸船完毕，方伯谦考虑到"威远"号航速慢，又是木制外壳，决定让其先行撤离。次日清晨，当第二艘运兵船"飞鲸"号登陆结束，"济远""广乙"才离开牙山，返航回国。然而，当两舰驶至丰岛附近时，早已到达的日本海军第一游击队忽然不宣而战，向两舰发起突袭，挑起了丰岛海战。"济远""广乙"随即开炮反击，多次击中敌舰，但自身也伤亡惨重。"济远"号大副头部中弹，脑浆迸裂；二副亦为敌弹所中，胸腹洞穿，死伤官兵达五十余人；而"广乙"船小炮弱，更是遭受重创，无力继续战斗。在寡不敌众的情况下，"广乙""济远"先后撤离战场，但日舰紧追不舍。在撤退中，"广乙"发炮击中"浪速"左甲板，并趁机驶离，后因舰体损毁严重，在朝鲜西海岸搁浅。管带林国祥下令纵火焚舰，以免资敌，随后率残部登岸并辗转回国。

"广乙"驶离后，日军集中三舰全力围攻"济远"。方伯谦下令突围，该舰全速向国内方向驶避。此时，方伯谦已经吓破了胆，一边挂起白旗，一边继续奔逃。日舰紧追不舍。就在这时，清军第三艘运兵船"高升"号和另一艘运输船"操江"号迎面驶来。日舰立即分头行动："吉野"继续追击"济远"，而"浪速"和"秋津洲"则分别拦截"高升"和"操江"。

危急时刻，作为战舰的"济远"本应保护两艘毫无战斗力的运输船，可一心只想逃命的方伯谦却弃"高升""操江"于不顾，只顾自己逃命，结果导致后者孤立无援，完全暴露在敌舰的炮火之下。事后，方伯谦极力为自己辩解，但却难以自圆其说。他在撤离时，先挂白旗，继之又挂日本海军军旗，这显然是投敌的表现，多亏船上水手王国成、李仕茂等人不顾管带已挂白旗的命令，愤然反击，连发四弹，重创"吉野"，这才使"广乙"侥幸逃脱。

就在"济远"逃命之时，毫无战斗力的"操江"号被日舰"秋津洲"号所拦截。几个小时后，该船束手就擒。船上全部人员，以及二十万两饷银、枪炮弹药等物资装备尽数落入敌手。更为惨痛的是"高升"号的遭遇。就在"秋津洲"拦截"操江"号之时，日舰"浪速"号也快速逼近"高升"号，并发出旗语，要求对方立即停船。"高升"号船长是英国人高惠悌，他不敢违抗，只能服从。日军随即放小艇过来，并登船检查。在查看了商船护照和有关文件后，日本人要求该船跟他们走。高惠悌指出，这是一艘英国商船，但日本人不予理睬，并离船而去。

"高升"号上运载了淮军仁字营一千一百多名官兵。得知消息后，他们坚决不从。帮带高继善与营官骆佩德、吴炳文商量之后，一致同意与船共生死。他们让随船同行的北洋海军总教习、德国人汉纳根转告英国船长，我们宁死不当俘虏，有敢降日本者，当污我刀。高惠悌认为，抵抗是没有用的，他们可以轻易打沉我们。但高继善则回答，拼死一战，决不投降。高惠悌看到劝说无用，便提出，如果你们决心抗拒，请允许外国船员离船。高继善拒绝了这一要求。随后，淮军官兵控制全船，并将船上所有的外国人看管起来。接着，高惠悌向"浪速"发信号，请求继续谈判。

这次日本人再次派小艇前来，但没有上船。汉纳根亲自出面，站在船舷上与日本人进行交涉，他说，船上的清军拒绝当俘虏，要求返回大沽。他还强调，"高升"号是一艘英国商船，目前两国尚未宣战，这个要求合情合理。可是日方拒绝回应。"浪速"号舰长东乡平八郎是日本最早留学英国的十二名青年军官之一，此人向以凶狠好战著称。他的名言是"舰不够长向前一步"。甲午战争后，他曾率日本海军大败俄国，被誉为"战神"，并被授予海军元帅。从上午九时十五分，"高升"被迫停船始，双方两次交涉，均无结果。东乡显然失去了耐心。下午一时左右，"浪速"号突然拉响汽笛，然后向"高升"号发射一枚鱼雷。鱼雷没有击中，接着右舷五门火炮同时开火，顷刻间，弹如雨下，"高升"号上硝烟弥漫，火光冲天。船上淮军官兵用步枪奋起抵抗，但却无济于事。一个小时后，"高升"号倾斜沉没。就在中国官兵纷纷落水之时，残忍的日本人依然不肯放过，他们乘坐小艇，大开杀戒，对落水官兵频频用枪扫射。一时间，浮尸蔽海，血染碧涛。事后据统计，船上全部官兵除少数侥幸逃生外，计有八百七十一人含悲殉国。

据淮军研究专家翁飞先生介绍，乘坐"高升"号的官兵属于淮军仁字营，其前身是淮军华字营，这是淮军创办初期的老营头之一。由于当年是在合肥东乡六家畈一带募勇而成，因此死难者大多来自这里。噩耗传来，六家畈一带悲声震天。巢湖乃春秋战国时楚国故地，按楚地风俗，需挂招魂幡以祭奠亡灵。由于阵亡将士尸骨无存，家乡亲人们只能在面向巢湖的山坡上插起一片片招魂幡。此后年年清明如此，一直沿袭至今。

丰岛之战的消息传至国内，朝野震惊，舆论大哗。8月1日，中日两国皇室同时下诏宣战，一场血雨腥风的厮杀随即在陆海两线拉开了大幕。

第二十八章　海上决战

牙山撤退

7月26日，"高升"号被击沉的噩耗传来。驻守牙山的聂士成闻讯，悲愤不已。日军不宣而战，表明战争已经开始，尽管当时两国尚未正式宣战。他对部下说："倭人不讲信义，战，惟有一战了！"

此时，日本陆军大岛混成旅团两个联队，共四千余人，已开始向牙山进发。为了抵御日军的进攻，聂士成决定在成欢驿一带布防，以阻击日军。成欢驿位于牙山西北四十余里，在其前方是水原、振威，为汉城通向公州的要道，也是日军北上的必经之路。聂士成一边亲往勘察地形，布置防务，一边请求叶志超派兵增援。

7月26日下午，清军侦察兵在振威以南的七原与日军相遇，双方发生短暂的交火。叶志超此时驻扎牙山，闻报立即调派江自康和许兆贵各率一营前往驰援。"高升"号被日舰击沉，船上数百名官兵阵亡，所幸的是"爱仁""飞鲸"上的援军，包括江自康本人在内，已先期登岸，使驻牙山的清军兵力达到三千八百八十人。与日军相比，人数大致相当。但是，由于电线中断，信息不通，从汉城传来的消息，却说日军兵力有三万之众，为我军的十倍之多。

这一情报事后发现完全是错误的，可在当时却使清军受到误导，就连聂士成也信以为真。当日军向稷山开进时，聂士成亲自登山查看，并在当天的日记中这样写道："登山望倭军，见马步大队驻振威，众约二三万，军容甚盛……众寡悬殊，颇为顾虑。"可见错误的情报影响之大。

27日，日军先头部队在振威一带与清军发生交火，形势万分危急。叶志超从牙山赶往成欢，与聂士成面商战守之策。由于受错误情报影响，两人都认为，敌众我寡，况海道已为日军封锁，援军断难飞渡，坚守牙山绝非上策。

叶志超问聂："依汝之意，该如何？"

聂答："退守公州。公州背山面江，地形有利，宜于坚守。"

其实，公州不仅地形有利，而且为北上重要通道，战略地位相当重要。聂士成向叶志超建议，由叶先率一部前往公州，他则带队防守成欢。"战而胜，公为后援；不胜，犹可绕道而出"。他还向叶表示："此间战事，吾当率各营竭力防御，相机进止。"

叶志超深以为然。计议已定，叶志超立即返回牙山，率五百余人，带着辎重，先期退往公州，以保后路。此时，清军的战略十分清楚，即牙山打得赢就打，打不赢则退。但由于先顾后路，这就削弱了牙山的防守力量。

两日后，牙山之战打响。这是入朝清军首次与日军接仗。开仗前一天晚上，聂士成就接到情报，日军将分两路来袭，一路攻成欢，一路袭公州，以截我军退路。

前来向聂士成报告这一情况的是武备学生于光炘。这些天来，他受聂士派的派遣，一直在侦察日军的动向。种种迹象表明，日军很可能在次日偷袭安城渡。事不宜迟，聂士成立即进行部署。安城渡位于成欢驿以北，三面环山，地势险要，前有安城河流过，河上有一桥，为往来必经之道。聂士成令步队在河边的丛林中设伏，炮队则驻守西南山顶，并派人在山顶设瞭望站，何方有警，即悬灯为号。他还命令江自康营、许兆贵营作为后援。当天夜里，部队便按指令进入阵地，饱食以待。

7月29日凌晨，敌军果然来袭。其先头部队利用夜色掩护，开始通过安城河。按照事先的计划，聂军蛰伏不动。当敌军渡河至一半时，聂军发起突袭，埋伏在丛林旁中的部队打起排枪，驻扎山顶的炮队也频频发炮。日军纷纷倒毙，慌忙中向后退去，因桥小人多，相互拥挤，溺水而亡者甚众。聂军乘势发起攻击。日军阵形大乱，四散奔逃，退却中有的陷入沼泽，有的迷了路。聂军越战越勇。战斗中，日军第一梯队指挥官松崎直臣大尉当场毙命，第一小队长山田四郎少尉也身负重伤。为了阻截聂军追击，日军边退边设下地雷。聂军追击中误踩旱雷，伤亡较重。考虑到我军人数少，不宜穷追，聂士成遂下令停止追击。

安城渡之战，聂军小有斩获。但聂士成不会想到，这将是清军在朝鲜打的唯一胜仗。此后，清军一败再败，惨不忍睹。

天亮时分，日军大队赶到，分两路向聂军发起攻击。他们依仗猛烈的炮火和人多势众，强行通过安城渡，并向成欢一带发起猛攻。聂军奋勇还击，双方开枪互射。枪炮轰鸣，喊杀震天。起初，架在山顶的聂军炮队频频得手，歼敌甚多，可日军采取迂回战术，翻山越岭，分道包抄。由于敌众我寡，聂军很快处于劣势。

聂士成后来回忆："我军人自为战，莫不一以当十。自寅至辰，枪炮声不绝，死伤积野，血流成渠，而敌愈聚愈众，布满山谷。"尽管情势十分不利，但聂军依然斗志高昂，血战不退。聂士成则冒着枪林弹雨，来回指挥。随着日军不断增多，聂军在月峰山、牛歇山等阵地相继失守，两路日军从左翼、右翼两侧向聂军大营发起夹攻。形势越发危急，而此时聂军弹药这时也快告罄，为避敌锋，聂士成下令突围。

此后，部队一路退往公州。按计划将在那里与叶部会合，可途经江浒时，聂士成发现叶部正在渡河，不禁颇感惊讶。这时，叶志超骑马过来，聂便上前询问。叶志超说："公州不可守，不如绕道至平壤，会合大军，再图进取。"他让聂士成收拾残部，随后跟进，说完便拍马而去。

聂士成对于叶志超的决定很不满意，而且，他不等自己撤至公州，就先行渡河，这也让他心中不快。但作为下属，他只能服从。

8月28日，在牙山之战一个多月后，聂士成率部驰奔数千里，绕道朝鲜东海岸，先后渡过汉江、大同江，行程两千余里，最后到达平壤。此时，国内增援部队已陆续赶到，聂士成信心大增，心中颇感乐观。他在当天的日记中写道，抵达平壤约在下午三四点钟，与各部将领相见，"殷勤慰劳，谈笑甚欢"。

叶大呆子挂帅

聂士成有理由感到乐观。从 7 月底开始，按照李鸿章的部署，从国内增援的"四大军"陆续集结于平壤。这"四大军"分别是卫汝贵的淮系盛军、马玉崑的淮系毅军、左宝贵的淮系奉军，以及丰升阿的奉天练军和吉林练军，总兵力为三十二营，一万三千多人。

8 月 21 日，叶志超部从牙山撤回平壤；七天后，聂士成也率部突围，在平壤与诸军会合。叶志超、聂士成撤回平壤后，清军实力进一步增强。此时，李鸿章似乎也感到一丝胜利的把握。虽然他对海上交锋并无信心，但对陆战仍抱有希望。尤其是此次入朝部队大部为淮系主力。他在给总理衙门的信中这样写道："派赴平壤卫汝贵、马玉崑、左宝贵各军，皆系鸿章旧部，练习西洋新式枪炮多年。"言下之意是这些部队均有较强战斗力，完全可与日军一战，并扭转局势。

李鸿章的信心来自他对淮军的信任。这是一支他亲手带出来的部队。从 1862 年成军以来，这支部队驰骋沙场，的确打过不少硬仗、胜仗，包括中法战争期间，转战越南、台湾等地，也堪当重任。这一次，他对自己的这些淮系旧部依然寄予厚望。

然而，时光荏苒，转眼三十二年过去了，如今的淮军早已不是过去的淮军了。而且，当时增援朝鲜的四大军齐聚平壤，加上从牙山撤回的直隶提督叶志超部，各自独立，地位并列，不相统属，急需有人出来统一指挥。可是这样的人一时间却找不出来。

中日危机爆发后，朝廷又有了起用老将之意。朝廷急召湘淮军宿将刘铭传、刘锦棠出山。刘铭传在抗法时力保台湾不失，声名大振；刘锦棠收复新疆，居功至伟。如果二刘中有一人能出山，情况都会大不相同。然而，一刘病重无法应召，一刘又因暴病而亡。为此李鸿章大感苦恼，并感叹道："陆军无帅，海军诸将无才，殊可虑。"万般无奈之下，他只能矮子当中拔将军，把统帅之职交给了叶志超。

叶志超，字冠群，是安徽合肥西乡人，绰号叶大呆子。早年在乡里办团练，也名噪一时，后加入淮军，初隶良字营，是李鸿章的老部下，后以军功官至直隶提督。朝鲜危机发生后，他最先奉命入朝，驻扎于牙山一线。成欢驿一战，他派聂士成出击，自己退往公州，并未参战，事后却虚报战绩，自称"大捷于牙山，斩首二千余名"，这让朝廷颇感振奋。李鸿章最后选择了他，或许也是受到这一虚假成功的迷惑。

然而，对于这一任命，各方均不看好。9月1日，即聂士成抵达平壤的第三天，谕旨下达，令叶志超统率诸军，诸将大感惊诧。聂士成在当天的日记中这样写道："一军皆惊。"寥寥四字，足以概括当时诸将的心情。叶志超确实不是一个帅才，更糟糕的是，从他的部署中可以看出，他从一开始就消极避战。叶志超出任总统后，便召集四大军统领开会，商讨战守之策。会上叶志超提出，敌人乘胜而至，凶锋正锐，我军弹药不齐地势不熟，不如暂退瑗州，养精蓄锐，以图后举。对于这个意见，左宝贵坚决反对。左宝贵是淮系奉军的统领，时任高州镇总兵，回民出身的他"性勇敢，多大略"，对于不战而退的想法无法接受，并大声疾呼，敌人来犯就应迎头痛击，朝廷养兵千日，用兵一时，若不战而退，何以对朝鲜，何以报国家？他还怒斥那些附和退兵者说，你们要怕死，可以自己走，我绝不退，并称这里就是我的坟冢！

由于左宝贵的反对，加之退兵事大，没有朝廷的同意，叶志超也不敢擅自做主。可是，尽管退兵未成，叶志超对于能否守住平壤却缺乏信心。于是，在当时清军兵力并不占优的情况下，他竟做出一个荒唐的部署，即抽调了四千多兵力，驻扎于肃州、义州，以保平壤后路。这样一来，留在平壤城内的清军只剩下九千五百余人，极大地削弱了平壤的防御。叶志超这样做有自己的小算盘，那就是一旦战败，即可抽身而逃。试想，一个未战先想到逃跑的统帅又如何能打赢一场战争呢？

问题还不仅仅在这里。尽管李鸿章对淮军各部抱有信心，但昔日的淮军宿将早已日渐凋零，而部队的成分也发生很大变化。尤其是中法战争之后，中国迎来了十年的和平时期，部队养尊处优，军纪松弛，腐化堕落成风，其战斗力早已不可同日而语。据《中法兵事本末》记，平壤是朝鲜旧京，当地民众素与中国友好。清军进驻平壤时，当地民众"争献酒浆饷军"，可清军纪律败坏，抢劫、拉夫、奸淫妇女，四处骚扰，无所不至，"卫汝贵军尤甚，朝民大失望"。

卫汝贵是安徽合肥人，早年随周盛波兄弟加入淮军，积功累至总兵。1885年，周盛传、周盛波兄弟相继病故，他便成了盛军的统领。但卫汝贵的名声不好，平时克扣军饷，贪谄腐败，有人说他的盛军总统是花三万两银子买来的。入朝时，卫已年至六旬，他的老婆给他写了一封信。信中说："君起家戎行，致位统帅，家既饶于财，宜自颐养。且春秋已高，望善自为计，勿当前敌。"这封信后来落入日军手中，被当作反面教材，列入教科书以教育日本国民，成为中国军人莫大的耻辱。

9月12日，日本大兵压境。由日军第五师团长野津道贯中将率领的各部陆续在平壤城外集结完毕。据戚其章《甲午战争史》载，当时，日本入朝总兵力为一万九千六百人，而进攻平壤的部队就达到一万六千人。

三日后的凌晨，平壤之战打响了。战斗首先在南门外船桥里一带展开。担负进攻任务是日军大岛义昌少将率领的第九混成旅团。该部在牙山新胜，不免趾高气扬。总攻开始前一天，大岛便扬扬得意地向第十旅团长立见尚文夸下海口，声称明日午前八时拿下平壤，与之握手于城中，共祝万岁。但他的海口夸得太早了。

进攻开始后，尽管日军在炮火掩护下发起猛烈攻击，但却遭到了清军的顽强抗击。驻守桥船里的是马玉崑淮系毅军。该部共六营三千余人，担负驻守平壤南门及大同江左岸防线的任务。马玉崑是一员老将。他是安徽蒙城人，字景山，后迁居安徽涡阳。咸丰年间，随父办团练，后投奔宋庆的毅军，积功至副将，以总兵记名。十九世纪七十年代中期，他曾赴新疆，跟随左宗棠抗击沙俄侵略军，收复城池十余座，一时间声名鹊起。当日军猛扑船桥里时，马玉崑亲自指挥毅军一个营、盛军三个营，拼死防守。

战斗中，炮声隆隆，震天撼地，枪林弹雨，尸骸遍地。敌军每前进一步都要付出惨重的代价，而清军的英勇顽强也让日军始料不及。日军轮番发起攻击，可每当攻至营垒前沿，清军便会跃出营垒，以血肉之躯作殊死拼杀。一个日本军官事后写道，早闻马玉崑"慓悍"之名，今日始知名不虚传。天亮时分，驻守西门的卫汝贵发现日军处于不利地形，便令淮系盛军一部过江掩杀，重创日军，清军士气为之大振。

船桥里之战从凌晨四时开始，一直打到下午二时半。日军第二十一联队三千六百人轮番猛攻，而清军守军只有两千两百人。但在马玉崑和卫汝贵的指挥下，众志成城，英勇抗击，终于挫败了日军的多次进攻。此战日军死者一百四十名，伤者二百九十名;旅团长大岛义昌少将等多名将佐受伤，第二十一联队第二、第十两个中队的官兵几乎全部战死，或负伤。日本诗人杉浦梅谭在诗中发出哀叹："此役不克旗下死，呜呼苦战船桥里。"

船桥里之战，是甲午战争中淮系陆军打得最好的一次战斗。但从平壤全局看，日军厚集重兵，多路进攻，清军防线承受着极大的压力，情势十分严峻。平壤防御战共分三个战场，一是南战场，即船桥里一带，由马玉崑淮系毅军驻守;二是西战场，即平壤中城一带，由卫汝贵淮系盛军防御;三是北战场,即玄武门一带。前两个战场打得都不错,清军"死力拒守,如铁壁铜墙",日军进攻连连受阻，但是北战场的情况却不妙。北战场是平壤之战的主战场。日军动用了围攻平壤的半数之兵力，共七千八百人，由第十旅团立见尚文少将亲自指挥，分东西两路向玄武门外的清军展开了合击。

驻守玄武门的清军为左宝贵部和江自康部，共五营两千九百人。面对数倍于己的强敌，他们苦战支撑。为了突破清军的防御，日军集中大部兵力，猛攻左宝贵部一处。而左宝贵的守军只有一千五百人,不到日军的五分之一。战斗从破晓开始,一直打到上午八时,平壤城北四座堡垒先后告失。此后,日军分兵三路,猛攻牡丹台。

牡丹台地势险峻,面对大同江,垒壁高五丈,号称"天堑"。该处配有野炮三门,以及各种速射炮,士兵则装备了七连发步枪,火力很强,易守难攻。日军进攻牡丹台伤亡甚重。后来,他们调集重炮猛轰,终于将炮台摧毁,守军士兵大多在炮火中阵亡。

上午八时三十分,牡丹台失守。正在玄武门上督战的左宝贵痛心疾首,决意死战。他穿上御赐衣冠,登上城楼,亲冒矢石,身先士卒,力战不懈。部下劝他换掉翎顶和黄马褂,以免暴露目标,左宝贵却朗声道:"吾何惧乎?"他告诉部下,我穿朝服,就是要让士兵们知道本帅在此,士兵们才会奋勇作战。果然,在左宝贵的感召下,官兵们无不奋勇,竭尽血诚。激战中,一炮手中弹身亡,左宝贵便亲自上前燃放大炮,先后发射榴弹炮三十六颗。守备杨建胜劝其退下,左宝贵怒喝之。战斗中,左宝贵身中两弹,仍坚守炮台,指挥督战,后来一发炮弹击中他的前胸,左宝贵浑身是血,壮烈殉国。

在左宝贵阵亡后,光绪皇帝亲作《御制祭文》表达了深切的哀悼。祭文中有"方当转战无前,大军云集;何意出师未捷,上将星沉?喑呜之壮气不消,仓猝而雄躯遽殉"之句,语词悲怆,令人动容。

玄武门失守后,平壤防御陷入了极为不利的境地,但局势并非不可挽回。因为日军仍被阻于内城之外,而平壤西、南两个战场,并未动摇。日军虽然占了玄武门,但损失惨重,伤亡减员达七百零五人。对于日军更为不利的是,由于长途远袭,他们补给遇到困难,所带弹药也几近耗尽,加上是日大雨,部队冒雨露宿于城外,处境极为困难。这时候,如果清军能咬牙挺住,哪怕只有一两天,日军都有可能坚持不住,不战而退,而平壤战局也会随之改观。

然而,从一开始就对固守平壤缺乏信心的叶志超,这时已经彻底悲观了。他不顾马玉崑的反对,下令撤出平壤。是夜八时,大雨瓢泼,清军开始慌乱地撤退。日军闻讯出击,四处截杀。一个亲历此役的盛军军官事后记述道,

"阴云密布,大雨倾盆。兵勇冒雨西行,恍如惊弓之鸟,不问路径,结队直冲",敌军拦路截杀,队伍一片混乱,自相残杀,相互践踏,"当此之时,寻父觅子,呼兄唤弟,鬼哭神号,震动田野",有人"投水自溺",有人"引颈自戕","死尸遍地,血水成渠,惨目伤心,不堪言状"!

平壤之战开始前,聂士成奉令回津募兵,以补充兵员。可当他风雨兼程,刚赶到中朝边境时,李鸿章的电报来了,令他速返前敌,"著毋庸回津招募"。聂士成接到电报后,以为平壤大战在即,急需用人,于是立即掉头,马不停蹄地往回赶。

三天之后,当他赶到安州时,却见败兵迎面而来,原来平壤之战已经失利。聂士成在乱军中看到盛军马队副将卫本先,连忙向他打听战况。卫说,左军门战死了!说罢泪如雨下。聂士成怎么也不明白,他才离开几天,上万人的大军就土崩瓦解,而且败得这样惨、这样快?此后不久,叶志超也退到安州。聂士成上前谏曰,不能再退了,并建议收拢散队,扼守安州,深沟固垒,以待援军。可叶这时早已闻风丧胆,根本听不进去,一路狂奔,逃回国内。其他各部也相率效仿,唯有聂士成令残部驻扎安东六百吊要隘,与敌相持一月有余才奉命回国。

9月16日,日本天皇刚把指挥部从东京转到广岛,就接到了从平壤传来的捷报,不禁惊喜有加。他根本没想到,胜利竟来得如此快捷。其实,日本发动平壤战役带有很大的冒险性质,事前并未做好充分准备。可是,为了防止西方列强的干预,也为了消除国内日益滋长的厌战情绪,必须速战速决。因此,在准备并不充分的情况下,仓促发动了这场战役。原本对于取胜,并无绝对把握。但是,由于叶志超的消极畏战导致了清军放弃平壤,使日军仅用一天时间和很小的代价,就取得了平壤之战的胜利,实在令人痛心。

败报传来,李鸿章如同当头挨了一棒。他原以为淮军装备精良,可与日军陆上争锋,没想到事与愿违,他的这些旧部竟然如此不堪一击,让他这张老脸丢尽了颜面。然而,更大的灾难还在后边。

猛虎在山之势

陆战失败后，但北洋海军尚保持完好。这对日本是一个很大的威胁。为了消灭北洋水师，早在战前，日军大本营就制定了三种作战方针：其一，如果海战获胜，取得制海权，陆军即长驱直入北京；其二，如海战胜负未决，陆军则固守平壤，暂不进攻中国；其三，如海战大败，则陆军全部从朝鲜撤回，退守本土。

由此可见，海战能否胜利，是关键所在，而日本的全部作战计划也是建立在海战取胜的基础之上。即，海战胜则胜，海战败则败。因此，打败或消灭大清海军，这也成了战争的重中之重。

大清海军集于北洋，这是李鸿章耗费二十年之心血，一手创建。中法战争中，福建水师全军覆没，北洋水师一家独大。它不仅作为清帝国海军的象征，而且号称亚洲第一，世界第六。对于海军的使用，李鸿章相当谨慎，因为他心里清楚，北洋水师虽然起步早于日本，但至甲午之战时明显落后。从数量上说，北洋水师全部战舰共十六艘[1]，另有鱼雷艇十三艘，而日本海军却拥有三十一艘战舰和二十四艘鱼雷艇，实力大大超过北洋水师。

如果硬拼，北洋水师显然不是对手。因此他不主张与日决战，相反则认为保存实力，以构成海上威慑，使日军不敢轻举妄动则更为有利。可是，主战派包括光绪皇帝在内，都认为这是消极避战，向日本示弱，因而对李鸿章猛烈攻击，严加斥责。丰岛海战后，主战派情绪更加激烈。光绪皇帝要求北洋海军立即出战，一举荡平日军海军。

8月1日，对日宣战当天，总理衙门便敦促李鸿章速派北洋舰队前往仁川拦截日本运兵船。李鸿章尽管很不情愿，但也只能执行。早在丰岛海战第二天，丁汝昌率海军出巡朝鲜汉江时，李鸿章就致电于丁："须相机进退，

---

[1]　其中新式舰艇仅为八艘，其余皆为旧式巡洋舰、炮舰和蚊子船（一种炮艇）。

能保全坚船为要，仍盼速回。"

所谓保全坚船为要，就是要保存实力，避免与敌决战。这次。在谕旨严逼之下，丁汝昌再次出巡，李鸿章又致电强调："速去速回，保全坚船为要。"李鸿章的指导思想很明确，那就是北洋海军这点家底来之不易，不能轻易一掷。于是，丁汝昌按照李鸿章的指示，带着舰队在朝鲜汉江一带巡游了一圈，便又返回威海。

海军的"不作为"引起了主战派的愤怒。有人参奏丁汝昌"首鼠不前，意存观望，纵敌玩寇"。光绪皇帝闻奏也"龙颜不悦"，他指示李鸿章查办此事，认为丁汝昌屡被参劾，如确有畏葸纵寇情事，必须撤换，不得包庇，致误戎机。

当时，叶志超部尚在牙山未能撤回。总理衙门致电李鸿章说，北洋海军两番前去朝鲜，来去匆匆，究竟作何进止？现叶军急需接济，若令北洋海军护航能否胜任？丁汝昌回答是，日军在汉江各口内布置已久，我军深入，十分危险。日本船快炮速，我军炮大甲坚，明战尚可获胜，深入内口则无把握。且我军精锐只有"定""镇"等七舰，不可稍有疏忽，轻于一掷。同时他还认为，北洋七舰往来巡查，远可遇敌痛剿，近顾北洋门户，使敌无机可乘。这一意见与李鸿章避战保船、以构威慑的想法如出一辙，李鸿章当即表示赞同，认为此"似系老成之见"，并同意接济叶军另外设法。

可是，奏折送到朝中，光绪皇帝大为震怒。他责问掌管总理衙门的庆王奕劻："丁汝昌不能战，靡费许多饷何益？"随后又指示，如果众论属实，该大臣非参办不行。他还因此迁怒李鸿章，要他据实电复，不得有片词粉饰，更不能有丝毫包庇，否则难辞其咎。

在主战派看来，北洋海军迟迟未能建功，这是不能容忍的。这些官员的出发点也许是好的，但并不了解实情。他们对北洋海军抱有极高的期望，希望能够主动出击，狠狠教训一下敌人，因而集矢于丁汝昌，纷纷上书对其猛烈弹劾，这也无疑是乱中添乱。

面对清议汹汹，李鸿章有苦难言，只能婉转辩解。他说，我军只有八舰可用，北洋千里全资屏障，实未敢轻于一掷，致近畿门户洞开。他还说，局外责备，不知局中苦心。对于撤换丁汝昌，他也认为不妥，一是海军专业性强，非多年学习不能胜任；二来临敌易将，古人所忌。因此，他提出对丁多加训勉，责其振作精神。

此后，面对各方压力，李鸿章又一次派丁汝昌率队出巡大同江口。这次出巡是8月9日，即宣战后的第八天。巧的是，就在出巡的第二天，日本海军大队共二十一艘军舰驶抵威海卫口外，想找北洋海军进行决战。由于北洋海军主力不在港内，日本舰队向我岸上炮台发射了一阵炮弹之后，便迅速撤离。

日舰袭扰威海卫的消息让京师震动。一些外国人也警告说，要防范日军在直隶沿海登陆。李鸿章当即电令丁汝昌率舰回防，并叮嘱他此后海军不必远出，有警则全队迎击。朝廷也电谕丁汝昌："威海、大连湾、烟台、旅顺等处为北洋要隘，大沽门户，海军各舰应在此数处来往梭巡，严行扼守，不得远离，倘有疏虞，定将丁汝昌从严治罪。"

这一电令与以往不同，明确要求北洋海军梭巡各口，"严行扼守，不得远离"。这种朝三暮四、随心所欲的改变，实际上反映了清政府高层毫无主见，患得患失，但局外人并不了解个中内情，他们对海军的无能感到不能容忍。广西道监察御史高燮曾、河南道监察御史易俊等先后上奏，强烈请求撤换海军提督，将丁汝昌治罪。

8月25日，军机处开会讨论此事。翁同龢、李鸿藻首先发言，认为不治丁汝昌之罪，公论未孚，主张将其革职，戴罪自效。额勒和布与孙毓汶随后发言。他们并不反对将丁革职，但在处理细节上提出了一点意见。额勒和布说："换帅事大，是否让李鸿章找到接替的人选，再行降旨。"孙毓汶则认为："处理决定宜发电旨，不必明发上谕。"但翁同龢对上述两点意见都表示反对。最后，翁的意见占了上风。第二天，朝廷明降谕旨：

> 海军提督丁汝昌著即行革职，仍责令戴罪自效，以赎前愆。倘再不知奋勉，定当按律严惩，决不宽贷。[1]

与此同时，朝廷还电令总理衙门：

> 现在倭船屡窥海口，海军防剿统带亟须得人。丁汝昌畏葸无能，巧滑避敌……难胜统带之任。严谕李鸿章于海军将领中遴选可胜统带之员，于日内覆奏，不得再以临敌易将、接替无人等词曲为回护，致误大局。[2]

面对皇帝的严旨，李鸿章不能再藏着掖着了，只好说出自己的真实想法。8月29日，在朝廷谕旨下达三天后，他上了一份奏折。在奏折中，他首先表明对丁汝昌"断不敢稍涉徇护"，接着详细分析了敌我海军的实力，指出我军的劣势主要在船只性能差、航速慢和数量少。特别是部议停购船械，我军未增一船，而日本新购的军舰却有九艘。他还说，船越新，性能越好，作战能力也越强。至于我军为何没有添购新船，主要是"仰体时艰款绌，未敢奏咨续请，臣当躬任其咎"。虽然他把责任揽到自己身上，但朝廷心里清楚，自不必明说。

在分析完敌我实力之后，李鸿章阐述了自己的战略思想。他说，"海上交锋，恐非胜算"，"倘与驰逐大洋，胜负实未可知"，万一有个闪失，即便再买新舰也远水不解近火。不如以现有的力量，只在渤海内外游弋，"作猛虎在山之势，倭尚畏我铁舰，不敢轻与争锋"。这样，不仅可保北洋门户无虞，而且对敌也是一种牵制，使之不敢轻易来犯中国各口。他还强调说，"盖今日海军力量，以攻人则不足；以之自守尚有余。用兵之道，贵于知己知彼，舍短用长"。因此，眼下要"以保船制敌为要"，不能与敌硬拼，希望局外者能够谅解。

至于选拔新帅之事，他认为，目前海军功罪尚无定论，且丁汝昌情形熟悉，眼下海军中还无人能超过他。现有海军将领中，如总兵刘步蟾、林曾泰等，均系学生出身，未经战阵，难以服众，也无法统率全军。若另调他省水师人员，又恐情况生疏，贻误军情，所以臣不敢轻易举荐。

这份奏折,李鸿章显然下了功夫。字斟句酌,滴水不漏,不仅道出了海军的实情,提出了海军当前"保船制敌"的方略,而且也客观陈述了理由,为丁汝昌作了开脱和保全。不久,慈禧太后发话了,认为丁汝昌不当撤。于是,光绪皇帝只得改变决定。再次降旨:

> 丁汝昌暂免处分,著李鸿章严切诫饬,嗣后务须仰体朝廷曲予保全之意,振刷精神,尽心防剿。[3]

丁汝昌的帅位虽然保住了,但经过这样一番折腾,他的情绪可想而知。

有公足壮海军威

9月初,日本陆军开始向平壤集结,告急电报不断传来,李鸿章在请示朝廷之后,决定抽调淮军刘盛林部前往增援。此次增援共调用五艘运兵船。为了确保运兵安全,丁汝昌提前率北洋海军大队前往大东沟一带海域护航警戒。

9月16日,大队开拔。在这前一天,日军已攻陷平壤,可由于平壤电报线路中断,国内并不知情,故增援计划仍如期进行。当天下午,北洋海军抵达大东沟。丁汝昌令"平远""广丙"及两艘鱼雷艇护送运兵船进入江口,其余十艘主力战舰则在江口外待命。而此时一直在苦苦寻找北洋海军决战的日本联合舰队也发现了北洋海军的动向,迅速向大东沟猛扑过来。

17日上午,两军相遇于黄海。一场决战已不可避免。中午十二时许,战斗打响。日军参战舰船为十二艘,北洋海军先是以十艘战舰迎战,一个小时后,护送运兵船进入江口的"平远""广丙"及两艘鱼雷艇赶到,双方船只数量和总吨位大体相等,但在船速、火力、舰龄和训练等方面日本却明显优于北洋水师。

船速和火力在海战中至关重要。当时,日舰航速达到二十节左右的新舰也有七八艘,而"吉野"更是高达二十三节,而北洋海军最好的舰只,如"济远""经远""来远",航速仅为十五六节,相差较大。此外,日舰快炮多,射速快,这边五分钟打一炮,敌人一分钟打五炮。这种差距在战斗中很快显现出来。

当天上午十时左右,"镇远"首先发现日舰,丁汝昌下令迎敌。北洋舰队随即分成五个小队,以夹缝雁行阵,向前疾驶,而日本海军则以十二战舰鱼贯猛扑。当发现日舰以单纵队驶来,丁汝昌遂下令改为横队迎战。丁汝昌下达这样的命令是考虑我舰多为前主炮,正面迎敌,有利于发挥火力。可是,由于变队匆忙,加之平日缺乏训练,各舰未能及时变阵,结果队形不整,旗舰"定远"凸显在前,而其他各舰未能跟上,这就使"定远"暴露于敌人的炮火之下。

此时,双方相距已越来越近,"定远"首先开炮,没想到这一炮没有打中日舰,却把自己的舰桥震塌了。正在舰桥上督战的丁汝昌从高处跌落到甲板上,身负重伤。不久,"定远"舰的信号装置又被日军炮火摧毁,无法实施有效指挥。

丁汝昌从舰桥摔下,身负重伤,但他在包扎后,拒绝进舱躲避,坚持坐在甲板上进行督战,可是由于战前没有指定代理人和代理旗舰,北洋海军失去了统一指挥,只能各自为战。

而日舰则按照事前的战术安排,凭借其"船快炮快"的优势,以其快速机动的优势插入北洋海军中间,忽分忽合,左右穿插,使丁汝昌试图发挥正面火力的想法完全落空。更糟糕的是,由于平时缺少有针对性的训练,各舰遇到情况无法及时应变,加上旗舰与各舰之间的联系中断,队形一时大乱。

战斗一打响,北洋海军就处于下风。日舰寻求决战已久,显然做了充分准备。它以本队拖住我军主力,以第一游击队则插入我军右翼。该队以四舰的优势兵力瞄准我较弱的"超勇""扬威"进行攻击,在局部形成以多打少,以强打弱。北洋"超勇""扬威"两艘均为老旧巡洋舰,船速慢、炮火弱，而敌第一游击队所属四舰均为新购之舰，船速快、火力强，交战中后者很快占据优势。

尽管局势不利，但北洋官兵并未怯战，相反却表现出了高昂的战斗精神。据"致远"号外籍船员马吉芬回忆，中日开战以来，北洋海军无不锐意备战。出发前，各舰将舢板等救生工具一律撤除，意在破釜沉舟，与舰共存亡。

在强敌围攻之下，"超勇""扬威"两舰全力以赴，倾力还击，先后击伤敌舰"高千穗""秋津洲"和"浪速"。北洋海军主力则在左翼迎战日舰本队，击伤日舰"赤城""比睿"和旗舰"西京丸"号，迫使三舰退出战场。遗憾的是，敌旗舰"西京丸"号受伤后，我鱼雷艇"福龙"号赶到，竟然连发三枚鱼雷，均未击中目标，其中一次发射仅距对方四十余米，可见平日训练水平之差到了何种地步。

战斗开始阶段，双方相互僵持，互有伤亡。下午一时许，战局发生逆转。日舰的船速和火力逐渐显现出来。它们灵活机动，夹击包抄。据李鸿章的奏折称，敌舰"开花子弹如雨，一排所发，即有百余子之多"，其火力之猛，可以想见。先是"超勇"被日舰击沉，管带黄建勋落水后，拒绝施救，英勇就义。之后不久，"扬威"也重伤起火，随后搁浅，管带林履中在船毁之后，蹈海成仁。日军第一游击队在打沉两舰之后，腾出手来，调头支援其本队，并向我左翼展开攻击。激战中，我"来远""平远""广丙"三舰相继起火，"致远"号也遭受重创，开始下沉。

"致远"号是北洋舰队中航速最快的巡洋舰。管带邓世昌，祖籍广东番禺，福建船政学堂毕业，先后历任多舰管带，"为水师中不易得之人才"。壬午之役时，他时为"扬威"管驾，出色完成赴朝任务，后被委以从英德购置的最新式战舰之一的"致远"号管带。

邓世昌忠勇血诚，丰岛之战发生后，他便发誓要雪耻，并发出"若有不测，誓与日舰同沉！"的壮言。黄海之战打响后，他指挥全舰，奋力搏杀，"气象猛鸷，独冠全军"。当日舰围攻旗舰"定远"时，他下令"致远"直插"定远"之前，以保护旗舰，结果舰体多处中弹。其中一发炮弹击中船底，由于密舱隔门橡皮老化，无法隔水，海水汹涌而入，迅速下沉。此时，敌舰"吉野"正在船前，对"定远"构成威胁。紧要关头，邓世昌抱定决死精神，下令开足机轮，冲向"吉野"，欲与敌舰同归于尽。"吉野"惊恐万状，掉头逃窜，一边发射鱼雷，将"致远"击沉，全船将士壮烈殉国。据洋员马吉芬事后回忆，当"致远"冲向"吉野"时，敌舰所发巨弹有如雨霰，加上舰身已经严重倾斜，就在快要追上敌舰时，舰首先行下沉，推进器露出海面，犹在旋转不已。惜哉！壮哉！

邓世昌落水后，其护兵刘忠以救生圈付之，拒不受；左队一号鱼雷艇赶来施救，他也拒之，"以阖船俱没，义不独生，仍复奋掷自沉，忠勇性成，一时称叹"。战后，光绪皇帝亲赐挽联：

此日漫挥天下泪，
有公足壮海军威。[4]

"致远"沉没后，形势对北洋海军越发不利。就在这时，"济远"管带方伯谦看到情势不妙，首先掉头逃跑，"广甲"管带吴敬荣也随后效仿。两舰先后撤离战场，剩下的"经远"孤立无援，立即遭到日本数舰围攻。但是，管带林永升临危不惧，沉着应战，日本"吉野"等四舰靠着船多炮快，死死咬住"经远"不放。双方激战多时，"经远"起火后仍奋力反击，最后林永升中弹身亡，"经远"也被日舰击沉。

此时，北洋海军只有两大铁甲舰"定远""镇远"依然在坚持战斗。敌军五舰如群狼一般，围着两舰环攻不已。他们多次试图用重炮打穿"定""镇"，都没有成功。靠着坚固的装甲，"定""镇"两舰一直与敌血战，尽管自身损毁严重，还是以重炮多次击伤敌舰，日本海军中将伊东祐亨乘坐的"松岛"号还差点被"定远"打沉。下午五时多，天近黄昏，眼看无法消灭"定远""镇远"，日舰只好退出战场。

黄海之战前后进行了将近六个小时，打得十分惨烈。用李鸿章的话说，

"为地球各国海战向来罕有之事"。在战斗中，北洋海军大多数官兵都表现出了可贵的战斗精神和勇气。"超勇"管带黄建勋、"扬威"管带林履中、"致远"管带邓世昌、"经远"管带林永升等都先后以身殉国。尤其是邓世昌英勇成仁，"殊功奇烈"。李鸿章对此十分痛心。

大清律法，失地者斩；军舰同样如此，失舰者死。这些海军将领大都抱定与船共存亡的宗旨，即便遇救，也宁死不愿苟活。黄海之战中，在船毁之后，拒绝施救的不仅有邓世昌，还有"超勇"管带黄建勋、"扬威"管带林履中。他们都在船沉之后，自沉明志，与船同亡。仅此一点，足以令人敬佩。

但培养一个海军人才来之不易，为了避免这类事今后再发生，李鸿章后来特地上奏朝廷，提出"海军战备，首重选才"。兵船可以再买，但一将之用需培养数年。昔人得一良才，比于敌国百城。管带邓世昌精神可嘉，但徒死无益。他建议朝廷今后明定章程，凡军舰损坏或沉焚，"而船上将士遇救得生，准免治罪，仍予论功"。

黄海之战，北洋水师官兵尽管表现了足够的勇气，但所暴露出的问题却相当严重。近代海战是一场科技和综合素质的较量，光靠勇气无法取胜。此战，北洋海军五舰沉没，其余各舰也都程度不同地受到重创，而日舰仅四舰受伤，一舰未沉。这个结果令人痛心，却并不奇怪。

此战过后，北洋海军元气大伤，被迫退守军港，保船不出，而日本海军则成功地实现了控制黄海制海权的战略目的。李鸿章苦心制定的"保船制敌"战略彻底宣告破产。在海军使用上，他一再强调"不敢轻于一掷"，但结果还是未能避免。

第二十九章　世纪大崩溃

君命如山

平壤、黄海之战，清军陆海两军相继惨败，举国为之震动，李鸿章再次成为众矢之的。主战派强烈要求李鸿章下台，他们弹劾李鸿章昏庸无能，贻误大局，请求另派重臣取李而代之。

这样的情景，李鸿章经历得多了。但这一次却不同以往。平壤的溃败，让他颜面丢尽，而海军遭受重创，更使他痛心疾首。手中的王牌、多年的心血以及引以为豪、赖以生存的资本就快打光了，李鸿章心里弥漫着不祥的预感。

从京中传来的都是坏消息，光绪大发雷霆，下谕旨斥责李鸿章"日久无功，殊负委任"，着"拔去三眼翎，褫黄马褂"。不过，军机处还在支持李鸿章，认为以他的地位和能力，满朝文武无人可代。因此光绪气归气，但最后还得让他继续留任，收拾局面。

李鸿章心中愤愤不平。据其亲信幕僚吴汝纶回忆，李相接到平壤战败的消息后，"痛哭流涕，彻夜不寐"，现在朝廷又把所有的责任都推到他的头上，他更是一肚子委屈。但面对严峻的局势，他已顾不上为自己辩解，而是急忙对战局进行分析并提出了建议。

9月19日，在黄海大战后的第三天，李鸿章上了一道奏折。奏折开篇对战败做了详尽的总结。李鸿章说，此次平壤之败，"并非战阵之不利"，而是由于"众寡之不敌，亦由器械之相悬"。他还分析说，我们首先犯了轻敌的错误。"方倭事初起，中外论者，皆轻视东洋小国，以为不足深忧；而臣久历患难，略知时务，夙夜焦思，实虑兵连祸结，一发难收"。其实，倭人蓄谋已久，近十年来，一意治兵，专师西法，倾其国力购买船械，而我们限于财力，拘于部议，未能撒手举办，海军快船、快炮少，陆军装备也多系老旧，远不及日本新式快枪、快炮。平壤之战，日本举倾国之兵，而我"以北洋一隅之力，搏倭人全国之师"，自难取胜。

在这段对战败的总结中，李鸿章既列出了客观原因，也指出了主观因素，顺带把自己对各种干扰的不满情绪也不动声色地发泄出来。最后他恳请皇帝："伏愿圣明在上，主持大计，不存轻敌之心。责令诸臣多筹巨饷，多练精兵，内外同心，南北合势，全力专注，持之以久。而不责旦夕之功，庶不堕彼速战求成之诡计。"

以上这段话值得注意。应该说，这是李鸿章对时局发表的重要见解。其中有一点很可贵，那就是他提出了打持久战的想法。在李鸿章看来，日本是一个小国，它的国力无法支持它打一场旷日持久的战争，而中国地大物博，如能内外同心，南北合势，就能把日本人拖住、拖垮。相反，如果急于硬拼，就会消耗我们自己，上了日本"求战速成"的诡计，因此，他提出"不存轻敌之心"，"持之以久"，不求"旦夕之功"。

李鸿章的这一想法难能可贵，却无人重视。无论皇帝，还是主战派大臣都不能接受。中日交恶以来，年轻的光绪皇帝始终是个坚定的主战者。他的爱国热忱无可厚非，但他缺少实际经验，加上性情急躁，没有耐心，平壤战败后，急于挽回败局，因此根本无法接受李鸿章的提议。在主战派的支持下，他迫不及待地下令，要求李鸿章在鸭绿江一线构筑防线，厚集兵力，与倭决战。

这一决定与李鸿章的想法相去甚远。李鸿章认为，就目前的局势而论，首要任务是严防渤海，以固京畿，力保沈阳，以顾东省之根本，然后厚集兵力，再图大举，规复朝鲜。现在，急于与倭决战并非明智之举。但是，圣意难违。

从9月底至10月初，清军在鸭绿江右岸，北自长甸河口、南至安东大孤山，长约四十公里的漫长的边界线上，集结了铭、毅、盛、奉等各路兵马，包括从朝鲜败退回来的部队，计八十一营，三万多人。由老将宋庆和黑龙江将军依克唐阿共同指挥。

宋庆是晚清名将，山东蓬莱人，早年家贫，三十岁时投身军伍，积功至总兵，后授湖南提督和四川提督，加封太子少保和尚书衔。宋庆不是严格意义上的淮军将领，但他在同治年间曾跟随李鸿章作战，后又帮办北洋军务，算是李的老部下了。

接到任命时，宋庆已是七十五岁高龄，但他不顾年迈，毅然接受了任务，并迅赴事机，决心以死报国。当时，从兵力的数量上看，清军并不弱于日军，但由于各部临时调集，"各营统领素无节制"，不相统属，政令不一，加上从朝鲜败退回来的部队军心涣散，士气低落，这些都是不利的因素。宋庆到达后，多方抚慰，稳定军心，鼓舞斗志，情况稍有改善。

尽管朝廷对鸭绿江一战寄予厚望，但实际情况并不乐观。这一点李鸿章心里清楚。平壤之战后，在他心目中，淮军的作战能力已大打折扣，而鸭绿江防线的主力部队仍是以淮军为主。这支部队能否挑起重担，完成任务，他心里并无把握。同时，让他感到不放心的是，宋庆与依克唐阿能否很好地配合，也是一个问题。

依克唐阿也是晚清名将。他是满洲镶黄旗人，他早年加入军旅，出生入死，骁勇善战。对于抵抗日军的决心，他与宋庆一样都十分坚定。可是，对于即将到来的大战究竟该如何打，他心里并没有明确的主张。

作为主帅，心中无底，不能不说是一个严重的问题。而且，依克唐阿缺乏主张，宋庆也同样如此。严格地说，无论宋庆还是依克唐阿，都不是帅才，而只是将才。况且，战前他们之间也缺乏有效和必要的沟通。

宋庆在战前与依帅只会晤过一次。这次会晤极为短暂，两人对各自的职责也分工不明，只是做了一个简单的划分。即宋庆率部驻守鸭绿江右翼，依克唐阿率部驻守鸭绿江左翼，中间以安平河口为界。这样的安排显然缺少整体上的统一部署。不过，鸭绿江防线绵延四十多公里，如何有效地部署兵力，也确是一大难题。

当时，对于日军会从哪里发起进攻，清方有过多种分析，但都无法确定。宋庆曾派人多方打探，一些朝鲜居民也主动过江来提供情报，可是，这些情报自相矛盾，十分混乱，真正有价值的并不多。直到开战之前，清军也始终没有摸清日军渡江的真正地点。

相反，日军为了误导清军，却故布疑阵，造成了清军的严重误判。从当时的情报分析，大多数清军将领，包括宋庆在内，都认为日军攻击方向极有可能会在九连城上游的蒲石河、长甸河口一带。因为这里与朝鲜与一江之隔，而且有情报显示这一带有日军频繁调动的迹象。于是，宋庆在此布下重兵。

然而，让宋庆没有想到的是，日军偏偏没有进攻这里，而是把兵力投向了安平河口。安平河口至水口镇一段，江水较浅，流势较缓，易于徒步涉水，而且这一带恰好是宋庆与依克唐阿两军交界处的薄弱环节。当时驻守在那里清军少得可怜，只有步、骑兵三百余人，大炮两门，兵力十分单薄。

10月24日，即平壤之战后一个多月，日军向鸭绿江防线发起进攻。上午十一时半，日本第一军突然出现在水口镇附近，并在炮火的掩护下强行渡江。防守河口的清军很快被击溃。宋庆闻讯急调骑兵二百人赴援，可等到马队赶到时，日军先头部队已经过江，并占据有利地形，增援骑兵试图将其击退，但已无能为力。

当天夜里，日本工兵架起两座浮桥，向中国境内大举入侵。26日，边陲重镇安东和九连相继失守……鸭绿江防御战前后不到三天，便全线崩溃。清军损失极为惨重，光绪皇帝终于为他的急于求成尝到恶果。此后，战局恶化，战火迅速向辽东腹地蔓延……

老佛爷放了一句狠话

11月7日，就在鸭绿江防线崩溃十来天，老佛爷在紫禁城里放了一句狠话：今日令吾不欢者，吾亦将令彼终身不欢。史书上没有记载慈禧说这句话的表情，但仅从字面看，已足以领略到其中的杀气。11 月 7 日这一天，是老佛爷六十岁的万寿庆典。这是她期盼已久的日子。偏偏时运不济，战争打起来了。

慈禧老佛爷从同治年当政，一直享有至高无上的权威。她掌握着大清国的最高权力，呼风唤雨，说一不二。可是，唯独每逢自己的寿诞，她却当不了家。

四十寿诞时，俄国在新疆、日本在台湾闹事，她没法好好过；五十寿诞时，中法战争爆发，她的好事又被搅和了。好不容易等到六十大寿，她一心要好好操办一下，以弥补前两次大寿的遗憾。为此，早在几年前她就着手精心筹划，并大肆铺张。除了颐和园工程外，在大典之前，户部还拨款一千万两用于景点布置。计划由西苑至颐和园，沿途遍扎彩亭彩棚，五步一座，绵延数十里。

可是，眼看寿诞就要到了，日本偏不消停，打上门来了。这些洋人好像专门和她过不去似的，每逢她的寿诞就要闹出点事来，给她添堵。为了确保寿诞顺利进行，她一心支持"主和"，希望战事尽快了结。然而，李鸿章"和戎"不成，平壤、黄海又先后大败，她的计划完全被打乱了。在各方压力之下，慈禧不得不传谕天下臣民，停办庆典，待来年补祝。

慈禧虽嘴上这么说，实则心有不甘。10 月 19 日，内廷突然传出懿旨，所有王公大臣及各外省大臣进皇太后六旬万寿之贡物，均于本月 25 日进呈；10 月 30 日，大典还进行了第一次巡游。11 月 7 日，大典如期进行。为了防止有人反对，慈禧这才放出了那句狠话。

老佛爷放了狠话，谁还敢反对？可是，大清国听你的，日本却不听你的。就在老佛爷万寿庆典如期进行时，战局已经一塌糊涂了。10 月 26 日，鸭绿江防线崩溃后，清廷大为慌张。奉天乃陵寝重地，不得有失。军机处接到战报后，紧急调整兵力部署，电令各路兵马北上布防。这样一来，使本来就兵力不足的辽东半岛的防卫大为减弱，正好落入了日本人的圈套。

平壤战役结束后，日本大本营为了把战场推进到中国，组建了侵华第一军，由陆军大将山县有朋任司令官，下辖广岛第五师团和名古屋第三师团。第一军的任务是突破鸭绿江防线，进入辽东，占据山海关、奉天。可是，中国疆域辽阔，即便占领了辽东，清政府也不一定就会求和。因此，日本大本营又决定另外组建第二军，开辟直隶战场，进逼北京，迫使清政府签订城下之盟。要想实现这一计划，第一步便要占领旅顺半岛。为了实现这一目的，日本侵华第一军在发动鸭绿江战役的同时，第二军也在紧锣密鼓地为进犯旅顺做准备。10月23日，就在日军向鸭绿江发起攻击的前一天，日本侵华第二军也开始在花园口悄悄登陆。

花园口为辽东半岛东侧一处小海湾，位于今天大连市庄河市明阳镇。湾口向南，面向黄海，湾内礁石嶙峋，陡壁峭立。从登陆角度而言，这里并非理想之地，但其地理位置却极为重要。花园口西南距大连湾约一百公里，距金州八十公里。如果在此登陆，西可犯金州，切断大连湾、旅顺口的后路；东可进逼岫岩、大孤山，威胁安东、九连。日军在登陆前曾对大连湾至鸭绿江海岸进行了多次侦察和勘测，最后选定这里为登陆地点。

对于如此重要的战略要地，日军登陆前小心翼翼，高度紧张，原以为必有一场恶战，因此做好了充分的准备。日本海军还派出第一、第二、第三、第四游击队进行护航，并在威海卫、旅顺方向派出军舰，防止北洋海军出港袭击。然而，让日军想不到的是，当海军先头小分队登上滩头时，发现花园口竟然没有一兵一卒，不禁大感惊讶。更令人不可思议的是，此后日军大部队开始陆续登陆，前后半月之久，清军居然没有派出一兵一卒加以阻击。

其实，李鸿章在日军登陆五天后便接到报告。他马上意识到日军的阴谋，顿时十分紧张。然而此时，各路大军已抽调北上，远在千里之外。尽管他下令从辽阳调兵驰援，可是远水难救近火。当然，李鸿章还有一个办法，那就是下令停泊在旅顺的北洋海军对日本的运兵船予以攻击，不仅可给日军以杀伤，而且可以延缓日军登陆的时间，为陆上增援清军争取时间，可是出于"避战保船"的想法，他没有采取这一措施。

从 10 月 24 日至 11 月 7 日，全部日军两万四千人，包括战马两千七百匹，以及大批辎重武器陆续登陆完毕，前后长达十五天，竟然没有受到丝毫干扰，事后就连日本人也感到难以置信。

花园口登陆后，日军长驱直入，九连、安东先后沦陷。11 月 7 日，日军进犯大连湾，而这一天正是慈禧老佛爷六十岁万寿庆典。拂晓时分，日军兵分三路向大连发起攻击，而此时，北京城内，后宫嫔妃、王公贵戚以及满朝文武们也分为几批，身着盛装和朝服候集于皇极殿外，正在等候向慈禧贺寿……

上午九时，大连湾各炮台先后告失，而此时，紫禁城内贺寿大典隆重开始。慈禧乘金辇由皇极门进入皇极殿。众臣山呼万岁。光绪皇帝高举贺表，率后妃、王公和满朝文武三叩九拜，恭贺太后"万寿无疆"。乐队高奏《海宇升平之章》，大典进入高潮。就在紫禁城内一片歌舞升平之时，日军铁蹄已踏入大连，烧杀抢掠……贺寿大典结束后，慈禧意犹未尽，传旨赏戏三日，一切军国大事一概停放不办。

11 月 8 日夜，在慈禧庆寿大典举行的第二天，旅顺告急的电报传来。次日一早，又传来金州沦陷的噩耗。但是，军机大臣们谁也不敢违抗慈禧的命令，都硬着头皮继续听戏。翁同龢在当天日记中记道："实坐不能安也。"于是跪拜之后悄悄退出。

就这样，老佛爷放了一句狠话，自己过了一把六十大寿的瘾，却把国家推向了万劫不复的深渊。

11 月 22 日，旅顺陷落。日军进城后，开始了疯狂地屠城。他们逢人就杀，无论男女老少，有的被砍掉脑袋，有的被割去双耳，或挖去双眼。小孩子被钉在墙上，妇女被奸污后开膛破腹，"整个旅顺陷入血泊之中，死尸堆积高达数尺"。一位英国商人艾伦对这场大屠杀进行了具体细致的描述，其中写道："在我周围都是狂奔的难民。我第一次亲眼看见日本兵追逐逃难百姓，用枪杆和刺刀对付所有的人，对跌倒的人更是凶狠地乱刺……"天黑之后，

"屠杀还在继续进行着，丝毫没有停息的迹象。枪声、呼喊声、尖厉的叫声和呻吟的声音，到处回荡。街道上呈现出一幅可怕的景象：地上浸透了血水，遍地躺卧着肢体残缺的尸体，有些小胡同简直就被死尸堵住了……"

旅顺大屠杀持续四天三夜，被杀的中国人达两万多人，这一惨绝人寰的大屠杀震惊了世界。三十多年后的南京大屠杀，可以说就是旅顺大屠杀的复现和升级。其滔天之罪，禽兽行径，罄竹难书，令人发指！

兵败如山倒。此后不到一个月，海城、复州、辽阳、荣城、威海等地先后落入敌手。最令人李鸿章痛心的是，他苦心经营多年，耗费了巨大财力、人力和物力的旅顺和威海两大军港，几乎未能发挥作用，均在一天之内土崩瓦解。此后，就在威海炮台失陷后十二天，刘公岛失守，北洋水师全军覆没，丁汝昌、刘步蟾等自杀殉国……

甲午战争以大清国完败而告终，而李鸿章的淮系陆海军也全面溃败。事后，人们对当权者荒淫无度，置国家利益于不顾，痛恨不已。有人把百官庆贺慈禧的寿联中"一人有庆，万寿无疆"，改为"一人庆有，万寿疆无"，真是绝妙的讽刺。然而，无论皇帝的幼稚，还是太后的荒唐，都不足以解释一切，更无法遮盖清军在这场战争中的无能表现。

作为大清国军事支柱的淮军究竟是怎么了？只有李鸿章心里最清楚。

纸糊的老虎

许多年后，已赋闲在家的李鸿章坐在庭院里，对坐在身边的幕僚吴永说，我办了一辈子的事，练兵也，海军也，都是纸糊的老虎，何尝能实在放手办理？吴永是曾国藩的孙女婿，时在李鸿章幕中，晨夕陪伴左右，记下了不少李鸿章的谈话。我们不知道他听了这话，当时是什么心情，但他把这段话记在了自己的书中，引发了后世诸多感慨。

应该说，李鸿章是有感而发。想当年，他东援上海，仅靠十三营淮军起家，南征北战，平"长毛"、剿"捻匪"，所向披靡，无坚不摧，那是何等威风和辉煌！同治年间，大清王朝已经到了毁灭的边缘，正是靠了湘淮军的征战，才从死亡的悬崖边被拉了回来。此后，"中兴名将"和"中兴之师"的光环也随之而来。即便中法战争，淮军也表现不俗，取得了胜利。然而，如今情况完全变了。甲午一战，以大清完败而告终。这是整个国家的耻辱，更是淮军的耻辱。作为清军主力的淮系陆军和海军，它们在这场事关国家命运的战争中一败涂地。李鸿章打光了手中所有的本钱，但却没能挽回败局。

一个神话破灭了。所谓"中兴名将"和"中兴之师"的光环也消失了。这是李鸿章极不愿意看到的。当年能征善战的淮军哪里去了？它又何以沦落到如此地步？其实，衰败的迹象早在剿捻之后就已出现了苗头。许多将官居功自傲，捞钱捞官，养尊处优，军纪松弛。尤其是近十年来，腐败之风愈演愈烈。贪污贿赂盛行，买官卖官成风。吃空饷的旧习更是泛滥成灾。一营名义上五百人，实际兵员半数还不到，另一半空额便都进了营官的腰包。这是公开的秘密，也是当官捞钱的手段。

李鸿章投入了巨资修建的威海军港，与旅顺口遥相呼应，号称坚不可摧，可甲午战争中不到一天就瓦解了。驻守威海的最高指挥官就是淮军将领戴宗骞，他的贪婪是出了名的，所部更是"十额五缺"。他还利用购买军火，大发不义之财。以次充好，吃回扣，各种手段，五花八门，无所不用其极。

战事发生后，各部为了补充空额，只好临时招募。急切之中，良莠不分，招来的兵源质量极差，许多市井之徒、油滑之辈混迹其中，打仗不肯出力，开小差的、当逃兵的数不胜数。加上缺乏训练，有的士兵连枪都不会放。这样的部队如何能打仗？更有甚者，甲午战争发生后，清军奉调出征山海关，携带鸦片者比比皆是。有目击者称，那些烟枪之类就公然挂在马鞍上，看上去"累累然"，很多人"黧黑而瘠，马瘦而小，未出南城，人马之汗如雨"。队列中，还有提着鸟笼的，一边走一边给鸟喂食。

这样的情景，人们似乎并不陌生。当年，八旗兵和绿营兵就曾出现过，现在已经轮到淮军头上了。也许，这就是封建军队的宿命。八旗兵摆脱不了，绿营军摆脱不了，淮军同样如此。不可否认的是，在甲午战争中，一部分淮军官兵表现得相当英勇，他们高昂的爱国热情和忠勇无谓的牺牲精神，堪称一代人的楷模。然而，个体的高尚和忠勇却改变不了整体的卑劣和衰败的事实。

当然，淮军的衰落还有更深刻的原因。它与晚清王朝全面腐朽的大环境密不可分。正如李鸿章对吴永所说，他办的这一切，都"不过勉强涂饰，虚有其表，不揭破犹可敷衍一时。如一间破屋，由裱糊匠东补西贴，居然成一净室，虽明知为纸片糊裱，然究竟决不定里面是何等材料，即有小小风雨，打成几个窟窿，随时补葺，亦可支吾对付。乃必欲爽手扯破，又未预备何种修葺材料，何种改造方式，自然真相破露，不可收拾，但裱糊匠又何术能负其责"？

大厦将倾，独木难支。何况君权之下，李鸿章的改革，还有他的陆海军，"何尝能实在放手办理"？只能徒有其表。

第三十章　聂将军之歌

最后的血脉

淮军垮了。李鸿章也失势了。

甲午战后，李鸿章被免去直隶总督和北洋大臣的职务，地位一落千丈。即便如此，他的对手似乎还不肯放过他，参劾的奏章不断，意欲置其于死地而后快。更让他气愤的是，有人还打起了他的大学士的主意，那就是翁同龢和袁世凯。

吴永在《庚子西狩丛谈》中记录过一件事：在贤良寺时，一日项城^①来谒，予亟避入旁舍。项城旋进言："中堂再造元勋，功高汗马。而现在朝廷待遇如此凉薄，以首辅空名随班朝请，迹同旅寄，殊未免过于不合。不如暂时告归，养望林下，俟朝廷一旦有事，闻鼓鼙而思将帅，不能不倚重老臣。届时羽檄征驰，安车就道，方足见老成声价耳。"语未及已，公^②即厉声呵之曰："止止！慰廷，尔乃来为翁叔平^③作说客耶？他汲汲要想得协办，我开了缺，以次推升，腾出一个协办，他即可安然顶补。你告诉他，教他休想！旁人要是开缺，他得了协办，那是不干我事。他想补我的缺，万万不能！武侯言鞠躬尽瘁死而后已，这两句话我也还配说。我一息尚存，决不无故

---

①　指袁世凯。因袁世凯是河南项城人，故人称"袁项城"。

②　指李鸿章。

③　翁同龢，字叔平。

告退，决不奏请开缺。"[1]

袁世凯被李鸿章一顿臭骂，灰溜溜地走了。李鸿章余怒未消，愤愤地对吴永说，袁世凯真是小人！他巴结翁同龢，我偏不告退！我老师曾夫子的"挺经"正用得着，我是要传他的衣钵的。我就与他挺着，看他们如何摆布。

尽管在李鸿章这里被骂得灰头土脸，但此时的袁世凯已经不是当年的袁世凯了。甲午战败后，人们对旧军的幻想完全破灭了。一时间，朝野上下，改练新军之说大盛。在这种情况下，清政府不得不改革军事制度，决定组建新型陆军。甲午战后第二年，即 1895 年 11 月，两江总督张之洞率先在南京创建了一支新军，被称作南洋新军。此后不久，袁世凯在小站练兵，创建了北洋新军。

北洋新军的创立是中国近代史上的一个标志性的事件。它是中国军队走向近代化的开始。尽管小站练兵之初，新建陆军规模并不大，人数不过七千人，但却异军突起，迅速扩张，短短几年便形成了一个以袁世凯为首的庞大的武装集团。可以说，小站练兵宣布了一个新时代的开始，就像当年李鸿章组建淮军一样，北洋军的建立也预示着袁世凯时代的到来。

随着新建陆军的不断壮大，作为旧式军队的淮军，逐步被取代的命运已不可避免。尽管新建陆军的统帅袁世凯出自淮军，小站练兵中的骨干，如段祺瑞、冯国璋等一些重要将领也都出自淮军，但他们已经不再是原来意义上的淮军。

不过，李鸿章并没有死心。他对重振淮军仍然抱着一丝希望。这个希望就在聂士成的身上。甲午一战，清军虽然在朝鲜惨败，但聂士成的表现却可圈可点。安城渡一战，他首战告捷；平壤溃败后，他又坚守要隘，与敌相持，直到奉命后才返回国内。回国后，朝廷将叶志超、卫汝贵撤职查办，并明令将叶、卫所部交由聂士成统带。这显然是李鸿章对聂士成的信任。

此后，鸭绿江防御战打响。尽管清军全线崩溃，但聂士成的表现依然让人刮目相看。此战他竭尽全力，打得相当不错。当时，他率部坚守虎山东侧，从清晨至午后，力战六个小时，多次击退日军进攻。直到鸭绿江防线瓦解后，他才率部突围，撤至凤凰城一带，设防于摩天岭。不久，敌军连陷凤凰城、连水关，聂士成率部据守山顶，卧雪餐风，苦守十余昼夜，使敌军难以逾越。此后不久，他又与盛军约定，亲率数百骑，冒雪发动夜袭。是夜，大雪纷飞，驻守连水关的日军从睡梦中惊醒，被聂士成打得措手不及，狼狈逃窜。此役聂军大获全胜，不仅夺回连水关，而且击毙敌将富冈三造，又一次创造了中日甲午战争中难得的胜利。

11月23日，就在聂士成浴血奋战之时，接到朝廷谕旨，授他以直隶提督。聂士成感激涕零，在当天的日记中写道："天恩高厚，时事艰难，不觉感泣。"此后，他奉命扼守大高岭。海城沦陷后，辽阳危急。聂士成亲率精骑千人往援，并在辽阳东路阻击日军，粉碎了敌军在新年之前拿下奉天的计划，再次显示了他杰出的指挥才能。

纵观甲午战争，淮军一败涂地，但聂士成却以其智慧和忠勇，为淮军挽回一点颜面。他也因此受到朝廷重用，成为一代名将。甲午战后，聂士成以直隶提督之衔，受命组建武毅新军。有一天，他途经天津专门去拜见李鸿章。此时，李鸿章已从过去"坐镇北洋，遥执朝政"的权力顶峰跌落下来。当他看到聂士成时，颇为伤感。想当年他一手编练的淮军现已土崩瓦解，四处星散。想到这里，不禁悲从中来。李鸿章仔细询问了武毅新军的情况。聂士成一一作答。

甲午战后，淮军被打散了，损失严重，整建制的淮军几乎星散殆尽。随着新建陆军的建立，旧军淘汰之势已无法避免。战后第二年，淮军的撤并工作全面展开。这是李鸿章最害怕看到的，但他已无力左右局势。据相关史料记载，这次撤并力度很大。被撤除的淮军有张光前的庆军，徐邦道的拱卫军，以及驻北洋地区的闪殿魁的十个营；裁并的有唐仁廉的仁军，吕本元、孙显寅的盛军。至于南洋地区，原有的十九营只留下八营，而且有的直接并入了其他部队。经过这次撤并，能够保留下来的淮军几乎所剩无几。除了罗荣光、周南亭、王得胜、何永盛等炮队作为北洋海防守备军得以保存下来外，整建制的淮军也只剩下聂士成接统的这支武毅新军了。

武毅新军是在原淮军武毅军基础上扩建的。武毅军最早是由李鸿章的四弟李昭庆在剿捻时招募的。初为十八营，后来李鸿章又把郭松林的松军并入该军，总兵力达到三十营。这是武毅军鼎盛时期。剿捻结束后，武毅军几经撤裁，只剩四营左右。光绪十五年（1889年），叶志超升任直隶提督，接统武毅军，驻守芦台。甲午战败后，叶志超交刑部审判，定为斩监候，两年后病死。聂士成于是接统了剩余淮军各部，内有聂士成所辖十八营，吴宏洛部六营，陈凤楼马队三营，并在此基础上不断扩充，称之为武毅新军。

在李鸿章看来，这是他的最后一点希望了。淮军虽然垮了，但他并不甘心，心里还存着一点盼头，那就是有朝一日重振淮军。现在，这个希望就落在聂士成身上了。在随后的谈话中，李鸿章鼓励聂士成带好部队，并对他寄予厚望。临别前，他再三嘱托道："时事艰难，任重道远。"

聂士成回到驻地，便立志图强，整军经武。遵照朝廷的旨令，他以武毅军为基础，并把庆军、盛军等残部一一收拢。甲午战败，聂士成创巨痛深，刻骨铭心，深知旧军远落后于时代，要想不被淘汰，必须学习西法，脱胎换骨。为此，他下决心改造旧军，"各营操练，一律改用西法"，并采用"德军营制""聘请德国教官"；"武器装备也逐步更新""皆为欧洲陆军类型"。至于训练，更是从难从严从实战出发，不玩丝毫花活。就在武毅新军创建第二年，部队便有了很大起色。当年6月，大学士兼军机大臣荣禄奉旨视察该军，回来后给朝廷上奏，内云：

> 查该军……均属一律强壮，演练步伐整齐，均按洋法阵式，分合方圆，引伏包抄，临敌应变之法，亦属便捷，统领将备，均各管辖娴熟，洵为节制之师，尚堪适用。查阅营哨员弁，演打枪炮，多能中靶，试放水雷、旱雷，极为灵便，夜间试验号火，亦可备军行之用……更于众法之中，别求破敌之策。步队则宜兼练奔走跳跃，使一气能飞驰廿余里。随地挖沟，顷刻隐藏，多设奇伏，阵布撤换。或于夜间出队，不设灯火，练习耳目，务使其能越垒逾沟，冲突趣捷。如遇短兵相接，

则洋人虽持火器之精，亦将有措手不及之势……[2]

　　荣禄对聂军的评价相当高，可见聂士成学习西法，改造旧军，颇有成效。此后几年，武毅新军更是面貌大变，训练程度大幅提高，兵力也不断扩充，达到三十营一万五千余人，包括步兵、骑兵、工程兵、辎重兵等各兵种，成为当时清军中西化程度最高、战斗力最强的一支劲旅。

　　1898年10月，荣禄奉旨创建武卫军。这是清廷全面控制军队的一个重要步骤。当时，国内主要军事力量共有四支：一是甘肃提督董福祥节制的甘军；二是四川提督宋庆指挥的毅军；三是袁世凯督练的新建陆军；还有一支便是直隶提督聂士成统辖的武毅军。这四支军队的统帅全是汉人，荣禄受命编练武卫军后，把这四支军队全部纳入武卫军的建制。其番号更改如下：聂士成部为武卫前军，董福祥部为武卫后军，宋庆部为武卫左军，袁世凯部为武卫右军。荣禄自募万人驻南苑，为武卫中军。次年1月，朝廷又令聂士成以直隶提督，总统直隶淮、练各军及全省绿营。其军权已远在武卫各军之上。实际上，已相当于甲午战前李鸿章的军事地位。

　　从1895年至1900年，短短的五年间，聂士成的名气越来越大，声望越来越高，所辖武卫前军更是成为精锐之旅。光绪二十五年（1899年）冬，他还奉旨进京祝寿，"赏紫禁城骑马"，其地位显著，由此可见一斑。

　　然而，好景不长。就在他进京祝寿回来不久，一场殃及北方的大动乱不可遏止地蔓延开来，聂士成的厄运也由此降临。

天意高难问

　　事情得从义和团说起。

　　光绪二十五年（1899年）前后，直隶地区开始闹起了义和团。这事最早是从山东传过来的。义和团，又名义和拳，起于乾嘉时期，民间私相传习。政府严令禁止，犯者格杀勿论。尽管镇压十分残酷，但并未根除。甲午战后，义和拳又死灰复燃，重新抬头。其宗旨原为"反清复明"，后逐步提出"杀洋灭教""扶清灭洋"的口号。清政府开始对义和拳一直采取剿杀的态度。由于镇压不力，两任山东巡抚先后遭到撤职，之后袁世凯继任，率领手下的新建陆军开进山东，实施"痛剿"。山东义和拳待不下去了，纷纷涌向直隶。

进入直隶的义和团与当地的义和团一会合，两股力量合在一起，声势便大了起来。很快影响所及，遍布直隶全境，所谓"一倡百和，从者如归。城市乡镇，遍设神坛"。地方官大为头痛。因为这些拳民如果仅仅是练练拳倒也罢了，可他们仇洋仇教，三天两头地瞎闹腾，动不动就烧教堂，还与教民打架斗殴，闹得地方不得安宁。

直隶总督裕禄对这种状况大为不满。裕禄是满洲正白旗人，为官经历相当丰富，先后历任安徽巡抚、湖广总督、盛京将军、四川总督，他还出任过军机大臣、礼部尚书、总理衙门大臣等高官显爵。戊戌变法后接替荣禄出任直隶总督，地位更加显赫。他把各地官员找来，要求他们尽快对"拳匪"实施查禁。

裕禄说："山东拳匪正在窜入直隶，河间、深、冀等各州县与东省毗连之处，渐被拳匪诱惑，暗中活动，已非一日。游手好闲之徒，群相趋附。至夏秋之际，其势始炽，不可小视。"他还一再强调，"义和团实系邪匪，并非义民，非查禁不可。"

众官员都很赞同，回去后便迅速布置查禁。是年9月，裕禄下令将大刀会刘赞虞等五人就地正法。本想杀鸡给猴看，镇一镇拳民，可事与愿违。这一杀反倒把拳民们给激怒了。11月间，直隶各地义和拳闹得更加厉害，献县、景州等地先后发生教案，烧毁教堂，杀死教民。裕禄对各地镇压不力大为恼火。他又把各州县官员找来，劈头盖脸地猛训了一通。地方官十分委屈，纷纷向他诉苦，不是他们不想查禁，而是拳匪势力太大了。他们想禁也禁不了。

于是，裕禄便把直隶提督聂士成找来，要他派兵镇压。他对聂士成说："近来各地拳匪日益嚣张，杀教民、烧教堂，到处闹事。弟处已派张毓渠、梅如云带马步六营，前往查拿首恶，弹压解散，并保护教堂。可是，直隶地面太宽，兵力不够，尤其是需要马队，天津这边调不出来，老兄可得帮忙啊。"

裕禄比聂士成小四岁，虽然贵为直隶总督，但对聂一直以弟相称。聂士成对义和团向无好感，自然支持查禁。他对裕禄说，督帅下令，自当谨遵，"吾为直隶提督，保境安民乃分内之责。"裕禄连声说好。聂士成回去后便立即调派马队两营，配合地方查禁。此后，他又应裕禄之命，多次派出部队对义和团进行弹压，给义和团很大的打击。裕禄对聂军的表现一度相当满意。然而，聂士成并不清楚，就在这期间，清廷高层对义和团的态度正在悄悄发生变化。

戊戌变法失败后，康有为、梁启超等人逃往海外，受到洋人庇护，后来他们又在美国、日本建立保皇党，反对太后垂帘，拥戴光绪皇帝，这让老慈禧心中大恨。1899年，旧历己亥。这年冬天，慈禧计划废掉光绪，另选端王载漪的儿子溥儁为大阿哥，并在庚子新年举行让位典礼。这一举动，史称己亥建储。慈禧废掉光绪的理由是，皇帝久病不能治天下，但在密电征询外省督抚意见时，有人就提出了异议。其中两江总督刘坤一来电称："君臣之分已定，中外之口宜防。"意思是说，皇帝的名分已经定下了，如果更换恐怕会引起国内外的反对，这事应该谨慎。

刘坤一的话是在婉转地提醒慈禧，可慈禧不信，她找亲信荣禄前来商量，想听听他的意见。荣禄是端郡王载漪的老丈人，溥儁则是他的外孙，按说，他会支持这件事。可荣禄并不糊涂，他久居高位，对洋务略有所知。他也对慈禧说："外国使臣未必赞成。"

慈禧还是不信，便让载漪派人到东交民巷各国使馆去放风，并希望各国使节届时入贺。不料，真让荣禄说着了，各国公使一致反对，声称他们只承认一个皇帝，那就是光绪皇帝。因为在这些外国使节看来，光绪是一个改革者的形象，比较开明，而慈禧的废立则令他们担心，如果换了一个皇帝而导致中国对外政策的改变，显然不符合列强在华的利益。

慈禧在外国使节面前碰了个钉子，心中大为不快。更让她气愤的是，废立之事一经宣布，国内骚然，一片大哗。东南士气，尤为激昂，上海电报局总办经元善领衔上疏，签名者达千数人。他还呼吁工商界"罢市集议"。慈禧大怒，下令逮捕经元善，可经元善避走澳门，受到西人保护。清政府屡次要人，均被驳回。这让慈禧气不打一处来，心想这帮洋人专门与她作对，这口气岂能咽下？

比慈禧更愤愤不平的，还有一个人，那就是端郡王载漪。载漪不仅是荣禄的女婿，也是慈禧的侄女婿，因为慈禧的亲妹妹就是荣禄的福晋。由于这层关系，载漪得到了慈禧的信任。不久前被委以总理衙门大臣，并主管虎神营和神机营，大权在握，但他不明事理，刚愎自用。由于废立之事遭到外国公使的反对，他想让儿子当皇帝的想法受阻，便对洋人恨之入骨，暗中打主意一心要想报复。恰在这时，义和团开始兴起，以仇教仇洋为名，这正对了载漪的心思。于是，便一心加以利用，暗中推波助澜。

为了说服慈禧，载漪反复鼓吹，声称义和团民心可用。还说，其术甚神，刀枪不入，如神兵天将。他的一帮哥们弟兄们以及趋炎附势之徒，如刚毅、赵舒翘、载勋、启秀等也随声附和，极力怂恿。慈禧将信将疑，对义和团剿杀的态度也渐渐有所松动。一些御史和地方官一看上面态度变化，也闻风上奏，声称对义和团剿杀得太厉害了，于局势不利。他们还攻击袁世凯，说他到了山东，一意主剿，以致"杀戮太重"，"人心惶惑愈甚"。于是，太后指示袁世凯、裕禄等两地大员，说，对"拳匪"剿归剿，但"总以弹压解散为第一要义"，"不得一味操切，以致酿成巨祸"。

这道谕旨一出，有人便嗅出了异味，朝廷该不是要转风向了吧？可是，尽管如此，朝中另有一些大臣、御史，包括各地封疆大吏，如奕劻、荣禄、袁昶、许景澄、张之洞、刘坤一、袁世凯等都坚持己见，主张坚决镇压义和团，不要轻易与外国开仗。这样一来，"主抚派"和"主剿派"便各唱各的调，对着干起来。两派博弈，奏章交迭，而慈禧始终没有明确表态，让人琢磨不透。

不过，慈禧不表态并不代表没有态度。11月间，她发表指示说："近来各省督抚，每遇中外交涉重大事件，往往预梗一'和'字于胸中，遂至临事毫无准备。此等锢习，实在是辜恩负国。"说话听声，锣鼓听音。慈禧此言一出，明眼人便听得出，这是对主和派不满啊。此外，她在谕旨中还明确提出要求，今后有事不准再提"和"字，不仅不能提，连想都不能想。谕旨中的原话这样说："各地督抚必须同心协力，不分畛域，督饬将士杀敌致果。'和'之一字，不但不可出于口，并且不可存诸心。以中国地大物博，幅员数万里，人丁数万万，如能忠君爱国，又何惧强敌？"此后，她又多次发表谕旨，提出对义和团不能一味剿杀。这种态度实际上已经透露了某种倾向。

尽管如此，但毕竟没有明确表态，这就让下边琢磨不透了。裕禄感到很头痛，执行起来左也不是，右也不是。一方面，由于载漪等人的支持，他对义和团的剿杀有所顾忌，不敢放手进行；另一方面，反对义和团的声音也不断传来，他又不得不继续查禁，并对烧教堂、杀教民，以及毁坏铁路电线的义和团进行打击。这种矛盾的做法让地方官们不知所措，因此，直隶地区便出现一个奇怪的现象，查禁行动从未停止，但义和团的发展却日益壮大。据一些史料记载，1900年3月，直隶地区的习拳者已经越来越多，许多人还涌入天津，三五成群，相率从之，"乡野村庄，十有九信"。对此，"官不深究"，拳民等"亦无忌惮"。

这种局面的出现，当然与裕禄大有关系。事后，有人指责裕禄纵容义和团。其实，裕禄打心里并不想纵容，可他是个官场老油子，经验告诉他，为官之道，揣摩上意最为重要。眼下上意不明，禁过头了不好，不禁吧也不好。于是，他只好左右敷衍。上边说要抚，他就说要抚；上边说要剿，他就说要剿。这一来，下边也糊涂了，问他究竟是抚还是剿，他也不明确回答。地方官看他态度不明，也跟着睁一眼闭一眼。所谓"官不深究"，这就给了义和团很大的发展空间。

然而，面对这种局面，最难办的要数聂士成了。裕禄要他查禁义和拳，他不能不执行。而且，裕禄虽然暗中揣摩上意，左右摇摆，但表面上还信誓旦旦，坚决要求查禁义和团。他多次电告聂士成，强调："各地习学义和拳，明目张胆，为数已多。若不早为分兵震慑，设法解散，燎原大祸，恐在目前。"他还明确指示："现在拳匪蔓延甚广，弹压、巡缉，兵力万分不敷，不得不作协助之请。"意思是要聂士成继续派兵弹压。

身为军人，聂士成只能照办。于是，他不断派出部队前往各地巡查，协助查禁。但是，此时的义和团已非从前，由于背后有人撑腰，加上人多势众，开始公然抗拒。双方多次发生激烈冲突，对立情绪也越来越严重。

5月间，聂军副将杨福同率部至涞水石亭村查禁义和拳，一进村便遭到拳民围攻。杨下令弹压，打死拳民一人，逮捕两人。之后，他限令拳团三日内解散，并留下一小队官兵镇守该村，自己则带队回城。杨福同本以为这事就这么平息下去了，以往也是如此。虽然义和拳查而不止，禁而不绝，但每查禁一次，起码都可安稳几天。但这一次不同了。就在他查禁的第二天，该村义和拳便向新城、定兴、容城、房山、涿州、易州各地拳民传出帖子，要他们速来石亭村。于是，一呼百应，数千拳民一夜之间便汇集而来。留村官兵闻讯大骇，当即仓皇而退。

消息很快就传至涞水城里。杨福同闻报立即率马队三十多人，步队百余人前往弹压。石亭村离涞水城三十余里，官兵在中午便赶到事发地点。村里的拳民们一听说官兵来了，便操起棍棒刀枪涌向村口。杨福同远远看去，发现数千拳民蜂拥而至，人声鼎沸，黑压压的一片，知道来硬的不行，但掉头回去也来不及了，便一抬手，令部队停下，自己单骑上前，试图进行劝解。

他本以为自己是朝廷命官，拳民们不敢把他怎样。可这一次，他却想错了。数月以来，杨福同多次率部查禁义和拳，加上昨天又在石亭村打死和逮捕拳民数人，拳民们早对他十分仇视。当杨福同骑马来到村口，拳民们一下子将他围了起来。为首的拳民是一个和尚，此人名叫满立，手执一根长矛，站在前头。杨福同对他高声说道，他是奉命查办，各位赶紧散开，否则，大军压境，违者死路一条。他还强调，只要拳民解散，便可既往不咎。可是，不待杨福同把话说完，满立已怒容满面，忽地一下冲了上去，举枪就刺。

杨福同猝不及防，左膀中了一枪。拳民们一看满立动了手，便呐喊四起，呼啸而上。杨福同心知不妙，赶紧拔刀还击，奋力冲突，混战中砍倒拳民数人，但怎奈拳民人数众多，紧围不放。杨福同身上多处受伤，血流如注，最终力竭坠马。拳民们乱矛齐下，杨福同当场毙命。他的两名随从赶来救援，也死于非命。拳民们乘势追击，持械猛扑，官军难以抵挡，溃败而去。据《畿南济变纪略》云，杨福同死得很惨，"体无完肤，腑脏皆出"。

杨福同的死引起极大震动。这是义和拳兴起以来直隶地区公然杀死的官军级别最高的军官。裕禄闻报，大为震惊。他一边派兵增援，一边向朝廷上奏。在奏折中，裕禄提出了一个新的思路。即"查拿首要，解散胁从"。意思是说，对"首要"和"协从"区别对待，前者严办，后者从宽。"如敢再行抗拒，即严行剿捕"。

裕禄之所以要写这个奏折，还是想摸摸朝廷的底。一直以来，朝廷的态度模棱两可，剿抚不定，如今义和团越闹越大，竟连高级军官也敢杀了。作为地方大员，如果不闻不问，将来朝廷追究起来，他要担责，而一味镇压，杀人太多，又怕不符合朝廷的意图，同样吃不了兜着走。这份奏折是5月22日送上去的，25日朝廷便回复了。电谕摘要如下：

> 查拿首要，解散胁从，办法均是。此事，各处情形不同，迁就适足养奸，操切亦恐滋变。该督务当严饬，派出文武，相机操纵，勿稍大意。[3]

裕禄接到电旨，看了半天，仍然一头雾水。从字面上看，朝廷似乎同意了他的主张，可又说各处情形不同，不能操切，需要"相机操纵"，而这"相机操纵"的背后似乎又充满了玄机，意味深长。

就在裕禄向朝廷上奏的同时，聂士成按照裕禄的请求，分别派出杨慕时三营、邢长春马队赶往出事地点。与此同时，裕禄还令原驻津马队一营、原驻高碑店一哨，开往涞、定、涿一带会同平乱。5月27日，杨慕时率部赶到涞水，四处张贴公示，要求拳民们自行解散。公告中说，大军奉命平乱，尔等如"各保身家",乃"国家之福",如"仍横肆抗拒,本统领惟以杀伐从事"。

可是,尽管杨慕时来势汹汹,拳民们根本不买账。随着义和团声势不断扩大,直隶地区的拳民如同滚雪球似的,人数越来越多,反抗的情绪也空前高涨。就在杨慕时率部抵达涞水同一天,三万多拳民涌入涿州,"一时黄巾红带者流,城厢内外,蜂屯蚁聚",城墙上"万头攒动,刀矛林立"。除了涿州之外,直隶其他地方的局面也相继出现大混乱。不少地方教堂被烧、传教士和教民被杀,拳民们还拆毁铁路,拔去电杆,焚毁车站和洋房。芦保铁路等多处告急。据一位目击者记述:"(五月)初二日,由新城前进……见道傍电杆均经拆毁,火车道上烟火蔽天,询之途人,始知马家铺至高保店(高碑店)二百余里铁路,自廿九日烧起,火犹未熄。"

义和团的行动引起了洋人的恐慌,各国使节纷纷提出派兵保护使馆和侨民,但遭到清政府的拒绝。此后不久,芦保铁路中断,局势越发败坏。总署对此很不满意,多次电令聂士成专派队伍,对芦保、津芦铁路"妥为保护"。接到指令后,聂士成便增派兵力,加强对铁路沿线的巡视和防护。为了确保铁路的安全,他令杨慕时、邢长春和张连芬各部对破坏铁路的拳民"迎头痛击",坚决制止。

5月27日,数千拳民聚集到琉璃河至芦沟桥一带,拆毁铁轨,砍断电线,并放火焚毁长辛店、芦沟桥车站、料厂。杨慕时接到报告,立即带兵赶去。第二天一早来到出事地点,远远望去,只见铁路两旁人头攒动,人声鼎沸。除了拳民之外,还有许多看热闹的百姓。杨慕时当即下令驱赶,并鸣枪警告,可全无作用。人们聚集不散,继续毁坏铁路。官兵上前驱赶时,你往东赶,他往西跑;你往西赶,他往东跑,如同儿戏一般,且拳民与百姓混杂在一起,难分彼此。不久,有人放起火来。由于天刮北风,火势顺风烧了过来,眼看局面失控,杨慕时便大开杀戒。官兵们连续三次排枪,拳民和百姓纷纷倒下,一时间死伤多人。

这一事件发生后,杨慕时遭到舆论猛烈抨击。有人指责他滥杀无辜。朝廷明明有旨,查拿首要,解散胁从,可杨慕时不但不分首从,竟连老百姓也不放过。对于这样的指责，杨慕时不能接受，他在给聂士成的电报中为自己辩解："外人以为杀百姓，慕时以为杀匪，即令非匪，而与匪相杂而烧铁道，则亦匪也。"

杨慕时的强硬态度得到了官方的支持，但义和团并没有被吓倒，反倒激起了更大的义愤。就在杨慕时下令开枪的第二天，涿州义和团数百人放火焚烧了定兴车站和长辛店洋房，并把聂军左营管带聂汝康等十数名官兵扣押。杨慕时得知消息，连忙率部赶去，再次大开杀戒，并扬言要将"拳匪""剿杀尽净"，"凡附和之人一并枪击"。

就在杨慕时强力镇压之时，聂军邢长春马队和张连芬所部也在铁路沿线对义和团展开了武力会剿。从5月底到6月上旬，聂士成的武卫军多次清剿义和团，双方发生激战，义和团遭受重创，但是持续不断地剿杀并未使破坏行动得到制止，相反愈演愈烈。保定、廊坊、定兴以及高碑店、黄村、杨村等地的铁路先后遭到破坏。6月6日，义和团烧毁落堡车站，京津铁路中断。由于事态严重，聂士成亲自率部前往弹压。这场清剿行动持续了两个多小时，拳民死伤百余人。

尽管采取了高压态势，拳民们并未屈服。三天之后，他们卷土重来。上千人接到传帖，蜂拥聚集，在落堡一带继续拆毁沿线铁路。恰巧这天，聂士成正陪铁路总办大臣张翼巡视铁路，行至落堡时与拳民们遭遇。愤怒的拳民听说聂士成来了，立即围扑上来，向他发起攻击。聂士成一边派人保护张翼撤离，一边下令进行还击。双方发生混战。拳民们奋不顾身，猛扑聂军。聂军人少，但训练有素，加上武器精良，频频放枪轰击。拳民死伤严重。《庚子记事》云，此战直隶提督聂士成之兵，"歼匪五百余人"。《拳民纪闻》亦云："聂军落堡之战，炮毁匪村五处，毙匪六百余名，而官兵仅阵亡十二名。"

落堡之战可能是官军杀死杀伤拳民最多的一次。义和团由此对聂士成恨之入骨，骂他为聂鬼子。但聂士成并不认为自己做错了。在他看来，保护铁路，维护治安，这是遵旨行事，职责所在。然而，让他不解的是，落堡之战后，朝廷突然对他传旨申斥，说他滥施杀戮，"不分良莠，不判首从"，并令他立即率队返回芦台。

聂士成感到困惑了。义和团骂他倒也罢了，可朝廷如何也这样对他呢？就在几天前，总署不是还来电要他保护好铁路？裕禄也力主对义和团"厚集兵力"严厉打击，可现在，怎么说变就变了呢？

疯狂的举动

其实，聂士成并不清楚，就在短短的十来天里，朝廷的政策已发生重大改变。以载漪为首的"主抚派"开始占据了上风。

实际上，风声早就有了。5 月下旬，就在义和团占领涿州时，慈禧便连续三天召见甘军统领董福祥。董福祥向来被认为是排外的主将，太后把他从千里之外的甘肃招来，显得不同寻常。外界一般认为，这是朝廷主战的信号。但聂士成并不相信太后会轻易地与洋人开仗。其实，不光是聂士成，许多人也都这样认为。以中国的实力与一国开仗都无胜算，何况是与这么多国家一齐开仗，除非是脑子进水了。事实也是如此，尽管慈禧十分痛恨洋人，可对于开战还是持比较谨慎的态度。

不过，她的内心始终十分纠结。正是这种纠结使她对义和团采取了模棱两可的态度。一方面，她希望利用义和团反对洋人；另一方面，又对义和团的能力表示怀疑。可是，外国人对于清政府这种纵容义和团的做法无法容忍，连续发表声明，如果清政府再不查禁拳民，他们将要在大沽口外进行海军联合示威。

为了避免事态扩大，5 月下旬，慈禧不得不下令对直隶义和团进行禁剿，并派精锐部队聂士成部前往实施。如果说，在这之前，聂部只是协助地方部队进行查禁义和团的话；那么，在这之后，聂部就成了查禁义和团的主力，冲在了第一线，而这一切都是遵照朝廷的旨意在行事。

可是，就在聂军全力清剿义和团之时，主抚派开始发出不同声音。5 月

30 日,刑部尚书赵舒翘和顺天府尹何乃莹上奏朝廷,认为义和团"诛不胜诛,不如抚而用之"。这一奏议居然得到朝廷的赞许。上奏者之一何乃莹还被提拔为都察院左副都御史。

6 月 3 日,就在落堡之战发生前六天,朝廷又发来廷寄,指示对义和团要"谆切劝导,不可操切行事",并要求对各级官兵"严行申诫","毋得轻伤民命,启衅邀功"。

这些指令似乎都与以前有所不同。6 月 6 日,朝廷又派赵舒翘、何乃莹前往涿州"宣示晓谕",劝说义和团解散。上谕称,如果义和团不听劝告,执迷不悟,即系叛民,定当"实力剿捕",按律惩办。这道谕旨还被命令抄写后广为张贴。

从表面看,朝廷的政策好像并未变化,义和团仍被认为是非法组织,可实际情况并非如此。就在赵舒翘和何乃莹奉旨前往涿州的第二天,朝廷又加派协办大学士、吏部尚书刚毅前往。这一安排,显然别有深意。

赵舒翘刑曹出身,熟悉刑律,后因刚毅引荐,出任刑部尚书。他与何乃莹两人都是主抚派的成员,但态度并不极端。到达涿州后,在接见义和团首领时,他们宣示了朝廷的德政,要求他们"一齐解散,各安生业",朝廷不会为难他们。赵舒翘说,拳民以仇教为名,倡立团会,这个想法是好的,可是奸民会匪,趁机混入其中,借端闹事,拆毁铁路,焚烧教堂,这个就不好了。铁路是国家所造,教堂系教士教民所居,岂能任意焚毁?你们这样做,是与国家为难啊,对不对?

首领们回答说,解散可以,但聂士成太可恨,吾党被杀者甚众,只要革除此人,我们定然从命,否则当死战到底。

赵知道拳民们痛恨聂士成,可这事也不能全怪聂士成,便委婉地说,这个不可。聂军门办事认真,且其罪尚不至于斥革,况且现在正是用人之际,岂可说撤就撤?

何乃莹也赞同赵的意见,认为这个请求不能接受。

这次接见,义和团没有达到目的。可就在这之后,刚毅来到了涿州。

刚毅一到，形势立即大变。刚毅是顽固派的代表人物之一。此人识字不多，以清正自诩，但思想却极端保守。他离京赴涿是6月7日，比赵、何晚了一天。就在这一天，落垡之战发生。同一天，邢长春的马队在定兴大东沟突袭义和团，拳民死伤惨重。次日，刚毅抵涿州，与先期抵达的赵舒翘、何乃莹会合。他一到，便立即召见拳民，并让拳民展示"神术"。众拳民于是焚香烧符，口中念念有词，声称神仙附体，刀枪不入。赵舒翘是个明白人，根本不信这一套，可刚毅却连声叫好。赵舒翘见此则连连摇头，他对刚毅说："此术不可信。"

刚毅沉下脸来道："汝何意？"

赵见刚毅不快，便收住话头。刚毅与载漪同党，又是太后面前的红人，加上赵入军机乃刚毅举荐，自然不敢与之对立。事后，谈及义和团要求斥革聂士成，刚毅当即表示："聂士成不可行，乱杀无辜，不成体统。"赵舒翘提醒他，聂是宿将，不用他用谁？刚答："义和团可用。"赵舒翘听后，无言以对。他又劝说了几句，可刚毅态度坚决，全无效果。这时，见风转舵的何乃莹，也附和起刚毅。赵舒翘势单力孤，便不再坚持，既然二公意见相同，我就不多说了，"仆下不才，当先回京复命"。[4]

刚毅听他这样说，也不挽留。既然话不投机，不如让他先走。赵舒翘回京后，太后问起义和团情形，由于害怕得罪刚毅，他也不敢据实上禀，只能含糊其词。庚子事变后，赵舒翘成了"罪臣"之一，因为支持义和团而被赐死，临死前他哭天喊地，大呼："刚子良（毅）害我！"

赵舒翘走后，刚毅便放手与义和团密谋。他对团首们说："尔等皆义民，当努力自爱，毋伤害百姓。异日朝廷征服东西洋，必用汝为先锋。"团首们听了欢欣鼓舞，皆"抚掌大笑"。之后，刚毅带着何乃莹继续向保定进发，一路上不断会见拳民，公开给他们打气。谈到设坛练拳之事，有拳民说，朝廷有旨，不敢练了。刚毅却向他们保证，上谕不要紧，有我呢。

6月9日，就在刚毅到达涿州的第三天，聂士成在落垡再次与义和团发生战斗。这让刚毅大为不满。当时，聂军杨慕时部驻在高碑店一带，与义和团对峙。刚毅认为"不甚相宜"，便写信给杨，让他将部队撤回，可杨慕时不听，回复说："有奉命保护铁道之责，此时进退未敢擅专。"几天后，杨还致电裕禄，表示"一日在高，不能以三营性命、三营器械资匪"，"匪扑必战，不扑不战"。刚毅大为恼火，认为武卫军不把他放在眼里，因此更加衔恨聂士成。回京后他狠狠奏了聂士成一本，使聂士成的处境更加困难。

6 月 11 日，由于保守派的支持，局势发生急剧变化。大批义和团开始涌入京师。《庚子记事》云："团民自外来者，一日数十起，或二三十人一群，四五十人一群，未及岁童子尤多，俱是乡间业农粗笨之人。均以大红粗布包头，正中披藏关帝神马；大红粗布兜肚穿于汗衫之外；黄裹腿，红布腿带，手执大刀长矛，腰刀宝剑等械不一，各随所用，装束却都一般。有夜来者，城门已闭，至城下叫门，守城兵亦不拦阻，即刻开城放入。"虽然当局的禁令尚未解除，但义和团自由进入京师的现实，说明情况已发生重大改变。

就在 6 月 11 日当天，还发生了一件事，即日本使馆书记官杉山彬被甘军所杀。这是一起严重的外交事件。《庚子使馆被围记》云，杉山彬被杀的过程很残忍，"先断其四肢，又割其身体，盖杉山彬实受肢解之刑矣。"

杉山彬的死引起了各国使节的愤怒和恐慌。早在 5 月底，各国公使就向清政府提出了派兵进京保护使馆的要求，清政府先是表示反对，后又做了让步，同意每个国家派兵不得超过三十名。但鉴于局势的变化，各国公使在分别派出三十名军事人员进京之后，又擅自决定派遣一支两千多人的联军，由英国远东舰队司令西摩尔将军统率，增援北京。这一做法显然违反了清政府的规定。

6 月 10 日，西摩尔联军在塘沽登陆后，开始乘火车向北京进发。消息传出，京城内外，一片大哗。天津一带的义和团立即做出反应，自发地向北上联军开战；京城内的义和团则把愤怒的情绪转化为烧毁教堂、围攻使馆等一系列针对外国人的行动。而杉山彬正是前往车站迎接由津来京的联军时被甘军所杀。

面对日益混乱和严峻的局势，北京当局也开始紧张起来。慈禧一边派遣大臣与各国使节交涉，劝阻联军退回，一边调动军队，紧急布防。裕禄接到廷寄，要他将聂士成武卫军全数调回天津附近，沿铁路扼要驻扎，对北上联军进行"实力禁阻"。谕令还要求驻大沽口的淮军守将罗守光"一体戒严，以防不测"。

这道廷寄发出的时间是 6 月 13 日。直到这时，慈禧还没有最后拿定主意是否要用义和团，因为就在这一天，清廷还发布一道上谕，重申义和团必须"解散"，而且要"严加惩办"，并令京营和近畿各军"妥为弹压"。可是，就在清廷一再严令之下，义和团不仅没有受到丝毫惩办，反而声势越来越大。究其原因，自然是背后有人撑腰。

《庚辛纪事》载，当大批义和团进京时，守门的开始不肯放行，正争执间，忽有人持辅国公载澜令箭至，令开门。载澜之命守者不敢违。由是风声所播，相继而来者，日以千计，随处设立拳厂坛场，触目皆是。以前一街仅一坛，或两三街一坛，现在则一街三四坛，或五六坛矣。"上至王公卿相，下至倡优隶卒，几乎无人不团"。

这种局面，慈禧绝非毫不知情，却并不制止。这种纵容的态度使局势陡变。

就在大批义和团成群结队进入北京时，直隶的义和团也扬眉吐气，迅猛发展。各地坛口林立，遍及城乡，官禁如同具文，大小铁店加班加点，赶造兵器，"家家铸刀，丁丁之声，日夜相继"。6 月间，大批义和团涌入天津。他们打开监狱，放出被捕的拳民和百姓。义和团还砸开海关道署的军械库，用新式枪械装备自己。就连一向主剿的裕禄这时也改变了态度。《天津一月记》描述说，拳民"红布围腰，红布裹腿，手执短刀，数十成群，招摇过市。沿街铺户，皆执香跪迎，行人亦跪道左，口称师父"。即便当官的，也不放在眼里。当街遇见便大声呵斥，令其下轿摘帽，莫有敢违。其声势之大，由此可见。

当时，天津最有名的义和团有两支，一是张德成，设坛于北门里小宜门，号称"天下第一团"；一是曹福田，设坛于吕祖堂，打出的旗号是"署理静、津一带义和神团"。张德成是直隶新城人，船夫出身；曹福田系直隶静海人，家境贫寒，曾当过兵。两人都自称有神术，手下有数千之众。

传说，张德成曾让人带话给裕禄，自诩有神仙附体，刀枪不入，只要给饷三十万，便可打败洋人。裕禄传檄召见，可张德成根本不理睬。裕禄只好认错，派八抬大轿来请，并启中门迎之。次日，裕禄设宴款待。德成施展神术，让裕禄敬佩不已，后来屡报其战功，被朝廷赏头品顶戴花翎、黄马褂。

曹福田同样受到裕禄的礼遇。传说他刚入天津城时，登上土城楼，询问："租界在何处？"有人答："东南方。"曹便伏地向东南叩首，良久起曰："洋楼毁矣。"话刚落音，便见东方烟起，人们大惊。待他入城时，百姓夹道跪迎。时人记述："福田骑马，戴大墨晶眼镜，口衔洋烟卷，长衣系红带，缎靴，背负快枪，腰挟小洋枪，手持一秫秸。"与洋人开仗时，敲洋鼓、大锣，红旗上大书"曹"字，侧书"扶清灭洋天神天将义和团"。裕禄同样深信之，并奏保朝廷，赏其头品顶戴花翎、黄马褂。

义和团一得势，聂士成的日子便不好过了。由于义和团痛恨聂军，频频进行报复。凡遇聂军人少，或落单时，抓住便杀，看见就打。尤其是静海一带拳民，在落垡吃了亏，更是一心复仇。一次，聂士成回天津，在街上遇见义和团。拳民们马上围上来，有人持刀直奔聂士成的坐骑而去。多亏卫队极力阻挡，聂士成才得以脱身，避入督署。

这种明目张胆的袭击，让聂士成非常窝火，可是，裕禄也拿拳民们毫无办法。更让人不能接受的是，上边却听信一面之词，对聂士成多次申斥。特别是刚毅回京后，猛向上参劾聂士成、杨慕时等滥施杀戮，"殊形猛浪"。聂士成心里十分委屈，因为查禁义和团是上边叫他干的，现在风向一变，罪过却全成了他一个人的，简直岂有此理？武卫军总统荣禄看到这个情况，担心聂士成激变，便写信宽慰他，说义和团不是存心对他，是因为聂军的军服、装备与洋人相近，这才造成了误会。聂士成显然不相信这样的说辞。接信之后，便慷慨复书："拳匪害民，必贻祸国家，某为直隶提督，境内有匪不能剿，如职任何？若以剿匪受大戮，必不敢辞。"

6月17日，联军攻陷大沽口。局势迅速恶化。就在大沽口被攻陷的前一天，慈禧召开御前会议，参加者有大学士和六部九卿。据参加此次会议的恽毓鼎回忆，会议在仪鸾殿东室召开，时在午刻（上午十一时至下午一时），参加者约百人，室中跪满，来晚的则跪至槛外。殿朝南，皇上太后背窗向北坐，枢臣跪御案旁，诸臣皆面朝南。会议开始后，光绪皇帝对京城的现状很不满，他诘责诸臣，没能弹压乱民，口气甚为严厉。当时，恽毓鼎与翰林院侍读学士刘永亨跪在一起，两人低声耳语。在他们旁边跪着的是甘军统领董福祥。董小声说，他能把拳匪驱逐出城。恽毓鼎让刘永亨向上奏报，于是刘膝行上前，大声奏曰："臣见董福祥，欲请上旨，令其驱逐乱民……"

他的话未说完，载漪便伸出大拇指打断他道："好，此即失人心第一法！"这明摆着是在说反话。刘永亨一听，便噤声不再说了。太后则默然不语。这时，太常卿袁昶在槛外高呼："臣有话上奏！"皇上准其入奏，袁昶则详言拳实乱民，万不可恃。就令有邪术，自古及今，断无靠此成事者。太后反驳道："法术不足恃，岂人心亦不足恃乎？今日中国积弱已极，所仗者人心耳，若连人心也失去，何以立国？"

慈禧的话一出口，众臣便听出弦外之音。显然这是在给主抚派打气。尽管如此，仍有大臣坚持驱逐义和团，以恢复北京城的正常秩序。据《庚子国变记》云，会上，两派意见激烈对抗，相持不下。吏部侍郎许景澄言："中国与外洋交数十年矣，民教相仇之事，无岁无之，然不过赔偿而止。惟攻杀使臣，中外皆无成案。今东交民巷使馆，拳匪日窥伺之，几于朝不谋夕，倘不测，不知宗社生灵，置之何地？"

袁昶则说："衅不可开，纵容乱民，祸至不可收拾，他日内讧外患，相随而至，国何以堪？"其言慷慨，声震殿瓦。

太后目摄之，表情不悦。另据袁昶本人日记载，太后在会上再三要"尔等各抒己见"，但他的意见太后却听不进去。太后说："现在民心已变，总以顺民心为最要，汝所奏不合。"袁昶据理力争，反复申奏自己的意见，但说了半天，最终还是太后"不纳"。

尽管这次会议没有做出任何决定，但就在会议的当天，慈禧便下令对义和团暂停镇压，并要求将拳民中"年力精壮者"编入部队，"即行成军"。慈禧终于表态了。她要联合义和团共同对付洋人。

有分析认为，慈禧态度的转变是因为西摩尔联军不顾清廷的反对，公然向北京进军，带来了切实的威胁，而京津一带驻军都派出去镇压义和团了，兵力严重不足，即便从外地调兵，短期内也无法到达；加上主抚派一个劲地劝说，慈禧这才决定"联拳抗洋"。

就在御前会议的次日，集结于大沽口海面上的各国舰队开始行动了。它们向大沽炮台发起猛攻。守卫大沽炮台的淮军将领罗荣光奋起抵抗，但终因寡不敌众，炮台失守。消息传至北京，慈禧又连续多次召开御前会议，围绕是战是和反复讨论。

直到这时，慈禧尚未下决心要与洋人决裂，但随后荣禄带来的一份洋人的照会，使她勃然大怒，不再犹豫。在这份照会中，洋人提出的停止进兵的条件中有一条竟然是"皇太后归政"。这一下触到慈禧的痛处，旧仇新恨一起涌上心头，遂不顾一切，要与洋人鱼死网破。事后查明，这份照会完全是载漪指使人伪造的，目的就是把慈禧架上自己的战车。

6月20日，慈禧决定对外宣战。宣战诏书虽未言明宣战对象，而是笼统以"彼等"称之，但矛头却直指十一国。此时的老佛爷已经完全丧失了理性。这个执掌国家最高权力的女人，以自己的蛮横、傲慢和无知，把整个国家推向了灾难的深渊。

就在同一天，德国公使克林德被杀。事态朝着不可挽回的方向发展。

天津保卫战

其实，战争早已打响。6月10日，当西摩尔联军不顾清政府的反对，从天津开拔，直隶地区的战斗就已经开始。

最先做出反应的是义和团。当西摩尔联军北上的消息传出后，京津铁路沿线村庄的义和团便被动员起来。他们扒铁轨、拆桥梁、砍电线，以阻止敌军的前进。11日下午，联军到达落垡，由于铁路被毁，不得不停车修复，义和团乘机发起了勇猛的攻击。拳民们冲到联军的近前，利用大刀长矛，与敌军贴身肉搏。联军的洋枪洋炮无法施展，被迫退向车厢和车站，凭借有利的地形频频向义和团开火。义和团也不示弱，他们找来抬枪予以还击，并不断向敌人盘踞的车厢和车站发起冲锋。激烈的战斗一直持续了三四天。有目击者称，义和团表现得异常英勇，他们成群地冲向敌军，又在敌军的枪炮下成群地倒下。仅仅13日一天，义和团就向联军发起两次冲锋。尽管"死伤甚重"，但却阻挡了联军的前进。从天津到北京只有一百多公里，坐火车半日可达，可西摩尔联军走了四天才挣扎着开到廊坊。

6月13日，直隶武卫军接到了参战命令。这天傍晚，聂士成赶到督署，裕禄早已在书房等候他了。一见聂士成，裕禄便拿出朝廷谕旨，谕旨要求聂士成立即将全部军队调回天津附近沿铁路扼要驻扎，对北上联军"实力禁阻"。如有外兵擅入京畿，"定惟裕禄、聂士成、罗荣光是问"。

面对日益混乱的局面，聂士成原先并不主张与外国开衅。他亲身参与了甲午战争，其中的教训记忆犹新。他清楚，仅凭清军现有实力，要与多国开战，很难取胜。但聂士成并不怕死。他是一个有血性的军人。既然洋人已经挑起衅端，作为军人唯有以死相拼。离开督署后，他立即进行部署，令杨慕时率队开往保定驻防，令邢长春马队等开赴廊坊、杨村一带，对北上联军坚决阻击。

6月17日，大沽炮台失守，战争进一步升级。此时，距清廷对外宣战尚有三天，但天津附近的战斗已相当激烈。

大沽失守后，由英、美、法、俄、德、日、意、奥八国组成的侵略军由此登陆，向天津进犯。沿途军民自发进行抗击，他们扒掉大沽至天津的铁路，向联军发起袭扰。17日午后，陈家沟和武备学堂等多地发生战斗。武备学堂位于天津英租界对面，地理位置重要。为了控制海河两岸，英德联军向这里发起进攻，坚守在学堂内的数十名学员英勇战死。直到天津军民闻讯赶到后，英德联军才撤回租界。

天津租界位于紫竹林，如今早已成了联军的武装据点，大批洋人聚集于此，对天津构成了极大的威胁。早在大沽失陷之前，联军就以这里为基地，不断向外发动袭击。攻击武备学堂的联军也是从这里出发的。大沽失陷之后，裕禄召见聂士成要他派兵包围紫竹林，防止联军向天津进犯。天津附近的义和团闻讯也赶来参战。

18日，天津保卫战拉开序幕。为了防止租界内的联军向外出击，聂军在各处设卡，一旦发现洋兵立即进行阻截。武卫军架起大炮，向租界内频频轰击，租界内的联军也还之以炮。双方互相炮击，租界内洋房被焚毁不少，武卫军的工事也遭到破坏。枪炮声从早至晚，持续不停，日暮之后，天开始下雨，但战斗仍在继续进行。

就在紫竹林激战之时，沙俄军队两千多人从大沽赶到老龙头车站。曹福田闻讯率领拳民向老龙头车站发起进攻。老龙头车站与紫竹林租界隔海河相望，不仅是租界的重要通道，也是通向京津的战略要地。双方激战十个多小时。有史书称，此役俄军死伤"五百余人"。

6月下旬，天津周边地区的战事日趋频繁。在紫竹林附近，双方你争我夺，互相拉锯。聂士成的武卫军打得极为出色。联军多次试图冲出租界都被击退。然而，形势并不乐观。大沽口失陷后，各国不断增兵，天津地区的联军数量越来越多。22日，从大沽登陆的两千多增援联军突破义和团防地，进入租界；四天后，被围困于廊坊的西摩尔联军在前往增援的联军支援下，也撤回天津租界。此时，租界内联军兵力陡然加强，总数达到一万三千五百余人，这还不包括武装教民。

裕禄的压力越来越大。朝廷三番五次地来电，要他迅速收复失地。可直隶的兵力十分有限，尽管朝廷已令甘军董福祥部和浙军马玉崑部驰援天津，但仍不敷调配。在这种情况下，裕禄只能把希望投向义和团了。

此时，天津义和团人数已相当可观。据《天津拳匪变乱纪事》云："除本津所有数百人不计外，从清、静、沧、盐、南、庆各州县，及他处各乡邑来者，约有二万余人。因非出自一处，故装束亦各不相同。有在小褂外着一红色兜肚者；有年已三四十岁，而各缠一红辫顶者；尚有一某处匪首，身着黄绸大褂，在街行走，怪诞离奇，实不可思议。其名号更是骇人听闻，竟有名为某皇上者。"

尽管义和团的人员成分复杂，良莠不齐，但他们仇洋仇教，勇气可嘉，裕禄实指望他们能助官军一臂之力，可实际上却未如愿，相反却闹出不少矛盾。比如，双方事先约定好进攻时间，到了时间，清军准时发起了进攻，可是义和团却迟迟不见了踪影。事后问起理由，说是干支不对，"非吉时也"，不宜出战。有时在战斗中，他们还不听指挥，提前发起攻击，或先行退去，完全随心所欲，不顾大局。更为荒唐的是，进攻时，拳民们在身上贴着神符，嘴里念着各种咒语，高喊刀枪不入，迎着敌军的枪炮前进，结果是在敌军的枪炮下成群地倒下，不啻白白送死。

6月27日，义和团首领曹福田在久攻老龙头车站不下的情况下，竟向联军发出一道战书。战书称，我曹某眼下"神兵齐集，本当扫平疆界，玉石俱焚，无论贤愚，付之一炬"，可天津"人烟稠密，百姓何苦，受此涂炭"？咱们别在城里打了，城东有块旷地，可做战场，有种的你们出来，我们"定准战期，雌雄立见"。这种如同民间打架的举止仿佛儿戏，对于近代战争来说，简直闻所未闻，可笑至极。

聂士成对义和团向无好感。他也不认为联合义和团是一个好办法。除了不看好这些拳民外，更让他忧虑的是，义和团对他的仇恨至今没解开。即便大敌当前，战局如此艰难，义和团对聂军的敌视仍未稍减。他不断接到报告，有拳民向聂军发起攻击，并有他的士兵被拳民抓捕或杀害。对于拳民的袭扰，聂军自然也不会坐以待毙。杨慕时和邢长春的队伍就曾对义和团以牙还牙，予以还击。在这种情况下要与义和团联合作战，聂士成不仅感到担忧，也极不情愿。

6月底前后，天津战况越发不容乐观。联军先后攻占了陆师学堂、机器局、海光寺和水师学堂。为了防止清军进攻租界，联军还放火烧毁周边村庄和大沽炮台。相反，武卫军和义和团虽然包围了紫竹林，却久攻不下。

28日，裕禄在督署会见天津各位团首。这次会见表明，裕禄要正式联合义和团了。在事后给朝廷的奏折中，裕禄谈到对"天下第一团"团首张德成的印象，称"奴才察看其人，年力正强，志趣向上"。他还说道，"此外各团总，如静海的曹福田、韩以礼、文安和霸州一带的王德成，均尚可用"。随后，他下令释放关押的所有拳民，并给各团发放银两和慰问品。

聂士成十分反对这样做，提醒裕禄对义和团应该有所防范。可大敌当前，天津存亡所系，裕禄此时也顾不了这么多了。对他来说，现在最需要的是尽快改变战局。他对聂士成说："团民志在报国，有神术。"聂问："信否？乃骗术耳。"裕说："众皆如是说，功亭不信，可去察看。"聂士成果真去了。一拳民当众表演神术，他脱光上衣，喝酒、念符，然后鼓起肚腹，屏息凝神，大吼一声："来吧！"不远处一拳民举枪瞄准其人，轰的一声，硝烟弥漫，居然毫发无伤。众人大声喝彩，一片欢呼。可聂士成冷笑一声，觉得其中有鬼，他拿出枪来，说让我试试。那拳民立时吓得面如土色，不待聂士成开枪，便扑通一声跪下。聂士成喝道："从实招来，免尔一死！"那拳民只好老实交代，原来他们在枪上玩了手脚，只装火药不装子弹，故而枪响喷火，但并不伤人。聂士成大怒，将那几个拳民每人重打五十大板。

这一来，拳民们更加痛恨聂士成了。他们不断向上告状，说是聂士成迫害他们，非杀聂士成不可。裕禄接到申诉，不便追究，便两头安抚，劝说双方以大局为重。

29日，马玉崑率马步七营抵达天津，这使裕禄感到一丝安慰。他令聂士成联合马玉崑再次向紫竹林发起攻击。这天的战斗从早晨持续到傍晚，连续激战七个多小时。记名提督赵达元战死，但紫竹林仍未攻下。为了阻断洋兵出击之路，清军向租界放水，南墙内一片汪洋。

7月2日，张德成率拳民五千之众赶来参战。这一仗，义和团表现了大无畏的勇气。张德成还大摆"火牛阵"，找来十几头牛，将火油桶绑于牛尾，点燃后赶向雷区。火牛狂奔，引爆地雷，义和团乘机发动猛攻，逼近租界。

联军大为恐惧。虽然此仗未能得手，却让裕禄看到了希望，更加坚定了联合义和团的决心。

由于天津战局不佳，加上得知联军不断增兵的消息，慈禧开始有些后怕了。7月3日，在她的指示下，清政府向出兵最多的俄、日、英三国发出求和国书，并电令李鸿章迅速来京，与洋人谈判——此时，距清政府发表宣战诏书还不到半个月，这种朝三暮四、随心所欲的轻率之举，无疑是在拿国家大事开玩笑。

不过，老佛爷并不这样认为，事后她还大言不惭，为自己涂脂抹粉：依我想起来，还算是有主意的。我本来是执定不同洋人破脸的；中间一段时期，因洋人欺负得太狠了，也不免有些动气。但虽是没拦阻他们，始终总没有叫他们十分尽意地胡闹。火气一过，我也就回转头来，处处都留着余地。

她的所谓"还算是有主意的"，完全不能自圆其说；不过，要说"处处都留着余地"，倒是真的。就在她派人向三国发出求和国书时，另一边仍心存侥幸，不断督促裕禄，要他振奋精神，迅速改变战局。在她看来，如果天津能打赢的话，咱们到时再收回求和国书也不迟。

在慈禧的严令之下，裕禄深感压力。他连忙召集聂士成、马玉崑和义和团首领曹福田、张德成等会商，决定统一部署，兵为三路，向租界发起强攻。其部署如下：北路由曹福田所部团众配合马玉崑军坚守车站；西路由张德成所部团众和淮军营官蒋顺发、周行彪部防守马家口；南路则聂士成亲率武卫军镇守。三路相互支援，遥为声势。

从7月4日起，清军和义和团频频向租界发起进攻。5日，聂士成带队抢占海光寺，迅速修筑炮台，向租界发起炮击。炮弹多次击中目标。当日下午，聂军两营向租界西南方推进，用大炮对跑马场一带进行轰击，在租界内引起了极大的恐慌。是夜，聂士成又派出百余人的敢死队，乘船渡河，攻占跑马场，并在跑马场及八里台一带立住脚跟，修筑工事。此后几天，聂军又占领小营门，不断向租界展开炮击。

面对聂军凶猛的攻势，联军的将领坐不住了。半个多月的交手，他们真正领教了聂军的厉害。在他们看来，尽管义和团十分凶悍，但不过是乌合之众，真正让他们畏惧的还是聂士成的武卫军。这是清军的主力部队，训练有素，武器精良，而他们的指挥官聂士成更是具有丰富的作战经验，难以对付。要想解除租界的威胁，攻占天津，首先需要拔除的就是这个对手。

联军的将领们很快达成了共识，他们决定集中兵力对付聂士成。一场严峻的考验降临了。

将军危坐死不僵

1900年7月9日凌晨，联军的行动开始了。

按照事先制订的计划，日本骑兵大队，共一千余人，首先出动，向离城十五里的纪家庄发起攻击。他们的目标是从纪家庄迂回，绕道八里台，从背后袭击聂军。与此同时，英军和俄军主力六千余人从正面向聂军发起攻击。他们向大营门向小营门、马场道一带的聂军阵地不断发起冲锋。此时，聂军的官兵们已连续血战八昼夜，人困马乏，加上孤立无援，渐渐难以抵挡。激战两个小时后，不得不沿着马场道向八里台撤退。

八里台位于天津城以南约八里处。这是天津城的最后一道防线，如果失守，天津将危在旦夕。聂士成下令部队重整旗鼓，准备全力迎敌，坚决守住阵地。夏日的清晨，微风拂面，带着一丝凉意。晨光中放眼望去，四周断壁残垣，满目疮痍。阵地前静悄悄的，只有远处不时传来零星的枪炮声。这是大战前的宁静。聂士成知道决战的时刻就要到来了。

然而，就在这当口，一件不可思议的事发生了。传令兵送来了朝廷的谕旨。这是一道对聂士成处分的决定。谕旨云，聂士成"不知振作"，久无战绩，着革职留任处分，戴罪立功，同时要他"严督所部各营，迅将紫竹林洋人剿办，并速恢复大沽口炮台，以赎前愆"。

据史料记载，这个处分是拳民告状的结果。他们诬告聂士成"暗中通夷"，朝中的强硬派大员早就对聂士成不满了，尤其是刚毅等人，抓住这个机会，落井下石，欲将聂除之而后快。不过，慈禧心里明白，眼下打仗还离不了聂士成这样的将领，这才决定暂时不杀，改为革职留任，戴罪立功。

聂士成接到谕旨，悲愤莫名，众将更是愤然不平。然而，事情到此并未结束，接下来，聂士成更为担心的事发生了。天津义和团得知朝廷谕旨，欢欣鼓舞，弹冠相庆。为了报复聂士成，他们冲进聂府，抓走了聂士成的母亲和妻女。据《拳变余闻》记，聂士成闻报，急派人去追，可部下新招募的一营士兵，多数都参加了义和团，追赶途中发生哗变，大呼聂军反了，并打起横枪。

追赶的士兵见此状况，不知所措，派人回来请示。营官宋占标气得大骂，要亲自带人去追，被聂士成大声喝止。聂士成知道，大战就要开始，此时必须集中所有的兵力以抵挡洋兵的进攻。他喝止了宋占标，大步冲向阵地前沿，一言不发。朝廷的枉断以及严重的内耗使他的心理备受摧残和折磨。聂士成既气愤又委屈。用他的话说，是两头受气，上不见谅于朝廷，下则见恨于拳民，唯有以死明志。

早上6点多钟，隆隆的炮声响了起来。联军主力从正面向八里台发起进攻，而担任包抄任务的日军骑兵突破纪家庄防线，绕至八里台侧后，分成两路，一路占据八里台后方的桥梁区域，一路攻占纪家庄三岔口一带，对聂军形成前后夹击。

此时，聂士成已无退路，唯有血战到底。战斗开始了。聂军坚守阵地，奋勇反击，联军士兵的进攻一次次被打退。聂士成身先士卒，亲临一线。敌军久攻不下，开始发射毒气弹。这种炮弹奇毒无比，几百米内人畜立亡。据说这种炮弹先前只在非洲使用过，后被国际法所禁止。但这次为了攻破聂军防线，联军竟不顾国际公法再次使用。

在联军毒气弹的攻击下，聂军的官兵成片地倒下。他们当时并不清楚发生了什么事情。难闻的气味在空中弥漫。上午8点多钟，聂军阵地多次告急。为了挽回颓势，聂士成跃身上马，大喝一声，冲向敌阵。众官兵们见状，齐声呐喊，蜂拥而上。激烈的肉搏开始了。双方杀成一团，血肉横飞。

面对聂军拼死一搏，联军招架不住，纷纷退却。聂士成紧追不舍，此时他已抱定一死的决心。只见他一骑冲杀在前，三军奋勇争先。联军指挥官惊恐万状，要求集中火力向聂士成开火。枪林弹雨之中，聂士成带头冲上一座小桥时，他的两腿已先后中弹，血流如注。宋占标请他立刻后撤，可聂士成却驱马立于桥上大吼道："此吾致命之所也，逾此一步非丈夫矣！"

说罢仍奋力向前。敌人的枪弹如雨般泼洒过来，聂士成身上多处中弹，最终跌下马来，倒地身亡。

聂士成战死了。三天后，天津沦陷。

当日，裕禄在给朝廷奏折中这样写道：

> 　　十三日①丑刻，有洋兵大股来袭该军驻扎八里台之队，洋兵四面环击，枪炮如雨。该提督②两腿均受枪伤，犹督兵不许少退。营兵宋占标劝令退后将息，该提督奋不可遏，仍复持刀督战，又被敌枪洞穿左右两腮、项侧、脑门多处，脐下寸许被炮弹炸穿，肠出数寸，登时阵亡。其营官宋占标亦随同殉难。经弁兵等将该提督尸骸夺回。[5]

从裕禄的奏折中不难看出，八里台之战极为惨烈。淮军名将聂士成更是壮怀激烈，血染沙场，用生命谱写了一曲中国军人的赞歌。清代著名诗人黄遵宪为此写下了著名的《聂将军歌》。诗中这样写道：

> 天苍苍，野茫茫，
> 八里台，作战场，
> 赤日行空尘沙黄。
> ……

---

① 公历 1900 年 7 月 9 日。
② 指聂士成。

　　一弹掠肩血滂滂，

　　一弹洞胸胸流肠，

　　将军危坐死不僵。

　　……[6]

　　聂士成以自己的血性和忠勇，证明了自己的清白，可清廷仍不待见他。在裕禄为聂士成请求恤典时，慈禧的批复是，聂士成"误国丧身，实堪痛恨，姑念前功，准予恤典"——这实在荒唐！其实，真正"误国""实堪痛恨"的不是别人，而正是她自己。

　　不过，历史是公正的，1984 年，在聂士成战死八十四年后，天津市政府在八台里重立"聂士成殉难纪念碑"，并为他建造了铜像。2006 年，我曾来到过八里台。昔日的"天苍苍，野茫茫"的古战场，如今早已是高楼林立，车水马龙，旧貌换新颜，不见往昔的硝烟和悲壮。但是，站在聂将军跃马横刀、怒发冲冠的铜像前，我的思绪浮想联翩，仿佛时光又回到了一百多年前，回到了那场血与火的战场……

　　八里台，是聂将军的绝唱，也是淮军纵横近四十年来的最后谢幕。此战过后，聂军死伤惨重，余部星散，建制不复存在。淮军的最后一支血脉也从此断绝。一部叱咤风云、纵横三十九年的传奇终于画上了句号。

尾　声

光绪二十七年九月二十七日，公元 1901 年 11 月 7 日，李鸿章死了。

此时，《辛丑条约》的后续谈判尚未最终结束，但七十八岁的李鸿章已经挺不住了。这盏熬尽了油的残灯正在慢慢地熄灭。这是中国最耻辱的时刻，也是李鸿章最耻辱的时刻。临终前，他的双目久久难瞑。直到周馥哭着在他耳边不停呼喊，他才渐渐合上了双眼。

据周馥回忆，11 月 6 日，他接到京中电报，说李相病危，嘱速进京。等他赶到时，中堂已着殓衣，呼之犹应，但已不能说话了。拖至次日午刻（上午十一时至下午一时），仍大睁双眼，久不瞑目。周馥抚之大哭，连声道：“老夫子有何心思放不下？不忍去耶？公所经手未了事，我辈可以办了，请放心去罢。”李鸿章这时忽然口动欲语，似有话要说，但却没有力气说出来了，只见几滴泪珠从他的脸上慢慢地滚落下来。周馥用手抚其目，且抹且呼。良久，李鸿章才闭上了眼睛。

撞钟的和尚死了。大清这口破钟，他再也撞不动了。

就在一年多前，李鸿章被朝廷授予两广总督时，他还雄心勃勃，试图重返顶峰。甲午战败后，淮军惨败，李鸿章也威风扫地，声名一落千丈。此后，他坐了差不多快五年的冷板凳。这期间，他远离权力中心，或闲养京师、无所事事，或游历各国、打些闲差，但他并不甘心，一直在寻找机会东山再起。直到庚子事变发生的前一年，这个机会终于来了。

戊戌变法后，朝中政局大变。为了废掉光绪，重新垂帘听政的慈禧老佛爷一直煞费苦心。为了确保此事顺利进行，慈禧令荣禄去找李鸿章商量，希望由李出面探探外国人的口风。李鸿章认为，这事属内政，他无官无职，恐有失国体。于是，朝廷决定授其两广总督。任命下达后，外国使节纷纷前来道贺，可试探的结果并不理想，洋人们大多反对废黜光绪。事虽没办成，但李鸿章却借此重返政坛。

1900年1月，李鸿章踌躇满志地登舟南下。此时，尽管已是七十七岁高龄，但他的内心依然雄风犹存，试图一展身手。然而遗憾的是，历史已经不再给他机会了。就在他南下不久，北京已是乱象迭起。先是"己亥建储"流产，之后大批义和团涌入京津，朝中围绕主剿主抚争执不下。李鸿章此时虽在千里之外的广东，但对北京的政局却十分关注。5月间，聂军杨福同在涞水被义和团所杀，他的幕僚盛宣怀电告他这一消息时，他便立即复电，要他详细报告。对于义和团，李鸿章也是反对的。义和团公开叫嚣要杀掉的"一龙""二虎""十三羊"，他便在其中①。

不过，李鸿章虽然反对义和团，但他的表态却十分谨慎。他知道慈禧的屁股是坐在主抚派一方的，而以载漪、刚毅为首的"群小"把持着朝政，他不想引火烧身。

6月1日，盛宣怀来电，请他和刘坤一、张之洞等大员出面，电奏朝廷剿杀义和团。盛在电报中说，现上意摇摆，如各位疆吏出面说话，"九重乃可定见"。可李鸿章的回答是，这事恐怕不是外臣"所能匡救"，而且"内意主抚，电奏无益"，拒绝了盛的请求。

当然，他也不是一点态度也不表示。6月10日，总税务司赫德来电，声称京城局势危险已极，各国必将出兵，中国危亡即在旦夕。他请李鸿章电奏皇太后，务须保全各国使馆，宣布废止仇视洋人条陈。李鸿章便把这个来电，原封不动地照转上去，随电只加了一句："事关紧急。"李鸿章不敢不向上报告，虽然他没有明确发表意见，但却以此婉转地表达了自己的

---

① "一龙"指光绪；"二虎"为李鸿章和荣禄（一说为奕劻）；"十三羊"系十三个主剿大臣。

看法。

此后，形势急转直下。6 月 20 日，朝廷对外宣战，这一决定让人目瞪口呆。此时，远在广东的李鸿章再也坐不住了。他很快做出反应，致电盛宣怀，声称此乃"乱命"，"粤断不奉"。也就是说，两广坚决不执行。他还要盛宣怀把他的意见转告刘坤一、张之洞。后来，他又积极参与"东南互保"，以此对抗朝廷的所谓"乱命"。

7 月 9 日，聂士成战死的消息传来，李鸿章不禁老泪纵横。战局的不堪使他忧心忡忡。更让他痛心的是，淮军的最后一支队伍打光了，他重振淮军的希望也随之破灭了。

早在 6 月 15 日，朝廷就电令李鸿章要他迅速来京，挽救局面，此后又接二连三不断电催。李鸿章虽然口头上一再表示要遵旨北上，但却一直磨磨蹭蹭，不愿动身。7 月 15 日，朝命下旨，授李鸿章为直隶总督兼北洋大臣——此时，距李鸿章被撤职，已经四年了。在一千多个日日夜夜里，李鸿章曾经无时无刻不在想着重返北洋，再造昔日的辉煌，但如今，这道任命来得却不是时候。因为等待他的不是铺满鲜花的荣耀，而是布满荆棘的坎坷之路。

8 月，八国联军占领北京，两宫出逃。朝廷在最绝望的时刻，又想到了李鸿章，令他火速北上，诏中有"旋乾转坤，唯大学士是赖"之语。戊戌变法后，李鸿章的亲家杨崇伊曾提出让李鸿章重返直隶，却被搁置不理。这让李鸿章大感失望。后来他南下广州，再度出山，依然梦寐以求有朝一日能够重新返直。然而，眼下时过境迁，面对这个姗姗来迟的任命，他却如履薄冰，视作畏途。

一个多月后，李鸿章乘船抵达塘沽，下船后看到前来拱卫他的竟是一队俄国官兵，心中更觉黯然。要在以往，前来迎接和保护他的一定是他最为信任的淮军官兵。可是，如今，这支他亲手缔造的队伍已经土崩瓦解。如果说两个多月前，他还抱有一点希望的话，那么随着聂士成的战死，这最后的一点希望也烟消云散了。

李鸿章心里充满了悲哀，但更让他痛苦的是接下来的谈判。各国公使照会清政府，要求赔偿军费四亿五千万两白银，赔款以三十九年为期，年息四厘。李鸿章提出，如此巨款，急切之中恐怕筹不到这么多钱。英国公使答，若由各国掌管财赋，此款尚可筹措。李说，若是这样，中国就没有自主权了。英使答，事已至此，中国还希望有自主权吗？

其霸道如此，李鸿章只能无语。面对咄咄逼人、气焰嚣张的各国使节，尽管李鸿章工于心计，处事老辣，但在这种毫无平等可言的谈判中，他却处处显得力不从心。

弱国无外交，战败国更无外交可言。在朝廷的一再催逼下，李鸿章不得不在条约上画押了。这是一个沉痛而又备受凌辱的时刻。尽管所有的一切都是遵旨办理，但李鸿章明白这个字签上去，他将永远地被钉在了历史的耻辱柱上。因此，他极不情愿，又无可奈何。从现存的档案看，条约上李鸿章的签名谁也认不出来，三个字连成一团，看上去像一个"肃"字。在平定太平军后，朝廷曾赏李鸿章封号"一等肃毅伯"。他也许是在想，不是我要卖国，也不是我想签这个条约，我给朝廷办事，是你朝廷叫我签的，那就签个"肃"字吧。这也算是一个交代吧。

条约签订后不久，李鸿章便病倒了。他当时的处境相当不堪：一边是朝廷压力，国人唾骂；一边是洋人威逼，如狼似虎。所谓内外交煎，心力交瘁，风烛残年的李鸿章再也熬不住了。10月30日，李鸿章病情加剧。他开始大口地吐血。经西医诊断为"胃小血管挣破"，即胃出血。八天之后，他便带着悔恨和遗憾离开了人世。

临终之前，他给朝廷上了一道奏折。奏折云：

> 臣等伏查近数十年内，每有一次构衅，必多一次吃亏。上年事变之来尤为仓猝，创深痛巨，薄海惊心。今议和已成，大局少定，仍望朝廷坚持定见，外修和好，内图富强，或可渐有转机，譬如多病之人，善自医调，犹恐或伤元气，若再好勇斗狠，必有性命之忧矣。惓惓之愚，

伏乞圣明垂察。[1]

这是李鸿章给朝廷的最后建议，其语调尽显悲凉，从"每有一次构衅，必多一次吃亏"的血的教训中，他希望当权者当自审，譬如人有重病，必静养元气，"外修和好，内图富强"，如再好勇斗狠，只能把国家再次推入灾难之中。

这是李鸿章留给这个世界的最后遗言。在他死后，近代学者严复曾有挽联云："使当日尽用公言，成功必不止此；若晚节无以自见，士论又当如何？"一时传诵，令人感慨万千。

"秋风宝剑孤臣泪，落日旌旗大将坛。"李鸿章的时代结束了。淮军的时代也结束了。从 1862 年创立，到庚子事变，在这将近四十年的时间中，淮军经历了由镇压太平天国到清剿捻军、从洋务运动到中法战争、从甲午战争到庚子事变等等重大事件，在这"千年未有之变局"的社会大动荡中浮沉跌宕，留下了深深的轨迹。如今一个多世纪过去了，往事如烟，岁月如梦。当我们拨开历史的尘雾，重新回顾这段历史时，看到的不只是一个人，或一支军队的兴衰浮沉，而是一个国家、一个民族曾经经历过的发展、苦难和悲痛。

这也许就是李鸿章，就是淮军带给我们的思索吧。

注　释

第一章

［1］《淮军志》，王尔敏，中华书局，1987 年。

［2］［3］《太平天国全史》，简又文，香港简氏猛进书屋，1962 年。

第二章

［1］《曾国藩全集》第十卷，中国致公出版社，2001 年。

［2］《曾国藩全集》第七卷，中国致公出版社，2001 年。

［3］《学海一得》，翁飞，安徽省文史馆编印，2010 年。

［4］《曾国藩全集》第七卷，中国致公出版社，2001 年。

［5］《淮军志》，王尔敏，中华书局，1987 年。

第三章

［1］［2］《旧闻随笔》，黄山书社，2011 年。

［3］《太平天国战纪》，罗惇曧，北京古籍出版社，1999 年。

第四章

［1］《曾国藩全集》第十卷，中国致公出版社，2001 年。

［2］《李鸿章全集》第一集，时代文艺出版社，1998 年。

第五章

[1]《太平天国初期纪事》,[法]加勒利·伊凡原著,[英]约翰·鄂克森补译,上海古籍出版社,1982年。

[2]《中国近代史资料选编》,北京师范大学历史系中国近代史组编,中华书局,1977年。

[3]《李鸿章全集》第五集,时代文艺出版社,1998年。

第七章

[1]《李秀成自述原稿注》,罗尔纲,中华书局,1982年。

第八章

[1]《李秀成自述原稿注》,罗尔纲,中华书局,1982年。

[2][3]《李鸿章全集》第一集,时代文艺出版社,1998年。

第九章

[1][2][3][4]《李鸿章全集》第一集,时代文艺出版社,1998年。

[5]《淮系人物列传——文职·北洋海军·洋员》,马昌华主编,黄山书社,1995年。

[6]《李鸿章全集》第五集,时代文艺出版社,1998年。

第十章

[1]《李秀成自述原稿注》,罗尔纲,中华书局,1982年。

[2]《曾国藩全集》第十四卷,中国致公出版社,2001年。

[3][4]《太平天国史》,罗尔纲,中华书局,1991年。

[5][6]《李鸿章全集》第一集,时代文艺出版社,1998年。

第十一章

［1］［2］［3］《李鸿章全集》第一集，时代文艺出版社，1998 年。

第十二章

［1］《李鸿章全集》第六集，时代文艺出版社，1998 年。

［2］《李鸿章全集》第一集，时代文艺出版社，1998 年。

［3］《能静居士日记》，赵烈文，岳麓书社，2013 年。

［4］《李鸿章全集》第一集，时代文艺出版社，1998 年。

［5］［6］［7］《李秀成自述原稿注》，罗尔纲，中华书局，1982 年。

［8］［9］［10］《能静居士日记》，赵烈文，岳麓书社，2013 年。

［11］《曾国藩全集·书信（五）》，岳麓书社，2011 年

第十三章

［1］《太平天国文书汇编·赖文光自述》，太平天国历史博物馆编，中华书局，1979。

［2］《太平天国史》，罗尔纲，中华书局，1991 年。

［3］《见闻琐录》，欧阳昱，岳麓书社，1986 年。

［4］《曾国藩全集》第十一卷，中国致公出版社，2001 年。

［5］［6］《曾国藩全集》第八卷，中国致公出版社，2001 年。

［7］《李鸿章全集》第一集，时代文艺出版社，1998 年。

［8］《李鸿章全集》第八集，时代文艺出版社，1998 年。

［9］《曾国藩全集》第二卷，中国致公出版社，2001 年。

［10］［11］《曾国藩全集》第八卷，中国致公出版社，2001 年。

［12］《曾国藩全集》第一卷，中国致公出版社，2001 年。

［13］《曾国藩全集》第四卷，中国致公出版社，2001 年。

［14］《李鸿章全集》第一集，时代文艺出版社，1998 年。

第十四章

[1]《太平天国文书汇编·赖文光自述》，太平天国历史博物馆编，中华书局，1979。

[2]《李鸿章全集》第一集，时代文艺出版社，1998 年。

[3]《清史稿·列传》，赵尔巽主编，中华书局，1977 年。

[4]《李鸿章全集》第一集，时代文艺出版社，1998 年。

[5]《曾国藩全集》第八卷，中国致公出版社，2001 年。

[6][7]《环巢湖民间传说》，苏士珩主编，黄山书社，2014 年。

[8]《李鸿章全集》第一集，时代文艺出版社，1998 年。

[9]《曾国藩全集》第十一卷，中国致公出版社，2001 年。

第十五章

[1]《曾国藩全集》第十五卷，中国致公出版社，2001 年。

[2]《淮军志》，王尔敏，中华书局，1987 年。

[3][4]《李鸿章全集》第六集，时代文艺出版社，1998 年。

[5][6][7][8]《李鸿章全集》第二集，时代文艺出版社，1998 年。

第十六章

[1]《曾国藩全集》第十二卷，中国致公出版社，2001 年。

[2]《曾国藩全集》第一卷，中国致公出版社，2001 年。

[3]《曾国藩全集》第四卷，中国致公出版社，2001 年。

[4]《曾国藩全集·书信（十）》，岳麓书社，2011 年

[5]《曾国藩全集》第十二卷，中国致公出版社，2001 年。

第十七章

[1]《曾国藩全集》第四卷，中国致公出版社，2001 年。

[2]《曾国藩全集》第十二卷，中国致公出版社，2001年。

第十九章

[1]《李鸿章全集》第二集，时代文艺出版社，1998年。

[2]《清实录·德宗实录》，中华书局，2008年。

第二十章

[1][2]《李鸿章全集》第十三集，时代文艺出版社，1998年。

[3][4]《李鸿章全集》第八集，时代文艺出版社，1998年。

第二十一章

[1][2]《江淮文史：刘铭传与他的故乡》，戴健，1996年。

[3][4][5][6]《清实录》，中华书局，2008年。

第二十三章

[1]《合肥市志（1986—2005）》下册，合肥市地方志编纂委员会办公室编，方志出版社，2012年。

[2]《刘铭传文献汇笺》，杜宏春编，黄山书社，2020年。

第二十四章

[1][2][3]《刘铭传文献汇笺》，杜宏春编，黄山书社，2020年。

[4]《试由诸贤诗篇勾勒刘铭传主台时之形象样貌》，李慕如，载《刘铭传与台湾建省》，程必定主编，黄山书社，2007年。

第二十五章

[1][2][3]《北洋述闻》，张国淦，上海书店出版社，1998年。

第二十八章

［1］［2］《李鸿章全集》第五集，时代文艺出版社，1998 年。

［3］［4］《淮系人物列传——文职·北洋海军·洋员》，马昌华主编，黄山书社，1995 年。

第三十章

［1］《庚子西狩丛谈》，吴永，中华书局，2009 年。

［2］《淮系人物在近代中国社会变革中的作用》，孔祥吉，载《历史教学》，2006 年 5 月。

［3］［4］［5］《义和团运动史事要录》，李文海、林敦奎、姚克光编注，齐鲁书社，1986 年。

［6］《聂将军歌》，黄遵宪。

尾 声

［1］《李鸿章全集》第五集，时代文艺出版社，1998 年。

文　献

《清史稿》，赵尔巽主编，中华书局，1977 年。

《清实录》，中华书局，2008 年。

《光绪朝东华录》，朱寿朋编，中华书局，1984 年。

《李鸿章全集》，时代文艺出版社，1998 年。

《曾国藩全集》，李瀚章编纂，李鸿章校勘，中国致公出版社，2001 年。

《曾国藩全集》，岳麓书社，2011 年。

《剑桥中国晚清史》，［美］费正清，中国社会科学出版社，1985 年。

《1840—1949 中国近代史》，吕思勉，金城出版社，2013 年。

《第二次鸦片战争》，中国史学会主编，中国近代史料丛刊，上海人民出版社，1978 年。

《中法战争》，中国史学会编，中国近代史料丛刊，上海人民出版社，1959 年。

《中日战争》，中国史学会编，中国近代史料丛刊，上海书店出版社，2022 年。

《中法战争》第六册，张振鹍主编，中国近代资料丛刊，中华书局，2017 年。

《太平天国全史》，简又文，香港简氏猛进书屋，1962 年。

《太平天国史事日志》，郭廷以，上海书店出版社，1986 年。

《淮军志》，王尔敏，中华书局，1987 年。

《湘军志》，王闿运，岳麓书社，1983 年。

《湘军记》，王安定，岳麓书社，1983 年。

《李鸿章传》，梁启超，百花文艺出版社，2000 年。

《李鸿章传》，苑书义，人民出版社，2004 年。

《淮军人物传记资料》，翁飞辑录整理，国家《清史》编纂工程《淮军》项目。

《〈吴煦档案选编〉中的淮军史料》，翁飞，国家《清史》编纂工程《淮军》项目。

《地方文献》一分册，马祺主编，国家《清史》编纂工程《淮军》项目。

《左宗棠年谱》，罗正钧，岳麓书社，1982 年。

《太平天国史》，罗尔纲，中华书局，1991 年。

《李秀成自述原稿注》，罗尔纲，中华书局，1982 年。

《上海，1862》，于醒民，上海人民出版社，1991 年。

《淮系人物列传》，马昌华主编，黄山书社，1995 年。

《淮军》，田玄，中国近代军系丛书，山西人民出版社，1999 年。

《淮系集团与晚清政治》，翁飞，博士论文，2002 年。

《太平天国初期纪事》，[法]加勒利·伊凡原著，[英]约翰·鄂克森补译，上海古籍出版社，1982 年。

《戈登在中国》，[英]伯纳特·M.艾伦，上海古籍出版社，1995 年。

《太平天国在苏州》，董蔡时，江苏人民出版社，1981 年。

《晚清七十年》，[美]唐德刚，岳麓书社，1999 年。

《清王朝的覆灭》，钱谷风，学林出版社，1984 年。

《李鸿章家族》，宋路霞，重庆出版社，2005 年。

《中国与基督教》，[法]谢和耐，商务印书馆，2013 年。

《传教士与近代中国》，顾长声，上海人民出版社，1981 年。

《洋务运动史》，夏东元，华东师范大学出版社，1996 年。

《西学东渐记》，容闳，中州古籍出版社，1998 年。

《留美幼童：中国最早的官派留学生》，钱钢、胡劲草，文汇出版社，

2004 年。

《光绪传》，孙孝恩、丁琪，人民出版社，1997 年。

《西太后》，俞秉坤等，紫禁城出版社，1985 年。

《北洋军阀史稿》，来新夏，湖北人民出版社，1983 年

《台湾通史》，连横，生活·读书·新知三联书店，2011 年。

《刘铭传文献汇笺》，杜宏春编，黄山书社，2020 年。

《中法战争诸役考》，黄振南，广西师范大学出版社，1998 年。

《清季外交史料》，王彦威、王亮，书目文献出版社，1987 年。

《弱国无外交》，王尔敏，广西师范大学出版社，2008 年。

《中国文化史通释》，[美] 余英时，香港牛津大学出版社，2011 年。

《中国近代铁路史资料选辑》，江沛，凤凰出版社，2015 年。

《越缦堂日记》，李慈铭，广陵书社，2004 年。

《翁同龢日记》，翁同龢、翁万戈、翁以均等，上海辞书出版社，2020 年。

《学海一得》，翁飞，安徽省文史馆编印，2010 年。

《东行三录》，中国历史研究社主编，上海书店出版社，1982 年。

《甲午战争史》，戚其章，上海人民出版社，2005 年。

《蹇蹇录：甲午战争外交秘录》，[日] 陆奥宗光，生活·读书·新知三联书店，2018 年。

《甲午战争》，[日] 大谷正，社会科学文献出版社，2019 年。

《龙旗飘扬的舰队——中国近代海军兴衰史》，姜鸣，生活·读书·新知三联书店，2005 年。

《天公不语对枯棋：晚清政局和人物》，姜鸣，生活·读书·新知三联书店，2015 年。

《甲午中日海战》，苏小东，天津古籍出版社，2004 年。

《淮军名将吴长庆》，夏冬波，中国文史出版社，2007 年。

《近代中日启示录》，王晓秋，北京出版社，1987 年。

《盛世之毁》，弘治、余开宇、孙大超，华文出版社，2004 年。

《中国近代史资料选编》，北京师范大学历史系中国近代史组，中华书局，1977 年。

《义和团档案史料》，国家档案局明清档案馆编，中华书局，1959 年。

《义和团运动史事要录》，李文海、林敦奎、林克光编注，齐鲁书社，1986 年。

《八国联军侵华史》，李德征等编，山东大学出版社，1990 年。

《北京日记》，［法］保罗·伯希和，晚清稀见中外关系史料丛书，广西师范大学出版社，2017 年。

《中国近代史资料选辑》，杨松、邓立群，生活·读书·新知三联书店，1954 年。

《太平天国史料考释集　第五辑：太平天国史论文》，罗尔纲，生活·读书·新知三联书店，1985 年。

《太平天国史料专辑——〈中华文史丛刊〉增刊》，董蔡时，上海古籍出版社，1979 年。

《洋务运动论文选》，阮芳纪、左步青、章鸣九主编，人民出版社，1985 年。

《近世中国十大社会新闻》，史鹏主编，湖南人民出版社，1987 年。

《海峡两岸纪念刘铭传逝世一百周年论文集》，海峡两岸纪念刘铭传逝世一百周年学术研讨会组委会、学术委员会编，黄山书社，1998 年。

《庚子国变记》（附《拳变余闻》《西巡回銮始末记》），中国历史研究会主编，上海书店出版社，1982 年。

《旧闻随笔》，姚永朴，黄山书社，2011 年。

《庸盦文别集》，薛福成，上海古籍出版社，1985 年。

《能静居士日记》，赵烈文，岳麓书社，2013 年。

《异辞录》，刘体仁，山西古籍出版社，1996 年。

《见闻琐录》，欧阳昱，岳麓书社，1986 年。

《清稗类钞》，徐珂，中华书局，2010 年。

《庚子西狩丛谈》，吴永，中华书局，2009 年。

《世载堂杂忆》，刘禺生，中华书局，1960 年。

《太平天国战纪》，罗惇曧，北京古籍出版社，1999 年。

《清光绪皇帝外传》，恽毓鼎，北京古籍出版社，1999 年。

《李鸿章事略》，北京古籍出版社，1999 年。

《清季野史》，胡寄尘，岳麓书社，1985 年。

《乐斋随笔·崇陵传信录》，岑春煊、恽毓鼎，中华书局，2007 年。

《三十年闻见录》，袁克文，民国史料笔记丛刊，上海书店出版社，2000 年。

《北洋述闻》，张国淦，民国史料笔记丛刊，上海书店出版社，1998 年。

《国闻备乘》，胡思敬，民国史料笔记丛刊，上海书店出版社，1997 年。

《汪穰卿笔记》，汪康年，民国史料笔记丛刊，上海书店出版社，1997 年。

《南亭随笔》，李伯元，中共中央党校出版社，1998 年。

《闻尘偶记》，文廷式，载《近代史资料》1981 年第 1 辑。

《洪仁玕自述》，载《太平天国文选》，上海人民出版社，1956 年。

《国瑞奏档》，载《近代史资料》1999 年第 4 辑。

《劝世良言》，梁发，载《近代史资料》1979 年第 2 辑。

《中国最早的布道者梁发》，麦沾恩，载《近代史资料》1979 年第 2 辑。

《李鸿章与克虏伯的历史情缘》，韩载茂，载《中华遗产》2005 年 5 月。

《常胜军对清统治者军事近代化思想的影响》，李国林，载《上海师范大学学报》1996 年第 1 期。

《清军陆战战术演变》，皮明勇、刘庆，载《军事历史研究》1989 年第 2 期。

《慈禧在中法战争中的作为》，沈渭滨，载《学术争鸣》2007 年第 11 期。

《大洼里的吼声——捻军领袖张宗禹下落考察记》，史挥戈、吴腾凰，载《齐鲁晚报》2007 年 8 月 27 日。

《一七八七年百多禄主教上路易十六的奏议》，载《中国近代史资料选编》。

《百岁老人江绍鑫口述》，施元漠笔录，载《江苏文史资料选辑》第三辑。

《从社会史研究视角看刘铭传的"人仕"》，张研，载《刘铭传与台湾建省》，程必定主编，黄山书社，2007年。

《刘铭传被迫辞职现象的思考》，李晓庄，载《刘铭传与台湾建省》，程必定主编，黄山书社，2007年。

《刘铭传"性不耐官"析》，董丛林，载《刘铭传与台湾建省》，程必定主编，黄山书社，2007年。

《也谈刘铭传的人仕》，王涛，载《刘铭传与台湾建省》，程必定主编，黄山书社，2007年。

《淮系人物在近代中国社会变革中的作用》，孔祥吉，载《刘铭传与台湾建省》，程必定主编，黄山书社，2007年。

《刘铭传与翁同龢兄弟的恩怨》，翁飞，载《刘铭传与台湾建省》，程必定主编，黄山书社，2007年。

《中法战争期间李鸿章对外交涉述论》，关威，载《刘铭传与台湾建省》，程必定主编，黄山书社，2007年。

《试论刘铭传的台湾建省方案》，邓孔昭，载《刘铭传与台湾建省》，程必定主编，黄山书社，2007年。

《刘铭传与台湾士绅》，徐万民，载《刘铭传与台湾建省》，程必定主编，黄山书社，2007年。

《连横与刘铭传》，王彦民，载《刘铭传与台湾建省》，程必定主编，黄山书社，2007年。

《由"筹防"与"练兵"析论刘铭传主台及启迪》，罗海贤，载《刘铭传与台湾建省》，程必定主编，黄山书社，2007年。

《试论刘铭传的台湾防务思想及防务建设》，彭学涛、华强，载《刘铭传与台湾建省》，程必定主编，黄山书社，2007年。

《文明的跃升》，尹章义，载《刘铭传与台湾建省》，程必定主编，黄山书社，2007年。

《翁同龢〈治台说〉及其对台湾省办防的财政支持》，朱育礼，载《刘铭传与台湾建省》，程必定主编，黄山书社，2007 年。

《从刘铭传治台看其战略防御思想》，戚俊杰、刘玉明，载《刘铭传与台湾建省》，程必定主编，黄山书社，2007 年。

《从沈葆桢到刘铭传》，陈绛，载《刘铭传与台湾建省》，程必定主编，黄山书社，2007 年。

《刘铭传诗联说》，戴健，载《刘铭传与台湾建省》，程必定主编，黄山书社，2007 年。

《试由诸贤诗篇勾勒刘铭传主台时之形象样貌》，李慕如，载《刘铭传与台湾建省》，程必定主编，黄山书社，2007 年。

《是"弃基保沪"还是牵制战略》，何平立、沈瑞英，载《刘铭传与台湾建省》，程必定主编，黄山书社，2007 年。

《称道褒奖、批评指责》，马自毅，载《刘铭传与台湾建省》，程必定主编，黄山书社，2007 年。

《试论刘铭传的海防思想》，陈德辉，载《刘铭传与台湾建省》，程必定主编，黄山书社，2007 年。

《刘铭传"抚番"思想的流变和力行》，解正勋，载《刘铭传与台湾建省》，程必定主编，黄山书社，2007 年。

《从刘铭传治台看其战略防御思想》，戚俊杰、刘玉明，载《刘铭传与台湾建省》，程必定主编，黄山书社，2007 年。

《东征日记》，聂士成，载《中日战争》第六册，中国史学会编，中国近代史料丛刊，上海书店出版社，2022 年。

《周馥年谱（选录）》，载《近代史资料》1982 年第 1 辑。